商务数据分析

主　编　胡玉真　宫诚举　于　田
副主编　赵健宇　高　羽　蒋　峥

科学出版社
北　京

内 容 简 介

本书系统介绍了从商务数据到商务决策的基本过程和内容。全书共 8 章，第 1 章主要介绍商务数据的价值和商务数据分析的概念和应用场景；第 2 章主要介绍企业需要哪些资源来进行商务数据分析；第 3 章主要介绍数据的预处理和清洗方法；第 4 章主要介绍描述性数据分析方法；第 5 章主要介绍预测性数据分析方法；第 6 章主要介绍规范性数据分析方法；第 7 章主要介绍深度学习和强化学习方法；第 8 章主要介绍现实中一些整合的应用案例，为商务数据分析在从数据到决策的整个过程的应用搭好框架。本书结构新颖完整，案例和实操结合，既可以让学生生动地理解，又可以锻炼他们动手解决实际问题的能力。

本书既可作为高等学校电子商务等相关专业的教材，也可供从事商务数据分析的研究人员和从业人员学习参考。

图书在版编目（CIP）数据

商务数据分析 / 胡玉真，宫诚举，于田主编. —北京：科学出版社，2023.6

ISBN 978-7-03-070649-2

Ⅰ. ①商… Ⅱ. ①胡… ②宫… ③于… Ⅲ. ①商业统计-统计数据-统计分析 Ⅳ. ①F712.3

中国版本图书馆 CIP 数据核字（2021）第 232037 号

责任编辑：王京苏 / 责任校对：姜丽策
责任印制：赵 博 / 封面设计：蓝正设计

科 学 出 版 社 出版
北京东黄城根北街 16 号
邮政编码：100717
http://www sciencep com
固安县铭成印刷有限公司印刷
科学出版社发行 各地新华书店经销
*
2023 年 6 月第 一 版 开本：787 × 1092 1/16
2025 年 1 月第四次印刷 印张：22
字数：500 000

定价：78.00 元

（如有印装质量问题，我社负责调换）

前言

党的二十大明确提出要加快建设数字中国，加快发展数字经济，促进数字经济和实体经济深度融合①，而这些都需要大量的数据支持。随着计算机技术的发展和普及，企业生成、收集、存储及处理数据的能力大大提高，数据量与日俱增。大量丰富的数据使得采用传统的数据分析手段很难从中得到知识，因而陷入了“数据丰富，知识缺乏”的困境。大数据概念的提出，使数据处理的理论和方法都得到了较大的提高。从“数据”到“大数据”的概念变身，大致经历了以下三个标志性事件：①2008 年 9 月，美国《自然》（*Nature*）杂志专刊——The next Google，第一次正式提出“大数据”概念；②2011 年 2 月 1 日，《科学》（*Science*）杂志专刊——Dealing with data，通过社会调查的方式，第一次综合分析了大数据对人们生活造成的影响，详细描述了人类面临的“数据困境”；③2011 年 5 月，麦肯锡研究院发布报告——Big data：The next frontier for innovation，competition，and productivity，第一次给大数据做出相对清晰的定义：“大数据是指其大小超出了常规数据库工具获取、储存、管理和分析能力的数据集。”

当前各行业已经发现大数据的巨大商业价值，其应用场景已在零售、金融等行业全面铺开，且在农业、环境、智慧城市、教育和医疗等领域同样具有广阔的应用前景。大数据价值的体现需要以数据分析为抓手。数据分析是指通过研究（来自内部或外部的）大量数据、经由统计和定量分析，探索规律和用户需求，产生基于事实的解释和预测，从而指导管理，推动决策过程，满足一定的功能需求或实现价值增值。商务数据分析的前提是商务行为的数据化和标准化。当我们拿到商务数据之后，首先要做的肯定是通过数据的预处理和可视化，以及简单的描述性数据分析来观察数据，确定合适的分析方法，这一工作称为描述性数据分析，是数据分析中不可或缺的重要一步。最后，我们做预测的目的是给企业做决策方案。因此，规范性数据分析也不可缺少。

但是，当前的商务数据分析类教材，存在以下不足之处：①大多都是从传统的数据挖掘类型教材演变而来，只是聚焦于数据挖掘和统计分析方法，忽略了前端的数据准备工作，以及后端的数据用于决策的规范性方案设计工作；②传统的商务数据分析类教材主要服务于计算机专业的课程教学，无法有效服务于经管类课程教学。

因此，本教材突破传统的数据挖掘类型的教材，立足于经管类课程教学服务，依托

---

① 习近平. 高举中国特色社会主义伟大旗帜 为全面建设社会主义现代化国家而团结奋斗——在中国共产党第二十次全国代表大会上的报告（2022-10-16）[2023-05-18]. https://www.gov.cn/xinwen/2022-10/25/content_5721685.htm.

于丰富的商务数据，从第一部分的描述性数据分析来观察数据；到第二部分的预测性数据分析，预测未来的商务趋势，再到最后的规范性数据分析为企业或行业提供最佳决策方案支持。未来的商务数据分析方向应该是三个部分相辅相成，缺一不可。

具体来说，本教材在编写过程中，力求体现以下特色和创新点：①部分案例素材立足中国实践，充分体现了专业教材的广度、深度和温度，将思政元素“润物细无声”地融入教材建设中，能够引导和辅助课程将思政元素贯穿到教学中；②聚焦经管类商务教学，突破传统数据分析局限于计算机或数据挖掘的缺陷，本教材以描述性、预测性以及规范性数据分析为基本框架，往前延伸到数据收集和预处理、往后扩展到深度学习等前沿技术方法，并付诸现实案例，更适合经管类教学；③基于“提出问题—分析问题—解决问题”的教材编写思路，可逐步引导学生对问题进行深入思考，最终解决问题，有利于锻炼并提升学生分析问题和解决问题的能力，带给学生逐步探索问题的动力和解决问题的成就感；④教材的编写团队长期从事数据分析、商务决策等相关研究工作，并主持多项国家自然科学基金项目，致力于将自己科研中的理论和实际问题融入教材案例研讨中，实现科学前沿与基础理论深度融合，提升学生的科研探索兴趣；⑤不同于传统教材的知识堆积，本教材按照“理论—实验—案例”的教学思路，将基础理论框架、基于基础软件与流行软件的动手实验（Excel 和 Python）和案例研讨一体化衔接，体现专业课程的系统性和完整性。

本教材具体编写分工如下：由胡玉真设计整个教材框架，高羽编写第 1 章，于田编写第 2、5 章，宫诚举编写第 3、4 章，胡玉真编写第 6 章，蒋峥编写第 5 章实验部分、第 7 章，赵健宇编写第 8 章，最后由胡玉真对全书统稿并主审。教材引用许多学者的研究成果，在此一并感谢！教材中存在不妥之处在所难免，敬请广大读者与同仁批评指正。

本教材编写组

2023 年 5 月

目　　录

第 1 章　导论……1
　1.1　数据与商务活动……2
　1.2　商务数据分析概论……4
第 2 章　商务数据分析的资源……14
　2.1　支持商务数据分析的资源类型……15
　2.2　商务数据分析人员……15
　2.3　商务数据分析中的数据……17
　2.4　商务数据分析技术……19
第 3 章　数据的获取及预处理……24
　3.1　什么是数据……26
　3.2　数据的类型……26
　3.3　数据的来源……28
　3.4　数据的预处理……34
第 4 章　描述性数据分析……43
　4.1　数据分布……46
　4.2　位置测度……54
　4.3　变异性测量……59
　4.4　分布分析……63
　4.5　相关性分析……68
　4.6　数据可视化……72
第 5 章　预测性数据分析……113
　5.1　预测模型……114
　5.2　回归分析……116
　5.3　时间序列分析与预测……143
　5.4　文本分析及社交媒体分析……164
　5.5　数据挖掘……178
第 6 章　规范性数据分析……212
　6.1　规范性数据分析简介……215
　6.2　最优化四要素……216

6.3 最优化模型 …… 220
6.4 优化方法 …… 233
6.5 决策理论 …… 248
6.6 蒙特卡罗模拟 …… 258
第 7 章 机器学习 …… 277
7.1 机器学习简介 …… 278
7.2 神经网络 …… 281
7.3 深度学习 …… 287
7.4 强化学习 …… 294
7.5 上机实践及案例研讨 …… 299
第 8 章 商务数据分析案例研究 …… 310
8.1 案例研究简介 …… 310
8.2 具体案例研究 …… 312
8.3 方法的选择 …… 327
8.4 案例启示 …… 340

第1章 导　论

➢【本章重要专业词汇】

商务数据——business data
大数据——big data
增强现实——augmented reality
云计算——cloud computing
用户行为信息——user behavior information
商业分析——business analysis
数据分析——data analysis
虚拟现实——virtual reality
人工智能——artificial intelligence
社交网络——social network

开篇案例

Amazon 超越电商

在过去的 10 年时间（2011～2021 年）里，Amazon（亚马逊）公司的股票已经有了接近 100 倍的上涨幅度。作为一家早已领导电子商务领域的企业，还能有这样的增长完全出人意料。支撑这一奇迹的当然不是传统的零售业务本身，而是得益于从大数据挖掘出了最大限度的价值。如果问及全球对商务数据运用最成功的案例，答案可能非 Amazon 莫属。

在电子商务（electronic commerce）交易和为企业提供数字化服务的过程中，Amazon 对海量数据进行处理，其间接价值远远超过了交易行为本身。作为一个信息平台，Amazon 不仅从每个用户的购买行为中获得信息，还将这些用户在其网站上的所有行为都记录下来：最初是页面停留时间、用户是否查看评论、每个搜索的关键词、浏览的商品，现在则是在人工智能支撑下完整的用户画像，以及由此衍生而来的智能化、云端化服务能力。这种对数据价值的高度敏感和重视，以及强大的挖掘能力，使得 Amazon 早已摆脱对传统零售业务和模式的依赖。

早年 Amazon 首席技术总监 Werner Vogels（沃纳·沃格尔斯）在德国汉诺威国际信息及通信技术博览会上关于大数据的演讲，已描述了 Amazon 在大数据时代的商业蓝图。长期以来，Amazon 一直通过大数据分析，尝试定位客户和获取客户反馈。“在此过程中，你会发现数据量越大，结果越好。为什么有的企业在商业上不断犯错？那是因为它们没有足够数量的数据对运营和决策提供支持。一旦进入大数据的世界，企业的手中将握有无限可能。”

（资料来源：https://www.allthingsdistributed.com/2020/01/aws-datalake.html）

在传统的商业活动中，受到重视的数据通常来自三个环节：营销部门的市场销售数据，财务部门的资金负债、经营损益、税务资料，以及人事部门的人力资源成本。这些数据通过纯人工，或结合计算机辅助的方式，转化为企业的经营策略。这种工业化时代的典型思维，依赖的是经验和直觉。

然而，互联网时代每天涌现的数据量之大［每天创造的数据量已经达到 PB（1PB= 2^{50}B）］级，以至于不可能再单纯依靠人类的大脑来分析这些数据。只有通过智慧系统的自动分析，才可能得到有意义的结果。这些结果以极快的产生速度，以及所包含的隐秘内在联系，又对传统的运营和决策方式，形成了超越维度的打击。因此，商务数据分析相关的知识与技能，包括原理、方法和实战案例，是任何一所面向未来的商学院必须开设的课程，也是新时代的商业管理者有必要了解和掌握的。

1.1 数据与商务活动

1.1.1 大数据时代的新商务

传统意义上的商务活动，主要包括企业对企业（business-to-business，B2B）和企业对消费者（business-to-consumer，B2C）两种形式，此外也存在作为辅助的消费者对消费者（consumer-to-consumer，C2C）活动。传统美式邮购商店搬上计算机网络的形式，成为电子商务的先驱，然而，面向开放的、不定客户群的 B2C 形式（从美国知名的购物平台 Amazon 开始）是电子商务时代开始的标志。但是，当时计算机系统的存储和计算速度有限，产生的数据量也不多，而封闭的、以独立服务器和个人电脑为中心的模式，又使得数据在各个参与者之间不能互通，因此，虽然出现了早期的商务数据分析，但广泛的数据分析需求并没有出现。

随着互联网技术（Internet technology，IT）进一步发展，和允许用户上传内容与自定义界面的 Web2.0 被广泛应用，互联网上开始出现大量包含潜在商业价值却无法用传统方法提炼的散在信息。在 2008 年左右，“大数据”的概念被最早提出（最早的名词来自咨询公司麦肯锡，而技术上的定义则是来自研究机构 Gartner 和存储设备公司易安信），这种“无法在一定时间范围内用常规软件工具进行捕捉、管理和处理的数据集合，需要新处理模式才能具有更强的决策力、洞察力和流程优化能力的海量、高增长率和多样化的信息资产”，其潜在价值已经受到重视。然而，由于当时计算机硬件、软件和网络基础设施依然存在限制，大数据仅能在少数拥有大型服务器的计算中心得到存储和分析，一般的商务活动参与者无法获得，因此也并没有创造出什么商业上的奇迹。

这种情况在 2012 年左右发生了根本的转变。硬件和算法的发展为大数据的处理提供了可能的计算能力；在网络基础设施方面的突破，使得大数据分析的门槛大大降低，无须再部署复杂的本地服务器和局域网系统。云计算从概念变成现实；Web3.0 时代的到来，使得个性化信息成为互联网的新核心，大数据量的处理成为互联网产业的核心竞争力；支付技术的数字化、信息流的跨平台化，使得商务数据分析在运营和决策领域，刹那间占据了戏剧性的优势。以占有或运用大数据为核心竞争力的企业，也在这一时期成为最耀眼的明星，如Amazon、Facebook、Salesforce，国内的阿里巴巴、腾讯、字节跳动等。与之相适应的，分散、不确定的客户信息得以整合，以信息为基础的商业模式得到了蓬勃发展，例如，从海量商务数据中衍生出新的共享经济（sharing economy）模式。

数据分析同样给传统行业带来了巨大的变革：管理者发现，以往凭借人力和经验运转的日常工作流程，其实都蕴含着丰富的数据资源，从中能够挖掘出有价值的信息，以节约成本，提升品质，优化资源，提高市场价值，从而取得竞争优势。

案例 1-1

解决养虾病害难题

病害一直是虾类养殖面临的巨大困扰，病毒、细菌、真菌、寄生虫、天敌都可以造成养殖虾的大量死亡，以至于养殖虾在很多地区是农业中少有的高风险、高收益行当。基于数据科学方法，嘉吉公司（Cargill）的动物营养部门开发了一款名为iQuatic的移动数据跟踪应用，成功帮助全球养虾人改善了养殖条件，降低了虾的养殖死亡率。

iQuatic能够基于环境因子，如温度、pH值和营养物质来预测虾池中的生物量，农民通过监测装置将应用程序中的数据上传到云端，然后通过云端的数据分析系统，可以在实时控制界面上，直观地看到池塘的状态，获得关键的预测和预警信息，更好地管理虾的健康和提高产量。同时，可与其母公司推出的自动虾池系统iQShrimp协同工作，主动管理虾池风险，并获得生物学家的专业服务。

为了构建这个应用程序，嘉吉公司派遣了工程师和企业高管来到养虾场一线——最初是在厄瓜多尔，后来在更多的国家，了解农民是如何从池塘中获取数据的。“我们让农民成为我们团队的一部分”。如今，iQuatic已经成为水产领域综合性的智慧管理系统，成为嘉吉公司面向未来竞争的重要核心竞争力。

开放和包容，是大数据时代新商务的方向。通过数据的开放化、透明化、互动化，商务数据分析打破了传统的地域和文化界限，使优势互补、合作共赢成为未来的潮流，成为人类命运共同体的一股推动力量。

1.1.2 商务数据的价值与应用

随着数据分析，特别是大数据的广泛运用，以及数据相关服务利用门槛的极度降低，现在，任何成规模的竞争性商业活动中，不使用数据分析的参与者会面临越来越大的困难。小到便利店的门店选址和店内布局、零售商品品类的选择，大到重型装备的生产周期、研发投入的分配和日程，在商务数据分析中，都可以给出具有一定客观标准且具备灵活性甚至实时性的答案，传统的管理和决策模式或不能做到，或难以精确，或缺乏弹性（如以大量的标准化文件规范管理）。

案例 1-2

欧莱雅——美妆外衣下的数据科技公司

欧莱雅、阿玛尼、兰蔻、圣罗兰、科颜氏、赫莲娜、植村秀、美宝莲、碧欧泉、修丽可……你应当知道法国欧莱雅公司的名字，或者至少听到过它旗下的一些品牌。在你心里，欧莱雅是一家什么样的企业，核心竞争力又来自何处呢？如果你把它仅仅联系到五光十色的化妆品，理解为一家产品驱动的传统零售企业，那你就错了。

欧莱雅的品牌矩阵如此庞大，然而却又能如此迅速地奔跑。在已经如此大的规模基数上，在 2019 年，欧莱雅公司在中国市场取得了 35%的增长，而全球电商业务的增长达到了 52.4%，这是一个非常惊人的成绩。以上这些的关键并非遥遥领先的产品，或更优秀的人才团队、更丰富的管理经验——这些是欧莱雅的对手，如宝洁、联合利华集团同样具备的；欧莱雅的真正优势在于它的数字化水平，在于强大的商务数据分析能力。

拥有大量数据分析技术和基于数据的营销专家组成的庞大数字化团队，2.2 万名员工已经或正在接受数字培训计划，旗下拥有全球领先的增强现实（augmented reality，AR）和人工智能（artificial intelligence，AI）科技企业 Modiface，建设私域流量（private traffic），通过数据分析实现一个高度完善的用户忠诚度计划，所有这些完全不像一家传统的快速消费品公司。从某种意义上说，欧莱雅其实是一家伪装成美妆企业的科技公司。整合跨平台和线下积累的数据资源，以前沿的数字科技加以分析，使得欧莱雅能够为用户提供高度针对性的信息，设计针对大众和细分市场的明星单品与色号，覆盖传统渠道不能触及的乡镇市场消费者，体验全新的零售店级虚拟试妆……，所有的这些帮助欧莱雅从传统巨头中脱颖而出。

（资料来源：https://3g.163.com/dy/article_cambrian/F7NDUG6N0519E3QB.html）

在营销策略中，数据分析已经成为不可或缺的一部分；在商务活动的其他方面，数据分析同样扮演着举足轻重的角色。数据个性化需求已经从基础的个性化推荐，扩展到个人全视域和场景的细节分析，如信息饥饿感，对于次要目标和无关信息的容忍度，对于信息的甄别能力等。同时，由于数据分析运用的时间还很短，它仍然有相当多发展和改进的空间。一方面是万物互联和研究人类认识的进展，不断提供新的数据源和分析依据；另一方面，数据运用的边界，数据运用中的公共利益和道德伦理问题，也提出了新的命题和挑战。所有这些，一方面对技术的进一步改进不断提出需求；另一方面，也不断扩展着技术与管理融合的边际，对管理科学领域的研究者和学习者来讲，学习相关的知识既是时代的需要，也是眼前可见的最重要机遇和挑战之一。

1.2 商务数据分析概论

1.2.1 什么是商务数据分析

一般情况下，我们所说的数据分析，是指通过研究（来自内部或外部的）大量数据、经由统计和定量分析，探索规律和用户需求，产生基于事实的解释和预测，从而指导管理，推动决策过程，满足一定的功能需求或实现价值增长。根据方法和目的，我们可以将数据分析划分为描述性分析（descriptive analysis）、诊断性分析（diagnostic analysis）、预测性分析（predictive analysis）和规范性分析（prescriptive analysis）。

描述性分析是最基础也最常见的，它可以给分析人员和决策者提供图表与报告，描述研究对象的外在特征（如统计信息），这也是很有用的，但它不能解释事物发生的原因，也不能预测未来的发展。

诊断性分析建立在描述性数据的基础之上，通过筛选、过滤、挖掘和相对的隔离，提取出问题发生的原因。精心设计一套诊断指标，可以使这种分析常态化，大大降低日后诊断的难度和工作量。

顾名思义，预测性分析的目的是对尚未发生的状况做出尽可能准确的预测。包括事件发生的可能性，发生的时间以及程度，可量化指标的数量。基于商务活动的不确定性，预测模型在商务数据分析领域特别重要。

规范性分析基于以上分析的结果，推进到更高的层次，建立起规范的模型，进而对可能采取的行动进行指导，如交通方案的设计与优化，数据辅助的医疗影像诊断等。优化（optimization）是规范性分析采用的一种常见方法，指试图识别出一个特定变量和另一个变量之间理想的关系水平。

很显然，商务行为的数据化、数据的标准化，是进行商务数据分析的前提。因此，在进行分析之前，我们需要了解对于一个电子化的商务管理模式（可以是电子商务活动，也可以是基于物理实体的商业体系），应该构建一个怎样的指标体系，这个体系中的关键因素又有哪些。如此，我们才能从浩如烟海的，包括消费者、供应商和内部运营的商务数据中，选择需要的分析对象和方向。

案例 1-3

航运企业的商务数据分析

党的二十大明确提出要加快建设海洋强国①，而这必然离不开造船技术的发展，同时大数据分析技术对造船技术的快速发展也起到了较大的主力推动作用。从2014年起，位列世界造船第一梯队的日本船舶企业，就开始着手开展收集航行于海上的船舶的数据，建立“大数据路标”。通过搜集船舶的位置及运转相关数据，进行统计分析和预测，造船企业可以获得很多有价值的信息，如船舶的功率与航速、船舶能耗数据、各种节能措施的效果及各类设备的运行状态、航线航区的海况资料等，从而辅助船舶节能航行、船型开发、装备远程维护等课题研究。

比如，通过对数据的分析处理，在获知船舶在波浪中消耗功率的相关数据信息后，通过对不同等级波浪数据的研究，船企就可以挖掘出波浪对船舶航速以及失速的影响，能够对船型进行气象因子的仿真验证与评价。船企还可以分类提取船舶节能装置安装前

① 习近平. 高举中国特色社会主义伟大旗帜 为全面建设社会主义现代化国家而团结奋斗——在中国共产党第二十次全国代表大会上的报告（2022-10-16）[2023-05-18]. https://www.gov.cn/xinwen/2022-10/25/content_5721685.htm.

后的数据对比，同样，借助数据挖掘得到的相关数据，评估其影响关系与修正方法，以消除诸如波浪、吃水、浮态、水深、水流等因素的影响后，就能获得所用节能装置的节能效果，进而最大化节能改造的价值。

（资料来源：http://www.eworldship.com/html/2015/ship_inside_and_outside_0707/104002.html）

1.2.2 商务数据分析的基本对象

商务数据分析的工作对象是数据，因而数据的采集是商务数据分析的第一步。最常规的、重要的商务数据包括以下两类。

1. 行为主体的特征数据

这里是指数据的产生者，比如手机 App 的用户，活动本身孤立产生的数据，比如购物的金额、听歌的时间、学习的内容等。这些数据容易取得，也可以辅助一些常规的决策，但在不同数据分析用户间的差异不大。

2. 行为主体间的关系数据

这是商务数据分析的关键竞争力，也是企业运用数据分析能力的重要差异点。其中一个常用的概念，叫作“用户行为信息”（user behavior information），简单地说，用户所有与商务活动相关的行为，如搜索、浏览、点评、寻求帮助，都会被包含在内。这些行为信息可以深度地反映出潜在客户的心理和购买/使用意向，比如，一个客户连续浏览了 10 款不同的笔记本电脑，其中，有 5 个型号为外商产品，另外 5 个出自国产；而这 5 个国产型号，均来自同一个国内品牌，可以看出在这个用户的消费观念里，这个品牌具有跟国外品牌接近的某种竞争力；进一步地，根据价格、使用的中央处理器（central processing unit，CPU）和图形处理器（graphics processing unit，GPU）平台、动态存储器（dynamic random access memory，DRAM）容量等信息，我们可以捕捉到更多有关用户关切和品牌效应的线索，从而为我们的营销和品牌运作提供依据。

由于互联网时代商务数据浩如烟海，故而必然先有一定的选择和取舍，这就涉及商务数据分析的定位和思路问题。

国内大的互联网企业内部，商业分析岗位一般有两个不同的方向，分别侧重于业务分析和数据逻辑。以字节跳动为例，偏向数据逻辑的定义为商务智能（business intelligence），对数据处理的技能要求很高，比如：精通 Python、R 语言；熟悉机器学习、数据库与数据挖掘；擅长结构化查询语言（structured query language，SQL），特别是具备大数据下的优化能力和经验；懂一门服务端开发的静态语言，如 Java、Go；掌握建模等。同时，也要求理解商业逻辑和业务流程，但通常仅限于理解层面，能够明白业务术语、业务逻辑、业务流程，并融入业务场景。

偏向商业业务分析层面的定义为商务分析（business analysis），对于数据能力的基本要求较高，如数据库和分析原理也是必不可少的。除此之外，对业务理解能力、逻辑框架能力、提炼洞察能力、思维能力要求较高；会基于商务智能的数据产出，结合公司内部的实际业务运行、整体行业背景、竞争对手资料等，进行深入的综合性洞察，帮助管理层或业务条线，发现业务中存在的问题、准确定位、找出原因，并提出可行的解决方案。

作为一门商学院课程，大多数学生毕业后的定位更偏向商务分析。如果你对商务智能有兴趣，本章后附的参考文献中含有相关的内容。商务分析立足于战略层面，在进行数据分析之前，往往会根据实际需求，确定工作数据的范围，以下是一些常见的战略思路，当然，商业战略并不局限于这些。

（1）市场分析。市场分析是根据已获得的市场调查资料，运用统计原理，分析市场及其销售变化。在依据商务数据进行预测之前，首先要理解市场，运用科学的方法，有目的、成系统地搜集整理有关市场的信息资料，了解市场现状及其发展趋势，最终实现企业盈利的根本目的。需要理解市场的内容有很多，如市场环境、市场基本状况、销售潜力和应用前景、市场变动和技术革新的情形、供应链的保障等。

（2）行业竞争分析。行业竞争分析，是对行业环境进行研讨，是对企业组织主要营业活动中来自对手的压力进行的分析。行业竞争的性质和程度，是决定企业在其某一竞争领域中，所采用竞争战略的基础。首先要了解行业态势数据；其次，需要深入了解企业的竞争者，因此，对手的数据不可忽略，而且由于竞争态势的变化迅速，以及对手数据本身的滞后性，相关数据需要尽力更新；最后也要了解行业外可能替代者造成的同业竞争压力，比如潜在入局，上下游企业的延伸，以及像数码相机对胶卷、平板显示对阴极射线管那样的颠覆性替代等。

（3）产品形态分析。产品形态，是指通过设计、制造、加工，满足客户需求，而最终呈现给客户的产品状况。产品形态的吸引力，对市场效果有举足轻重以至决定作用，因此，要协调并规划好产品形态的定义、表现力和成本控制。这里除了常规的定量分析，还需要采取一些定性分析的方式，因为消费者心理的模糊性和理性不完全，使得对产品形态的量化数据往往出现很大的偏差。可以通过用户访谈的方式，与期待的使用者进行坦诚深入的交流。

案例 1-4

物理驱动到数据驱动：海洋石油工程的变革

党的二十大明确提出要发展海洋经济，加快建设海洋强国①，而海洋石油工程可以起到助力海洋经济高质量发展，进而促进海洋强国建设的作用。长期以来，海洋石油工程都是物理驱动的。意思是，以各种各样的原理，如原油成藏原理、原油迁移原理、钻头切割原理等，指导海底石油、天然气的勘探和开发。随着人类能开发的海洋环境越来越复杂，很多物理规律也越来越难以琢磨，使得海洋石油的勘探与开发像是一种“押宝”，可能大获成功，也可能什么都没有。

随着大数据技术包括分析方法的发展，基于数据能够发现人类所不能感知的内在规律。石油工程的原理非常复杂，想要应用大数据，离不开神经网络（neural network）和

① 习近平. 高举中国特色社会主义伟大旗帜 为全面建设社会主义现代化国家而团结奋斗——在中国共产党第二十次全国代表大会上的报告（2022-10-16）[2023-05-18]. https://www.gov.cn/xinwen/2022-10/25/content_5721685.htm.

深度学习（deep learning）技术。使用大量的数据训练后，机器就能够对勘测数据进行自动解释，准确性已达到了 70%～80%。通过大数据，不仅极大降低了石油工程师的工作强度，而且可以将很多以前不可能的事情变成可能。

比如，海底油田的区块分析，可以判断哪块油田有开发潜力而哪块没有，该技术是海洋石油工程的核心竞争力之一，但判断准确率一直不高；现在，结合大数据，就能做出相对准确的判断。与市场环境结合分析，石油企业可以从海底项目获取更高、更可靠的收益。

下面，以批发零售业的电子商务商业分析为例，通常，我们可以以下列指标和数据为核心，构建一个完整的分析体系。

1）App/网站运营指标

对电子商务的管理者来说，了解入口日常的运营状况至关重要。因此，需要对网站的登录、浏览、交易、支付等各类数据进行每日分析，这对于把握用户信息和做出运营决策，具有基础性的意义。

这方面的指标中，最重要的是流量指标，又可分为数量、质量和转化三方面。数量指标包括访问商品或服务的人数、次数。质量指标包括对页面中链接的点击率、页面/平台整体停留时间等。转化指标是指将访问和浏览转化为最终想要达到的目标（传统来讲主要是销售）的能力。以前，这方面的统计多数是基于 Web 网页的统计；随着移动互联网的发展，入口平台不断改变，App 已经成为最主要的流量来源。

2）经营环境指标

经营环境指标，在此主要是指对外部竞争环境的评估。具体包括市场整体规模、市场占有率、市场增长率、客户群体构成、技术等竞争力在市场中的排位。

其中，市场占有率又叫市场份额（market share），是最重要的外部竞争指标之一。它是指一个企业的销售额（或销售数量）在市场同品类产品中所占的比重，直接反映了企业在市场中所占的地位。市场增长率则是预测未来的基本依据，是指本期销售相较于前一可比周期（相同长度的前一时间段，或周期性行业中上一周期的同阶段）的变化比率。

3）销售业绩指标

销售业绩指标，直接与公司的财务收入和整体经营绩效挂钩，是所有商务评估体系中的核心部分，其细化落地决定了其他指标的设定和重要性。在商务数据分析中，这个指标的许多功能被运营指标特别是流量指标替代，但仍是非常重要的组成体系。其中直接可见的关键指标有毛利率、有效订单率、重复购买率、退换货率等；在此基础上构建的二次指标，则包括每笔订单的平均订货额、单个访问者创造的销售和毛利润、消费者回购率等。商务数据分析中，如果条件允许，应尽量考虑客户的个性化因素，做到单独评估、单独分析，方能体现商务数据分析相对传统营销的优势所在。

4）营销活动指标

营销活动是否成功，通常会从活动的直接收益、创造的影响力、活动成本、参与者黏性等几方面作衡量。传统来讲，这些指标可以被分类为日常市场运营活动指标、广告投放指标和对外合作指标。但由于电子商务时代竞争的透明化、B2C销售的集中化，特定市场运营活动指标（如参与淘宝平台“双十一”促销的绩效，或针对某一竞争事件的对抗性营销）表现出其特有的重要性和竞争特性，因而往往被单独提取出来。

营销活动指标主要考虑新增用户数、用户转化率、单用户成本、投资/合作回报率等。这方面的商务数据分析，往往配合新一代的客户关系管理平台进行使用，产生即时数据，并及时跟进后续的营销。

5）客户价值指标

根据传统理论，一个客户的价值一般由三个因素决定：历史价值——过去的消费，潜在价值——主要从用户行为出发预测的潜力，以及附加值——包括用户忠诚度、口碑推广能力等。我们可以从每个客户的贡献、获客及维护成本两个角度衡量客户的价值。

新客户是反映市场发展的重要指标，也是大部分商务数据的根本来源。这方面的主要指标包括：新客户数量、获客成本和客单价（per customer transaction），新客户第一笔订单金额等。

老客户则是指在一个统计周期内，完成两次及以上交易行为的客户群体。维护老客户的活跃度同样非常重要，特别是在电子商务企业的覆盖面扩大、市场逐渐饱和以后。老客户相关的主要指标有顾客回访率（customer return visit rate）、最近一次消费时间（recency）、消费频率（frequency）和消费金额（consumption amount）等。

当然，由于电子商务的范围不断扩张，内容不断深化，行业不断细分，渠道不断下沉，以上的指标体系并非绝对的，不断有新的、个性化的指标加入其中，这点需要根据实际业务和企业组织的情况加以调整。

1.2.3 商务数据分析的应用场景

如今，数据分析的运用，早已渗透到商务活动的方方面面。除了最早、最直接的电子商务活动，如面向消费者的网上商城，面向企业的产品、供应链和服务平台，其他的传统商务活动也都在向着数据分析靠拢。实际上，所有活跃的、成功的国际企业，都已经应用了商务数据分析的方法和技术。能源行业运用数据分析管理智能电网，在丹麦的风力发电、德国的分布式太阳能中，都取得了经济和社会效益。医疗行业运用大数据分析，在亚洲用于健康类App的健康管理，在北美用于控制新生儿的夭折风险。全球零售业广泛运用数据分析作为营销的基本指南。欧洲电信行业运用数据分析，预测潜在的客户流失风险，并制定相应的挽留对策。娱乐行业运用数据分析预测可能的票房与奖项。然而，商务数据分析是一个风险与机遇共存的领域，即使有了先进的AI技术协助，分析中的疏漏和误解依然经常出现。

案例 1-5

数据分析带来错误的预言

Google公司第一次运用数据分析预测流感就取得了很好的效果，相比美国疾病控制和预防中心（Centers for Disease Control and Prevention），提前两周预测到了流感的暴发。

但是，几年之后，Google 的预测越来越失准，大有危言耸听之感。经过分析，由于媒体对 Google 成功的渲染，很多人出于好奇而搜索相关关键词，而 Google 没有及时觉察和调整模型，从而导致了数据的扭曲和分析的失败。

一家保险公司想了解行为习惯和购买人寿保险意愿之间的关联性。随后该公司觉得“习惯”太过于宽泛，于是将调查范畴限定到是否吸烟上。但是，工作依然没有实质的进展。最后，该公司被迫终止了整个项目，因为一直未能发现任何有价值的信息。

这个项目的失败是由于忽略了问题的复杂性：在抽烟与否之间，还有大片灰色地带是该公司没有注意到的：很多人在尝试戒烟；先抽烟而后又戒烟了；戒烟后可能又复吸等。在将问题动机简单化的驱动下，这个部分被忽略了。

（资料来源：https://www.wired.com/2015/10/can-learn-epic-failure-google-flu-trends/）

全面、深入地思考和理解，是商务数据分析发挥正面效用的重要条件。除了这些把经典商务活动和数据分析有机结合的形态，还有两个新兴的场域是具有独立特色且值得注意的，分别是社交网络（social network service）和软件即服务（software-as-a-service）。

对社交网络的分析，可以在一个毫无了解，甚至是看似并非同一组织的群体中，通过信息流动的记录，发现关键的节点和传播途径，找到最受欢迎的资讯和最有商业价值的资源，从而在传统营销活动所无法控制的陌生人和疏松社群间高效地开展营销活动，取得理想的传播效果。同样地，也可以在一个熟人社交中，建立包含高度商业价值的联系，并向外扩散传播，如国内崛起的社交类互联网新贵（字节跳动、拼多多等），无一例外高度依赖并深度运用了针对社交网络的数据分析技术，结合个性化推荐技术，取得了决定性的核心竞争力优势。

软件即服务，即软件商通过网络提供集中式的软件服务，将应用统一布局于服务器上，此时销售的内容已经不是成套软件，而是软件商可以提供的服务。在基础服务能够满足要求的前提下，附加服务和增值业务成为实现商业价值、获取利润的关键所在。这时，服务商如何最大限度满足用户的使用偏好，服务客户业务的深度和个性化需求，同时还要保证客户数据的绝对独立和安全性，这就使数据分析和各相关领域，包括深度学习算法、开源社区和数据安全广泛融合，从而给数据分析开拓了新的领域，同时也提出了新的挑战。

1.2.4 进行商务数据分析的准备

作为学习者的角度，一个常见的疑虑是，我不是计算机/数学/统计专业，也没有数据分析相关的项目经历，现在开始学习是否来得及呢？其实，大部分初级的数据分析岗位并不需要很深的专业基础，而到了进阶阶段，“工作中接触数据”的项目经验，可以带来迅速的提升，结合商业分析能力与数据分析的综合人才，是当前业界最受欢迎的。

如果能够参与到数据分析的实际应用项目中，当然是最好的。除此之外，互联网上有一些公开的数据源，可以作为学习提升之用，如 Google 公司的 Kaggle，阿里巴巴集团的天池大数据。取得数据后，我们可使用常规的数据分析软件进行处理；在学习阶段，既可以选择 Stata、Matlab、SPSS、SAS 等商业软件，也可以通过适合数据分析的编程语言，比如公认的R语言和Python语言（加挂数据分析包，如Pandas），对商务数据进行清洗、整理和分析。

站在一个企业的角度，无论是自己成立数据分析部门，还是承接外包而来的分析业务，商务数据分析都需要一定的软硬件基础。大的云服务供应商，如Amazon AWS、Google Cloud、Microsoft Azure，国内的阿里云、华为云等均有成熟的商务数据分析解决方案和完善的技术支持，在成本和可管理性上占有压倒性优势，除有安全需求的特殊业务外，一般不需要处理如海量存储、数据管理、充裕计算力及其分配等外部问题。但是，网络基础设施和企业原有系统的升级、对接改造，仍然是需要认真对待的，特别是后者，经常带来意想不到的麻烦和成本。在此基础之上，如有需要，可以使用一些第三方的数据采集工具，扩展采集的对象和范围。

案例 1-6

创业公司通过差异化竞争体现优势

对于数据分析的平台和解决方案，大公司占有先天的优势，他们有更多的资金，更强的整体技术，更多的数据和成熟的市场资源。但这并不意味着，数据分析只是大公司的盛宴，实际上，更多的中小公司也在商务数据的运用中找到了自己的机会。

美国创业公司 PredPol 运用数据分析技术推出的“预测性警务”解决方案，是这方面一个成功的例子。通过基于地震预测算法的变体和历史犯罪数据，结合犯罪行为的社会学信息，PredPol与洛杉矶和圣克鲁斯两地警方合作预测犯罪发生的概率。在圣克鲁斯，采用该分析技术一年后盗窃减少了 19%，在洛杉矶则是半年内涉及财产的犯罪减少了12%。

实际上，依赖数据分析创业成功的最佳案例就在我们身边。生活在互联网应用拓展最深、最广的中国，当你每次打开手机的时候，是否意识到，手机上各种流行应用的基石就是建立在商务数据分析上呢？

（资料来源：https://www.predpol.com/santa-cruz-pds-predpol-adds-tool-for-cops-neighbors/）

成功的商务数据分析，给企业创造的价值是巨大的。潜藏的商业价值被挖掘出来，如沃尔玛发现的“啤酒和尿布放在一起，可以推动彼此销售”已经成为商学院教材中的经典案例。但是，对商务数据的理解，不能脱离人的因素，需要数据的分析者、运用者，发挥自身的主观能动性，正如马克思主义唯物辩证法所说，“发挥主观能动性是认识和掌握客观规律的必要条件”。

案例 1-7

创业公司通过差异化竞争体现优势

“最近两年，宠物食品市场空间增加了两三倍，竞争把很多国内企业逼到了死角。”经营一家宠物食品公司的 C 先生认为：“渠道相近，谁开发出好的产品，谁就有前途。以前做生意靠经验，我觉得产品设计要建立在科学的调研基础上。去年底，我们决定开始为产品设计做消费调查。”

为了能够了解更多的消费信息，C先生设计了精细的问卷，选择了1000个样本，并且保证所有的抽样在超级市场的宠物用品购物人群中产生，内容涉及价格、包装、食量、周期、口味、配料等六大方面，覆盖了所能想到的全部因素。沉甸甸的问卷让企业的高层着实振奋了一段时间，谁也没有想到市场调查正把他们拖向溃败。

2022年初，公司的新配方、新包装狗粮产品上市了，旺销仅持续了短暂的一星期。随后就是全面萧条，后来产品在一些渠道甚至遭到了抵制。过低的销量让企业高层不知所措，当时远在美国的C先生更是惊讶：“科学的调研为什么还不如以前我们凭感觉定位来得准确？”到2022年2月初，新产品被迫从终端撤回，产品革新宣布失败。

案例中企业运用数据分析的结果，为何会失败？

（参考思路：产品的最终消费者并不是“人”，对人类的调查没有意义）

【本章小结】

1. 超越传统的数据量，决定了互联网时代的商务离不开数据分析。

2. 数据分析可以划分为描述性分析、诊断性分析、预测性分析和规范性分析。

3. 最常规的、重要的商务数据，包括行为主体的特征数据和行为主体间的关系数据。

4. 商务数据分析基于数据产出，结合公司内部的实际业务运行、整体行业背景、竞争对手资料等，进行深入的综合性分析，帮助管理层或业务条线发现业务中存在的问题、准确定位、找出原因，并提出可行的解决方案。

【思考题】

1. 数据分析的运用一定能够提升企业的竞争能力。是对还是错？

2. 下列哪项不属于数据分析的一般分类：

A. 描述性分析　　B. 预测性分析　　C. 实证性分析　　D. 规范性分析

3. 商务数据分析中，有哪些你学过的商业模型可以结合运用？

（参考：波特五力模型、杜邦分析、SWOT①分析、用户增长模型 AARRR②、帕累托分析等）

4. 对非电子商务领域的零售业经营实体，你能想到哪些应用于商业分析的关键数据指标？

5. 对商务数据的分析能产生大量有价值的指标。那么关注和跟踪的指标是否越多越好，为什么？

6. 你学习商务数据分析，希望把技能运用在哪个领域之中？

7. 你的手机上有哪些 App 的核心竞争力来自数据分析呢？

---

① SWOT 是 strength（优势）、weakness（劣势）、opportunity（机会）、threat（威胁）四个单词的缩写。

② AARRR 是 acquisition（获取）、activation（激活）、retention（留存）、revenue（收益）、referral（推荐传播）五个单词的缩写，分别对应用户生命周期的五个阶段。

【案例分析】

党的二十大明确提出要加快建设海洋强国[①]，而船舶作为最常用的海洋交通工具，其制造技术也需要加快发展。现代船舶制造过程，日渐向数字化、智能化方向发展，很多人工操作和根据经验管理的环节，正被数据分析和人工智能所取代。通过配备传感器，在设计制造、设备安装、运行维护、报废拆解的整个船舶生命周期，均可获取丰富的元数据。

（1）船舶在航行期间，会进入不同的港口停泊，运送不同的货物，在不同的工厂维护，如何保证在所有这些商务活动中，都能利用到相关的数据资料？

（2）作为一个具有强周期性的行业，造船企业分析船舶大数据，可以获得哪些好处？

【参考文献】

安德森 D R，斯威尼 D J，威廉斯 T A，等. 2017. 商务与经济统计. 原书第13版[M]. 张建华，王健，聂巧平，等译. 北京：机械工业出版社.

韩家炜，堪博 M，裴健. 2012. 数据挖掘：概念与技术. 原书第3版[M]. 范明，孟小峰，译. 北京：机械工业出版社.

黄成明. 2014. 数据化管理：洞悉零售及电子商务运营[M]. 北京：电子工业出版社.

克罗尔 A，尤科维奇 B. 2015. 精益数据分析[M]. 韩知白，王鹤达，译. 北京：人民邮电出版社.

米尔顿 M. 2010. 深入浅出数据分析[M]. 李芳，译. 北京：电子工业出版社.

佘莉，刘闯，韩筱璞，等. 2016. 商务数据分析[M]. 北京：清华大学出版社.

余本国. 2018. 基于Python的大数据分析基础及实战[M]. 北京：中国水利水电出版社.

张文彤，钟云飞，王清华. 2020. IBM SPSS数据分析实战案例精粹[M]. 2版. 北京：清华大学出版社.

① 习近平. 高举中国特色社会主义伟大旗帜 为全面建设社会主义现代化国家而团结奋斗——在中国共产党第二十次全国代表大会上的报告（2022-10-16）[2023-05-18]. https://www.gov.cn/xinwen/2022-10/25/content_5721685.htm.

第 2 章　商务数据分析的资源

➤【本章重要专业词汇】

商务数据——business data
商务数据分析资源——resources for business data analysis
商务数据分析人员——business data analyst

通信和信息系统正在以难以置信的速度和包罗万象的方式收集着人们在生活中方方面面的数据。此外，企业要为意见调查、日常经营而收集各种各样的数据。云系统信息可以提供大量容易获得的数据，数据仓库系统则有能力将这些海量数据存储在大型数据库中。在这种大环境下，企业急迫地需要从收集到的大量数据中获取信息，来判断是否进行数据投资，即对大数据进行商务数据分析。企业认识到，要保有竞争力，就一定需要这些信息，而商务数据分析正是获取这些信息的一种重要途径。鉴于商务数据分析的重要意义，本章主要探讨企业需要哪些资源来支持商务数据分析。

开篇案例

中国船舶集团在汽车运输船领域实现历史性跨越

2023 年以来，中国船舶集团有限公司（以下简称中国船舶集团）汽车运输船（pure car/truck carrier，PCTC）经营团队紧跟全球市场趋势，主动对接船东需求，连续帮助集团旗下船舶企业获得 PCTC 大单，助力中国船舶集团实现高质量发展。

2021 年之前，全球 PCTC 新船市场订单需求有限。但中国船舶集团 PCTC 经营团队在认真研究了国内外形势之后发现，汽车产销增长、贸易格局变化、国际海事组织新规则及规范生效以及环境减排等因素会对市场产生深远的影响。结合以往的汽车产销数据及新船销售数据，团队进行了有效的数据分析和需求预测，有针对性地改进产品，努力提高船东的满意度。据《中国船舶报》报道，截至 2023 年 2 月，中国船舶集团手持 7000 车至 9200 车系列 PCTC 订单已达 32 艘，占全球市场份额约 25%。在大型 PCTC 领域，中国船舶集团已实现从追赶至并跑的历史性跨越。

2.1 支持商务数据分析的资源类型

商务数据分析在电子商务中具有重要的意义，通过数据分析不仅可以发现企业内部的不足、客户体验的不足、营销手段的不足等，还可以了解客户的内在需求。如果想真正理解商务数据分析的重要性和必要性，首先需要了解商务数据分析人员所承担的角色性质，此外还需要认识到商务数据分析项目所需要的资源有哪些类型，这样做的目的是更好地领会商务数据分析所提供的信息的价值。

根据各自的需求，企业对商务数据分析资源的要求有所不同，以便能满足企业特定的决策支持需求。例如，从投入资源方面来说，有些公司可能选择有限的投资，有些公司则可能已经设立了商务数据分析团队或部门。无论资源投入水平如何，商务数据分析项目至少需要在商务数据分析人员、数据和技术资源方面加以投入。在商务数据分析项目中，分析人员使用数据分析方法，应用数据分析工具，对数据中包含的用户属性特征、行为习惯、交互数据、消费数据等进行多维度分析，深度挖掘商务数据的价值。从认识论的角度来说，分析人员作为商务数据分析过程中的主体，以数据分析技术为方法，对作为客体的数据进行认识、分析和提炼。随着科学技术的发展，主体的能动作用日益增强，客体的范围逐渐扩大，认识手段的中介作用日益突出，主客体关系日益复杂，这就使得商务数据分析在商务活动中的重要性越来越突出。

2.2 商务数据分析人员

作为数据分析过程的主体承担者，商务数据分析人员具有很强的主观能动性，他们可以根据不同的需求将企业中现有的数据进行有效的整合，快速准确地提供报表并提出决策依据，帮助企业做出明智的业务经营决策。

通过腾讯、京东、搜狐、快手等国内著名企业在招聘时对职位的描述，我们把商务数据分析人员的工作总结为下面几部分：商务数据分析人员主要负责数据分析体系建设和完善，挖掘流量、产品、策略方面的商业变现机会，驱动商业化业务发展；能够提炼业务发展中的核心问题，建立分析模型，通过数据论证解决方案或可行性，为决策提供依据；负责商业化日常数据分析及监控，针对异常情况协调资源并进行跟踪和深入分析；能根据实际业务完成较深入的专项数据分析，形成数据分析报告，并与产品、运营、开发团队紧密配合，积极开展跨部门合作沟通。通过上述工作内容，商务数据分析人员不仅需要掌握统计学相关知识和人工智能技术，能够找出大数据中隐藏的用户行为规律，优化产品收益，驱动业务增长，而且需要具备较强的商业洞察力和逻辑分析能力，能够根据具体业务构建战略分析框架，进行全维度的商务分析。

另一种间接描述商务数据分析人员所需技能的方法是研究提供商务数据分析服务的组织在该领域的认证内容。Cognizure（www.cognizure.com/index.aspx）作为一个提供包括商务数据分析服务在内的各种服务产品的组织，提供了商务专业应用能力国际认证考试，测评商务数据分析工作人员的现有技能，并确定需要改进的领域。这是验证商务数据分析领域技术能力、专业知识以及专业标准的工具。此认证包括三项考试，涵盖表 2-1 所列的内容领域。

表 2-1　Cognizure 认证机构认证考试内容领域

测评	专题	涵盖内容	示例
Ⅰ	统计方法	数据可视化和探索数据	图形和图表
		描述性统计	平均值、中位数、众数
		概率分布	正态分布
		抽样和估计	置信区间
		统计推理	假设检验
		回归分析	多元回归
		预测建模和分析	对原始数据的拟合曲线函数与模型
Ⅱ	运筹学方法	线性优化	线性规划
		整数优化	整数规划
		非线性优化	非线性规划
		模拟方法	蒙特卡罗方法
		决策分析	预期价值分析
		预测	指数平滑
Ⅲ	案例研究	现实世界的实践知识	上述解决现实世界问题方法的应用

表 2-1 所列出的大部分内容领域，将在后面几章中加以讨论与说明。人们能够很清楚地看到，Cognizure 认证项目所需的三个考试是商务数据分析流程的三个步骤——描述性数据分析、预测性数据分析和规范性数据分析的内容，图 2-1 中的三个板块正好与商务数据分析流程中的三个主要步骤相对应。基本统计工具适用于描述性数据分析步骤，更高级的统计工具适用于预测性数据分析步骤，运筹学工具适用于规范性数据分析步骤。一些工具既可应用于描述性数据分析步骤，也可应用于预测性数据分析步骤。类似地，仿真工具既可应用在预测性数据分析步骤，又可应用于规范性数据分析步骤中解答问题。将所有工具相结合，则是案例研究的现实应用。运用案例研究旨在提供实践经验，其中所有工具都可用于解答重要问题或寻求机会。

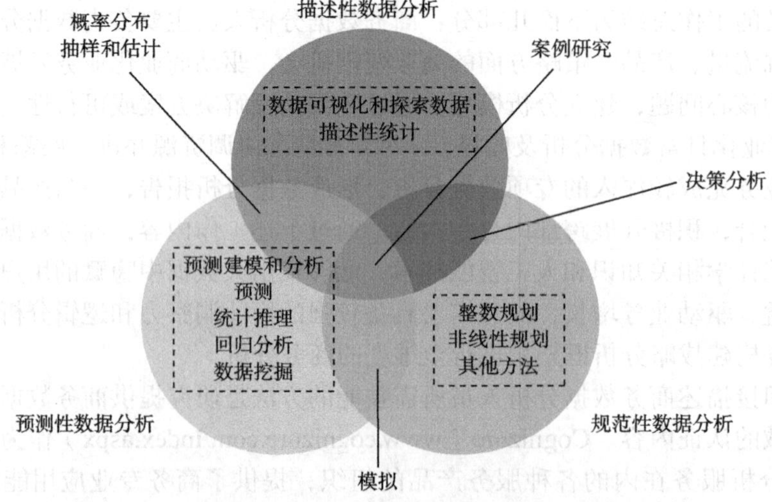

图 2-1　认证内容领域及其与商务数据分析中三个步骤的关系

根据前面的分析可知，商务数据分析人员在数据分析中职位和角色的多样性，导致了商务数据分析职位需要不同的技能。在一般意义上，商务数据分析职位需要业务、分析和信息系统技能方面的能力。如表 2-2 所示，业务技能涉及人员和流程的基本管理。商务数据分析人员必须与组织内部的商务数据分析员工（商务数据分析团队成员）以及公司内部的其他功能区域（商务数据分析客户和用户）进行沟通，使其真正地发挥作用。由于需要服务于公司内的各种功能领域，商务数据分析人员需要拥有客户服务技能，以便他们能够与公司的人员进行互动，并了解问题的性质。商务数据分析人员还需要向公司内部的用户销售他们的服务。此外有些人必须领导商务数据分析团队或部门，这需要相当强大的人际管理技能和领导能力。

表 2-2　选择商务数据分析人员要求的技能或能力类型

技能类型	可能的角色描述
业务方面	领导力 对相关人员的管理能力和沟通能力 管理商务分析项目（确定优先次序、安排进度等） 管理商务分析过程（采用合适的规则、程序） 确定项目的要求 培训商务分析人员的开发能力
分析方面	了解如何使用统计方法 了解如何使用运筹学方法 知道如何对定量数据进行数据挖掘，并对非结构化数据进行文本分析
信息系统方面	维护和使用计算机门户网站 识别和提取数据 保持数据质量

商务数据分析的基础是认识理解表 2-1 所列出的分析方法，还有未列出的其他分析方法。除了工具集，还需要知道它们如何被整合到商务数据分析流程中以利用结构化的或非结构化的数据，获得由分析需求所指导的客户的信息。

总之，对于从事商务数据分析职业的人员来说，应该知道如何与人进行互动，并利用必要的分析工具将数据中隐含的信息挖掘出来，提出决策依据，帮助企业做出明智的业务经营决策，以便获得更高水平的企业绩效。

2.3　商务数据分析中的数据

作为商务数据分析过程中的客体，数据是数据分析人员进行分析的对象。在数据科学中，数据指的是对客观事件进行记录并可以鉴别的符号，是对客观事物的性质、状态、相互关系等进行记载的物理符号或物理符号的组合，是构成信息或者知识的原始材料。通常来说，商务数据中的数据特指商务数据，它是记载商业、经济等活动领域的数据符号。通过对数据进行加工，商务数据分析人员会得到数据中蕴含的信息，这些信息正是帮助企业进行决策的依据。因此，作为信息的表现形式和载体，数据在商务数据分析过程中承担着非常重要的作用。

2.3.1 数据分类

如果按照数据的类型分类，商务数据涉及的类型不仅有结构化的数据，还有非结构化的数据。通常情况下，计算机处理的都是标准化、结构化的数据，但是随着信息技术的发展，采集的数据种类越来越广泛，文本、视频、语言等非标准化、非结构化的数据，则需要通过一定的技术手段将其转化为结构化的数据之后再进行处理。

另一种常用的分类方法是按照数据的范围进行分类，这就把数据分成来源于机构内部的数据和来源于机构外部的数据两种。内部数据的典型例子见表 2-3。当企业试图解决内部生产或服务运营问题时，就可能需要内部来源的数据。典型的外部数据来源（详见表 2-4）数量众多，这就给数据分析人员提出了巨大的挑战。数据可以按照定量方式来测量，或者以定性方式采用偏好调查，或通过网络上消费者对竞性产品利弊的讨论量来定性测量。

表 2-3　商务数据分析可利用的典型内部数据来源

内部数据类型	描述
记账和提示系统	记账系统和提示系统会打印出账单，并监控基于价值的客户细分市场的客户付款信息
业务	行业编码、会计信息、员工信息等可在日常业务过程中收集
客户	当客户为支付产品、服务或者签收时，可以获得客户的名字、地址、带来的盈利、特殊合同、市场细分情况等
客户关系管理系统	客户关系管理（customer relationship management）系统是收集和提供客户的历史，以及如投诉、不再与一个公司发生联系等行为信息
人力资源	有关员工、薪水、能力等信息可通过对就业历史记录的日常工作来收集
企业资源计划系统	企业资源计划（enterprise resource planning，ERP）系统用于内部沟通，目的是为管理问题和所关注的事情以及生产与销售产品所需要的操作活动提供直接反馈信息
产品	信息是通过从采购经由售后再到监控盈利能力、持久性和质量而收集来的
生产	用于优化生产、库存控制以及将产品投递给客户的供应链的信息均是在生产过程中收集起来的
问卷	客户行为的信息是通过问卷获得的，以便测量客户服务和产品质量等
网页日志	信息是利用公司网站通过 Cookie 和其他手段来收集的，以便了解客户的导航行为和产品的利益点

表 2-4　商务数据分析可利用的典型外部数据来源

外部数据类型	测量工具
满意度	收入、利润 市场份额、销售额 产品/服务调查数据 忠诚度 品牌意识 每位客户的平均支出
客户人口统计	地理位置（距市场的距离） 收入水平 市场规模
竞争	市场份额 竞争对手盈利能力 广告促销努力 偏好调查 有关产品的 Web 信息
经济	人口统计 收入分配统计

2.3.2　数据问题

无论数据来源于机构内部还是外部，它都应该被放置在商务数据分析人员可以使用的结构中，也就是说，数据的可用性是至关重要的。数据的可用性包括数据质量和数据隐私这两个方面。

数据质量可以定义为服务于其收集目的的数据所要求的质量，这就意味着根据需求的不同会要求不同质量的数据，但这些数据需要满足最基本的质量要求，这些要求通常包括准确地表示现实、测量所要测度的内容、永恒性以及完整性。较高的数据质量将有助于保持公司的竞争力，提升客户服务，并提高盈利能力。当数据质量较差时，可能会提供矛盾的信息，导致误导性决策。例如，文件有缺失数据，这可能会阻碍某些表单的统计建模，信息的错误编码甚至会导致数据的无效。数据管理人员需要清除错误信息的数据，并修复或替换缺失数据，来确保数据质量。

数据隐私是指保护共享数据。它涉及数据安全问题，需要在获取数据和共享数据之间加以权衡。不受限制地访问存在许多风险。例如，竞争对手可以通过访问公司网站来窃取公司的客户信息。涉及产品质量问题的数据泄露可能会损害品牌形象，客户可能变得不信任公司。为了避免这些问题，公司需要遵守关于客户隐私的现行立法，并制订专门用于数据隐私的计划。

收集和检索数据以及计算分析等过程需要使用计算机和信息技术。商务数据分析人员所做的大部分工作涉及管理信息系统，以便从各种来源中收集、处理、存储和检索数据。

2.4　商务数据分析技术

商务数据分析技术作为数据分析过程中的工具，使分析人员从数据中提炼所需要的信息成为可能。在现今的网络时代，数据来自方方面面，具有庞大而复杂的特性。在产品的整个寿命周期，包括从市场调研到售后服务的各个过程，都需要进行数据分析。“工欲善其事，必先利其器”，为了更加快速地获得精确的分析结果，选择合适的数据分析工具是十分必要的。

为支持员工进行日常业务操作，公司需要信息技术基础设施，如表 2-5 所示。这些类型的技术是商务数据分析运作的基本需求。

表 2-5　信息技术基础设施

类型	说明
计算机硬件	这是指信息系统中用于输入、处理和输出活动的物理设备。硬件包括各种尺寸的计算机，各种输入、输出和存储设备；包括连接计算机的电子通信设备，如移动手持设备
计算机软件	这是指信息系统中对硬件组件起控制和协调作用的预编程指令集。软件包括像 ERP 这类的系统软件，也包括移动设备上的小型应用程序（计算机软件应用程序）
网络和通信技术	物理设备和软件连接着多种硬件设备，将数据从一个物理位置传输到另一个物理位置。它不仅包括连接到网络、进行数据共享的计算机和通信设备，还包括因特网、内部网（仅限公司内员工访问的基于因特网技术的内部网络）和外部网（将私人内部网扩展到企业外的授权用户）
数据管理技术	软件控制支配着物理存储介质上的数据组织。它包括数据库管理系统、数据仓库、数据集市和联机分析处理（online analytical processing，OLAP），以及数据、文本和 Web 挖掘技术

就商务数据分析而言，表 2-5 所列出的数据管理技术是非常重要的。数据库管理系统（database management system）是一种数据管理技术软件，它允许公司集中并有效地管理数据，并通过应用程序提供对存储数据的访问。作为应用程序和数据文件的接口，数据库管理系统承担着数据的存储、使用、管理、控制等任务。此外，有些数据库管理系统可以处理非结构化数据，例如，面向对象的数据库管理系统能存储和检索非结构化的数据，如图形、图像、照片和语音数据。想要处理目前大多数公司收集的大数据，这些技术是必不可少的。

数据库管理系统提供用于组织、管理和访问数据库的工具。数据定义语言、数据字典、数据库百科全书和数据操纵语言是四个更为重要的功能。数据库管理系统具有数据定义功能，以此规定数据库中内容的结构，在创建数据库表和创建用于识别内容的特性时使用。随着数据库内容成规模地增大，这些表和特性是检索中的重要因素。这些特性记录在数据字典——一种自动或手动创建的文件，存储着数据的大小、描述、格式及其他用于刻画数据的属性。数据库百科全书是列出公司当前数据项目，以及可以用于构建或购买的数据文件的表格，它的典型内容如表 2-6 所示。对于商务数据分析来说，数据库管理系统所包含的数据操纵语言工具是非常重要的。这些工具用于在数据库中检索特定的信息，例如结构化查询语言，用户通过查询和响应可在数据库中找到特定的数据。

表 2-6 数据库百科全书的内容

数据库内容项	描述
目的	数据库存在的意义，包括利用数据时使用的其他报告和分析
时间	数据何时收集或何时运用的时间窗口
资源	内部（审计、会计等）和外部（客户等）的资源
示意图	展示表格和其他数据文件关联的示意图
成本	收集数据的成本，包括采购价格
数据可用性	数据何时是可用的时间窗口
收集技术	收集方法，包括观察、数据挖掘、普查和焦点小组
收集工具	网页、客户自发形成、电子调查等

对于决策者来说，数据仓库是用于存储具有潜在意义的当前和历史数据的数据库，可供任何需要访问的人使用。数据仓库中的数据是禁止更改的。数据仓库还提供一系列的查询工具、分析工具和图形报告工具。有些公司使用内部门户网站，为整个公司提供数据仓库的信息。

数据集市是数据仓库内的重点关注子集或较小的分组。公司通常建立企业范围的数据仓库，这里的中央数据仓库服务于整个组织，较小的分散的数据仓库（称为数据集市）聚焦于组织数据中的有限部分，并被放置于独立的数据库中，便于特定用户访问。例如，公司可能会开发关于产品质量的小型数据库，专门关注于优质客户和产品问题。与企业范围的数据仓库相比，专注于最受关注项目的数据集市可以更快地被创建起来，而且成本更低。

一旦捕获数据并将其存入数据库管理系统中，分析人员就可以使用商务数据分析工具对其进行分析，包括 OLAP，还有各种针对数据、文本以及 Web 的挖掘技术。OLAP 是一种允许用户在多个维度上观察数据的软件。例如，可以根据年龄、性别、地理位置等条目来查看雇员，用 OLAP 找出 35 岁以上、男性以及在国家西部地区的雇员人数。即便数据存储在非常大的数据库中，OLAP 也可以让用户在线快速获得特定问题的查询答案。

数据挖掘是一种发现驱动（discovery-driven）的软件应用，通过在大数据或大型数据库中寻找隐藏的模式和关系，从中推断规则来预测未来的行为，从而提升对商务数据的洞察力。观察到的模式和规则被用来指导决策。运用它们还可以预测决策的影响。它是一种理想的预测性数据分析工具。采用数据挖掘技术可获得的信息类型如表 2-7 所示。

表 2-7　采用数据挖掘技术可获得的信息类型

信息类型	描述	示例
关联	发生的事情和某个事件的关联	报纸上投放的广告促进了销售
分类	通过检查经过分类的已有项目并用推断出的规则来指导分类，从而识别出描述项目所在群体的模式	识别出哪些客户倾向于需要更多的客户服务，哪些客户需要得更少
聚类	对未经分组的数据进行分类，从而有助于发现数据中的不同组别	对一个单一的、庞大的客户群体按照不同特点进行分组识别，比如找出在飞机上更喜欢喝茶的旅客
预测	预测值可以识别客户行为模式	通过一个典型客户，估计未来销售额的走向
序列	事件的时间关联	识别出购买新房子的人和将在 90 天内购买新车的人之间的关联

文本挖掘是一个软件应用程序，用于从非结构化数据集中提取关键元素，发现文本材料中的模式和关系，另外，它还能概括信息。鉴于存储的大多数信息都是非结构化数据，如电子邮件、图片、备忘录、文字稿、调查结果、业务收据等，挖掘与寻找有用信息的需求在未来将会要求更多地使用文本挖掘工具。

Web 挖掘旨在发现 Web 用户的行为模式、趋势，提升对客户行为的洞察力。例如，营销人员使用网络搜索引擎提供的商业智能服务，可以跟踪各种词汇和短语的流行程度，了解消费者感兴趣的内容和正在购买的东西。

除了前面讨论的通用软件应用之外，还有一些商务数据分析人员经常在商务数据分析流程三个分析步骤中使用的软件应用程序，包括 Microsoft Excel 电子表格应用程序、SAS 应用程序和 SPSS 应用程序。Microsoft Excel 电子表格系统带有专门用于商务数据分析的加载项。这些加载项拓宽了 Excel 在商务数据分析领域的应用。Analysis ToolPak（分析工具库）是一个 Excel 加载项，其中包含用于描述性和预测性分析过程步骤的各种统计工具（如图形和多元回归）。另一个 Excel 加载项 Solver（规划求解）包含分析过程中规范性分析步骤中所使用的运筹学最优化工具（如线性规划）。

SAS Analytics Pro（www.sas.com/）软件提供了一个桌面统计工具集，允许用户以可视化方式对信息进行访问、操作、分析和呈现。它允许用户从任意来源获取信息，并将其转换为有用和有意义的信息，这种可视化方式使得决策者能够快速认识并掌握数据中的关键信息。它专为需要以一种易于理解的方式来探索、检查和呈现数据的分析师、研究者、统计人员、工程师以及科学家而设计，并且可以多种格式展示发现的结果。它是一个主要用于描述性分析和预测性分析步骤的统计工具包。

IBM 的 SPSS 软件（www.ibm.com/software/analytics/spss/）为用户提供了广泛的统计和决策工具。这些工具用于数据收集、统计操作、结构化和非结构化数据的趋势建模以及优化分析。通过获取统计工具包，SPSS 软件可以涵盖商务数据分析过程中的所有三个步骤。

综上所述，任何进行商务数据分析的组织所需要的技术，都会涉及一种通用信息系统结构，包括数据库管理系统、商务数据分析人员所需要的能对组织有所贡献的更为具体的软件。具有更多分析需求的组织，基本上会需要更多的技术来支持商务数据分析工作，但对想要运用商务分析寻求竞争优势的企业来说，它们需要对技术进行大量投资，这是因为商务数据分析是一项依赖技术的工作。

【本章小结】

对于企业来说，商务数据分析能够将数据分析技术与业务场景联系起来，通过一系列思维方法、指标体系及工具模型来支持市场分析、产品优化、客户洞察，从数据中精准发现问题并提出高效解决方案，帮助企业在市场竞争中获得商业利润。商务数据分析对于企业的发展具有重要的意义，同时企业也需要投入一定的资源来支撑商务数据分析的需求。因此，在本章中，我们探讨了企业需要哪几类资源来支持商务数据分析。从分析的角度，我们把商务数据分析的资源分成三类：人员、数据和技术。作为商务数据分析过程的主体，商务数据分析人员以数据分析技术为手段和方法，对过程的客体数据进行深度的认识和分析，挖掘其中有价值的信息。此外，本章还介绍了商务数据分析人员需要掌握的重要技能以及商务数据的分类和数据可用性问题。

【思考题】

1. 企业中支持商务数据分析的资源类型有哪些？
2. 针对不同的商务数据分析任务来说，任务的主体、客体和任务完成手段分别是什么？
3. 对于那些想要从事商务数据分析的人员来说，他们需要掌握哪些重要的能力？
4. 商务数据分析任务中的数据有哪些分类方法？
5. 在商务数据分析过程中，为什么数据质量是非常重要的？

【案例分析】

党的二十大明确提出要加快建设海洋强国①，而船舶作为最常用的海洋交通工具，也需要加快提高其自动化程度。近年来，随着物联网、互联网及自动化控制技术的发展，船舶的自动化程度日益提高，信息技术和数据挖掘技术的发展也大大促进了智能船舶的发展。作为未来重要的海洋技术之一，智能船舶被列为《中国制造 2025》战略文件中的

① 习近平. 高举中国特色社会主义伟大旗帜 为全面建设社会主义现代化国家而团结奋斗——在中国共产党第二十次全国代表大会上的报告（2022-10-16）[2023-05-18]. https://www.gov.cn/xinwen/2022-10/25/content_5721685.htm.

重点研发领域。动力系统作为船舶最核心的领域，其安全性和可靠性将直接影响船舶的航行安全。船舶动力装置在运行期间具有强烈的时变性，对环境条件的要求较为苛刻，但是由于船舶航行的环境复杂，船舶动力系统的故障时有发生。因此，有效的故障检测与诊断技术是预防船舶动力系统故障并保障航行安全的重要手段，也是实现智能船舶故障诊断的必要环节。

随着船舶动力系统与机舱自动化水平的不断提高，机械设备的监测数据规模快速增长，其数据种类和数据结构也愈加复杂。动力设备的状态监测数据已成为故障预测与诊断的重要资源，而对于具有一定规模且时间连贯性较强的数据集来说，如何采用恰当的智能算法解析运行状态数据，是智能船舶故障诊断的关键技术。通过实施智能故障诊断，可以提取大量监测数据中蕴含的多域故障信息、识别设备故障、监测设备状态并预测运行寿命，从而突破传统故障诊断高度依赖专家和技术人员的瓶颈，解决船舶远航时因缺乏专家指导而难以维修的问题，最终为智能船舶和无人船舶技术的发展打下坚实基础。

请根据本章所学习的知识，并结合上述背景，详细分析该案例中涉及的数据分析的资源类型，并试想可能解决问题的技术手段有哪些。

【参 考 文 献】

沙尔达 R，德伦 D，特班 E. 2018. 商务智能：数据分析的管理视角[M]. 4 版. 赵卫东，译. 北京：机械工业出版社.

施尼德詹斯 M J，施尼德詹斯 D G，斯塔基 C M. 2018. 商业数据分析：原理、方法与应用[M]. 王忠玉，王天元，王伟，译. 北京：机械工业出版社.

Bartlett R. 2013. A Practitioner’s Guide to Business Analytics：Using Data Analysis Tools to Improve Your Organization’s Decision Making and Strategy[M]. New York：McGraw-Hill.

Laursen G H N，Thorlund J. 2010. Business Analytics for Managers: Taking Business Intelligence Beyond Reporting[M]. Hoboken：John Wiley & Sons.

Stubbs E. 2013. Delivering Business Analytics: Practical Guidelines for Best Practice[M]. Hoboken：John Wiley & Sons.

第3章　数据的获取及预处理

➢【本章重要专业词汇】

数据——data　　数据类型——data type
总体数据——general data　　样本数据——sample data
数量数据——quantitative data　　属性数据——categorical data
截面数据——cross-sectional data　　时间序列数据——time series data
数据预处理——data preprocessing　　数据清洗——data cleaning
数据变换——data transformation　　数据集成——data integration

开篇案例

道琼斯指数

道琼斯工业股票平均价格指数（以下简称道琼斯指数），是一种代表性强，应用范围广，作用突出的股价指数，是目前世界上影响最大、最有权威性的一种股票价格指数。道琼斯指数于1896年5月26日问世。

道琼斯指数目前由《华尔街日报》编辑部维护，其成分股的选择标准包括成分股公司持续发展，规模较大，声誉卓著，具有行业代表性，并且为大多数投资者所追捧。目前，道琼斯指数中的30种成分股是美国蓝筹股的代表。这个神秘指数的细微变化，带给亿万人惊恐或狂喜，它已不是普通的财务指标，而是世界金融文化的代号。

原因之一是道琼斯指数所选用的股票都是有代表性的，这些股票的发行公司都是行业具有重要影响的公司，其股票行情为世界股票市场所瞩目，各国投资者都极为重视。为了保持这一特点，道琼斯公司对其编制的股票价格平均指数所选用的股票经常予以调整，用具有活力的更有代表性的公司股票替代那些失去代表性的公司股票。自1928年以来，仅用于计算道琼斯指数的30种工商业公司股票，已有30次更换，几乎每两年就要有一个新公司的股票代替老公司的股票。

原因之二是，公布道琼斯指数的新闻载体——《华尔街日报》是世界金融界有较大影响力的报纸之一。该报每天详尽报道其每个小时计算的采样股票平均指数、百分比变动率、每种采样股票的成交数额等，并注意对股票分股后的股票价格平均指数进行校正。在纽约证券交易营业时间里，每隔半小时公布一次道琼斯指数。

原因之三是，道琼斯指数自编制以来从未间断，可以用来比较不同时期的股票行情和经济发展情况，成为反映美国股市行情变化最敏感的股票价格平均指数之一，是观察市场动态和从事股票投资的主要参考。

表 3-1 所列的是 30 家上市公司的股价，是计算道琼斯指数的基础。我们可以看出表 3-1 中包含很多信息，那么在数据分析之前，认识这些信息是非常必要的。本章中，我们将结合道琼斯指数的案例对数据的定义、数据的分类进行介绍，并进一步对数据的来源和数据的预处理等问题进行介绍。

表 3-1 道琼斯指数数据（2013 年） （单位：美元）

公司名称	代码	所属行业	股价	市值
ALCo	AA	制造业	8.03	8 360 181
American Express	AXP	金融业	66.83	5 020 965
Boeing	BA	制造业	87.82	3 377 781
Bank of America	BAC	金融业	11.67	85 564 239
Caterpillar	CAT	制造业	80.60	4 418 069
Cisco Systems	CSCO	高新技术	20.47	37 824 927
Chevron Corporation	CVX	化工、石油、天然气	116.21	4 331 463
DuPont	DD	化工、石油、天然气	48.97	5 610 522
Walt Disney	DIS	娱乐业	61.28	5 893 711
General Electric	GE	综合	21.81	74 030 249
The Home Depot	HD	零售业	74.04	5 627 195
Hewlett-Packard	HPQ	高新技术	19.68	20 229 367
IBM	IBM	高新技术	190.29	13 890 330
Intel	INTC	高新技术	22.38	33 303 641
Johnson & Johnson	JNJ	医药业	84.04	6 094 620
JPMorgan Chase	JPM	银行业	47.28	12 334 210
Coca-Cola	KO	食品饮料业	42.60	8 916 978
McDonald's	MCD	食品饮料业	99.94	5 571 538
3M	MMM	综合	105.79	1 850 264
Merck	MRK	医药业	47.18	6 601 636
Microsoft	MSFT	高新技术	29.77	76 918 154
Pfizer	PFE	医药业	30.91	16 917 714
Procter & Gamble	PG	生活消费品	81.42	7 894 506
AT&T	T	电信业	38.28	14 762 872
Travelers	TRV	保险业	84.79	1 284 813
UnitedHealth Group Inc.	UNH	健康产业	59.94	3 730 520
Verizon Communications	VC	电信业	52.04	9 643 848
Wal-Mart	WMT	零售业	78.07	4 766 595
ExxonMobil	XOM	化工、石油、天然气	87.02	9 446 864
United Technologies	UTX	综合	92.92	2 466 956

3.1 什么是数据

数据并不是简单地指数字，一切用来展现和解释所搜集、分析和提炼的事实和数字均为数据。表 3-1 是 2013 年道琼斯指数的股票信息，是许多金融专家和投资者分析美国金融市场和经济总体状况的晴雨表。

从表 3-1 中可以获取许多变量。变量通常是指可以取不同值的标志或指标，如表 3-1 中的代码、所属行业、股价及市值，均属于变量。每个变量都可以获得一组对应值，称为观察值，如表 3-1 中的每一行都代表观察值。实际上，每一个组织或个人所面临的问题和机会都会受到相关变量值的影响。因此，需要关注变量的取值的变化情况，也就是变量的变异情况。

变量观察值的变化情况蕴含着丰富的信息，可为具体问题的分析和解决提供重要的参考。因此，对观察值的处理是数据分析的基础。在对数据进行处理和分析之前，需要对数据的类型进行分类。

3.2 数据的类型

常见的数据分类主要有总体数据和样本数据、数量数据和属性数据、截面数据和时间序列数据。下面将对这三种类型的数据进行解释说明。

3.2.1 总体数据和样本数据

总体数据是指和某一问题相关的所有变量的数据。样本数据是指和某一问题相关的具有代表性的变量的数据。在许多情况下，从总体（感兴趣的元素的集合）中搜集数据是不现实的，在这种情况下，可以从总体的子集（样本）中搜集数据。例如，美国有成千上万家上市公司，每天跟踪分析所有这些上市公司的股票（总体数据），势必会花费大量的时间和金钱。道琼斯指数选取了美国 30 家大型上市公司的股票做样本（样本数据），代表上市公司总体。搜集那些能代表总体的样本数据至关重要，因为只有这样才能把这些样本数据推广到总体情况的认知。在绝大多数情况下，要求采用随机抽样的方式从总体数据中产生具有代表性的样本数据。如何处理总体和样本的关系将直接影响如何计算和解释统计量的问题。在几乎所有的商务数据分析的实际应用中，我们都要和样本数据打交道。

3.2.2 数量数据和属性数据

通常，将能够进行加减乘除等数值和算术运算的数据称为数量数据。在表 3-1 中，市值就是数量数据，因为把表 3-1 中 30 家上市公司的市值加总，就能得到道琼斯指数上市公司的总市值。其他不能进行算术运算的数据称为属性数据。对属性数据进行描述分析时，只能进行计数或计算每一个类别观察值的比例。如在表 3-1 中，“所属行业”

这一栏的数据便是属性数据，对此可以汇总道琼斯指数中电信业上市公司的数目。从表 3-1 可以看出，在道琼斯指数中只有两家电信业的上市公司，分别为 AT&T 和 Verizon Communications，仅此而已，我们不能对“所属行业”的数据进行算术分析或进行其他运算。

3.2.3　截面数据和时间序列数据

截面数据是指在同一时间（时期或时点）截面上反映一个总体的一批（或全部）个体的同一特征变量的观测值，是样本数据中的常见类型之一。例如，工业普查数据、人口普查数据、家庭收入调查数据。在数学和计量经济学中应用广泛。时间序列数据是在不同时间上收集到的数据，用于描述现象随时间变化的情况。这类数据反映了某一事物、现象等随时间变化的状态或程度。

案例 3-1

截面数据与时间序列数据示例

在实际应用中，截面数据和时间序列数据具有不同的作用。通常时间序列数据包含的信息更多，比如数据变化趋势的信息是截面数据所不具备的，因此在时间序列信息中能够分析出更多的结论。

地区生产总值是指本地区所有常住单位在一定时期内生产活动的最终成果。地区生产总值等于各产业增加值之和。1993 年中国将国内生产总值（gross domestic product, GDP）正式纳为国民经济核算的核心指标。表 3-2 就是典型的截面数据，只涉及 2022 年中国 31 个省（区、市）的地区生产总值的信息，而表 3-3 则是典型的时间序列数据，包括了 2018～2022 年共计 5 年的中国 31 个省（区、市）的地区生产总值的信息。

表 3-2　中国 31 个省（区、市）2022 年地区生产总值　（单位：亿元）

地区	2022 年	地区	2022 年	地区	2022 年
北京市	41 610.9	浙江省	77 715.4	海南省	6 818.2
天津市	16 311.3	安徽省	45 045	重庆市	29 129
河北省	42 370.4	福建省	53 109.9	四川省	56 749.8
山西省	25 642.6	江西省	32 074.7	贵州省	20 164.6
内蒙古自治区	23 158.6	山东省	87 435.1	云南省	28 954.2
辽宁省	28 975.1	河南省	61 345.1	西藏自治区	2 132.6
吉林省	13 070.2	湖北省	53 734.9	陕西省	32 772.7
黑龙江省	15 901	湖南省	48 670.4	甘肃省	11 201.6
上海市	44 652.8	广东省	129 118.6	青海省	3 610.1
江苏省	122 875.6	广西壮族自治区	26 300.9	宁夏回族自治区	5 069.6
新疆维吾尔自治区	17 741.3				

资料来源：国家统计局官网

表 3-3 中国 31 个省（区、市）2018～2022 年地区生产总值 （单位：亿元）

地区	2018 年	2019 年	2020 年	2021 年	2022 年
北京市	33 106	35 445.1	35 943.3	41 045.6	41 610.9
天津市	13 362.9	14 055.5	14 008	15 685.1	16 311.3
河北省	32 494.6	34 978.6	36 013.8	40 397.1	42 370.4
山西省	15 958.1	16 961.6	17 835.6	22 870.4	25 642.6
内蒙古自治区	16 140.8	17 212.5	17 258	21 166	23 158.6
辽宁省	23 510.5	24 855.3	25 011.4	27 569.5	28 975.1
吉林省	11 253.8	11 726.8	12 256	13 163.8	13 070.2
黑龙江省	12 846.5	13 544.4	13 633.4	14 858.2	15 901
上海市	36 011.8	37 987.6	38 963.3	43 653.2	44 652.8
江苏省	93 207.6	98 656.8	102 807.7	117 392.4	122 875.6
浙江省	58 002.8	62 462	64 689.1	74 040.8	77 715.4
安徽省	34 010.9	36 845.5	38 061.5	42 565.2	45 045
福建省	38 687.8	42 326.6	43 608.6	49 566.1	53 109.9
江西省	22 716.5	24 667.3	25 782	29 827.8	32 074.7
山东省	66 648.9	70 540.5	72 798.2	82 875.2	87 435.1
河南省	49 935.9	53 717.8	54 259.4	58 071.4	61 345.1
湖北省	42 022	45 429	43 004.5	50 091.2	53 734.9
湖南省	36 329.7	39 894.1	41 542.6	45 713.5	48 670.4
广东省	99 945.2	107 986.9	111 151.6	124 719.5	129 118.6
广西壮族自治区	19 627.8	21 237.1	22 120.9	25 209.1	26 300.9
海南省	4 910.7	5 330.8	5 566.2	6 504.1	6 818.2
重庆市	21 588.8	23 605.8	25 041.4	28 077.3	29 129
四川省	42 902.1	46 363.8	48 501.6	54 088	56 749.8
贵州省	15 353.2	16 769.3	17 860.4	19 458.6	20 164.6
云南省	20 880.6	23 223.8	24 555.7	27 161.6	28 954.2
西藏自治区	1 548.4	1 697.8	1 902.7	2 080.2	2 132.6
陕西省	23 941.9	25 793.2	26 014.1	30 121.7	32 772.7
甘肃省	8 104.1	8 718.3	8 979.7	10 225.5	11 201.6
青海省	2 748	2 941.1	3 009.8	3 385.1	3 610.1
宁夏回族自治区	3 510.2	3 748.5	3 956.3	4 588.2	5 069.6
新疆维吾尔自治区	12 809.4	13 597.1	13 800.7	16 311.6	17 741.3

资料来源：国家统计局官网

3.3 数据的来源

数据的来源非常广泛，可从如下六个方面收集相关数据。

3.3.1 来自内部系统的数据

对于企业、政府等部门，内部系统往往包括网站管理系统、产品采购和管理系统、客户服务管理系统、仓储管理系统、财务系统等。不论系统是否为自己开发，一般来说公司都会拥有深度的管理权限，也有能力直接从数据库查询信息，因而可以从内部系统获取需要的数据。图 3-1 是某财务系统的操作界面。

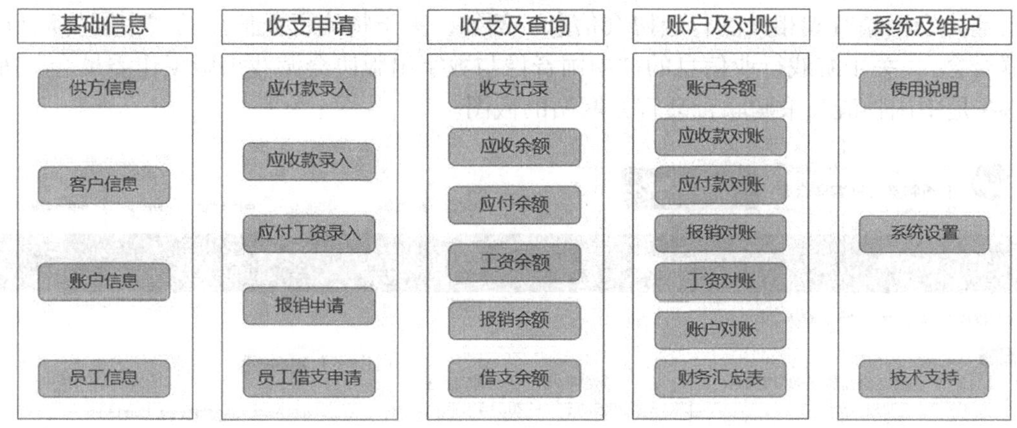

图 3-1　某财务系统的操作界面

3.3.2　来自政府主管网站的数据

相关政府主管的网站会定期发布相关的数据信息，包括数据来源、计算方式等。政府主管的网站有国家统计局、各省（区、市）统计局、交通运输部、旅游局的网站等。从政府主管网站获取的数据基本都是第一手数据，权威性、及时性和准确性都有一定的保障，因而政府主管网站的数据可作为优先考虑的数据来源。图 3-2 是国家统计局官方网站的首页。

图 3-2　国家统计局官方网站首页

3.3.3 来自行业协会的数据

许多行业协会是本行业权威数据的发布方，它们拥有的数据很多都是主管政府部门所没有的，如景气指数、价格指数等，是政府主管部门数据的一个补充。我们可以从各类行业协会网站查到相关的行业协会信息。例如，关于物流行业信息的“中国物流与采购联合会”，关于游戏行业信息的“中国音像与数字出版协会游戏出版工作委员会”等。图 3-3 是中国物流与采购联合会官方网站的截图。

图 3-3 中国物流与采购联合会官方网站

3.3.4 来自行业网站的数据

专门的行业网站会有它们自己调查发布的一些数据。这类网站数据的优势是能够深入细分领域，更加详细。一些比较大的行业网站发布的数据已经成了整个行业研究的标准，被经常引用。当然这类网站很可能是需要付费才能查看数据。例如，关于钢铁大宗商品的网站“我的钢铁”；关于粮油、饲料行业的“天下粮仓”等。图 3-4 为一些行业网站。

3.3.5 来自咨询公司和智库的数据

很多咨询公司和智库也会建设自己的数据库对外发布调研数据。或者它们会定期发布行业研究报告，这些报告里会有很多行业数据。研究报告中的数据往往能够很好地反映一些市场现状，但是可能在数据连续性上较差，数据的分布也比较零散。例如，“易观智库”“艾瑞咨询”“中商情报网”等。图 3-5 为“中商情报网”数据库搜索界面。

中国各行业知名门户网站				
一大把	环球资源	必途网	百纳网	勤加缘
中国厂家网	中国商标网	店主家园	联商网	中国供应商
八方资源网	中国工业电器网	EHSY西域	乐百供	固安捷
3M中国	一号仓	益金行	生意宝	中国采购与招标网
中国政府采购网	衣联网	环球经贸网	世界工厂网	马可波罗
亿商网	一呼百应网	安利	中华机械网	中国机械网
塑料机械网	全球机械网	工程机械网	机械配件网	中华五金网
五金商贸网	亚洲五金资源	全球不锈钢网	华南五金网	伟柏工业
皇加力	中华自动化	百禧百地	泰亚赛福	隆合实业
翎迅科技	贝登机电	中国阀门	弯头管件网	全球阀门网
管材管件网	管件信息网	轴承网	中华轴承网	中国轴承网
中国模具网	塑料模具网	中华模具网	中国电子电器网	电子电器网
工业电器网	家电维修网	品牌家电网	中国汽车网	中国汽车用品网
爱卡汽车	汽车配件网	中国摩托车网	中国摩托车网	仪器仪表交易网
化工仪器网	中国试验机网	电工仪器仪表	中国电工网	电工电气网

图 3-4　一些行业网站

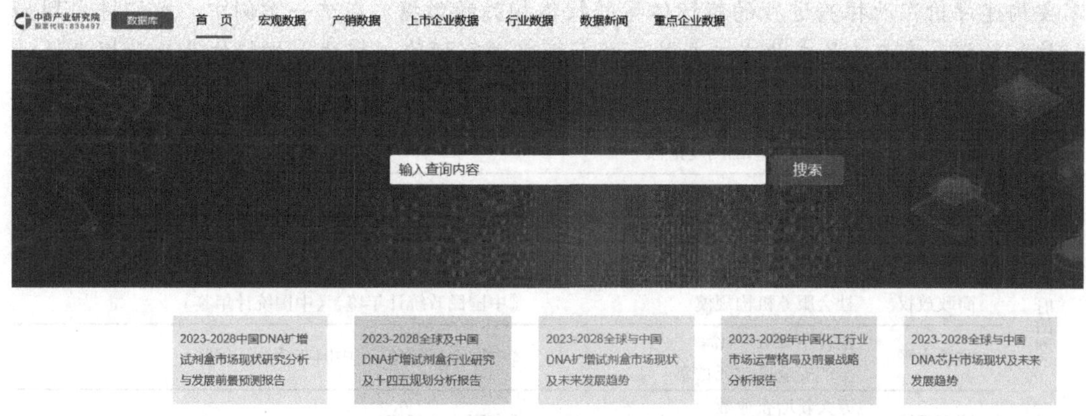

图 3-5　“中商情报网”数据库搜索界面

3.3.6　来自统计年鉴的数据

每年我国都会发布许多统计年鉴，有全国范围的统计年鉴，如《中国统计年鉴》《中国金融年鉴》《中国农村统计年鉴》等；有地方统计年鉴，如《黑龙江统计年鉴》《西安统计年鉴》《长春统计年鉴》等；也有行业统计年鉴，如《中国工业统计年鉴》《中国船舶工业年鉴》《中国人口和就业统计年鉴》等。统计年鉴数据的优势在于及时性和准确性有较高的保障，具有较高的权威性和可信度。

还有许多其他的数据来源，例如，我们分析一家上市公司可以看对方官方网站发布的定期报告，研究舆情话题热度可以利用“百度指数”“微博指数”等。这类数据源就需要我们自己慢慢寻找发现了。

案例 3-2

东北振兴进程评价指标的数据来源

党的二十大明确提出要推动东北全面振兴取得新突破[①]。东北作为曾经的新中国工业摇篮，为改革开放和现代化建设做出了历史性重大贡献，进入 21 世纪以来东北却面临着"传统资源型产业丧失比较优势""新兴产业发展缓慢"等诸多问题。面对困境，党中央、国务院早在 2003 年就已经做出实施东北老工业基地振兴战略的重大决策，并采取了一系列支持、帮助、推动振兴发展的专门措施。十几年来，在多方面共同努力下，东北老工业基地振兴取得明显成效和阶段性成果，经济总量迈上新台阶，结构调整扎实推进，国有企业竞争力增强，重大装备研制走在全国前列，粮食综合生产能力显著提高，民生有了明显改善。但是，伴随着中国经济进入新常态，面对日益纷繁复杂的国际政治经济形势，东北地区表现出了明显的不适应。经济下行压力增大，部分行业和企业生产经营困难，体制机制的深层次问题进一步显现，经济增长新动力不足和旧动力减弱的结构性矛盾突出，发展面临新的困难和挑战。

在这一背景下，中国东北振兴研究院成立了东北老工业基地全面振兴进程评价课题组，对东北振兴情况进行评价从而分析东北振兴的进程和存在的问题等。在这个过程中，需要构建评价东北振兴进程的指标体系并收集相关的数据。在这一案例中，我们将看到如何收集数据。表 3-4 是东北老工业基地全面振兴进程评价（省域）指标体系及数据来源。

表 3-4　东北老工业基地全面振兴进程评价（省域）指标体系及数据来源

二级	三级	基础测度指标	数据来源
政府治理	市场干预	政府分配资源的比重	《中国统计年鉴》
	政府规模	政府人员规模 行政成本比重	《中国劳动统计年鉴》《中国统计年鉴》
	简政放权	社会服务机构规模	《中国民政统计年鉴》《中国统计年鉴》
	监管水平	银行不良资产比率 生产安全事故死亡率	《中国金融年鉴》《中国劳动统计年鉴》
	营商环境	万人新增企业数 民间固定资产投资增速	《中国统计年鉴》
企态优化	国企效率	国企劳均主营业务收入	《中国统计年鉴》《中国劳动统计年鉴》
	国企保增值	国企利润率	《中国统计年鉴》
	企业实力	百万人上市公司数 上市公司资产比重	《中国证券期货统计年鉴》
	民企规模	民企资产占比 民企数量占比 民企就业占比	《中国统计年鉴》
	民企融资	民企与国企资产负债率比	《中国统计年鉴》

① 习近平. 高举中国特色社会主义伟大旗帜 为全面建设社会主义现代化国家而团结奋斗——在中国共产党第二十次全国代表大会上的报告（2022-10-16）[2023-05-18]. https://www.gov.cn/xinwen/2022-10/25/content_5721685.htm.

续表

二级	三级	基础测度指标	数据来源
区域开放	贸易开放	对外贸易依存度 净出口贡献率	《中国统计年鉴》
	投资开放	人均实际利用外资额 服务业利用外资占比	《中国统计年鉴》
	生产开放	外资工业企业产值比	《中国城市统计年鉴》
	市场开放	单位 GDP 外商投资企业数 货运活跃度 客运活跃度	《中国统计年鉴》
	区位支撑	城市化水平 运网密度 国际旅游收入比	《中国统计年鉴》
产业发展	产业均衡	产业分布泰尔指数	《中国统计年鉴》《中国劳动统计年鉴》
	服务业发展	服务业增加值比重 服务业增长率 金融业增加值比重	《中国统计年鉴》《中国劳动统计年鉴》
	重化工调整	重化工业比重 重化工业比重增速	《中国工业统计年鉴》
	金融深化	银行信贷占比 直接融资占比	《中国金融年鉴》《中国证券期货统计年鉴》
	现代农业	农业综合机械化水平 农业劳动生产率	《中国农业机械工业年鉴》《中国统计年鉴》
创新创业	研发基础	研发投入强度 科技创新支出强度	《中国科技统计年鉴》《中国统计年鉴》
	人才基础	研发人员占比 高校研发人员平均强度	《中国科技统计年鉴》《中国统计年鉴》
	技术转化	技术市场成交额占比 科技人员专利申请强度 科技人员专利批准强度	《中国统计年鉴》《中国科技统计年鉴》
创新创业	技术产出	高新技术产业收入占比 新产品销售收入占比	《中国科技统计年鉴》《中国统计年鉴》
	创业成效	千人私营企业数 百万人非主板上市企业数	《中国统计年鉴》、深圳证券交易所
社会民生	居民收入	城乡居民收入水平 居民人均存款	《中国统计年鉴》
	居民消费	城乡居民消费水平 人均社会消费品零售额	《中国统计年鉴》
	社会保障	城镇职工基本养老保险抚养比 养老金支出占比	国家统计局官网
	社会公平	城乡居民收入比 城乡居民消费水平比 城乡生均教育经费比	《中国统计年鉴》《教育经费统计年鉴》
	生态环境	人均公园绿地面积 $PM_{2.5}$平均浓度 空气质量达到及好于二级的天数	《中国统计年鉴》《中国城市统计年鉴》

从表 3-4 中可以看到，东北老工业基地全面进程评价指标的数据来源有三方面，其中最主要的是统计年鉴，包括《中国统计年鉴》《中国劳动统计年鉴》《中国金融年鉴》《中国民政统计年鉴》《中国工业统计年鉴》《中国证券期货统计年鉴》《中国农业机械工业年鉴》和《中国科技统计年鉴》。另外和创业成效相关的部分指标数据源自深圳证券交易所，和社会保障相关的指标数据源自国家统计局官网。

案例 3-3

船舶制造三大指标的数据收集

党的二十大明确提出要加快建设海洋强国①，而船舶作为最常用的海洋交通工具，船舶产业的高质量发展也是我国重点关注的领域。2020 年，我国船舶行业坚决贯彻党中央、国务院决策部署，科学统筹疫情防控和复工复产工作，造船三大指标在国际市场保持领先，船舶产品转型升级成效明显，修理产业实现较大增长，新型海洋工程装备快速发展，主要生产经营指标完成好于预期。但受世界经济复苏放缓、船舶与海洋工程市场需求不足、生产成本迅速上升等影响，我国船舶工业保持平稳健康发展仍面临严峻挑战。

船舶三大指标，即造船完工量、新承接船舶订单和手持船舶订单，是衡量船舶产业发展情况的重要依据，《中国船舶工业年鉴》每年都会对我国船舶制造三大指标数据进行发布，因此，《中国船舶工业年鉴》是我们收集这三大指标数据的重要来源。《中国船舶工业年鉴》中的数据是官方统计的，其可靠性能够最大限度地得到保证。另外，《中国船舶工业年鉴》能够保证在一定时期长期出版统计的数据，因此便于指标多年数据的收集和分析，便于在数据分析中得到更多、更准确的结论，也便于指标的预测分析。具体地，根据 2016～2020 年发布的《中国船舶工业年鉴》，我国造船三大指标 2015～2019 年的数据如表 3-5 所示。

表 3-5　2015～2019 年中国造船三大指标的数据收集

年份	造船完工量/艘	新承接船舶订单/艘	手持船舶订单/艘
2015	1661	1295	3112
2016	1766	1353	2899
2017	1325	1375	2530
2018	984	1030	2294
2019	970	720	1499

3.4 数据的预处理

数据预处理是数据分析前的基础，是很重要的操作过程，是数据分析和数据挖掘的前期准备工作。数据分析的效果受到源数据质量的直接影响，没有高质量的数据，就没有高质量的分析结果，高质量的数据是进行有效分析的前提。本节将对数据清洗、数据

① 习近平. 高举中国特色社会主义伟大旗帜 为全面建设社会主义现代化国家而团结奋斗——在中国共产党第二十次全国代表大会上的报告（2022-10-16）[2023-05-18]. https://www.gov.cn/xinwen/2022-10/25/content_5721685.htm.

变换、数据集结等进行介绍。

3.4.1 数据清洗

数据清洗的主要任务是填充缺失值和处理异常值。

1. 缺失值处理

对于缺失值的处理，不同的情况处理方法也不同，总的来说，缺失值处理可概括为删除法和插补法（或称填充法）两类方法。

1）删除法

删除法是对缺失值进行处理的最原始方法，它将存在缺失值的记录删除。如果数据缺失问题可以通过简单地删除小部分样本来达到目标，那么这个方法是最有效的。这种方法会损失样本量，进而削弱统计功效。但是，当样本量很大而缺失值所占样本比例较少时（<5%）可以考虑使用此法。

2）插补法

插补法的思想来源是以最可能的值来插补缺失值，比全部删除不完全样本所产生的信息丢失要少。在数据挖掘中，面对的通常是大型的数据库，它的属性有几十个甚至几百个，因为一个属性值的缺失而放弃大量的其他属性值，这种删除是对信息的极大浪费，所以产生了以可能值对缺失值进行插补的思想与方法。常用的有如下两种方法。

（1）均值插补。根据数据的属性可将数据分为定距型和非定距型。如果缺失值是定距型的，就以该属性存在值的平均值来插补缺失的值；如果缺失值是非定距型的，就根据统计学中的众数原理，用该属性的众数（即出现频率最高的值）来补齐缺失的值；如果数据符合较规范的分布规律，则还可以用中值插补。

（2）回归插补，即利用线性或非线性回归技术得到的数据来对某个变量的缺失数据进行插补。

采用不同的插补法插补的数据略有不同，需要根据数据的规律选择相应的插补方法。

2. 识别异常值和错误数据

通过特征数字、直方图、数据透视表、散点图等，对数据集中的变量进行考察，可以帮助我们发现数据质量问题和异常值。例如，销售额出现负数可能是因为数据输入错误或实际上代表了一个缺失值。对异常值的仔细检查，有可能会找出错误，或者提醒我们要不要再调查一下该观察值是否与当前的研究有关。一个保守的做法是将数据划分成两组，一组含异常值，一组不含异常值，然后用同样的模型分析这两组数据，如果发现得到的结论不一样，那我们就要花点时间弄清楚异常值出现的原因。

3.4.2 数据变换

数据变换是数据分析的重要过程。数据变换是指将数据变换成可用于直接进行分类、比较、合成等的处理后的数据。在数据的变换中主要涉及类型一致化和无量纲处理两个过程。

1. 类型一致化处理

数据类型主要包括：极大型数据，即表示数据越大越好的数据；极小型数据，即表示数据越小越好的数据；适度型数据，即表示与某一数据差距越小越好的数据；居中型数据，即表示与中间数据差距越小越好的数据；区间型数据，即表示离某一数据区间的距离越小越好的数据等。为了使不同类型数据之间具有可比性，需要进行数据的类型一致化处理，通常将其他类型的数据转化为极大型数据，目前常用的类型一致化处理方法如下。

对于极小型数据，有

$$x_{ij}^{\#} = M_j - x_{ij} \tag{3-1}$$

或

$$x_{ij}^{\#} = \frac{1}{x_{ij}} \tag{3-2}$$

式中，$x_{ij}^{\#}$ 为数据类型一致化处理后的数据；M_j 为数据 x_{ij} 的一个特殊值，要求 $M_j \geqslant \max_i\{x_{ij}\}$。

对于适度型数据，有

$$x_{ij}^{\#} = C - \left|a_j - x_{ij}\right| \tag{3-3}$$

或

$$x_{ij}^{\#} = \frac{1}{\left|a_j - x_{ij}\right|} \tag{3-4}$$

式中，a_j 为数据 x_{ij} 的适度值；C 为正常数。

对于居中型数据，有

$$x_{ij}^{\#} = \begin{cases} 2(x_{ij} - m_j), & 若 m_j \leqslant x_{ij} \leqslant \dfrac{M_j + m_j}{2} \\ 2(M_j - x_{ij}), & 若 \dfrac{M_j + m_j}{2} \leqslant x_{ij} \leqslant M_j \end{cases} \tag{3-5}$$

式中，m_j 为数据 x_{ij} 的一个特殊值，要求 $m_j \leqslant \min_i\{x_{ij}\}$。

对于区间型数据，有

$$x_{ij}^{\#} = \begin{cases} 1.0 - \dfrac{q_{1j} - x_{ij}}{\max\{q_{1j} - m_j,\ M_j - q_{2j}\}}, & 若 x_{ij} < q_{1j} \\ 1.0, & 若 x_{ij} \in \left[q_{1j}, q_{2j}\right] \\ 1.0 - \dfrac{q_{2j} - x_{ij}}{\max\{q_{1j} - m_j,\ M_j - q_{2j}\}}, & 若 x_{ij} > q_{2j} \end{cases} \tag{3-6}$$

式中，$[q_{1j}, q_{2j}]$ 为数据 x_{ij} 的最佳区间。

2. 无量纲处理

数据的无量纲化处理主要是为了消除不同数据之间因单位不同等因素的影响而无法比较的问题，从而消除数据的量纲对信息集结等方面的影响。无量纲化方法分为线性无量纲化方法和非线性无量纲化方法，其中以线性无量纲化方法的研究和应用最为广泛，常用的六种线性无量纲化方法如下，设 x_j 为极大型指标，其观测值为 x_{ij}，表示对象 o_i 在属性 x_j 下的观测值，$i=1,2,\cdots,p$，$j=1,2,\cdots,m$。

1）标准化处理法

$$x_{ij}^*=\frac{x_{ij}-\overline{x}_j}{s_j} \tag{3-7}$$

式中，x_{ij}^* 为无量纲化后的标准值（下同）；$\overline{x}_j, s_j$ 分别为第 j 项属性的平均值和均方差。

特点：处理后数据样本的平均值为 0，方差为 1；利用此方法处理后的标准值取值区间不固定；对于存在 $s_j=0$ 的情况不适用；对于要求标准值 $x_{ij}^*\geqslant 0$ 的情况不适用。

2）极值处理法

$$x_{ij}^*=\frac{x_{ij}-m_j}{M_j-m_j} \tag{3-8}$$

式中，$M_j=\max\{x_{ij}\}$，$m_j=\min\{x_{ij}\}$（以下相同）。

特点：$x_{ij}^*\in[0,1]$，最大值为 1，最小值为 0。

3）线性比例法

$$x_{ij}^*=\frac{x_{ij}}{x_j'} \tag{3-9}$$

式中，x_j' 为特殊点，一般可取为 m_j、M_j、$\overline{x}_j$。

特点：要求特殊点 $x_j'>0$。当特殊点 $x_j'=m_j>0$ 时，$x_{ij}^*\in[1,\infty)$；当 $x_j'=M_j>0$ 时，$x_{ij}^*\in(0,1]$；当 $x_j'=\overline{x}_j>0$ 时，$x_{ij}^*\in(-\infty,+\infty)$。

4）归一化处理法

$$x_{ij}^*=\frac{x_{ij}}{\sum_{i=1}^{p}x_{ij}} \tag{3-10}$$

特点：可以看成是特殊点为 $\sum_{i=1}^{p}x_{ij}$ 的线性比例法，要求 $\sum_{i=1}^{p}x_{ij}>0$。当 $x_{ij}\geqslant 0$ 时，$x_{ij}^*\in(0,1)$，无固定的最大值、最小值，$\sum_{i=1}^{p}x_{ij}^*=1$。

5）向量规范法

$$x_{ij}^*=\frac{x_{ij}}{\sqrt{\sum_{i=1}^{p}x_{ij}^2}} \tag{3-11}$$

特点：当$x_{ij} \geqslant 0$时，$x_{ij}^* \in (0,1)$，无固定的最大值、最小值，$\sum_{i=1}^{p}\left(x_{ij}^*\right)^2 = 1$。

6）功效系数法

$$x_{ij}^* = c + \frac{x_{ij} - m_j'}{M_j' - m_j'} \times d \qquad (3\text{-}12)$$

式中，M_j'和m_j'分别为x_j的满意值和不允许值；c、d均为已知的正常数。

特点：可看成是更普遍意义下的一种极值处理法，取值范围确定，最大值为$c+d$，最小值为c。

案例 3-4

如何对时间序列数据做无量纲化处理

在 3.4.2 节中，我们介绍了六种常用的线性无量纲化方法，可以看出，上述方法主要是针对截面数据进行处理。在实际应用中，我们常常需要应用时间序列数据对问题进行分析，那么是否可以直接应用上述六种无量纲化方法直接对时间序列数据进行无量纲化处理呢？事实上这样的做法是不太合理的，因为这会改变原始时间序列数据间的大小关系。那么该如何对时间序列信息进行无量纲化处理呢?其实，我们对上述六种方法稍作扩展即可用于处理时间序列数据。设x_{ijk}表示在t_k时间对象o_i的属性x_j的观测值，其中$i=1,2,\cdots,p$，$j=1,2,\cdots,m$，$k=1,2,\cdots,n$，扩展后的六种无量纲化方法如下：

1）扩展后的标准化处理法

$$x_{ijk}^* = \frac{x_{ijk} - \overline{x}_j'}{s_j'} \qquad (3\text{-}13)$$

式中，$\overline{x}_j' = \frac{1}{np}\sum_{k=1}^{n}\sum_{i=1}^{p} x_{ijk}$，$s_j' = \frac{1}{np}\sqrt{\sum_{k=1}^{n}\sum_{i=1}^{p}(x_{ijk} - \overline{x}_j')^2}$。

特点：处理后数据样本的平均值为 0，方差为 1；利用此方法处理后的标准值取值区间不固定；对于存在$s_j'=0$的情况不适用；对于要求标准值$x_{ijk}^*>0$的情况不适用。

2）扩展后的极值处理法

$$x_{ijk}^* = \frac{x_{ijk} - m_j^\circ}{M_j^\circ - m_j^\circ} \qquad (3\text{-}14)$$

式中，$M_j^\circ = \max_{i,k}\left\{x_{ijk}\right\}$，$m_j^\circ = \min_{i,k}\left\{x_{ijk}\right\}$。

特点：$x_{ijk}^* \in [0,1]$，最大值为 1，最小值为 0。

3）扩展后的线性比例法

$$x_{ijk}^* = \frac{x_{ijk}}{x_j^\circ} \qquad (3\text{-}15)$$

式中，x_j°为特殊点，通常可取m_j°、M_j°或$\overline{x}_j'$（具体含义同上）。

特点：要求特殊点 $x_j^{\circ}>0$。当特殊点 $x_j^{\circ}=m_j^{\circ}>0$ 时，$x_{ijk}^{*}\in[1,\infty)$；当 $x_j^{\circ}=M_j^{\circ}>0$ 时，$x_{ijk}^{*}\in(0,1]$；当 $x_j^{\circ}=\overline{x}_j'>0$ 时，$x_{ijk}^{*}\in(-\infty,+\infty)$，$\sum_{k=1}^{n}\sum_{i=1}^{p}x_{ijk}^{*}=n$。

4）扩展后的归一化处理法

$$x_{ijk}^{*}=\frac{x_{ijk}}{\sum_{k=1}^{n}\sum_{i=1}^{p}x_{ijk}} \tag{3-16}$$

特点：可以看成是扩展后特殊点为 $\sum_{k=1}^{n}\sum_{i=1}^{p}x_{ijk}$ 的线性比例法，要求 $\sum_{k=1}^{n}\sum_{i=1}^{p}x_{ijk}>0$。当 $x_{ijk}\geqslant 0$ 时，$x_{ijk}^{*}\in(0,1)$，且 $\sum_{k=1}^{n}\sum_{i=1}^{p}x_{ijk}^{*}=1$。

5）扩展后的向量规范法

$$x_{ijk}^{*}=\frac{x_{ijk}}{\sqrt{\sum_{k=1}^{n}\sum_{i=1}^{p}(x_{ijk})^2}} \tag{3-17}$$

特点：当 $x_{ijk}\geqslant 0$ 时，$x_{ijk}^{*}\in(0,1)$，且 $\sum_{k=1}^{n}\sum_{i=1}^{p}(x_{ijk}^{*})^2=1$。

6）扩展后的功效系数法

$$x_{ijk}^{*}=c+\frac{x_{ijk}-m_j^{\circ}}{M_j^{\circ}-m_j^{\circ}}\times d \tag{3-18}$$

式中，c 和 d 均为已知的正常数，c 的作用是对变换后的值进行“平移”，d 的作用是对变换后的值进行“缩放”。

特点：是一种更普遍意义上的极值处理法，$x_{ijk}\in[c,c+d]$。

上述对常用的六种线性无量纲化方法进行了扩展，从而使无量纲化方法可以处理时间序列数据。

课程思政：无量纲化方法主要目的是要消除因量纲不同而不能对数据直接比较的影响，而在实际生活中，会出现对不能直接比较的问题直接比较从而做错决策或无法解决实际问题的情况，因此，对于本案例的学习，我们要进一步思考在生活中不要随意比较，尤其是不要随意攀比，盲目地比较或攀比往往会得到错误的结论，给自己增添许多烦恼。

3.4.3　数据集结

在实际应用中，有时我们需要将多个数据信息集结在一起形成一个数据进行数据分析，如高考制度，就是通过集结语文、数学、外语和综合的四门考试成绩为一个最终的考试成绩分析学生的水平。那么在实际应用中有哪些集结方法呢？本节，我们将介绍四种常用的数据集结方法。

1）求和法

求和法是日常应用最多的数据集结方法，其特点是操作简单、应用范围广泛。求和法是将所有的数据进行求和。设 $x_1, x_2, \cdots, x_m$ 表示需要集结的数据，则求和法为

$$y = \sum_{j=1}^{m} x_j \tag{3-19}$$

y 即为集结成的数据。

2）平均值法

平均值法是将所要集结的数据的平均值作为集结后的数据，平均值法为

$$y = \frac{1}{m}\sum_{j=1}^{m} x_j \tag{3-20}$$

3）线性加权法

线性加权法是在平均值的基础上，考虑了不同数据的重要性，线性加权法为

$$y = \sum_{j=1}^{m} \omega_j x_j \tag{3-21}$$

式中，ω_j 为对应的数据的权重系数。可以看出，平均值法是一种特殊的线性加权法，即所有数据的重要性（权重系数）是相同的。线性加权法的特点是突出权重系数大的数据的作用。

4）非线性加权法

非线性加权法是指应用非线性模型对数据进行集结的方法，同样考虑了不同数据的重要性，通常非线性加权法为

$$y = \prod_{j=1}^{m} x_j^{\omega_j} \tag{3-22}$$

式中，ω_j 为对应的数据的权重系数。非线性加权法的特点是突出权重系数小的数据的作用。

在数据分析之前，选择合适的数据集结方法至关重要，不同的数据集结方法将导致不同的数据分析结果，因而需要结合具体的问题选择具体的数据集结方法。

案例 3-5

对中国造船三大指标数据的信息集结

在案例 3-3 中，解释了造船三大指标衡量船舶产业发展的重要性，但对于一个由多指标组成的评价问题，分别分析每个指标的发展情况是很难对问题的整体情况进行把握和评价分析的，本案例将结合案例 3-3 收集的 2015～2019 年中国造船三大指标数据对中国的造船产业发展情况进行分析。在这一过程中，分别应用 3.4.3 节中的数据集结方法得到 2015～2019 年各年的评价结果，其中在线性加权法和非线性加权法中，中国造船三大指标的权重系数分别为 0.25、0.40 和 0.35，四种方法对应的集结结果具体见表 3-6。

表 3-6　2015～2019 年中国造船三大指标的集结结果

年份	求和法	排序	平均值法	排序	线性加权法	排序	非线性加权法	排序
2015	6068	1	2022.67	1	2022.45	1	1873.11	2
2016	6018	2	2006.00	2	1997.35	2	1888.22	1
2017	5230	3	1743.33	3	1766.75	3	1686.43	3
2018	4308	4	1436.00	4	1460.90	4	1347.69	4
2019	3189	5	1063.00	5	1055.15	5	1002.67	5

从表 3-6 中可以看出，四种数据集结方法得到的集结结果是不同的，然而，在实际应用中，我们不需要比较不同数据集结方法得到的集结值，而是比较不同数据集结方法得到的集结值的排序，因此，从表 3-6 可以看出，应用求和法、平均值法和线性加权法得到的 2015～2019 年我国造船产业发展水平的排序是相同的，即 2015 年的发展水平最高，2019 年的发展水平相对最差，且 2015～2019 年呈现连续下降的趋势。但应用非线性加权法得到的 2016 年我国造船产业发展水平最高，与其他三种数据集结方法得到的结论不同。因此，不同的数据集结方法得到的集结值的排序可能是不同的，在实际应用当中，需要结合具体情况考虑更多的因素，选择合适的数据集结方法。

课程思政：通过数据集结方法和本案例的学习，我们知道不同的集结模型具有不同的特征和集结结果，权重在不同集结模型中的作用也不尽相同，这一特性与人生处理问题或做决策的过程有很多共同之处，通过这一案例的学习，我们要意识到在实际生活中要把精力放在重要的事情上，不要过度关注那些浪费生命的事情，同时在生活中既要有平常心以不增添无谓烦恼，也要在决策时有所侧重，从而尽可能避免做错事情。

【本章小结】

数据是数据分析的基础，离开了数据，就不能进行数据分析。现实中的数据以多种形式存在。本章主要介绍了数据的定义、数据的三种分类方式，以及我们可以从哪些渠道收集需要的数据。另外，收集到的数据还不能直接用来进行数据分析，我们还需要对数据进行预处理，在这一部分，我们简单地介绍了数据的预处理方法，包括数据缺失情况的处理、异常值和错误值的处理、数据的类型一致化处理和无量纲处理的方法，并介绍了四种常用的数据集结的方法。

【思考题】

1. 请举例说明除数字以外的数据形式还有哪些？
2. 请思考属性数据存在的意义是什么？有什么作用？
3. 相较于截面数据，请思考时间序列数据在应用中有哪些优势？
4. 大数据时代，数据还有哪些来源？请举例说明。
5. 请思考在众多的数据变换方法中，应该如何选择？

【案例分析】

结合《中国船舶工业年鉴》，根据你感兴趣的问题或指标收集相关数据，并对数据的类型进行判断，然后对数据进行预处理并进行数据集结，并分析你能得到的结论。

例如，针对中国船舶产业发展水平这一问题收集相关的数据并进行上述问题的分析。

【参 考 文 献】

郭亚军. 2007. 综合评价理论、方法及应用[M]. 北京：科学出版社.

蒋盛益. 2014. 商务数据挖掘与应用案例分析[M]. 北京：电子工业出版社.

坎姆 J D，科克伦 J J，弗里 M J，等. 2017. 商业数据分析[M]. 耿修林，宋哲，译. 北京：机械工业出版社.

李凯，易平涛，王世权，等. 2017. 2016 东北老工业基地全面振兴进程评价报告[M]. 北京：经济管理出版社.

周英，卓金武，卞月青. 2016. 大数据挖掘：系统方法与实例分析[M]. 北京：机械工业出版社.

第 4 章　描述性数据分析

➤【本章重要专业词汇】

频数分布——frequency distribution　　频率分布——relative frequency distribution
百分比分布——percent frequency distribution　　直方图——histogram
累积频数分布——cumulative frequency distribution　　算术平均——arithmetic mean
中位数——median　　众数——mode
几何平均——geometric mean　　极差——range
方差——variance　　标准差——standard deviation
变异系数——coefficient of variation　　百分位数——percentile
四分位数——quartile　　四分位距——interquartile range
z 值——z score　　经验法则——empirical rule
散点图——scatter chart　　协方差——covariance
相关系数——correlation coefficient　　柱状图——column chart
条形图——bar chart　　折线图——line chart
饼图——pie chart　　气泡图——bubble chart
雷达图——radar chart　　面积图——area chart
股价图——stock chart

开篇案例

国内生产总值

国内生产总值（gross domestic product，GDP），是一个国家（或地区）所有常住单位在一定时期内生产活动的最终成果。GDP 是国民经济核算的核心指标，也是衡量一个国家或地区经济状况和发展水平的重要指标。

经过中国共产党的坚强领导和全国各族人民的共同努力，我国的经济水平得到快速的发展，并由经济高速发展向经济高质量发展转变，推动着我国综合竞争力不断提升。

表 4-1 是从国家统计局获取的 2017～2022 年我国 31 个省（区、市）的生产总值数据信息表。

表 4-1 2017～2022 年我国 31 个省（区、市）的生产总值 （单位：亿元）

地区	2022 年	2021 年	2020 年	2019 年	2018 年	2017 年
北京	41 611	41 045.6	35 943.3	35 445.1	33 106	29 883
天津	16 311.3	15 685.1	14 008	14 055.5	13 362.9	12 450.6
河北	42 370.4	40 397.1	36 013.8	34 978.6	32 494.6	30 640.8
山西	25 642.6	22 870.4	17 835.6	16 961.6	15 958.1	14 484.3
内蒙古	23 158.7	21 166	17 258	17 212.5	16 140.8	14 898.1
辽宁	28 975.1	27 569.5	25 011.4	24 855.3	23 510.5	21 693
吉林	13 070.2	13 163.8	12 256	11 726.8	11 253.8	10 922
黑龙江	15 901	14 858.2	13 633.4	13 544.4	12 846.5	12 313
上海	44 652.8	43 653.2	38 963.3	37 987.6	36 011.8	32 925
江苏	122 875.6	117 392.4	102 807.7	98 656.8	93 207.6	85 869.8
浙江	77 715.4	74 040.8	64 689.1	62 462	58 002.8	52 403.1
安徽	45 045	42 565.2	38 061.5	36 845.5	34 010.9	29 676.2
福建	53 109.9	49 566.1	43 608.6	42 326.6	38 687.8	33 842.4
江西	32 074.7	29 827.8	25 782	24 667.3	22 716.5	20 210.8
山东	87 435.1	82 875.2	72 798.2	70 540.5	66 648.9	63 012.1
河南	61 345.1	58 071.4	54 259.4	53 717.8	49 935.9	44 824.9
湖北	53 734.9	50 091.2	43 004.5	45 429	42 022	37 235
湖南	48 670.4	45 713.5	41 542.6	39 894.1	36 329.7	33 828.1
广东	129 118.6	124 719.5	111 151.6	107 986.9	99 945.2	91 648.7
广西	26 300.9	25 209.1	22 120.9	21 237.1	19 627.8	17 790.7
海南	6 818.2	6 504.1	5 566.2	5 330.8	4 910.7	4 497.5
重庆市	29 129	28 077.3	25 041.4	23 605.8	21 588.8	20 066.3
四川	56 749.8	54 088	48 501.6	46 363.8	42 902.1	37 905.1
贵州	20 164.6	19 458.6	17 860.4	16 769.3	15 353.2	13 605.4
云南	28 954.2	27 161.6	24 555.7	23 223.8	20 880.6	18 486
西藏	2 132.6	2 080.2	1 902.7	1 697.8	1 548.4	1 349
陕西	32 772.7	30 121.7	26 014.1	25 793.2	23 941.9	21 473.5
甘肃	11 201.6	10 225.5	8 979.7	8 718.3	8 104.1	7 336.7
青海	3 610.1	3 385.1	3 009.8	2 941.1	2 748	2 465.1
宁夏	5 069.6	4 588.2	3 956.3	3 748.5	3 510.2	3 200.3
新疆	17 741.3	16 311.6	13 800.7	13 597.1	12 809.4	11 159.9

从表 4-1 中我们可以看到，2017～2022 年随着我国综合国力的提升，我国各地区的

生产总值均实现了全面的增长。事实上，通过对表 4-1 进一步的统计性分析我们还可以获得更多难以在表中直观看到的结果。描述性统计作为最基础、最简单、最易操作的数据分析技术，通常是数据处理和数据信息挖掘的开始。

数据可视化是对数据的图形展示，能够使读者更加直观地感受到数据包含的信息，图 4-1 和图 4-2 是对表 4-1 的可视化展示，其中图 4-1 是 2017～2022 年我国 31 个省（区、市）生产总值的情况图，图 4-2 是 2022 年我国 31 个省（区、市）生产总值情况图。

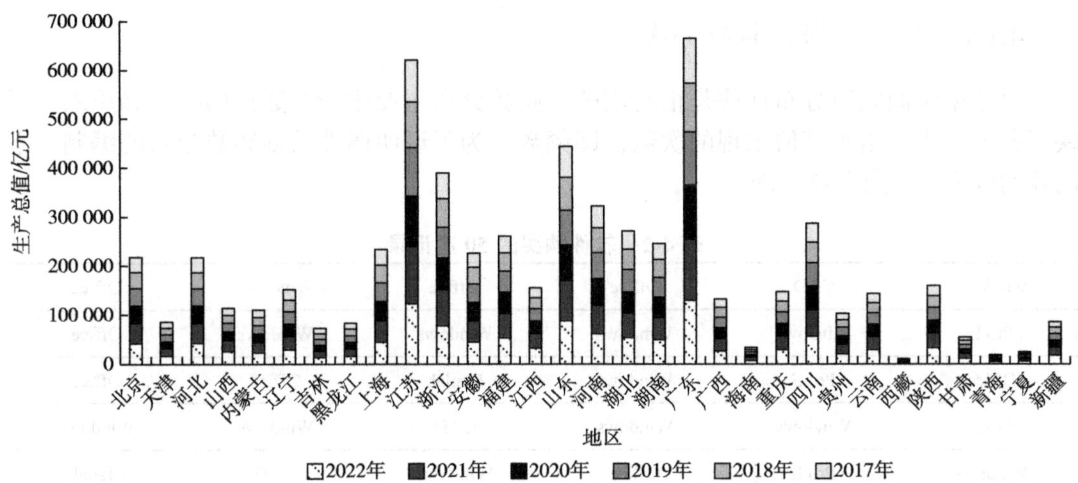

图 4-1　2017～2022 年我国 31 个省（区、市）生产总值情况图

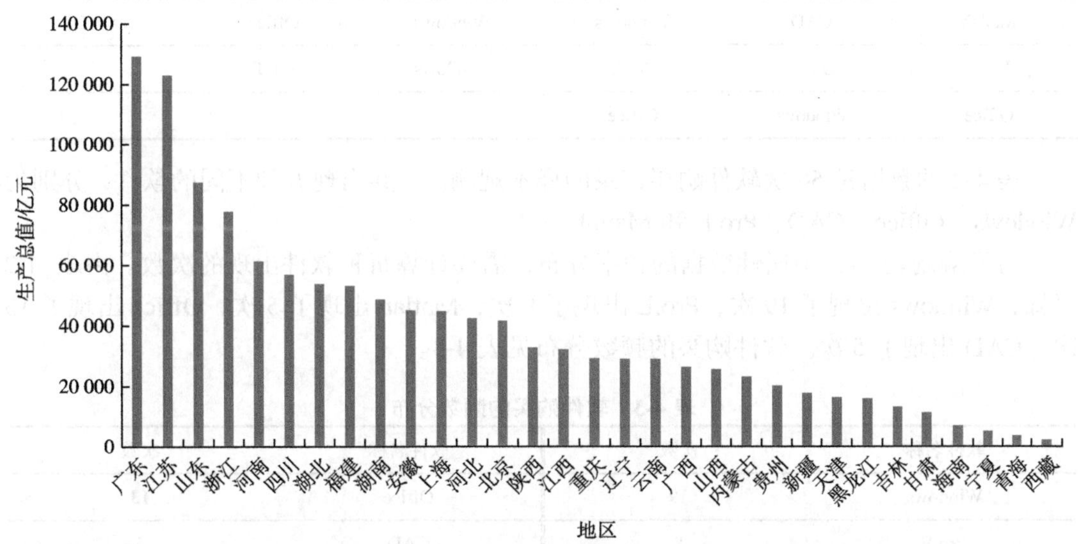

图 4-2　2022 年我国 31 个省（区、市）生产总值情况图

从图 4-1 和图 4-2 可以看出，与表 4-1 相比，数据可视化可以更加明确地将数据包含的信息清楚地展现出来。

本章我们将对描述性统计分析展开介绍，包括描述性统计分析的方法和数据的可视化等基本内容。

4.1 数据分布

通过描述数据集中特定变量值出现的频率，可以从中提炼出数据的许多特征。无论是属性数据还是数量数据，都可以绘制出它们的分布情况。借助频数分布，可以帮助分析数据所表现出来的变异。

4.1.1 属性数据的频数分布

对数据编制频数分布往往是很有用的。频数分布主要用于对数据的提炼和压缩，反映了各个不重叠组观察值出现的次数，即频数。为了说明属性数据频数分布的编制，下面我们以表 4-2 的资料为例。

表 4-2 软件购买的 50 次记录

Windows	CAD	Office	Office	Windows	Office
Pro.E	Windows	Windows	Windows	Windows	Office
Office	Pro.E	Windows	Matlab	Office	Office
Pro.E	Windows	Windows	CAD	Windows	Windows
Windows	Pro.E	Office	Windows	CAD	Matlab
Windows	Windows	Matlab	Pro.E	Matlab	Office
Matlab	CAD	Windows	Windows	Office	CAD
Pro.E	Office	Pro.E	Windows	Pro.E	
Office	Windows	Office			

表 4-2 的数据是 50 次软件购买记录的样本观测。一共出现五种不同的软件，分别为 Windows、Office、CAD、Pro.E 和 Matlab。

为了编制表 4-2 中属性数据的频率分布，需要计算每种软件出现的次数。由表 4-2 可知，Windows 出现了 19 次，Pro.E 出现了 8 次，Matlab 出现了 5 次，Office 出现了 13 次，CAD 出现了 5 次。软件购买的频数分布见表 4-3。

表 4-3 软件购买的频数分布

软件名称	次数	软件名称	次数
Windows	19	Office	13
Pro.E	8	CAD	5
Matlab	5	合计	50

表 4-3 就是软件购买的频数分布，给出了每种软件被购买的次数。把表 4-2 和表 4-3 做比较，显然表 4-3 更便于我们阅读。从表 4-3 中，我们不仅能看出每种软件的购买次数，而且还能知道购买最多和最少的是哪些软件。由表 4-3 可知，Windows 的购买次数

最多，Office 次之、Pro.E 排名第三，CAD 和 Matlab 购买次数相对较少。根据这个统计结果，我们了解到了五种软件购买的差别情况。

可以利用 Excel 中的函数 COUNTIF 计算观察数据中每个类别观察值出现的次数。图 4-3 是 Excel 电子表格里分类计算的结果。

	A	B	C	D	E	F	G	H	I
1	样本数据							分组	
2	Windows	CAD	Office	Office	Windows	Office		Windows	19
3	Pro.E	Windows	Windows	Windows	Windows	Office		CAD	5
4	Office	Pro.E	Windows	Matlab	Office	Office		Office	13
5	Pro.E	Windows	Windows	CAD	Windows	Windows		Pro.E	8
6	Windows	Pro.E	Office	Windows	CAD	Matlab		Matlab	5
7	Windows	Windows	Matlab	Pro.E	Matlab	Office			
8	Matlab	CAD	Windows	Windows	Office	CAD			
9	Pro.E	Office	Pro.E	Windows	Pro.E				
10	Office	Windows	Office						

图 4-3　利用 Excel 的 COUNTIF 函数求属性数据的频数

图 4-3 中，H 列是五种不同软件的名称。在单元格 I2 中，输入计算公式 COUNTIF($A$2:$F$10，H2)，然后按 ENTER 键。A2:F10 是样本数据所在的区域，H2 是试图统计的对象 Windows。通过 Excel 中的函数 COUNTIF，可以计算出在给定的数据区域中某个组别观察值出现的次数。单元格 I2 的数值 19，是计算出来的结果，表明 Windows 在样本观察值中出现了 19 次。复制单元格 I2，将其粘贴到单元格 I3:I6，可以求出 Pro.E、Matlab、Office 及 CAD 出现的次数。需要说明的是，在进行这样操作的时候，需要把数据区域 A2:F10 做绝对引用处理，即编写成$A$2:$F$10（键盘按 F4 操作），否则，COUNTIF 给出的计算结果会出错。

4.1.2　频率分布

频数分布展示了几个不相关组别观察值出现的次数（频数）。然而，我们时常也想了解每个组别中观察值出现的比例或百分比。频率是某个类别观察值出现的次数占全部观察值总次数的比值。对于一个由 n 个观察值组成的数据，每个组别观察值出现的频率按照式（4-1）进行计算：

$$\text{每个组别观察值出现的频率}=\frac{\text{该组观察值出现的次数}}{n} \tag{4-1}$$

频率分布是每个组别及其对应观察值出现频率所构成的统计表，百分比分布是每个组别及其对应观察值出现次数的百分比，又叫百分比相对频数。频率分布和百分比分布，见表 4-4。

表 4-4　软件购买的频率分布和百分比分布

软件名称	频率	百分比
Windows	0.38	38%
Pro.E	0.16	16%

续表

软件名称	频率	百分比
Matlab	0.10	10%
Office	0.26	26%
CAD	0.10	10%
合计	1.00	100%

在表 4-4 中，Windows 出现的频率是 0.38，它是 Windows 出现的频数 19 和全部观察值 50 相比的结果，即 19/50=0.38。同样，Pro.E 的频率是 8/50=0.16，Matlab 的频率是 5/50=0.10，Office 的频率是 13/50=0.26，CAD 的频率是 5/50=0.10。频率的百分比分布中，Windows 是 0.38 × 100%=38%，Pro.E 是 0.16 × 100%=16%，Matlab 是 0.10 × 100%=10%，Office 是 0.26 × 100%=26%，CAD 是 0.10 × 100%=10%。由表 4-4 我们还可以发现，购买数量前 3 的软件数量的百分比是 38%+26%+16%=80%。

频率分布可以用作随机变量取不同数值的可能性，因此通过计算随机变量观察值的频率分布，能够对其变异性的概率分布进行估计。比如，某公司不能确定未来软件的需求量，要是表 4-4 的数据代表了该公司软件的购买情况，那么该公司就可以利用这些信息来估计各种软件未来的需求量。

4.1.3 数量数据的频数分布

对数量数据，也能编制出频数分布。但在编制数量数据频数分布的时候，需要谨慎地确定互不相关的分组组别。

Sanderson-Cliford 是一家小型会计师事务所，表 4-5 中的数据是这家会计师事务所年终前，对 20 家客户完成账务审计所需的时间。

表 4-5 年终财务审计所需的时间 （单位：天）

12	14	19	18	15
15	18	17	20	27
22	23	22	21	33
28	14	18	16	13

表 4-5 给出的是数量性质的数据，要编制频数分布，首先需要规定分组的组别。确定数量资料分组组别，需要经过以下三个步骤。

第 1 步，确定分多少组。

第 2 步，确定每个组的组距。

第 3 步，确定每个组的组限。

下面，我们就以表 4-5 的资料，讲解数量数据分布的编制过程。

第 1 步，确定分多少组。对给定的数量性质的数据，在编制频数分布的时候，首先需要规定把它们划分成多少个组别。一般情况下，分成 5 ~ 20 组。若观察数据的数目较少，分成 5 ~ 6 组就可以了。对观察数据的数目较多的情形，所划分的组别相应可以多一点。分组组数的确定，要能把观察数据中的变异充分地表现出来，并不是组数越多越好。组数多了会出现空组，或者某些组的观察值数目寥寥无几。如果发生了这些情形，表明所划分的组数可能不是太理想。表 4-5 中观察数据个数相对较少（n=20），对此我们只需要把它们分成 5 个组就差不多了。

第 2 步，确定每个组的组距。一般情况下，我们建议每个组给予相同的组距。组距和组数之间存在一定的关系，组数越多，组距越小，反之亦然。为了确定合适的组距，我们首先要确定观察值中的最大值和最小值，然后根据分组个数，采用式（4-2）确定组距：

$$组距=\frac{最大值-最小值}{分组组数} \tag{4-2}$$

由式（4-2）确定出来的组距，可能带有小数，为美观起见，可以对其进行取整。比如，由式（4-2）计算出来的组距等于 9.8，这时可以将其取成 10。对表 4-5 给出的资料，最大值为 33，最小值为 12。因为已经确定了分成 5 组，这样由式（4-2），计算出来的组距是(33−12)/5=4.2，对此可以将该问题的组距取成 5。

如何划分组数和确定组距，没有绝对的标准可以参考，我们可以通过试错的方法给出答案。一旦确定分组数量，式（4-2）就可以用来确定合适的组距，在不同数目的分组中重复使用，最后根据分析人员的判断找到合适的分组数目和各个组的组距。

第 3 步，确定每个组的组限。在确定了分组组数和组距之后，接下来要做的工作就是确定每个组的组限。组限是每个组之间的界限，反映了每个组观察值的变化范围。每个组的下限代表着这组中的最小观察值，每个组的上限代表着该组中的最大观察值。确定下来的组限，必须要能把观察值归集汇总到各个组别，且仅能汇总到某一个组别。在编制属性数据频数分布时，我们不需要明确每个组所在的范围，因为每个观察值各属于唯一的一个组别。可是在编制数量数据的频数分布时，需要明确每个观察值所属的组别范围。以表 4-5 的资料为例，可以选择 10、14 作为第一组的下限和上限，在表 4-6 中这一组别的范围记为 10 ~ 14。因此，最小的数据值 12 属于 10 ~ 14 组。在等距分组的情况下，第二组的下限和上限就是 15、19。以此类推，可以得到相关的其他组的组限，最后的分组情况是：10 ~ 14、15 ~ 19、20 ~ 24、25 ~ 29 及 30 ~ 34。每组上下限之间的差叫作组距，以第一组为例，可以得到该组的组距是 19−14=5。

表 4-6　表 4-5 资料的频数、频率和百分比分布

分组	频数	频率	百分比
10 ~ 14	4	0.20	20%
15 ~ 19	8	0.40	40%
20 ~ 24	5	0.25	25%
25 ~ 29	2	0.10	10%
30 ~ 34	1	0.05	5%

在确定了组数、组距以及组限，并计算出每组观察值出现的数目之后，数量数据的

频率分布便编制出来了。比如，表 4-5 的数据有 4 个数值 12、14、14、13 划分在 10 ~ 14 组，因此，10 ~ 14 组的频数就是 4，以此类推，可以得到表 4-6 的频数分布表。

表 4-5 的最小值是 12，但是我们还是选择 10 作为第一组的下限值。原因在于：第一组的下限应该比最小的观察值稍小，最后一组的上限应该比最大的观察值稍大，以使既定的分组办法能够囊括观察值。

由表 4-6 可以看出，在 15 ~ 19 这个组中，观察值出现的次数最多，达到 8 个，表明 Sanderson-Cliford 事务所的 20 家客户，有 8 家的账务审计完成时间需要 15 ~ 19 天。30 ~ 34 这个组，只有 1 个观察值，所以完成账务审计工作只有 1 家需要花费 30 天以上的时间。

编制频数分布的价值，在于能够使我们更加直观地了解原始数据存在的信息，如果不这样做，单靠观察原始资料是做不到的。表 4-6 中，同时也给出了频率分布和百分比分布，由此我们可以看到，40%的审计项目需要花费 15 ~ 19 天，只有 5%的账务审计需要 30 天以上。

对数量数据，其频率和百分比分布的计算与属性数据一样。

利用 Excel，也可以编制数量数据的频率分布。图 4-4 给出了表 4-5 中数量数据频数分布的编制过程及结果。

	A	B	C	D	E
1	年终财务审计所需要的时间（单位：天）				
2	12	14	19	18	15
3	15	18	17	20	27
4	22	23	22	21	33
5	28	14	18	16	13
6					
7					
8	分组	频数			
9	14	=FREQUENCY(A2:E5,A9:A13)			
10	19				
11	24				
12	29				
13	34				

	A	B	C	D	E
1	年终财务审计所需要的时间（单位：天）				
2	12	14	19	18	15
3	15	18	17	20	27
4	22	23	22	21	33
5	28	14	18	16	13
6					
7					
8	分组	频数			
9	14	4			
10	19	8			
11	24	5			
12	29	2			
13	34	1			

图 4-4 利用 Excel 编制数量数据的频率分布

图 4-4 中，单元格 A2:E5 的数据是从表 4-5 拷贝来的，每个组的上限输入单元格 A9:A13。至此，可以使用 Excel 中的 FREQUENCY 函数，计算每个组观察值出现的数目，具体操作过程如下。

第 1 步，选定单元格 B9:B13。

第 2 步，输入公式=FREQUENCY(A2:E5，A9:A13)，A2:E5 为数据范围，A9:A13 为每个组的上限值。

第 3 步，按 CTRL+SHIFT+ENTER。注意，该步骤不能直接按 ENTER 键。

4.1.4 直方图

对数量数据进行描述分析的时候，直方图是最常用的工具。直方图可以用来展示频数分布、频率分布或者百分比分布。将相关变量用横轴表示，汇总或计算出来的频数（绝对频数、相对频数或者百分比频数）用纵轴表示，每个组别的频数由横轴的组距与纵轴相应组别的频数组成的长方形代表，便可以绘制出直方图。

图 4-5 是根据表 4-6 资料绘制出来的直方图。

根据图 4-5，出现的最高长方形所对应的组是 15 ~ 19 这一组。长方形的高度代表着该组出现的频数，由图 4-5 可以看出 15 ~ 19 这组的频数是 8。频率或者百分比直方图与图 4-5 给出的频数直方图形状相似，只是纵轴采用了频率或者百分比的值。

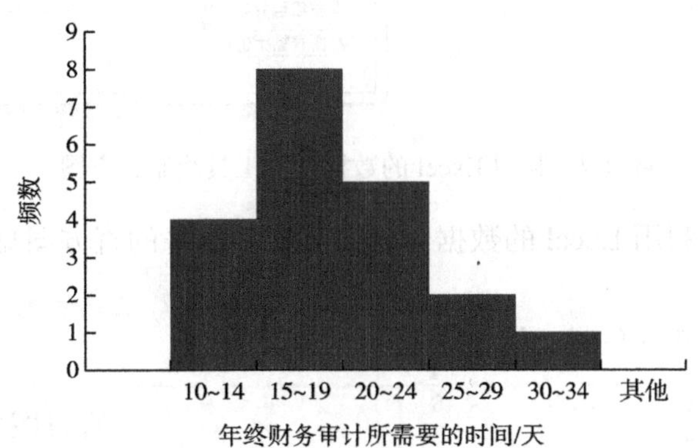

图 4-5 由表 4-6 数据绘制的频数直方图

利用 Excel 中的数据分析工具可以绘制直方图。以表 4-6 中的数据为例说明操作过程。首先点击文件，选择“选项”，从中找到“加载项”，然后打开，再单击 Excel 工作表底部出现的 Excel 加载项，单击“转到”，选定“分析工具”，最后单击确定。这样我们就能在 Excel 的数据命令中看到“数据分析”选项，如图 4-6 所示。

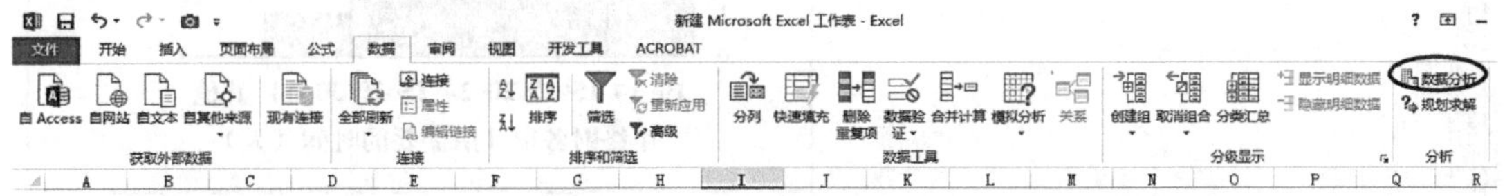

图 4-6 Excel 中的数据分析命令

现在，我们可以利用 Excel 绘制直方图。与之前一样，我们将样本输入 Excel 工作表中的单元格 A2:E5，将表 4-6 中定义的每组范围输入单元格 A9:A13（图 4-4）。

第 1 步，单击功能区中的数据（图 4-6）。

第 2 步，单击分析中的数据分析（图 4-6）。

第 3 步，当数据分析打开后，选择数据分析–分析工具列表中的直方图，然后单击“确定”。在输入区域栏输入单元格 A2:E5；在接收区域栏输入单元格 A9:A13；在输出选项下，选择“新工作表组”，并勾选“图表输出”；最后单击“确定”（图 4-7）。

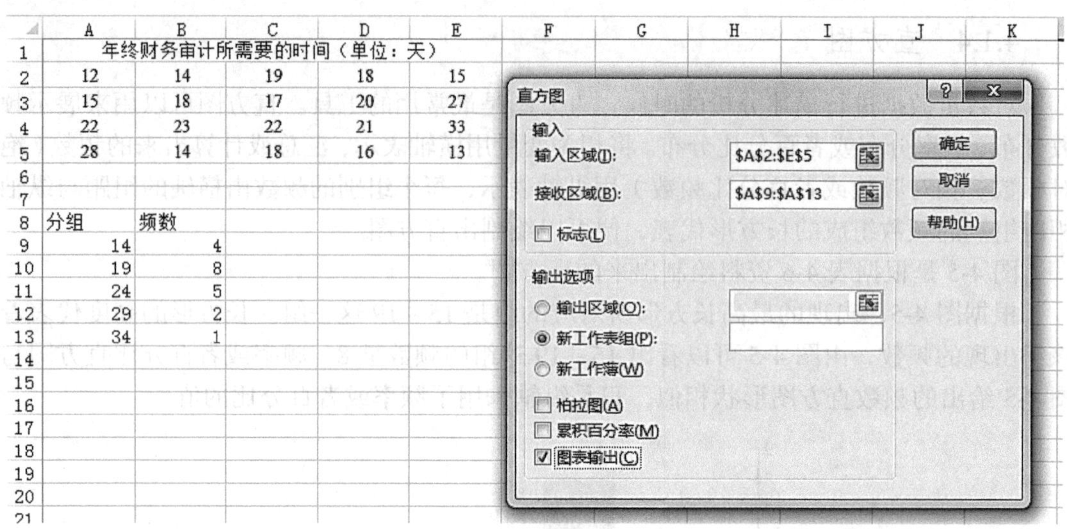

图 4-7　利用 Excel 的数据分析工具绘制直方图

经过上述步骤，利用 Excel 的数据分析工具绘制出来的直方图见图 4-8。

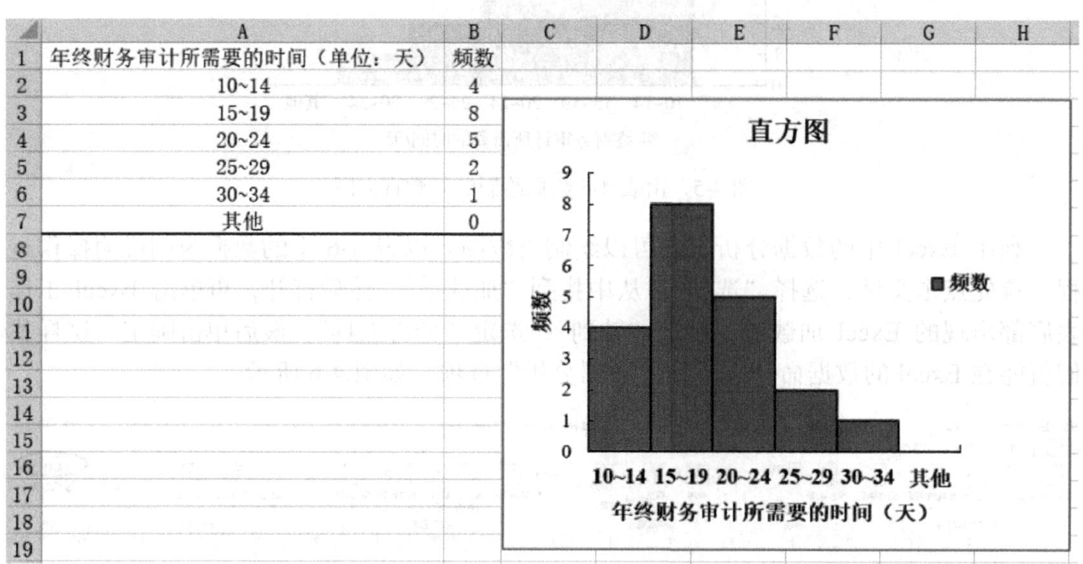

图 4-8　利用数据分析工具绘制的直方图

图 4-8 中，我们在 A 列给出了每组完整的组别名称，从而使绘制出来的直方图的组别显示了每个组的上下限。出于直方图的传统表示形式的考虑，将每个长方形之间的空白间隙进行了移除。移除直方图中每个长方形之间间隙的做法如下。

第 1 步，单击直方图中任意一列，选择设置数据系列格式。

第 2 步，当设置数据系列格式打开后，单击“系列选项”，并将分类间距设置为 0。

第 3 步，单击设置数据系列格式中的填充线条，单击边框，选择实线。

直方图最重要的作用之一，就是给出了分布形状或状态的信息。偏度或不对称性，是分布形状的重要特征。图 4-9 给出了频数分布四种类型的直方图。

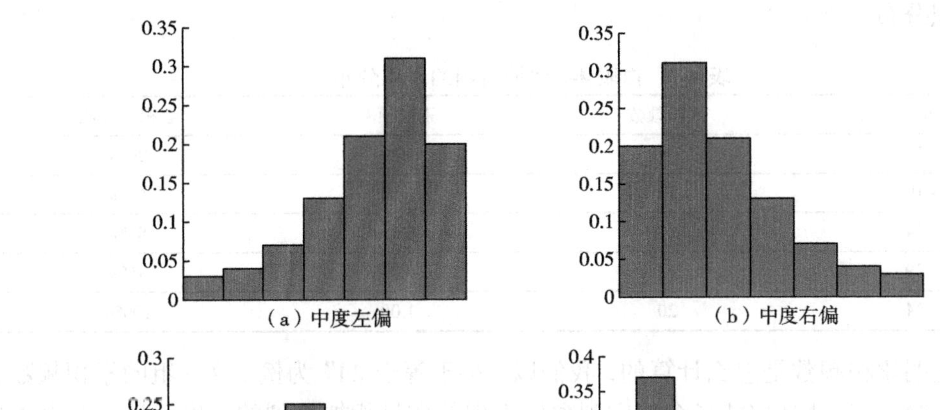

（a）中度左偏　（b）中度右偏

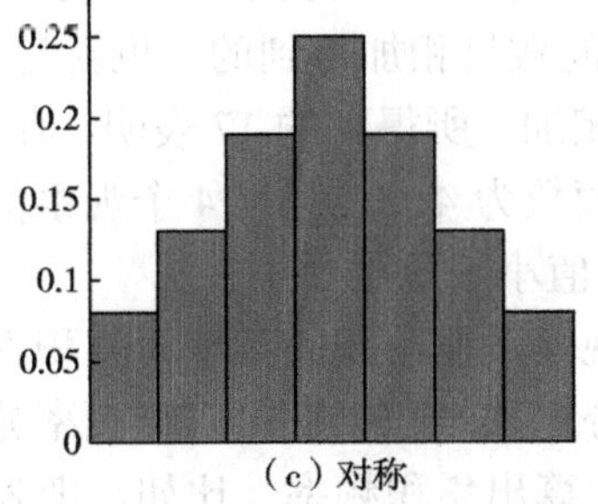

（c）对称

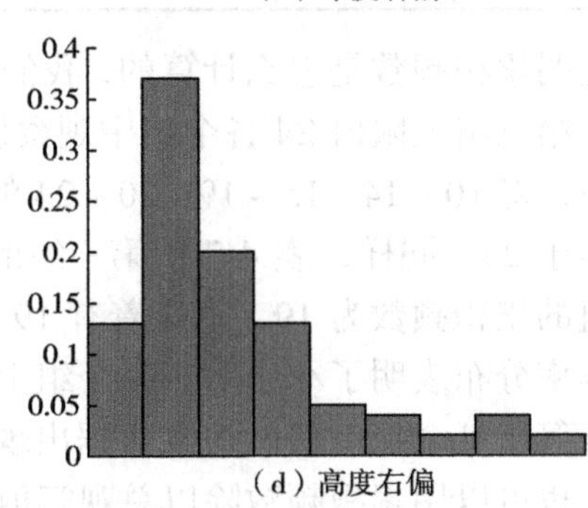

（d）高度右偏

图 4-9　四种分布类型的直方图

图 4-9（a），属于中等程度左偏形状的直方图。如果直方图左尾部比右尾部显得更长，可以认为这个直方图呈左偏态分布。这种直方图的典型代表是考试成绩，因为考试分数不会超过 100 分（满分 100 分的情况），大多数的成绩在 70 分以上，比较低的分数乃至 0 分，虽然比较少见，但还是会出现的。

图 4-9（b），属于中等程度右偏形状的直方图。如果直方图的右尾部比左尾部显得更长，可以称这样的直方图为右偏态分布。房价是这类直方图的典型例子，因为总有一些商品房的交易价格特别高。

图 4-9（c），属于对称型直方图。在对称型直方图中，其左尾部和右尾部呈对称状。实际应用中，出现完全对称的直方图的情形比较少见，但呈近似对称的情形也不在少数。比如，全体考生的 SAT[①]分数、人们的身高和体重等。

图 4-9（d），属于高度右偏型直方图。女性服装店一天的销售量数据，可能会出现这样的情形。商业和经济方面的数据，通常也会出现高度右偏形态，比如薪酬、购买量等。

4.1.5　累积分布

累积分布是另外一种形式的频数分布，可以用来说明数量数据分布的变化。与一般的频数分布相比，累积分布采用了相同的分组、组距和组限，其不仅描述了每个组的频

① SAT 全称 Scholastic Assessment Test，学业评价测验，俗称“美国高考”。

数，还进一步显示了小于等于某个组上限的观察值出现的数目。表 4-7 是由表 4-6 资料得到的累积分布。

表 4-7 由表 4-6 数据得到的累积分布

分组	累积频数	累积频率	累积百分比
10 ~ 14	4	0.20	20%
15 ~ 19	12	0.60	60%
20 ~ 24	17	0.85	85%
25 ~ 29	19	0.95	95%
30 ~ 34	20	1.00	100%

为了说明累积频数是怎么计算的，我们以“小于等于 24”为例。这一组的累积频数，是小于等于第三组上限值 24 各个组中观察值出现的数目相加得到的。也就是，对表 4-6 的频数分布，将 10 ~ 14、15 ~ 19、20 ~ 24 的频数相加，所得到的 17 表明，存在 17 个观察值小于等于 24。同样，表 4-7 中第一组的累积频数为 4，表明有 4 个观察值小于等于 14，第四组的累积频数为 19，意味着有 19 个观察值小于等于 29。

累积频率分布表明了小于等于某个组上限的观察数据出现的频率，累积百分比分布表明了小于等于某个组上限的观察数据出现的百分比。累积频率可以将频率分布的频率相加得到，也可以用累积频数除以总观察值数目计算出累积频率。比如，把表 4-7 各个组的累积频数除以总观察值数目（n=20），同样能得到表 4-7 相应组的累积频率。累积百分比可由累积频率乘以 100%得到，也可用各个组的累积频数除以总观察值数目，再乘以 100%计算出来。

4.2 位置测度

位置测度是描述性数据分析最基本的内容，本节将介绍四种常用的位置测度方法，分别为算术平均数、中位数、众数和几何平均数及利用 Excel 计算的方法。

4.2.1 算术平均数

算术平均数（average），又称均值，是统计学中最基本、最常用的一种平均指标，是位置测度中使用最为频繁的方法。均值是一种中心位置的度量，如果是样本数据（典型情况），那么均值通常用 $\bar{x}$ 表示。样本均值是对相应变量总体均值（往往未知）的点估计。如果依据的数据是总体的，可以用同样的方法计算出总体均值，此时通常用 μ 表示。

假设 n 个样本数据的观察值分别为 $x_1, x_2, \cdots, x_n$，则该样本数据的算术平均值按式（4-3）计算：

$$\bar{x} = \frac{1}{n}\sum_{i=1}^{n} x_i = \frac{x_1 + x_2 + \cdots + x_n}{n} \tag{4-3}$$

如果是对总体数据的观察值求算术平均值，则按式（4-4）计算。假设总体数据共有

N 个观察值，则

$$\mu = \frac{1}{N}\sum_{i=1}^{N} x_i = \frac{x_1 + x_2 + \cdots + x_N}{N} \quad (4\text{-}4)$$

为了对算术平均值的计算加以说明，我们采用 Hampson 和 Walker 在 1961 年所做实验的数据进行说明，如表 4-8 所示。表（4-8）中的数据为他们测得的 26 次铂的升华热。

表 4-8　铂的升华热　（单位：kcal/mol）

136.3	136.6	135.8	135.4	134.7	135.0	134.1	143.3	147.8
148.8	134.8	135.2	134.9	146.5	141.2	135.4	134.8	135.8
135.0	133.7	134.4	134.9	134.8	134.5	134.3	135.2	

根据表 4-8 的数据，由式（4-3）得

$$\bar{x} = \frac{1}{n}\sum_{i=1}^{n} x_i = \frac{x_1 + x_2 + \cdots + x_{26}}{26}$$

$$= \frac{136.3 + 136.6 + 135.8 + \cdots + 134.5 + 134.3 + 135.2}{26}$$

$$= \frac{3563.20}{26} \approx 137.0462$$

可以利用 Excel 中的 AVERAGE 函数计算观察值的算术平均值。图 4-10 是表 4-8 数据的 Excel 工作表。在单元格 A6 计算算术平均值，输入公式：=AVERAGE(A1:I3)便能得到计算的算术平均值结果。

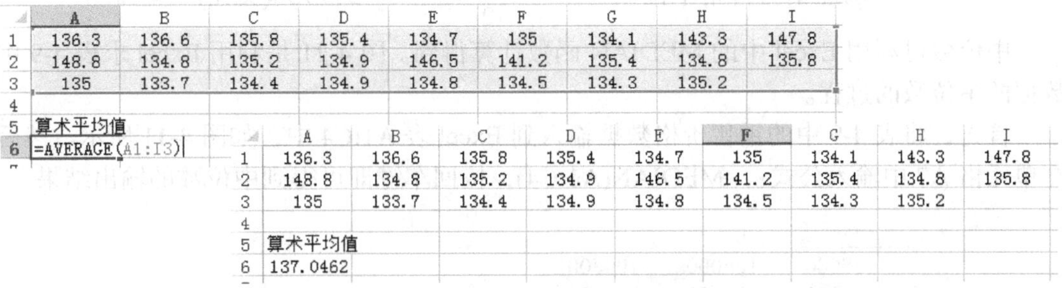

	A	B	C	D	E	F	G	H	I
1	136.3	136.6	135.8	135.4	134.7	135	134.1	143.3	147.8
2	148.8	134.8	135.2	134.9	146.5	141.2	135.4	134.8	135.8
3	135	133.7	134.4	134.9	134.8	134.5	134.3	135.2	
4									
5	算术平均值								
6	=AVERAGE(A1:I3)								

	A	B	C	D	E	F	G	H	I
1	136.3	136.6	135.8	135.4	134.7	135	134.1	143.3	147.8
2	148.8	134.8	135.2	134.9	146.5	141.2	135.4	134.8	135.8
3	135	133.7	134.4	134.9	134.8	134.5	134.3	135.2	
4									
5	算术平均值								
6	137.0462								

图 4-10　利用 Excel 计算算术平均值

算术平均数易受极端值的影响。例如，有下列资料：5、7、5、4、6、7、8、5、4、7、8、6、20，全部资料的平均值是 7.1，实际上大部分数据（有 10 个）不超过 7，如果去掉 20，则剩下的 12 个数的平均数为 6。由此可见，极端值的出现，会使算数平均数的真实性受到干扰。

4.2.2　中位数

中位数（median）又称中值，统计学中的专有名词，是按顺序排列的一组数据中居于中间位置的数，代表一个样本、种群或概率分布中的一个数值，其可将数值集合划分为相等的上下两部分。对于有限的数据集合，可以通过把所有观察值高低排序后找出正

中间的一个作为中位数。如果观察值的个数为偶数，通常取最中间的两个数值的算数平均数作为中位数。

假设五所大学同专业不同班级的学生人数按升序排列的结果如下：

$$35\quad 43\quad 46\quad 46\quad 59$$

因为 n=5 是奇数，所以中位数就是中间位置上的那个数值。因此，班级规模的中位数是 46 名学生。这组数据中包含两个相同的观察值 46，但当我们将数据排列成升序的时候，每个观察值都需要被分别对待。

表 4-9 是搜集的美国俄亥俄州辛辛那提市房屋销售的样本数据。以表 4-9 中 12 所房屋的销售价格为例，说明中位数的计算。

表 4-9　辛辛那提市房屋销售价格

房屋编号	销售价格/美元	房屋编号	销售价格/美元	房屋编号	销售价格/美元
1	138 000	5	108 000	9	199 500
2	254 000	6	254 000	10	208 000
3	186 000	7	138 000	11	142 000
4	257 500	8	298 000	12	456 250

首先将 12 个数据排列成升序，结果如下：

108 000 138 000 138 000 142 000 186 000 $\underbrace{\text{199 500 208 000}}_{\text{两个中间值}}$ 254 000 254 000 257 500 298 000 456 250

因为观察值的数目是 12 个，为偶数，所以中位数是两个中间值的算数平均值，即

$$房屋销售价格中位数=\frac{199\ 500+208\ 000}{2}=203\ 750(美元)$$

中位数可利用 Excel 中的 MEDIAN 函数计算得到。图 4-11 是利用 Excel 求表 4-9 中数据的中位数的过程。

首先，将表 4-9 中的销售价格数据输入到 Excel 表 A1:C4 中，如图 4-11 所示。然后在单元格 A7 中输入公式：=MEDIAN(A1:C4)，按回车键即可得到中位数的输出结果。

	A	B	C
1	138000	108000	199500
2	254000	254000	208000
3	186000	138000	142000
4	257500	298000	456250
5			
6	中位数		
7	=MEDIAN(A1:C4)		

	A	B	C
1	138000	108000	199500
2	254000	254000	208000
3	186000	138000	142000
4	257500	298000	456250
5			
6	中位数		
7	203750		

图 4-11　利用 Excel 计算中位数

需要说明的是，算数平均数是通过计算得到的，因此它会因每一个数据的变化而变

化。中位数是通过排序得到的，它不受最大、最小两个极端数值的影响。部分数据的变动对中位数没有影响，当一组数据中的个别数据变动较大时，常用中位数来描述这组数据的集中趋势。

4.2.3 众数

众数（mode）是指在统计分布上具有明显集中趋势点的数值，代表数据的一般水平，也是一组数据中出现次数最多的数值，有时众数在一组数中有好几个。

假设五所大学同专业各班级的学生人数的结果如下：

32 42 46 46 54

在这五个数据中，46 出现的次数最多，是出现最频繁的数值，因此这个数值 46 就是众数。

利用 Excel 的 MODE.SNGL 函数，可以直接获取观察值的众数。

有的时候，存在两个或两个以上的观察值频繁出现。这种情况表明，存在两个以上的众数。一组观察值存在两个以上的众数，这是多峰分布。如果一组观察值恰好含有两个众数，我们称之为双峰分布。当出现多于两个众数时，这时的众数就不需要报告出来了，因为列示三个及以上的众数对数据描述没有多大帮助。与此相反，如果数据中没有一个观察值出现次数超过一次，我们称该组观察值没有众数。

使用 Excel 中的函数 MODE.SNGL，将会得到一个出现频率最高的众数值。对于多众数分布，需要使用函数 MODE.MULT。例如，表 4-9 中有两个房价出现的频数是 2 次，分别是 138 000 和 254 000。因此，这组数据具有双众数。利用 Excel 找出这两个众数，操作步骤如下。

第 1 步，同时选定单元格 A7 和 A8。

第 2 步，输入函数=MODE.MULT(A1:C4)。

第 3 步，同时按 CTRL+ SHIFT+ ENTER 键。

如图 4-12 所示，经过上述过程，Excel 将会在单元格 E4、E5 中输出两个众数，分别是 138 000 和 254 000。

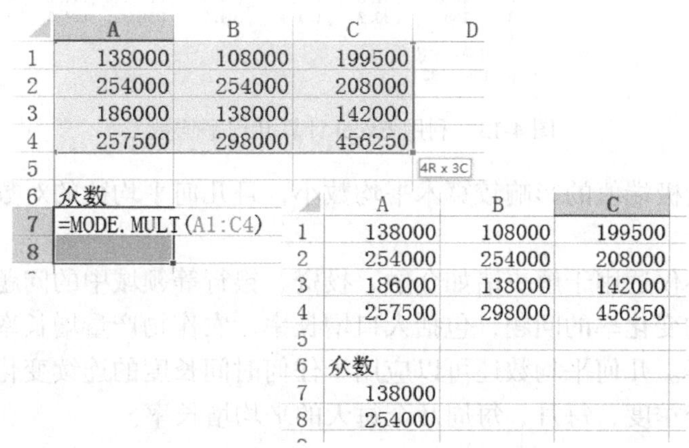

图 4-12 利用 Excel 计算众数

需要说明的是，用众数代表一组数据，可靠性较差，不过，众数不受极端数据的影响，并且求法简便。在一组数据中，如果个别数据有很大的变动，选择众数表示这组数据的“集中趋势”就相对比较适合了。

4.2.4 几何平均数

几何平均数（geometric mean）是对各观察值的连乘积开项数次方根。样本观察值的几何平均数 $\bar{x}_g$ 的计算公式为

$$\bar{x}_g = \sqrt[n]{\prod_{i=1}^{n} x_i} = \sqrt[n]{x_1 \times x_2 \times \cdots \times x_n} \tag{4-5}$$

总体数据几何平均数的计算方法类似，但通常用符号 μ_g 表示，并用全部观察值计算出来。其计算公式为

$$\mu_g = \sqrt[N]{\prod_{i=1}^{N} x_i} = \sqrt[N]{x_1 \times x_2 \times \cdots \times x_N} \tag{4-6}$$

以表 4-8 中的数据为例，计算 26 个样本数据的几何平均数，计算过程及结果如下：

$$\begin{aligned}\bar{x}_g &= \sqrt[26]{\prod_{i=1}^{26} x_i} = \sqrt[26]{x_1 \times x_2 \times \cdots \times x_{26}} \\ &= \sqrt[26]{136.3 \times 136.6 \times 135.8 \times \cdots \times 134.5 \times 134.3 \times 135.2} \\ &= 136.9792(\text{kcal/mol})\end{aligned}$$

对几何平均数，我们可以通过 Excel 中的 GEOMEAN 函数进行计算。图 4-13 给出了利用 Excel 计算表 4-8 中 26 个数据的几何平均数的过程。在单元格 A6 计算几何平均数，输入公式：=GEOMEAN (A1:I3)便能得到计算的几何平均数结果。

	A	B	C	D	E	F	G	H	I
1	136.3	136.6	135.8	135.4	134.7	135	134.1	143.3	147.8
2	148.8	134.8	135.2	134.9	146.5	141.2	135.4	134.8	135.8
3	135	133.7	134.4	134.9	134.8	134.5	134.3	135.2	
4									
5	几何平均数								
6	=GEOMEAN(A1:I3)								

	A	B	C	D	E	F	G	H	I
1	136.3	136.6	135.8	135.4	134.7	135	134.1	143.3	147.8
2	148.8	134.8	135.2	134.9	146.5	141.2	135.4	134.8	135.8
3	135	133.7	134.4	134.9	134.8	134.5	134.3	135.2	
4									
5	几何平均数								
6	136.9792								

图 4-13 利用 Excel 计算几何平均数

几何平均数受极端值的影响较算术平均数小，且几何平均数的对数是各变量值对数的算术平均数。

几何平均数不仅适用于解决诸如金融、投资、银行等领域中的问题，还可用于任何一个连续时间平均变化率的问题，包括人口增长率、农作物产量增长率、污染情况以及出生率和死亡率等。几何平均数还可以应用于任何时间长度的连续变化现象，除了年增长率外还包括每个季度、每月、每周乃至每天的平均增长率。

4.3 变异性测量

当需要了解一组观察数据的变异性或者离散性时，我们通常需要对该组观察值的变异性进行测量，在这一节，我们将介绍四种常用的单变量观察数据变异性的测量方法，分别为极差、方差、标准差和变异系数。

4.3.1 极差

极差又称范围误差或全距，以 R 表示，是用来表示统计资料中的变异量数，是一组数据中最大值与最小值之间的差距，即最大值减最小值后所得的数据。

极差是观测值变动的最大范围，它是测定标志变动的最简单的指标。极差不能用作比较，因为不同极差的单位可能不同。

假设一组样本数据为 $x_1, x_2, \cdots, x_n$，则该样本数据的极差计算公式如下：

$$R = \max\{x_i\} - \min\{x_i\} \tag{4-7}$$

式中，$\max\{x_i\}$ 为样本数据的最大值；$\min\{x_i\}$ 为样本数据的最小值。

如求表 4-8 中 26 个样本数据的极差，则为这 26 个数据中的最大值减去这 26 个数据中的最小值，即

$$R = \max\{x_i\} - \min\{x_i\} = 148.8 - 133.7 = 15.1(\text{kcal / mol})$$

同样可以在 Excel 中利用公式求一组数据的极差，但没有一个可以直接用来计算的固定公式，需要结合 Excel 中的 MAX 函数和 MIN 函数计算。如图 4-14 所示计算表 4-8 中 26 个数据的极差，在单元格 A6 计算极差，输入公式：=MAX(A1:I3)−MIN(A1:I3)便能得到计算的极差结果。

	A	B	C	D	E	F	G	H	I
1	136.3	136.6	135.8	135.4	134.7	135	134.1	143.3	147.8
2	148.8	134.8	135.2	134.9	146.5	141.2	135.4	134.8	135.8
3	135	133.7	134.4	134.9	134.8	134.5	134.3	135.2	
4									
5	极差								
6	=MAX(A1:I3)-MIN(A1:I3)								

	A	B	C	D	E	F	G	H	I
1	136.3	136.6	135.8	135.4	134.7	135	134.1	143.3	147.8
2	148.8	134.8	135.2	134.9	146.5	141.2	135.4	134.8	135.8
3	135	133.7	134.4	134.9	134.8	134.5	134.3	135.2	
4									
5	极差								
6	15.1								

图 4-14　利用 Excel 求极差

在统计中常用极差来刻画一组数据的离散程度，它能够反映变量分布的变异范围和离散程度，在总体中任何两个单位的标准值之差都不能超过极差。同时，它能体现一组数据波动的范围。极差越大，离散程度越大，反之，离散程度越小。

极差只指明了测定值的最大离散范围，而未能利用全部测量值的信息，不能细致地反映测量值彼此相符合的程度，极差是总体标准偏差的有偏估计值，当乘以校正系数之后，可以作为总体标准偏差的无偏估计值，它的优点是计算简单、含义直观、运用方便，故在数据统计处理中仍有着相当广泛的应用。但是，它仅仅取决于两个极端值的水平，

不能反映其间的变量分布情况，同时易受极端值的影响。

4.3.2 方差

方差是在概率论和统计方差衡量随机变量或一组数据时离散程度的度量。概率论中方差用来度量随机变量和其数学期望（即均值）之间的偏离程度。统计中的方差（样本方差）是每个样本值与全体样本值的平均数之差的平方值的平均数。在许多实际问题中，研究方差即偏离程度有着重要意义。

在统计描述中，方差用来计算每一个变量（观察值）与总体均值之间的差异。为避免出现离均差总和为零，离均差平方和受样本含量的影响，统计学采用平均离均差平方和来描述变量的变异程度。总体方差计算公式如下：

$$\sigma^2 = \frac{\sum_{i=1}^{N}(x_i - \mu)^2}{N} \tag{4-8}$$

式中，μ 为总体观察值的均值；N 为总体观察值的个数。

实际工作中，总体均数难以得到时，应用样本统计量代替总体参数，经校正后，样本方差计算公式如下：

$$s^2 = \frac{\sum_{i=1}^{n}(x_i - \overline{x})^2}{n-1} \tag{4-9}$$

如求表 4-8 中 26 个样本数据的方差，由式（4-9）可得

$$s^2 = \frac{\sum_{i=1}^{n}(x_i - \overline{x})^2}{n-1} = \frac{\sum_{i=1}^{26}(x_i - 137.0462)^2}{26-1} \approx 19.79(\text{kcal/mol})^2 \tag{4-10}$$

注意，由于在计算离差平方的时候采用了平方处理，所以，方差的计量单位也带有平方。

同样可以在 Excel 中利用公式求一组数据的方差，可通过函数 VAR.S 计算样本数据的方差，通过 VAR.P 计算总体观察值的方差。如图 4-15 所示，计算表 4-8 中 26 个样本数据的方差，在单元格 A6 计算样本方差，输入公式：=VAR.S(A1:I3)便能得到计算的方差结果。

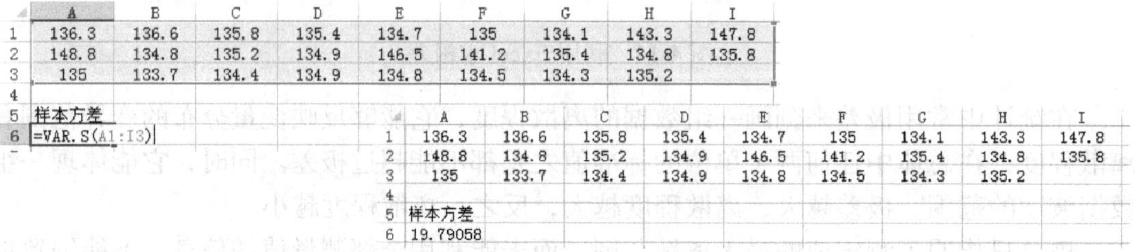

	A	B	C	D	E	F	G	H	I
1	136.3	136.6	135.8	135.4	134.7	135	134.1	143.3	147.8
2	148.8	134.8	135.2	134.9	146.5	141.2	135.4	134.8	135.8
3	135	133.7	134.4	134.9	134.8	134.5	134.3	135.2	
4									
5	样本方差								
6	=VAR.S(A1:I3)								

	A	B	C	D	E	F	G	H	I
1	136.3	136.6	135.8	135.4	134.7	135	134.1	143.3	147.8
2	148.8	134.8	135.2	134.9	146.5	141.2	135.4	134.8	135.8
3	135	133.7	134.4	134.9	134.8	134.5	134.3	135.2	
4									
5	样本方差								
6	19.79058								

图 4-15 利用 Excel 计算方差

当数据分布比较分散（即数据在平均数附近波动较大）时，各个数据与平均数的差

的平方和较大，方差就较大；当数据分布比较集中时，各个数据与平均数的差的平方和较小。因此，方差越大，数据的波动越大；方差越小，数据的波动就越小。

4.3.3　标准差

标准差是总体各单位标准值与其平均数离差平方的算术平均数的平方根。它反映组内个体间的离散程度。简单地说，标准差就是方差的算术平方根。通常用 s 表示样本数据的标准差，σ 表示总体数据的标准差。样本数据的标准差 s 是对应总体数据的标准差的点估计。样本数据的标准差按式（4-11）计算：

$$s=\sqrt{s^2} \tag{4-11}$$

总体数据的标准差则按式（4-12）计算：

$$\sigma=\sqrt{\sigma^2} \tag{4-12}$$

例如，求表 4-8 中 26 个样本数据的标准差，则是求表 4-8 中 26 个样本数据的方差的平方根，即

$$s=\sqrt{s^2}=\sqrt{19.79}\approx 4.45(\text{kcal/mol})$$

前面我们已经指出，方差的计量单位是带有平方的，这会给理解带来不便。由于标准差是方差的平方根，那么，标准差的计量单位与原始观察值的计量单位就相同了，如方差的单位是$(\text{kcal/mol})^2$，则标准差的单位是 kcal/mol。

同样可以在 Excel 中利用公式直接求一组数据的标准差，可通过函数 STEDV.S 计算样本数据的标准差，通过 STDEV.P 计算总体观察值的标准差。如图 4-16 所示计算表 4-8 中 26 个样本数据的标准差，在单元格 A6 计算样本标准差，输入公式：=STDEV.S(A1:I3) 便能得到计算的标准差结果。

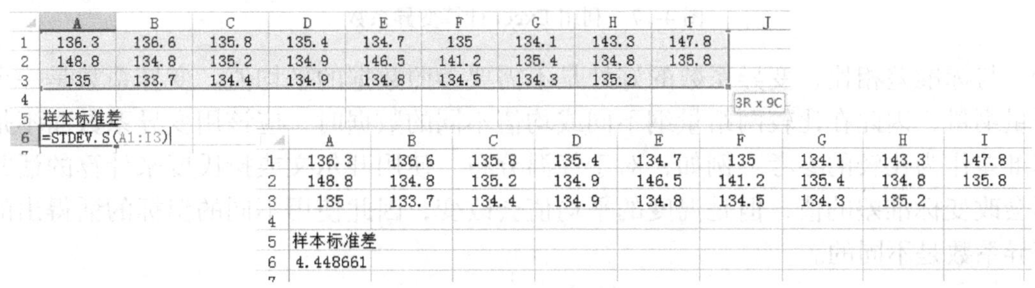

图 4-16　利用 Excel 计算标准差

简单来说，标准差是一组数据平均值分散程度的一种度量。一个较大的标准差，代表大部分数值和其平均值之间差异较大；一个较小的标准差，代表这些数值较接近平均值。平均数相同的两组数据，标准差未必相同。

4.3.4　变异系数

当需要比较两组数据离散程度大小的时候，如果两组数据的测量尺度相差太大，或者数据量纲不同，直接使用标准差不太合适，此时就应当消除测量尺度和量纲的影响，而变

异系数可以做到这一点，它是原始数据标准差与原始数据平均数的比值，通常记作C.V.，变异系数没有量纲，这样就可以进行客观比较了。事实上，可以认为变异系数和极差、标准差、方差一样，都是反映数据离散程度的绝对值。其数据大小不仅受变量值离散程度的影响，而且还受变量值平均水平大小的影响。变异系数的计算公式为

$$\text{C.V.} = \frac{标准差}{均值} \times 100\% \tag{4-13}$$

变异系数只在平均值不为零时有定义，而且一般适用于平均值大于零的情况。变异系数也被称为标准离差率或单位风险。

例如，表4-8中26个样本数据的变异系数为

$$\text{C.V.} = \frac{4.45}{137.0462} \times 100\% \approx 3.25\%$$

同样可以在Excel中利用公式求一组数据的变异系数，但没有一个可以直接用来计算的固定公式，需要结合Excel中的计算标准差的函数和计算平均值的函数计算。如图4-17所示计算表4-8中26个样本数据的变异系数，在单元格A6计算变异系数，输入公式：=STDEV.S(A1:I3)/AVERAGE(A1:I3)便能得到计算的变异系数结果。

	A	B	C	D	E	F	G	H	I	J
1	136.3	136.6	135.8	135.4	134.7	135	134.1	143.3	147.8	
2	148.8	134.8	135.2	134.9	146.5	141.2	135.4	134.8	135.8	
3	135	133.7	134.4	134.9	134.8	134.5	134.3	135.2		
4										3R x 9C
5	样本变异系数									
6	=STDEV.S(A1:I3)/AVERAGE(A1:I3)									

	A	B	C	D	E	F	G	H	I
1	136.3	136.6	135.8	135.4	134.7	135	134.1	143.3	147.8
2	148.8	134.8	135.2	134.9	146.5	141.2	135.4	134.8	135.8
3	135	133.7	134.4	134.9	134.8	134.5	134.3	135.2	
4									
5	样本变异系数								
6	0.032461								

图4-17 利用Excel计算变异系数

与标准差相比，变异系数的好处是不需要参照数据的平均值。变异系数是一个无量纲量，因此在比较两组量纲不同或均值不同的数据时，应该用变异系数而不是标准差作为比较的参考。例如，对于气温分布，使用开尔文或摄氏度来计算的话并不会改变标准差的值，但是温度的平均值会改变，因此使用不同的温标的话得出的变异系数是不同的。

案例4-1

我国2013～2018年船用钢材消耗数据的统计量

近几年来，我国政府高度重视船舶产业对推动国民经济发展的战略性地位，《中国制造2025》明确提出要提升船舶产业的发展水平。加快提高高技术船舶国际竞争力，逐步引领未来国际船舶市场，加快我国船舶工业技术水平、科技创新能力和综合实力的整体跃升。同时出台了《关于促进旅游装备制造业发展的实施意见》《关于加快融资租赁业发展的指导意见》一系列规定，推动船舶产品向多元化、高附加值方向发展，并加快融资租赁业发展，更好地发挥融资租赁对船舶产业稳定增长和转型升级

的作用。

作为船舶产业的关键原材料之一，钢材的消耗在一定程度上反映了船舶产业的发展状况，表 4-10 为来自《中国船舶统计年鉴》收集或计算得到的 2013 ~ 2018 年我国船舶产业钢材消耗情况的数据信息，主要从船用钢材消耗量、船用钢材消耗量增长率、造船板数量、造船板增长率、高强度造船板和高强度造船板增长率六个方面考虑，同时六个方面对应的四个描述性统计结果也列在该表中，包括均值（算术平均）、极差、方差和标准差。

表 4-10　2013 ~ 2018 年我国船舶产业钢材消耗的统计数据

项目	船用钢材消耗量/吨	船用钢材消耗量增长率	造船板数量/吨	造船板增长率	高强度造船板/张	高强度造船板增长率
2013 年	1 100	−8.30%	770.00	−15.0%	423.00	−10.66%
2014 年	1 300	18.20%	1 118.00	45.20%	683.90	63.10%
2015 年	1 200	−7.70%	973.80	−12.90%	513.60	−24.90%
2016 年	1 150	−4.20%	657.80	−30.6%	336.10	−27.80%
2017 年	800	−30.40%	601.30	8.60%	294.50	12.40%
2018 年	850	0.06%	742.78	23.52%	432.79	46.97%
均值	1 066.67	−5.39%	810.61	3.14%	447.32	9.85%
极差	500.00	48.60%	516.70	75.80%	389.40	90.90%
方差	33 055.56	204.49%	32 421.87	656.49%	16 148.26	1 210.95%
标准差	181.81	14.30%	180.06	25.62%	127.08	34.80%

4.4　分布分析

分布分析是常用的数据分析方法，分布能够反映变量所有观察值的变异情况，在解释和分析一组数据时，分布能够起到很好的作用。本节将介绍三种简单实用的分布分析方法，包括百分位数、四分位数和 z 值，并在此基础上介绍经验法则和异常值的识别。

4.4.1　百分位数

如果将一组数据从小到大排序，并计算相应的累计百分位，则某一百分位所对应数据的值就称为这一百分位的百分位数。可表示为一组 n 个观测值按数值大小排列后，处于 p%位置的值称第 p 百分位数。

简单地说，百分位数是低于某个观察值的观察数目占全部观察值的百分比。p 百分位数指的是，观察数据中约有 p%的观察值小于第 p 个百分位数。据此，对一组观察值，大约有 $(100-p)$% 的观察值比第 p 个百分位数大。

高等院校的入学考试成绩经常以百分位数的形式报告。比如，假设某个考生在入学考试中的语文的原始分数为 54 分。相对于参加同一考试的其他学生来说，他的成绩如何并不容易知道。但是如果原始分数 54 分对应的是百分位数 70，我们就能知道大约 70%的学生的考分比他低，而约 30%的学生考分比他高。

下面来说明如何计算第 p 百分位数。

第 1 步：以递增顺序排列原始数据（即从小到大排列）。

第 2 步：计算指数 $i = np\%$。

第 3 步：

（1）若 i 不是整数，将 i 向上取整。大于 i 的毗邻整数即为第 p 百分位数的位置。

（2）若 i 是整数，则第 p 百分位数是第 i 项与第 i+1 项数据的平均值。

除了以上方法，再介绍另外一种方法，这种方法是 SPSS 所用方法，也是 SAS 所用方法之一。

第 1 步：将 n 个变量值从小到大排列，x_j 表示此数列中第 j 个数。

第 2 步：计算指数，设 $(n+1)p\% = k + g$，其中 k 为整数部分，g 为小数部分。

第 3 步：

（1）当 $g = 0$ 时：p 百分位数为 x_k；

（2）当 $g \neq 0$ 时：p 百分位数为 $g \times x_{k+1} + (1-g) \times x_k$，即 $x_k + g \times (x_{k+1} - x_k)$。

现在我们以表 4-9 的数据为例，利用第二种方法说明房屋销售价格第 85 百分位数确定的过程。

第 1 步，将表 4-9 中的 12 个数据由小到大进行升序排序，具体的排序结果如下：

108 000　　138 000　　138 000　　142 000　　186 000　　199 500

208 000　　254 000　　254 000　　257 500　　298 000　　456 250

第 2 步，计算 $(n+1)p = (12+1) \times 85\% = 11.05 = 11 + 0.05$。

第 3 步，因为 $g = 0.05 \neq 0$ 且 $k = 11$，所以第 85 百分位数的计算为 $x_k + g \times (x_{k+1} - x_k) = x_{11} + 0.05 \times (x_{11+1} - x_{11}) = x_{11} + 0.05 \times (x_{12} - x_{11})$，即 $298\,000 + 0.05 \times (456\,250 - 298\,000) = 305\,912.5$。

利用 Excel 中的 PERCENTILE.EXC 函数，可以直接计算出第 p 百分位数。图 4-18 给出了表 4-9 中 12 个房价数据第 85 百分位数的计算方法，在单元格 A7 中输入公式：=PERCENTILE.EXC(A1:C4,85%)，按回车键即可得到计算结果。

	A	B	C
1	138000	108000	199500
2	254000	254000	208000
3	186000	138000	142000
4	257500	298000	456250
5			
6	85百分位数		
7	=PERCENTILE. EXC (A1:C4, 85%)		

	A	B	C
1	138000	108000	199500
2	254000	254000	208000
3	186000	138000	142000
4	257500	298000	456250
5			
6	85百分位数		
7	305912. 5		

图 4-18　利用 Excel 计算百分位数

4.4.2　四分位数

分位数是将总体的全部数据按大小顺序排列后，处于各等分位置的变量值。如果将全部数据分成相等的两部分，它就是中位数；如果分成四等份，就是四分位数；八等分就是八分位数等。四分位数也称为四分位点，它是将全部数据分成相等的四部分，其中每部分包括 25%的数据，处在各分位点的数值就是四分位数。四分位数有三个，第一个四分位数就是通常所说的四分位数，称为下四分位数，第二个四分位数就是中位数，第三个四分位数称为上四分位数，分别用 Q1、Q2、Q3 表示。

第一四分位数（Q1），又称“较小四分位数”，等于该样本中所有数值由小到大排列后第 25%的数字。

第二四分位数（Q2），又称“中位数”，等于该样本中所有数值由小到大排列后第 50%的数字。

第三四分位数（Q3），又称“较大四分位数”，等于该样本中所有数值由小到大排列后第 75%的数字。

第三四分位数与第一四分位数的差距又称四分位距（interquartile range，IQR）。

四分位数是特殊形式的百分位数，即第一四分位数为第 25 百分位数，第二四分位数为第 50 百分位数，第三四分位数为第 75 百分位数。因此，计算四分位数的方法与计算百分位数的方法相同。

现在我们以表 4-9 的数据为例，利用计算百分位数的第二种方法说明房屋销售价格的三个四分位数确定的过程。

第 1 步，将表 4-9 中的 12 个数据由小到大进行升序排序，具体的排序结果如下：

108 000	138 000	138 000	142 000	186 000	199 500
208 000	254 000	254 000	257 500	298 000	456 250

第 2 步，计算 $(n+1)p=(12+1)\times 25\%=3.25=3+0.25$。

第 3 步，因为 $g=0.25\neq 0$ 且 $k=3$，所以第一四分位数为 $x_k+g\times(x_{k+1}-x_k)=x_3+0.25\times(x_{3+1}-x_3)=x_3+0.25\times(x_4-x_3)$，即 $138\,000+0.25\times(142\,000-138\,000)=139\,000$。

按照相同的方法，可以计算出第三四分位数为 256 625。第二四分位数可按照相同的方法计算，也可以按照求解中位数的方法计算，计算结果为 203 750。因此，四分位距 IQR 为 IQR $=Q_3-Q_1=256\,265-139\,000=117\,625$。

由于四分位距将观察数据中 25%的最大值和最小值排除在外，因此，对于那些含有极端大值、极端小值，或者存在严重偏斜的观察数据而言，四分位距是一种非常有用的测量变异的工具。

四分位数将表 4-9 中的 12 个数据分成 4 个部分，每个部分各含有 25%的观察值，具体如下：

108 000	142 000	208 000	257 500
138 000	186 000	254 000	298 000
138 000	199 500	254 000	456 250

Q_1　　Q_2　　Q_3

利用 Excel 中的 QUARTILE.EXC 函数可以直接计算一组数据的四分位数。以表 4-9 中的数据为例，如图 4-19 所示，在单元格 A7 中输入公式 QUARTILE.EXC(A1:C4,1)计算第一四分位数，在单元格 A9 中输入公式 QUARTILE.EXC(A1:C4,2)计算第二四分位数，在单元格 A11 中输入公式 QUARTILE.EXC(A1:C4,3)计算第三四分位数。

	A	B	C
1	138000	108000	199500
2	254000	254000	208000
3	186000	138000	142000
4	257500	298000	456250
5			
6	第一四分位数		
7	=QUARTILE. EXC (A1:C4, 1)		
8	第二四分位数		
9	=QUARTILE. EXC (A1:C4, 2)		
10	第三四分位数		
11	=QUARTILE. EXC (A1:C4, 3)		

	A	B	C
1	138000	108000	199500
2	254000	254000	208000
3	186000	138000	142000
4	257500	298000	456250
5			
6	第一四分位数		
7	139000		
8	第二四分位数		
9	203750		
10	第三四分位数		
11	256625		

图 4-19　利用 Excel 计算四分位数

4.4.3　*z* 值

z 值能够帮助我们衡量某个观察值，在一组观察值中的相对位置。确切地讲，*z* 值能够帮助我们了解某个观察值偏离平均值几个标准差。假设一个有 n 个观察值的样本，观察值分别是 $x_1, x_2, \cdots, x_n$。另外，样本均值用 $\overline{x}$ 表示，样本标准差为 s。观察值 x_i 对应的 z 值按照式（4-14）进行计算：

$$z_i = \frac{x_i - \overline{x}}{s} \tag{4-14}$$

式中，z_i 为观察值 x_i 的 z 值。z 值又叫作标准化值，观察值 x_i 的 z 值 z_i 可以理解成观察值 x_i 位于离均值多少个标准差处。比如，$z_1 = 1.2$ 可以解释为 x_1 比样本均值大 1.2 个标准差。同样，$z_2 = -0.5$，表明 x_2 比样本均值小 0.5 个标准差。当观察值大于均值时，z 值必定大于 0，反之，观察值小于均值时，z 值一定小于 0。若 z 值等于 0，说明对应的观察值和均值相同。

比如，某班级学生数为 32，样本均值为 $\overline{x} = 43$，样本标准差为 $s = 9$，则该班级学生人数的 z 值为 $(32-43)/9 \approx -1.22$，说明该观察值比样本均值小 1.22 个标准差。

利用 Excel 中的 STANDARDIZE 函数可以直接计算某一观察值在一组数据中的 z 值。以表 4-9 中的数据为例，如图 4-20 所示，在单元格 A7 中输入公式 STANDARDIZE (A1,A10,A12)即可计算 138 000 在这 12 个数据中的 z 值。其中，A10 和 A12 分别为表 4-9 中 12 个数据的均值和标准差。

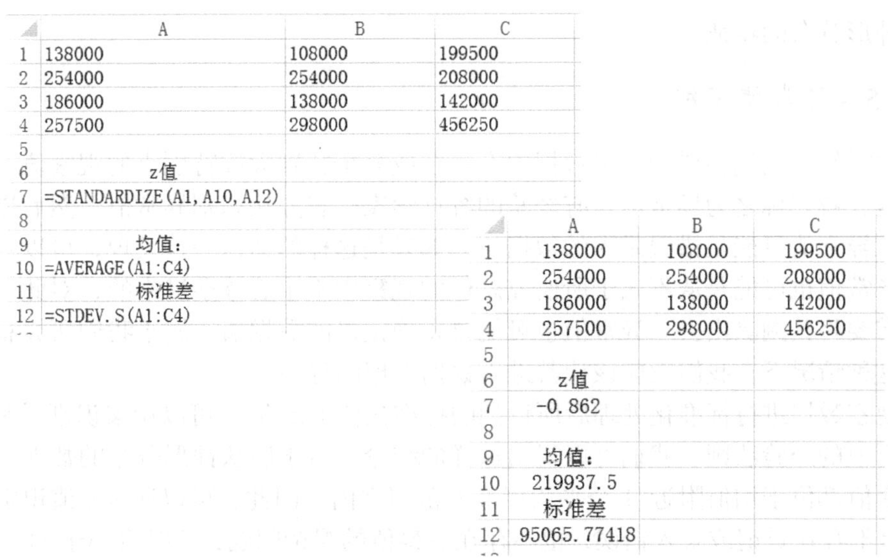

	A	B	C
1	138000	108000	199500
2	254000	254000	208000
3	186000	138000	142000
4	257500	298000	456250
5			
6	z值		
7	=STANDARDIZE(A1, A10, A12)		
8			
9	均值：		
10	=AVERAGE(A1:C4)		
11	标准差		
12	=STDEV.S(A1:C4)		

	A	B	C
1	138000	108000	199500
2	254000	254000	208000
3	186000	138000	142000
4	257500	298000	456250
5			
6	z值		
7	-0.862		
8			
9	均值：		
10	219937.5		
11	标准差		
12	95065.77418		

图 4-20　利用 Excel 计算 z 值

4.4.4　经验法则

当数据呈现如图 4-21 对称的钟形分布时，可以运用经验法则来确定均值若干个标准差附近的观察值出现的百分比。经验法则具体如下。

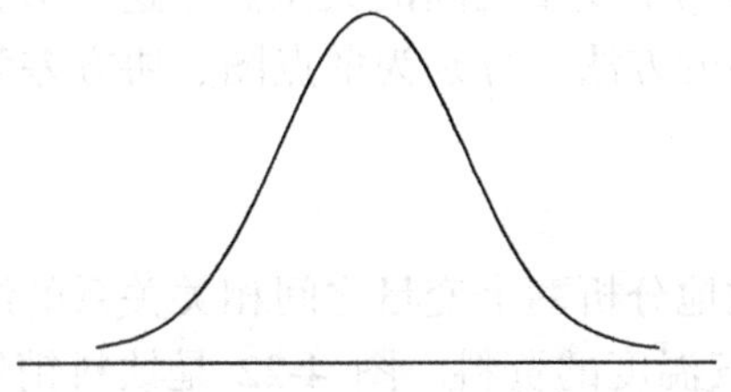

图 4-21　对称的钟形分布

对于对称的钟形分布，有以下结论。

（1）大约有 68%的观察值位于均值附近 1 个标准差范围内。

（2）大约有 95%的观察值位于均值附近 2 个标准差范围内。

（3）几乎所有的观察值都位于均值附近 3 个标准差范围内。

例如，美国成年男性的身高就类似图 4-21 的钟形分布，其中均值约为 5.82 英尺①，标准差约为 0.3 英尺。因此，根据经验法则可得出如下结论。

（1）将近 68%的美国成年男性，他们的身高在 5.52 英尺与 6.12 英尺之间。

（2）将近 95%的美国成年男性，他们的身高在 5.22 英尺与 6.42 英尺之间。

（3）几乎所有的美国成年男性，他们的身高都在 4.92 英尺与 6.72 英尺之间。

实际中，虽然不是所有情况都是呈对称的钟形分布，但许多观察资料的分布都具有

① 1 英尺＝30.48 厘米。

对称、钟形分布的特征。

4.4.5 异常值识别

有的时候，我们会遇到一组数据中有一个或多个特别大或特别小的观察值。像这样的观察值，我们称之为异常值。有经验的统计学家会想办法识别异常值，然后进行慎重的检查。异常值可能是错误录入的数据值，如果是这样的话，一旦发现，可以及时将其修正。异常值也可能是从不属于所研究总体的观察中不小心掺杂进来的，对此，要是发现了就需要将其剔除出去。异常值也可能是正确记录的数据值，属于我们研究总体的分子，在这种情况下，我们就应该让其进入数据处理的程序。

对观察数据进行标准化处理后所得到的标准化值（z 值），可以用来识别异常值。根据上面所说的经验法则，我们可以得出这样的结论，对于服从钟形分布的数据，几乎所有的观察值都位于均值附近 3 个平均标准差范围之内。因此，可以通过 z 值识别出异常值，如果不存在登记或录入错误，也不存在观察值的混杂问题，此时将小于−3 个或大于+3 个 z 值的观察值判断为异常值。

4.5 相关性分析

本章的以上内容均是对一个变量的数据进行描述性分析的方法，而在实际的数据分析过程中，我们还需要测算两个变量之间的关系。在这一节，我们将介绍三种可以用来分析两个变量之间相关关系的方法，分别为散点图、协方差和相关系数。

4.5.1 散点图

散点图是一种非常有效地分析两个变量之间相关关系的统计图形。表 4-11 是某公园 14 天饮料的销售数量和天气温度的资料。图 4-22 是饮料销量和天气温度的散点图，其中横轴为饮料销量，纵轴为天气温度。

表 4-11 某公园 14 天的饮料销量和天气温度

天气温度/℃	饮料销量/瓶	天气温度/℃	饮料销量/瓶
18	23	25	25
19	22	26	28
20	24	26	28
20	22	27	29
22	24	27	30
23	26	28	31
24	27	30	31

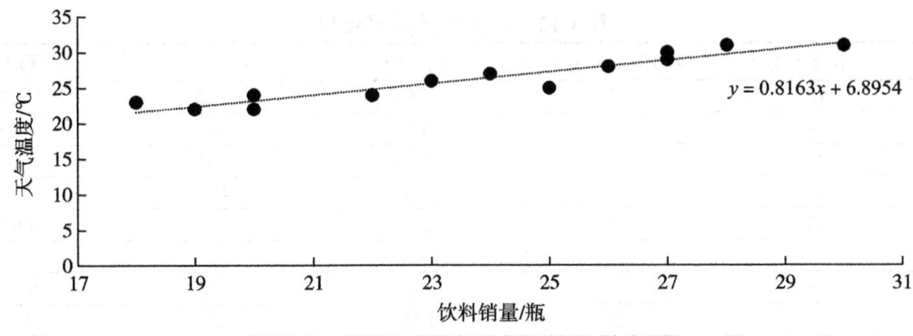

图 4-22　饮料销量和天气温度的散点图

从图 4-22 可以看出，总体上，天气温度越高，饮料的销售数量就越大。这种情况是一个正相关的情形，因为一个变量（天气温度）增加时，另一个变量（饮料销量）通常也随之增加。图 4-22 中还用一条直线刻画了天气温度和饮料销量之间的关系，可以看出，天气温度 y 和饮料销量 x 之间的拟合直线关系式为 y=0.8163x+6.8954。

4.5.2　协方差

可以用协方差反映两个变量之间的线性相关关系。对于 n 组成对的样本观察数据 $(x_1, y_1), (x_2, y_2), \cdots, (x_n, y_n)$，样本数据的协方差按式（4-15）计算：

$$s_{xy} = \frac{\sum_{i=1}^{n}(x_i - \overline{x})(y_i - \overline{y})}{n-1} \tag{4-15}$$

若两个变量的观察值为总体数据，那么总体数据的协方差按式（4-16）计算：

$$\sigma_{xy} = \frac{\sum_{i=1}^{N}(x_i - \mu_x)(y_i - \mu_y)}{N} \tag{4-16}$$

式中，μ_x 和 μ_y 分别为两个变量总体数据的均值。

需要说明的是：

（1）若协方差的值大于 0，说明两个变量之间呈正线性相关关系。

（2）若协方差的值等于 0，说明两个变量之间不呈线性相关关系。

（3）若协方差的值小于 0，说明两个变量之间呈负线性相关关系。

以表 4-11 中的数据为例，计算天气温度 x 与饮料销量 y 之间线性关系的强弱程度。根据式（4-15），首先，我们需要计算 $\overline{x}$ 和 $\overline{y}$ 的值：

$$\overline{x} = \frac{\sum_{i=1}^{n} x_i}{n} = \frac{335}{14} \approx 23.93$$

$$\overline{y} = \frac{\sum_{i=1}^{n} y_i}{n} = \frac{370}{14} \approx 26.43$$

然后，需要分别计算 $(x_i - \overline{x})$、$(y_i - \overline{y})$ 和 $(x_i - \overline{x})(y_i - \overline{y})$ 的值，相关计算结果如表 4-12 所示。

表 4-12 相关值的计算结果

编号	天气温度（x_i）	饮料销量（y_i）	$(x_i-\bar{x})$	$(y_i-\bar{y})$	$(x_i-\bar{x})(y_i-\bar{y})$
1	18	23	−5.93	−3.43	20.33
2	19	22	−4.93	−4.43	21.83
3	20	24	−3.93	−2.43	9.54
4	20	22	−3.93	−4.43	17.40
5	22	24	−1.93	−2.43	4.68
6	23	26	−0.93	−0.43	0.40
7	24	27	0.07	0.57	0.04
8	25	25	1.07	−1.43	−1.53
9	26	28	2.07	1.57	3.26
10	26	28	2.07	1.57	3.26
11	27	29	3.07	2.57	7.90
12	27	30	3.07	3.57	10.97
13	28	31	4.07	4.57	18.61
14	30	31	6.07	4.57	27.76
合计	335	370			144.45

所以，最终计算的协方差结果为

$$s_{xy}=\frac{\sum_{i=1}^{n}(x_i-\bar{x})(y_i-\bar{y})}{n-1}=\frac{144.45}{14-1}\approx 11.11$$

从计算结果可以看出，天气温度和饮料销量之间的协方差为 11.11，大于 0，表明天气温度与饮料销量之间呈正线性相关关系，这与图 4-22 所显示出来的关系是一致的，即天气温度越高，饮料销量越多。

可以在 Excel 中应用 COVARIANCE.S 计算两个变量样本数据的协方差，应用 COVARIANCE.P 计算两个变量总体数据的协方差，具体情况见图 4-23。

	A	B
1	天气温度	饮料销量
2	18	23
3	19	22
4	20	24
5	20	22
6	22	24
7	23	26
8	24	27
9	25	25
10	26	28
11	26	28
12	27	29
13	27	30
14	28	31
15	30	31
16		
17	样本协方差	
18	=COVARIANCE.S(A2:A15,B2:B15)	

	A	B
1	天气温度	饮料销量
2	18	23
3	19	22
4	20	24
5	20	22
6	22	24
7	23	26
8	24	27
9	25	25
10	26	28
11	26	28
12	27	29
13	27	30
14	28	31
15	30	31
16		
17	样本协方差	
18	11.11	

图 4-23 利用 Excel 计算样本数据的协方差

在图 4-23 中，在单元格 A18 中输入公式：=COVARIANCE.S(A2:A15,B2:B15)，直接按回车键即可得到样本数据协方差的计算结果。

需要说明的是，通过协方差反映变量间的相关关系，存在的一个问题是，对得到的协方差值很难给出相关性程度较好的说明。s_{xy} 的值比较大并不意味着变量之间存在更强的线性相关关系，因为协方差的计量单位依赖于变量 x 和变量 y 的计量单位。比如，我们来考虑人的身高 x 和体重 y 之间的关系，显而易见，无论我们测量的身高单位是英尺还是英寸[①]，都不会影响身高与体重之间的关系。但如果用英寸测量身高，那么与英尺相比，$(x_i-\bar{x})$ 的值会变得更大，因此在用英尺测量身高的情况下，式（4-15）的分子 $(x_i-\bar{x})(y_i-\bar{y})$ 也随之变大，从而使计算出来的协方差也变得更大，可实际上身高与体重之间的关系并没有改变。

4.5.3　相关系数

相关系数同样可以用来反映两个变量之间的线性相关关系，与协方差不同的是，相关系数的值不受两个变量计量单位的影响。

对于两个变量 x 和 y，若其数据为样本数据，则相关系数的计算方式为

$$r_{xy}=\frac{s_{xy}}{s_x s_y} \tag{4-17}$$

式中，s_{xy} 为两个变量的样本协方差；s_x 为变量 x 的样本标准差；s_y 为变量 y 的样本标准差。

对于两个变量 x 和 y，若其数据为总体数据，则相关系数的计算方式为

$$\rho_{xy}=\frac{\sigma_{xy}}{\sigma_x \sigma_y} \tag{4-18}$$

式中，ρ_{xy} 为两个变量的总体协方差；σ_x 为变量 x 的总体标准差；σ_y 为变量 y 的总体标准差。

从式（4-17）和式（4-18）可以看出，相关系数是用协方差除以两个变量的标准差的乘积得到的，因此，相关系数的取值范围始终处于−1 到+1 之间。具体地：

（1）当相关系数的值接近 0 时，说明两个变量之间不存在线性相关关系。

（2）当相关系数的值大于 0 时，说明两个变量之间呈正线性相关关系，且值越大，两个变量的正线性相关关系越强。

（3）当相关系数的值小于 0 时，说明两个变量之间呈负线性相关关系，且值越小，两个变量的负线性相关关系越强。

以表 4-11 中的数据为例，计算变量天气温度 x 和饮料销量 y 之间的相关系数。从 4.5.2 节可知，两个变量的样本协方差 $s_{xy}=11.11$，因此，还需要分别计算两个变量的样本标准差，计算结果为

---

① 1 英尺=30.48 厘米，1 英寸=2.54 厘米。

$$s_x = \sqrt{\frac{\sum_{i=1}^{n}(x_i - \overline{x})}{n-1}} \approx 3.69$$

$$s_y = \sqrt{\frac{\sum_{i=1}^{n}(y_i - \overline{y})}{n-1}} \approx 3.18$$

因此，根据式（4-17），两个变量之间的相关系数为

$$r_{xy} = \frac{s_{xy}}{s_x s_y} = \frac{11.11}{3.69 \times 3.18} \approx 0.95$$

可以看出，天气温度与饮料销量的相关系数为 0.95，大于 0，且接近 1，说明天气温度与饮料销量之间呈现强线性相关关系，与图 4-22 吻合。该结论是协方差难以得到的，协方差仅能得到两个变量之间是否呈线性相关关系，而线性相关关系的强弱难以得到。

可以在 Excel 中应用 CORREL 函数计算两个变量的相关系数，具体情况见图 4-24。在图 4-24 中，在单元格 A18 中输入公式：=CORREL(A2:A15,B2:B15)，直接按回车键即可得到相关系数的计算结果。

	A	B
1	天气温度	饮料销量
2	18	23
3	19	22
4	20	24
5	20	22
6	22	24
7	23	26
8	24	27
9	25	25
10	26	28
11	26	28
12	27	29
13	27	30
14	28	31
15	30	31
16		
17	相关系数	
18	=CORREL(A2:A15, B2:B15)	

	A	B
1	天气温度	饮料销量
2	18	23
3	19	22
4	20	24
5	20	22
6	22	24
7	23	26
8	24	27
9	25	25
10	26	28
11	26	28
12	27	29
13	27	30
14	28	31
15	30	31
16		
17	相关系数	
18	0.95	

图 4-24　利用 Excel 计算相关系数

4.6　数据可视化

除了对数据进行位置测度、变异性分析和相关性分析等处理外，在数据的分析过程中，数据可视化也是必不可少的数据分析工作，通过对数据进行图形展示，可以更加直观地认识数据，并从中分析必要的信息，数据可视化是本章的重要内容。

4.6.1　散点图

散点图是反映两个数量变量关系的一种统计图形。表 4-13 是某商城过去 10 周的广告次数与销售额的数据。为了了解广告数量与销售额之间是否存在关系，可以通过绘制散点图分析。

表 4-13　某商城广告次数与销售额

周	广告次数	销售额/美元	周	广告次数	销售额/美元
1	2	5000	6	1	3800
2	5	5700	7	5	6300
3	1	4100	8	3	4800
4	3	5400	9	4	5900
5	4	5400	10	2	4600

利用 Excel 对表 4-13 中的数据绘制散点图的步骤如下。

第 1 步，选定单元格 B2:C11。

第 2 步，单击功能区中的插入。

第 3 步，单击图表中右下角的 ⧉ 标志。

第 4 步，在打开的新窗口中选择所有图表。

第 5 步，选择 XY（散点图）中的第 1 个散点图，如图 4-25 所示。

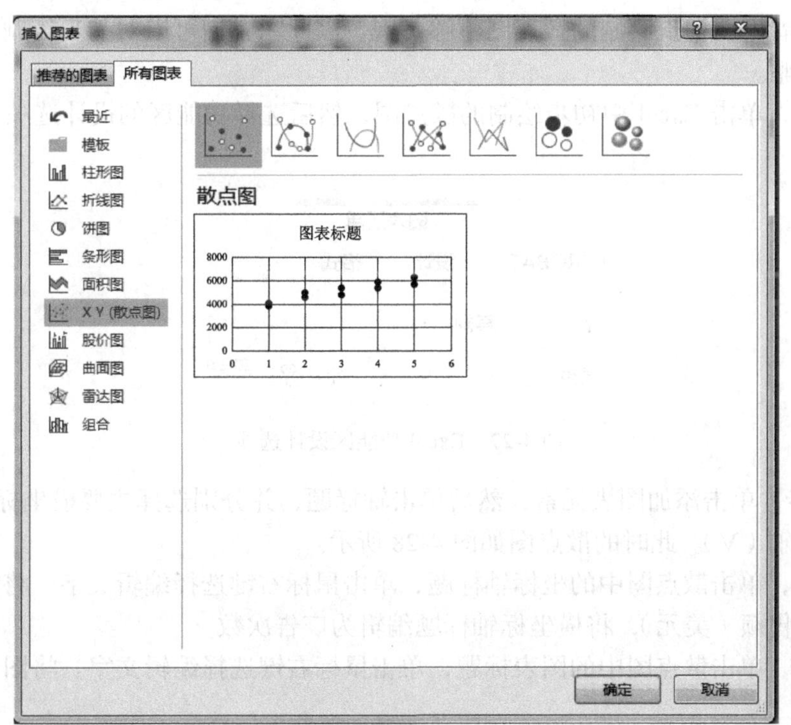

图 4-25　散点图的绘制

至此，散点图已初步绘制完毕，初步绘制的散点图如图 4-26 所示。

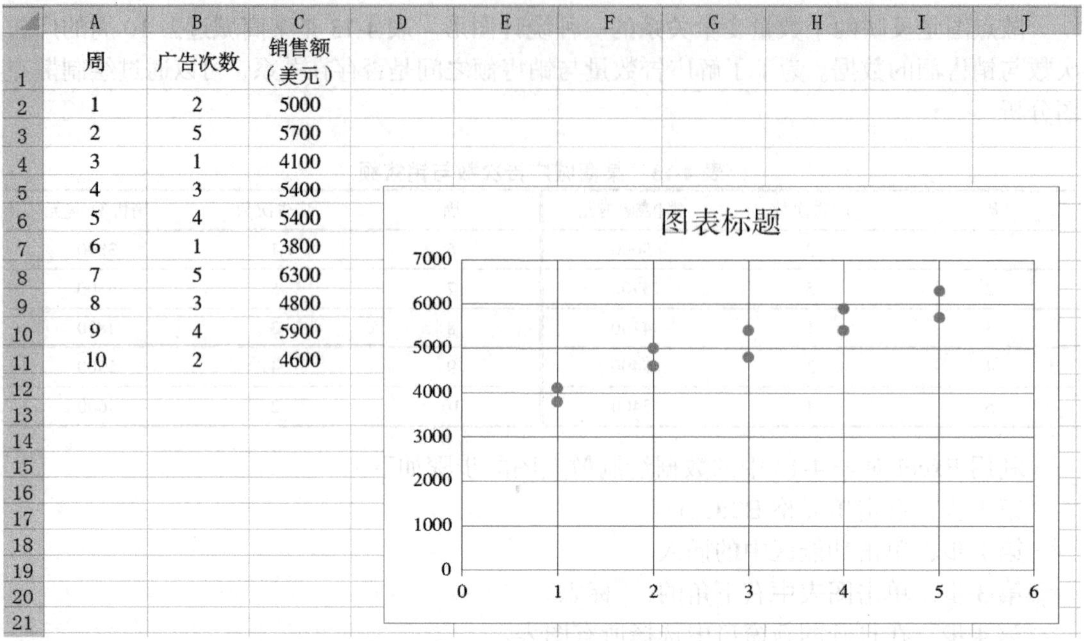

周	广告次数	销售额（美元）
1	2	5000
2	5	5700
3	1	4100
4	3	5400
5	4	5400
6	1	3800
7	5	6300
8	3	4800
9	4	5900
10	2	4600

图 4-26 利用 Excel 初步绘制的散点图

但可以看出，初步绘制的散点图不够美观，因此，我们可以对初步绘制的散点图进行适度的调整。

第 6 步，单击 Excel 中初步绘制的散点图，然后选择功能区的设计选项，如图 4-27 所示。

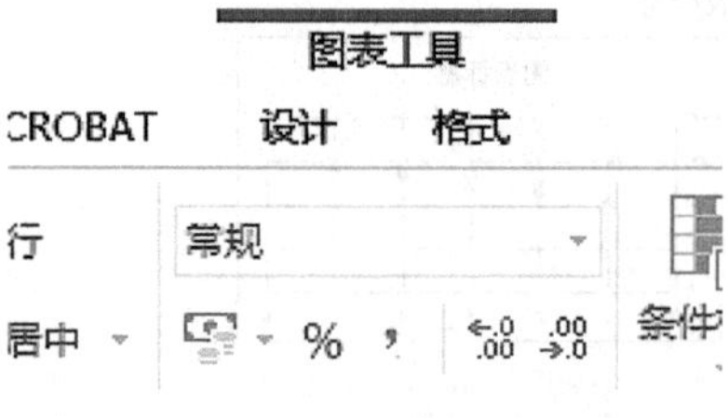

图 4-27 Excel 功能区设计选项

第 7 步，单击添加图表元素，然后单击轴标题，并分别选择主要横坐标轴（H）和主要纵坐标轴（V）。此时的散点图如图 4-28 所示。

第 8 步，单击散点图中的坐标轴标题，单击鼠标右键选择编辑文字。将纵坐标轴标题编辑为销售额（美元），将横坐标轴标题编辑为广告次数。

第 9 步，单击散点图中的图表标题，单击鼠标右键选择编辑文字。将图表标题编辑为散点图。

第 10 步，单击散点图中的横网格线并单击删除（Delete），然后单击散点图中的纵网格线并单击删除（Delete）。至此，绘制的散点图如图 4-29 所示。

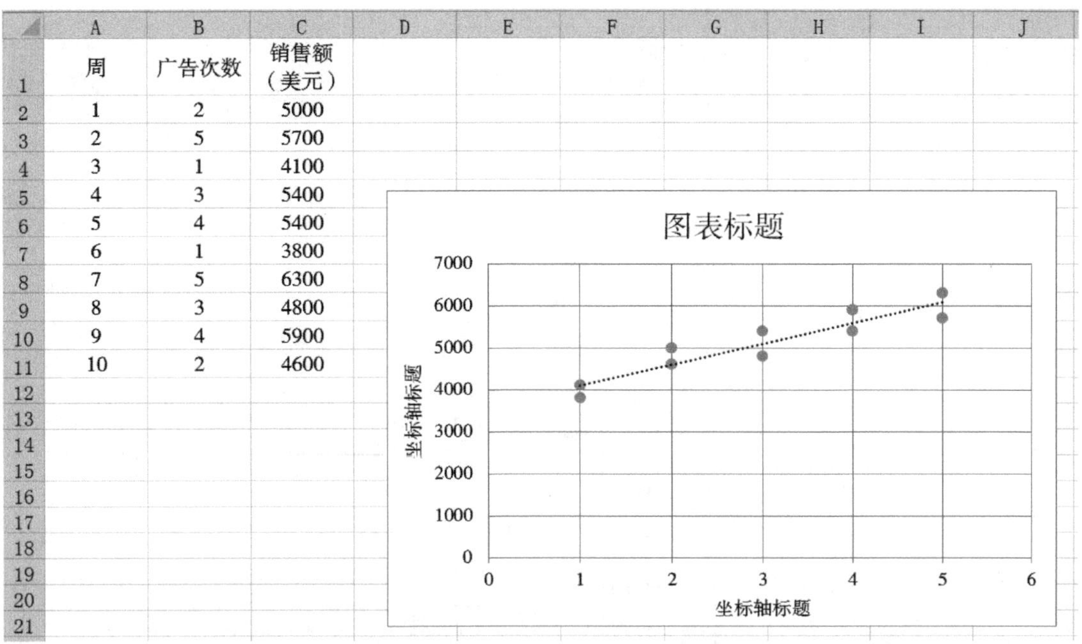

周	广告次数	销售额（美元）
1	2	5000
2	5	5700
3	1	4100
4	3	5400
5	4	5400
6	1	3800
7	5	6300
8	3	4800
9	4	5900
10	2	4600

图 4-28 散点图轴标题的添加

周	广告次数	销售额（美元）
1	2	5000
2	5	5700
3	1	4100
4	3	5400
5	4	5400
6	1	3800
7	5	6300
8	3	4800
9	4	5900
10	2	4600

图 4-29 修改的散点图

还可以利用 Excel 在散点图中添加一条趋势线。趋势线是一条直线，它近似地反映了两个变量之间的关系。添加趋势线的步骤如下。

第 11 步，单击散点图中的任一数据点，然后鼠标右击选择添加趋势线。

第 12 步，在弹出的新菜单中，选择线性。如图 4-30 所示。

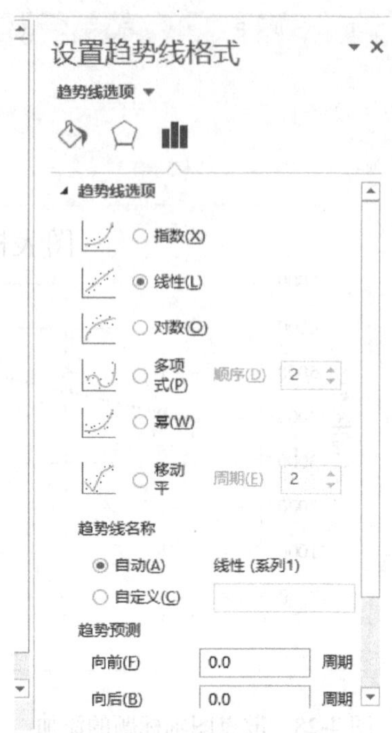

图 4-30 趋势线的添加

最终绘制的含有趋势线的散点图如图 4-31 所示。

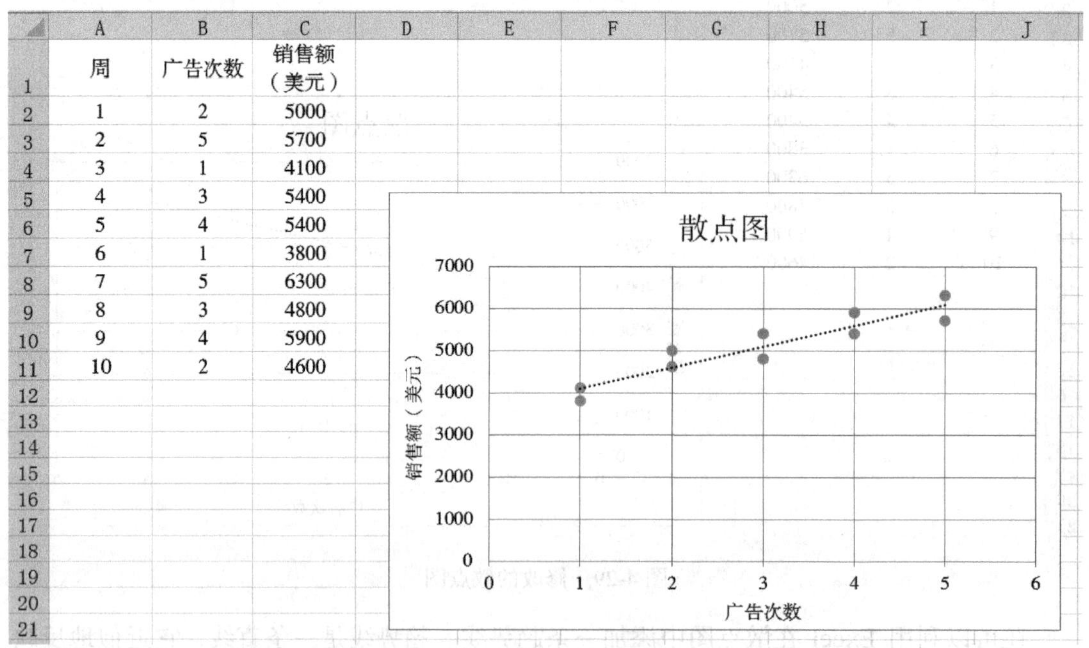

周	广告次数	销售额（美元）
1	2	5000
2	5	5700
3	1	4100
4	3	5400
5	4	5400
6	1	3800
7	5	6300
8	3	4800
9	4	5900
10	2	4600

图 4-31 利用 Excel 绘制的散点图

由图 4-31 可以看出，广告次数与销售额呈正线性相关关系。广告次数越多，销售额也就越大。由于所有的散点并不完全在一条直线上，所以线性关系并不是特别强。

4.6.2　柱形图

柱形图是常用的图表类型之一，是用来显示一段时间内数据的变化或者描述各个项目之间数据比较的图表。柱形图又分为簇状柱形图、堆积柱形图、百分比堆积柱形图、三维簇状柱形图、三维堆积柱形图、三维百分比堆积柱形图和三维柱形图七种类型。不同的柱形图反映的信息也有所不同。下面以堆积柱形图为例，说明柱形图的绘制。其他类型的柱形图的绘制和上述步骤相同。

表 4-14 是某公司玉米商品的销售数据，以此为例，介绍在 Excel 中堆积柱形图的绘制。

表 4-14　某公司玉米商品的销售数据

月份	1 月	2 月	3 月	4 月	5 月	6 月
销售量/吨	682	756	821	876	906	934
剩余量/吨	318	244	179	124	94	66

利用 Excel 对表 4-14 中的数据绘制堆积柱形图的步骤如下。

第 1 步，选定单元格 A1:G3。

第 2 步，单击功能区中的插入。

第 3 步，单击图表中右下角的 标志。

第 4 步，在打开的新窗口中选择所有图表。

第 5 步，选择柱状图中的堆积柱形图，如图 4-32 所示。

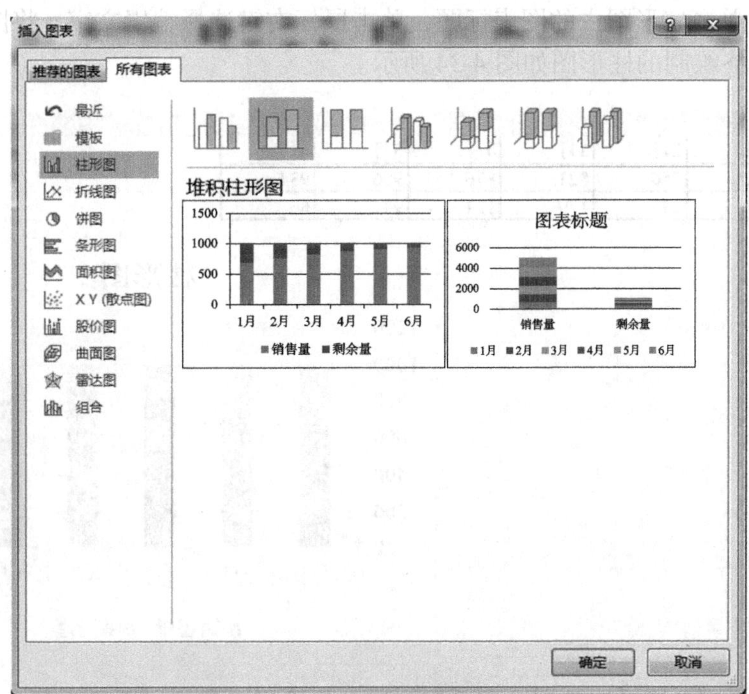

图 4-32　柱形图的选择

至此，柱形图已初步绘制完毕，初步绘制的柱形图如图 4-33 所示。

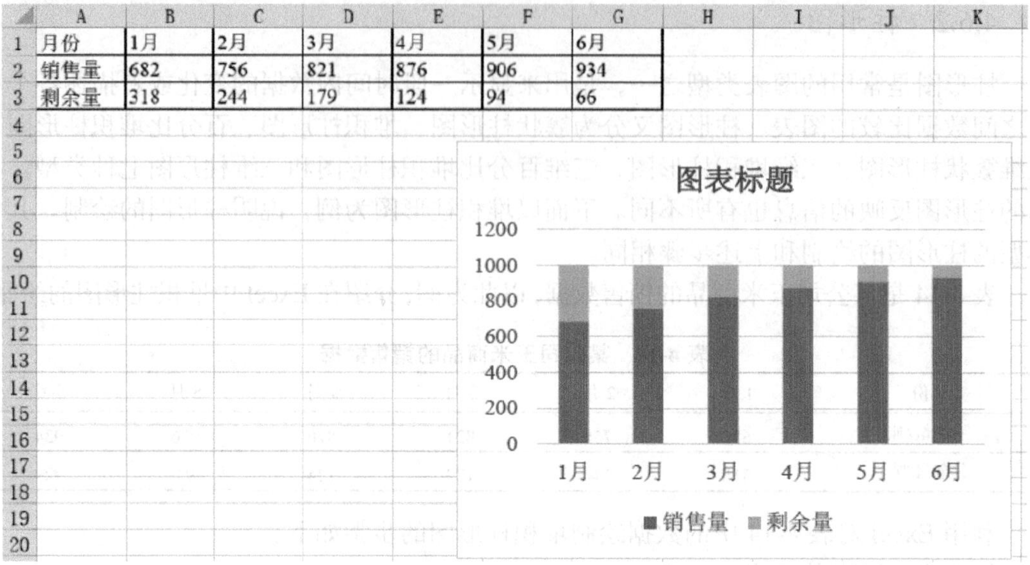

	A	B	C	D	E	F	G
1	月份	1月	2月	3月	4月	5月	6月
2	销售量	682	756	821	876	906	934
3	剩余量	318	244	179	124	94	66

图 4-33 利用 Excel 初步绘制的柱形图

同样可以对初步绘制的柱形图进行适度的调整。

第 6 步，单击 Excel 中初步绘制的柱形图，然后选择功能区的设计选项，如图 4-27 所示。

第 7 步，单击柱形图中的图表标题，单击鼠标右键选择编辑文字。将图表标题编辑为柱形图。最终绘制的柱形图如图 4-34 所示。

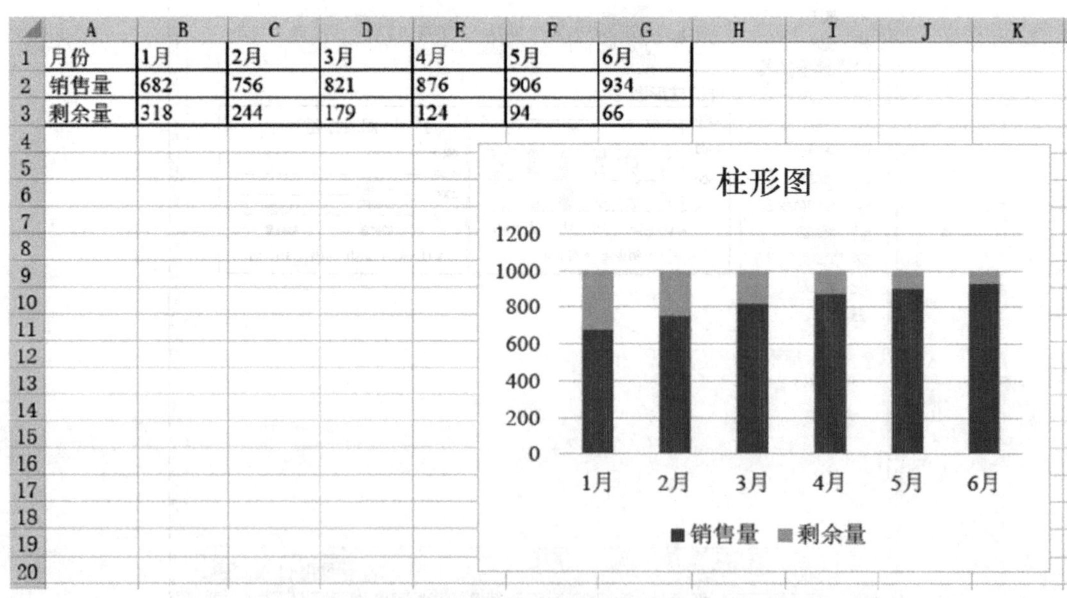

	A	B	C	D	E	F	G
1	月份	1月	2月	3月	4月	5月	6月
2	销售量	682	756	821	876	906	934
3	剩余量	318	244	179	124	94	66

图 4-34 利用 Excel 绘制的堆积柱形图

从图 4-34 中可以看出，堆积柱形图可以清楚地反映销售量和剩余量之间的关系，也能够直观地看出当月的销售水平以及不同月份之间销售量的对比。

案例 4-2

省级行政区科技发展水平的可视化

2016 年，党中央颁布《国家创新驱动发展战略纲要》，该纲要明确指出中国科技发展的目标是，到 2020 年中国进入创新型国家行列，到 2030 年中国跻身创新型国家前列，到 2050 年建成世界科技创新强国，科技战略被提升到前所未有的高度。

科技评价是科技管理的重要手段，许多针对科技评价方面的研究取得了较好的研究成果，其中包括针对不同省级行政区科技发展情况的评价研究。发表在《科学学研究》上的论文“双重驱动的省域科技发展水平评价方法研究”从“科技投入”“科技产出”和“科技影响”三个方面以及“功能驱动”和“差异驱动”两个角度对 2016 年我国 31 个省（区、市）的科技发展水平进行了评价和结果分析，并得到了若干结论。在该分析过程中，柱形图就作为评价结果的可视化手段应用在了该研究成果中。表 4-15 是 2016 年 31 个省（区、市）的科技发展水平评价结果。

表 4-15 2016 年 31 个省（区、市）的科技发展水平评价结果

地区	评价值	地区	评价值	地区	评价值
北京	76.68	四川	43.26	宁夏	36.98
上海	67.89	湖南	42.65	新疆	35.78
广东	59.94	山东	42.32	吉林	35.26
浙江	57.88	江西	41.55	云南	33.22
天津	55.73	辽宁	41.37	山西	32.42
江苏	55.09	河南	39.41	海南	31.67
安徽	52.09	贵州	38.19	青海	30.96
陕西	49.14	甘肃	37.36	内蒙古	30.89
重庆	47.31	黑龙江	37.27	西藏	25.48
福建	45.48	河北	37.13		
湖北	43.57	广西	37.12		

由于表 4-15 中评价值的顺序是从高到低排列的，因此，我们可以直观地看出不同省级行政区的科技发展水平在全国范围内所处的位置。但我们也可以发现，直接对表 4-15 中的数据进行分析很难得到其他想要的结果，而在这篇论文中，作者将评价结果绘制成了柱形图，如图 4-35 所示，从而得到了更多的结论。

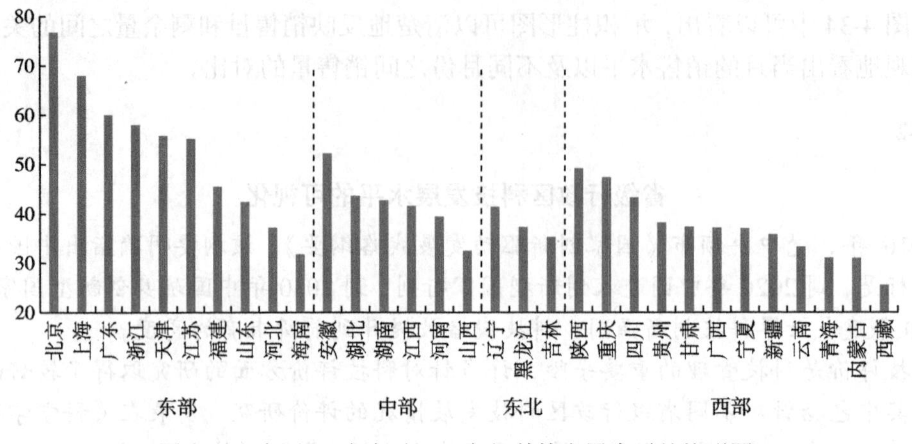

图 4-35 全国 31 个省（区、市）科技发展水平的柱形图

（1）从表 4-15 和图 4-35 可以看出，北京、上海、广东是 31 个省（区、市）中科技发展水平最高的 3 个省级行政区，北京是评价值唯一高于 70 的省级行政区，上海是唯一一个评价值位于 60 和 70 之间的省级行政区，广东的评价值近似 60 分。

（2）中国 31 个省（区、市）中科技发展水平最高的北京与最低的西藏评价值相差 51.20，说明中国科技发展水平的差距较大。

（3）从四大区域（东部地区、中部地区、东北地区、西部地区）看，东部地区的科技发展水平最高，其次是中部地区，东北地区和西部地区的科技发展水平较低。

（4）四大区域中，东部地区科技发展水平最高的北京与最低的海南评价值相差 45.01，差距较大；中部地区最高的安徽与最低的山西评价值相差 19.67，区域内的发展相对不平衡；东北地区最高的辽宁与最低的吉林相差 6.11，区域内的发展较为平衡；西部地区最高的陕西与最低的西藏评价值相差 23.66，区域内的发展相对不平衡。

通过上述分析可以得出结论：中国 31 个省（区、市）的科技发展水平相差较大。

我们也同样可以看出，将表格信息和表格内容的可视化图形相结合进行数据分析，能够帮助我们发现更多的结论。

课程思政：科技是国家发展的重要支柱，结合上述省级行政区科技发展水平及其变化情况，以及当前的国际形势等，我们要培养科技创新意识，提升科技创新道德水平，投入一定的精力在创新方面，包括学习中的创新和生活中的创新，并进一步在实际生活中勇于面对现实中的各种困难，遇到困难时要用创新意识解决难题，不局限于已知的解决问题的方法。

4.6.3 条形图

条形图与柱形图相似，它是用来描绘各个项目之间数据差别情况的图形。它主要突出数值的差异，而淡化时间和类别的差异。条形图又分簇状条形图、堆积条形图、百分比堆积条形图、三维簇状条形图、三维堆积条形图和三维百分比堆积条形图六种类型。

表 4-16 是某地区主管检查每个经理处理的账目数的资料，以此为例，介绍在 Excel 中簇状条形图的绘制。

表 4-16　某地区主管检查每个经理处理的账目数的资料

经理姓名	处理的账目数	经理姓名	处理的账目数
Davis	24	Jones	15
Edwards	11	Lopez	29
Francois	28	Smith	21
Gentry	37	Williams	6

利用 Excel 对表 4-16 中的数据绘制簇状条形图的步骤如下。

第 1 步，选定单元格 A2:B9。

第 2 步，单击功能区中的插入。

第 3 步，单击图表中右下角的 ⊡ 标志。

第 4 步，在打开的新窗口中选择所有图表。

第 5 步，选择条形图中的簇状条形图，如图 4-36 所示。

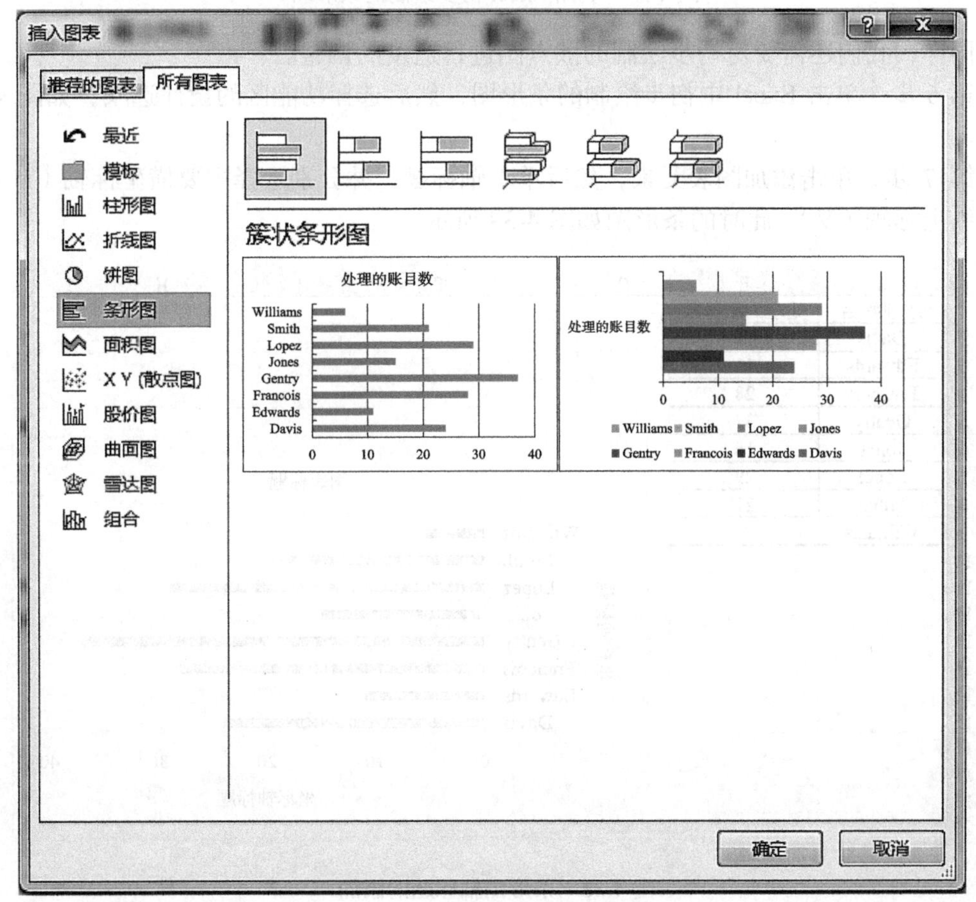

图 4-36　条形图的绘制

至此，条形图已初步绘制完毕，初步绘制的条形图如图 4-37 所示。

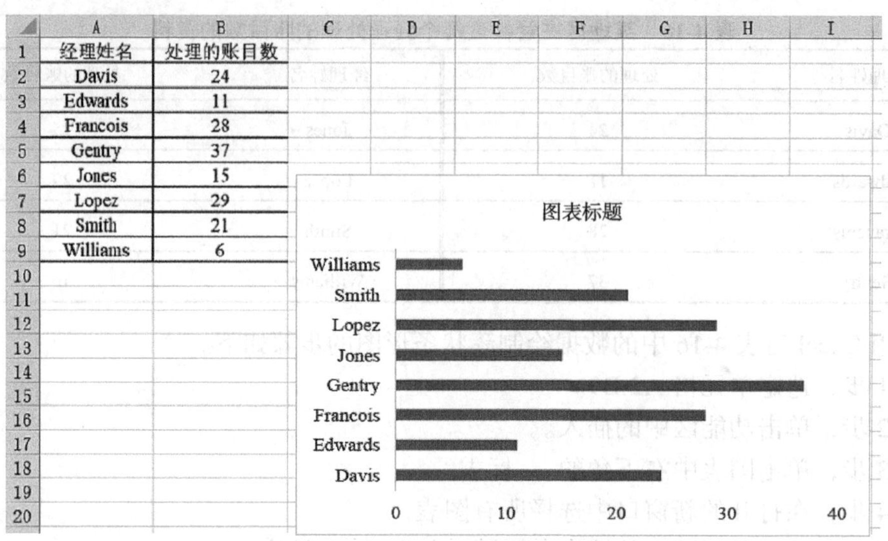

图 4-37 利用 Excel 初步绘制的条形图

同样，我们还需要对初步绘制的散点图进行适度的调整。

第 6 步，单击 Excel 中初步绘制的条形图，然后选择功能区的设计选项，如图 4-27 所示。

第 7 步，单击添加图表元素，然后单击轴标题，并分别选择主要横坐标轴（H）和主要纵坐标轴（V）。此时的条形图如图 4-38 所示。

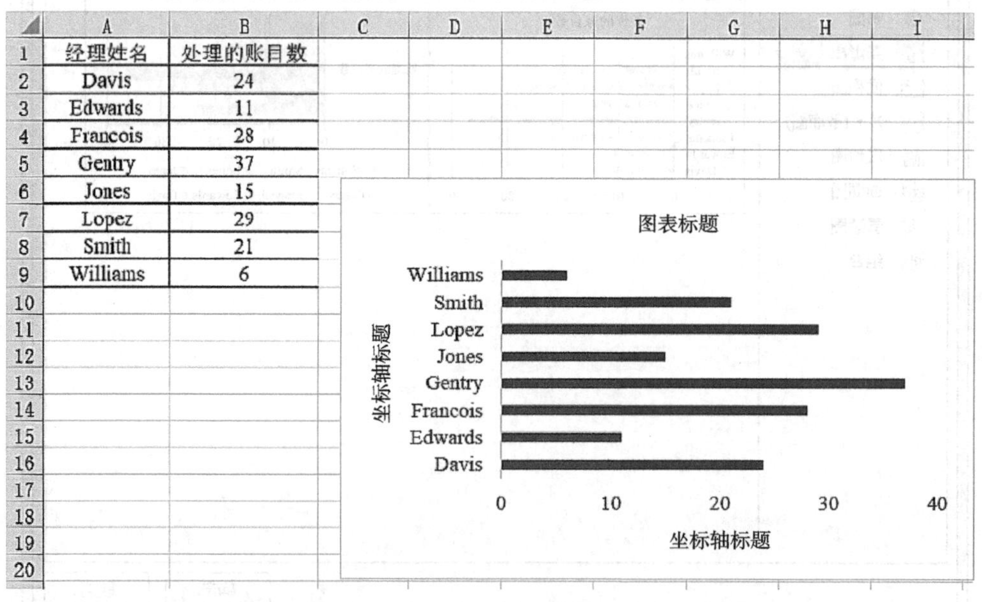

图 4-38 条形图轴标题的添加

第 8 步，单击条形图中的坐标轴标题，单击鼠标右键选择编辑文字。将纵坐标轴标题编辑为经理姓名，将横坐标轴标题编辑为处理的账目数。

第 9 步，单击散点图中的图表标题，单击鼠标右键选择编辑文字。将图表标题编辑为条形图。

第 10 步，单击散点图中的纵网格线并单击删除（Delete）。至此，最终绘制的条形图如图 4-39 所示。

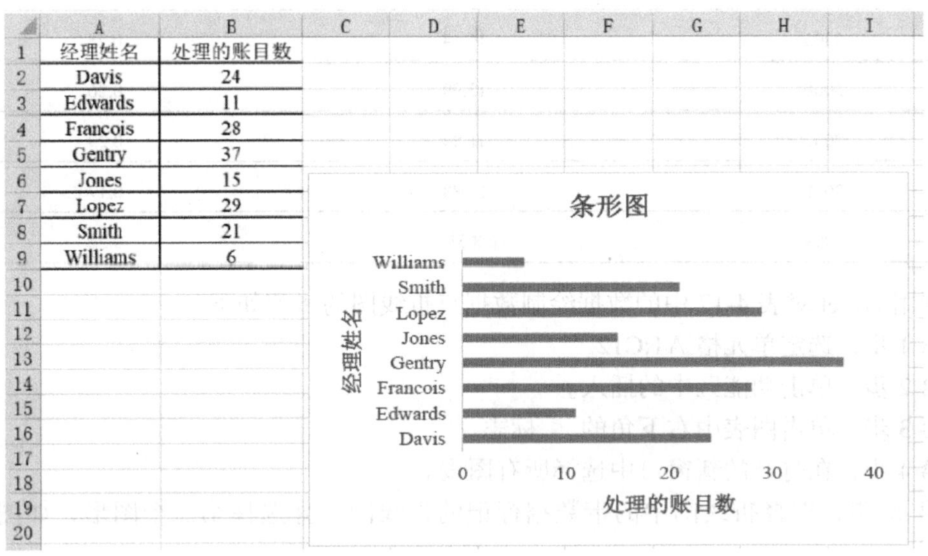

图 4-39　利用 Excel 绘制的簇状条形图

从图 4-39 可以清晰地对比出不同经理处理的账目数，可以看出，经理 Gentry 处理的账目数是最多的，经理 Williams 处理的账目数是最少的。

4.6.4　折线图

折线图显示相同间隔内数据的预测趋势。主要适用于以等时间间隔显示数据的变化趋势，它强调的是时间性和变动率，而不是变动量。折线图可以分为折线图、堆积折线图、百分比堆积折线图、数据点折线图、堆积数据点折线图、百分比堆积数据点折线图和三维折线图七种类型。

表 4-17 是某市卫生部门统计的 1999 ~ 2009 年婴儿死亡率和产妇死亡率的相关资料，以此为例，介绍在 Excel 中数据点折线图的绘制。

表 4-17　某市 1999 ~ 2009 年婴儿死亡率和产妇死亡率　（单位：‰）

年份	婴儿死亡率	产妇死亡率
1999	14.29	0.32
2000	18.85	0.38
2001	16.24	0.35
2002	14.98	0.30

续表

年份	婴儿死亡率	产妇死亡率
2003	16.66	0.30
2004	16.18	0.32
2005	16.14	0.28
2006	13.99	0.26
2007	11.84	0.29
2008	10.88	0.17
2009	8.51	0.22

利用 Excel 对表 4-17 中的数据绘制数据点折线图的步骤如下。

第 1 步，选定单元格 A1:C12。

第 2 步，单击功能区中的插入。

第 3 步，单击图表中右下角的 ⊡ 标志。

第 4 步，在打开的新窗口中选择所有图表。

第 5 步，选择折线图中的带数据标记的折线图，并选择第二个图形，如图 4-40 所示。

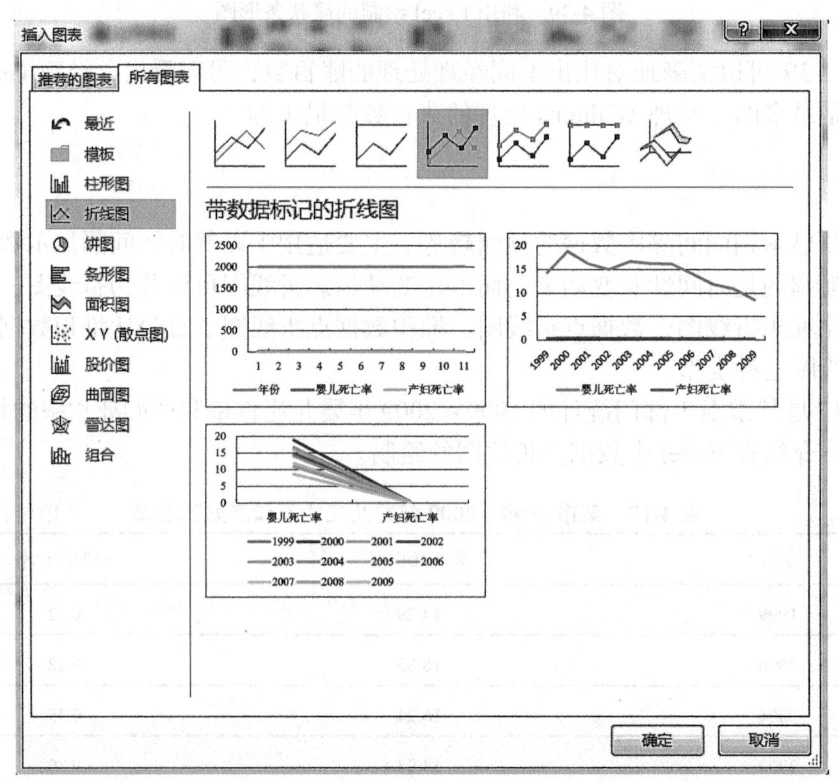

图 4-40 折线图的选择

至此，折线图已初步绘制完毕，初步绘制的折线图如图 4-41 所示。

年份	婴儿死亡率	产妇死亡率
1999	14.29	0.32
2000	18.85	0.38
2001	16.24	0.35
2002	14.98	0.3
2003	16.66	0.3
2004	16.18	0.32
2005	16.14	0.28
2006	13.99	0.26
2007	11.84	0.29
2008	10.88	0.17
2009	8.51	0.22

图表标题
婴儿死亡率 产妇死亡率

图 4-41 利用 Excel 初步绘制的折线图

同样可以对初步绘制的折线图进行适度的调整和美化。

第 6 步，单击添加图表元素，然后单击轴标题，并分别选择主要横坐标轴（H）和主要纵坐标轴（V）。此时的条形图如图 4-42 所示。

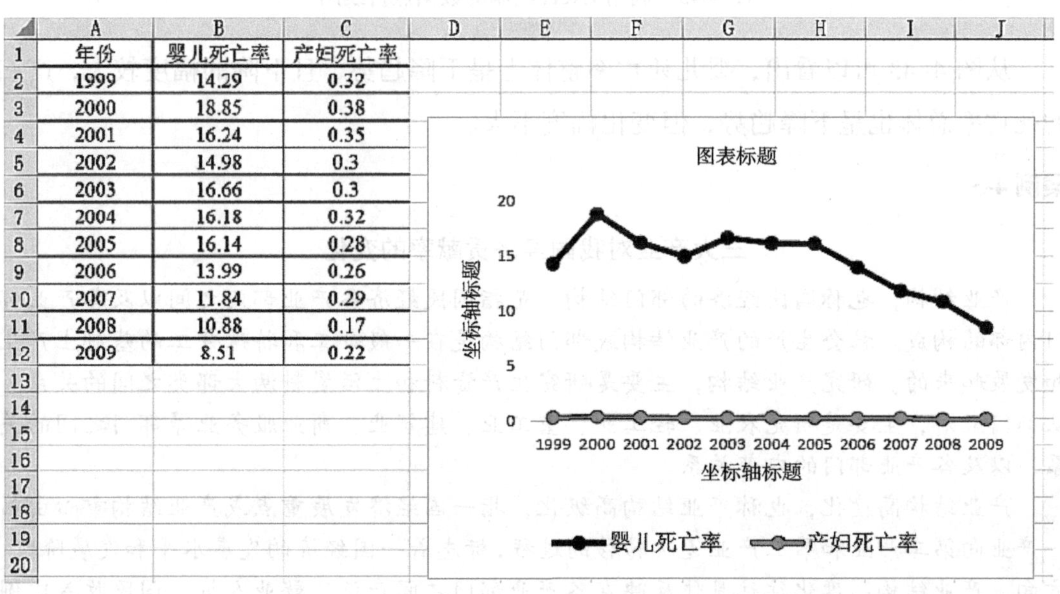

年份	婴儿死亡率	产妇死亡率
1999	14.29	0.32
2000	18.85	0.38
2001	16.24	0.35
2002	14.98	0.3
2003	16.66	0.3
2004	16.18	0.32
2005	16.14	0.28
2006	13.99	0.26
2007	11.84	0.29
2008	10.88	0.17
2009	8.51	0.22

图 4-42 折线图轴标题的添加

第 7 步，单击条形图中的坐标轴标题，单击鼠标右键选择编辑文字。将纵坐标轴标题编辑为死亡率，将横坐标轴标题编辑为年份。

第 8 步，单击散点图中的图表标题，单击鼠标右键选择编辑文字。将图表标题编辑为折线图。

第 9 步，单击散点图中的横网格线并单击删除（Delete）。至此，最终绘制的折线图如图 4-43 所示。

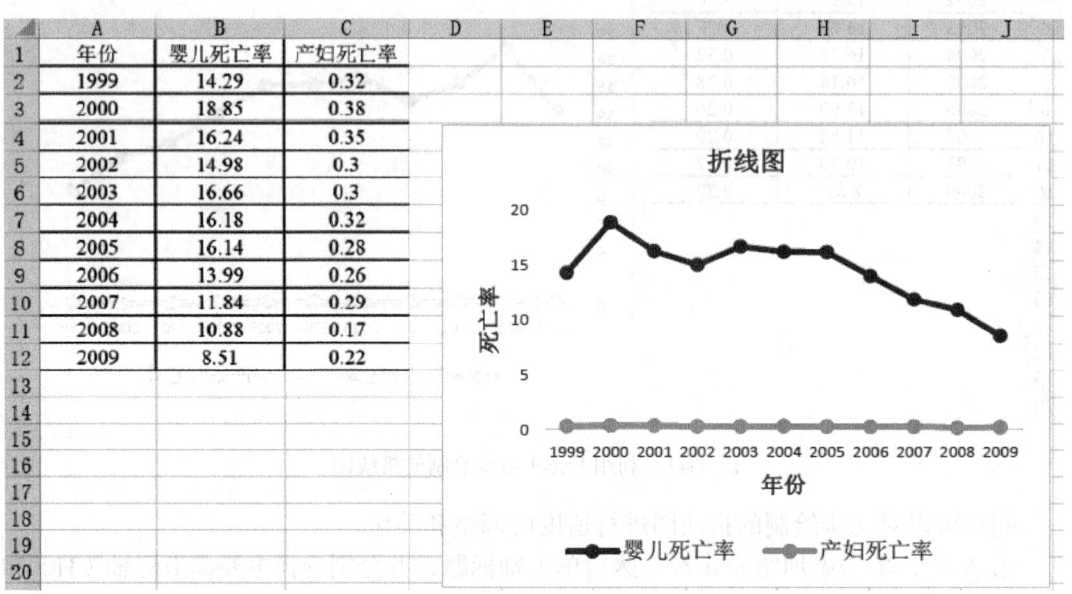

年份	婴儿死亡率	产妇死亡率
1999	14.29	0.32
2000	18.85	0.38
2001	16.24	0.35
2002	14.98	0.3
2003	16.66	0.3
2004	16.18	0.32
2005	16.14	0.28
2006	13.99	0.26
2007	11.84	0.29
2008	10.88	0.17
2009	8.51	0.22

图 4-43　利用 Excel 绘制的数据点折线图

从图 4–43 可以看出，婴儿死亡率整体上呈下降趋势，且下降的幅度较大，产妇的死亡率总体也呈下降趋势，但变化幅度不大。

案例 4-3

三大产业对我国经济贡献率的变化

产业结构，也称国民经济的部门结构，是指国民经济各产业部门之间以及各产业部门内部的构成。社会生产的产业结构或部门结构是在一般分工和特殊分工的基础上产生和发展起来的。研究产业结构，主要是研究生产资料和生活资料两大部类之间的关系。从部门来看，主要是研究农业、轻工业、重工业、建筑业、商业服务业等部门之间的关系，以及各产业部门的内部关系。

产业结构高度化，也称产业结构高级化，指一国经济发展重点或产业结构重心由第一产业向第二产业和第三产业逐次转移的过程，标志着一国经济的发展水平和发展阶段、方向。产业结构高度化往往具体反映在各产业部门之间产值、就业人员、国民收入比例变动的过程上。

表 4-18 是 2010～2018 年我国三大产业对 GDP 的贡献率数据，其中三大产业贡献率指的是各产业增加值增量与 GDP 增量之比。

表 4-18　2010～2018 年我国三大产业对 GDP 的贡献率　（单位：%）

指标	2010 年	2011 年	2012 年	2013 年	2014 年	2015 年	2016 年	2017 年	2018 年
第一产业对 GDP 的贡献率	3.6	4.1	5	4.2	4.5	4.4	4	4.6	4.1
第二产业对 GDP 的贡献率	57.4	52	50	48.5	45.6	39.7	36	34.2	34.4
第三产业对 GDP 的贡献率	39	43.9	45	47.2	49.9	55.9	60	61.1	61.5

为了便于直观地看出各产业在 2010～2018 年对 GDP 贡献率的变化情况，我们可以选择能够分析时间序列数据的折线图进行数据的可视化，按照折线图的绘制步骤将表 4-18 的数据画成带点数据标记的折线图，如图 4-44 所示。

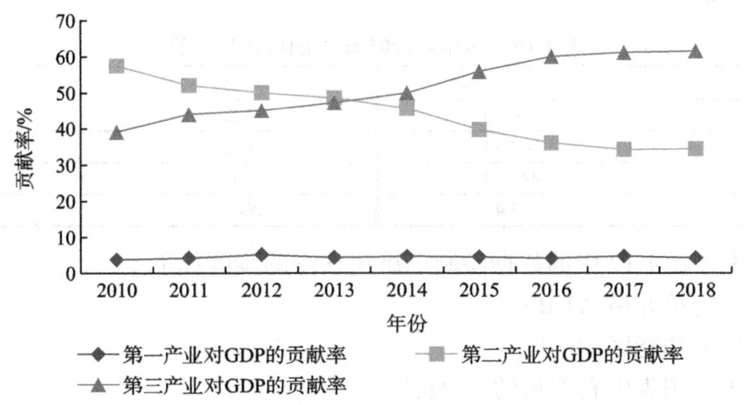

图 4-44　表 4-18 数据对应的带点数据标记的折线图

结合表 4-18 的数据和图 4-44 可以得到如下结论。

（1）2010～2018 年，我国第一产业对 GDP 的贡献率总体呈现波动上升的趋势，但上升幅度不大，均在 4%～5%。

（2）2010～2018 年，我国第二产业对 GDP 的贡献率总体呈下降的趋势，且下降幅度较大，2018 年第二产业对 GDP 的贡献率最小，约为 34.4%。

（3）2010～2018 年，我国第三产业对 GDP 的贡献率总体呈上升的趋势，且上升幅度较大，2018 年第三产业对 GDP 的贡献率最大，约为 61.5%。

（4）2010～2013 年，第二产业对 GDP 的贡献率高于第三产业对 GDP 的贡献率，但二者之间的差距不断缩小，2014～2018 年，第三产业对 GDP 的贡献率高于第二产业对 GDP 的贡献率，且这种差距在不断地增大。

（5）2010～2018 年，第一产业对 GDP 的贡献率与第二产业对 GDP 的贡献率之间的差距不断缩小，第一产业对 GDP 的贡献率与第三产业对 GDP 的贡献率之间的差距不断增加。

通过上述分析可以得出：我国 2010～2018 年经济快速发展的同时，产业结构也得到不断优化，即产业结构高级化程度越来越高。

课程思政： 在本案例中可以看出，我国的经济在不同的发展时期侧重点不同，这与人生的发展是一样的，在不同的年龄阶段，生活的侧重点也不尽相同，因此，通过该案例的学习，意识到人生的不同发展阶段也要有不同的侧重点，要明白人生是不断变化的，要在不同的年龄或阶段做好人生规划，并根据年龄和角色的变化等对所做的规划进行修改和调整。

4.6.5 饼图

饼图，又叫饼状图，可用于显示数据系列中每一项占该系列数值总和的比例关系。它只能显示一个数据系列的比例关系。如果有几个系列同时被选中作为数据源，那么只能显示其中的一个系列。因此，在需要强调某个重要的数据系列时比较有用。饼图分为饼图、三维饼图、复合饼图、分离型饼图、分离型三维饼图和复合条饼图六种类型。

表 4-19 是我国 1998～2005 年棉花生产量的数据统计，以此为例，介绍在 Excel 中三维饼状图的绘制。

表 4-19　1998～2005 年我国棉花生产量

年份	棉花产量/万吨	年份	棉花产量/万吨
1998	450.10	2002	491.62
1999	382.88	2003	485.97
2000	441.73	2004	632.35
2001	532.45	2005	571.42

利用 Excel 对表 4-19 中的数据绘制三维饼状图的步骤如下。

第 1 步，选定单元格 A1:B9。

第 2 步，单击功能区中的插入。

第 3 步，单击图表中右下角的 ⧉ 标志。

第 4 步，在打开的新窗口中选择所有图表。

第 5 步，选择饼图中的三维饼状图，并选择第二个图形，如图 4-45 所示。

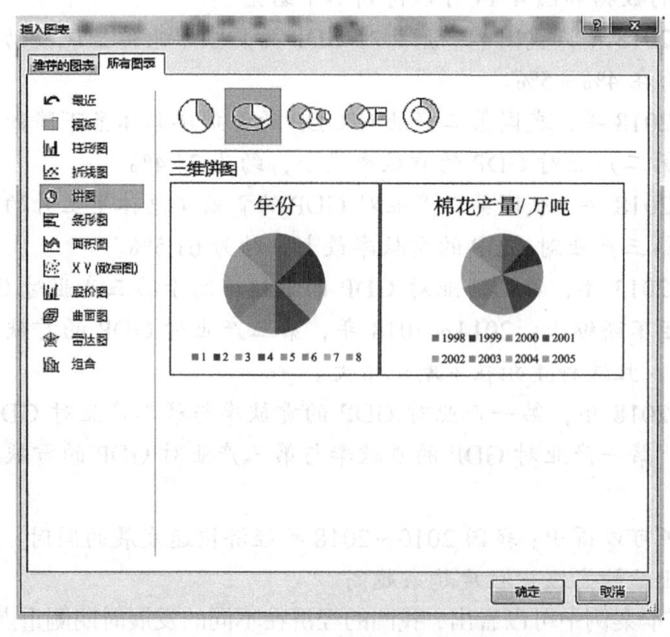

图 4-45　饼状图的选择

最终绘制的饼状图如图 4-46 所示。

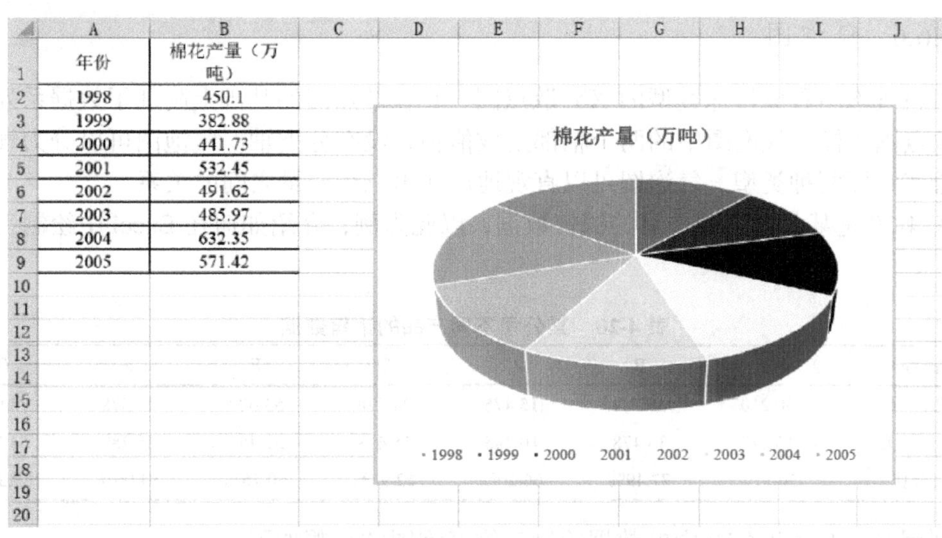

年份	棉花产量（万吨）
1998	450.1
1999	382.88
2000	441.73
2001	532.45
2002	491.62
2003	485.97
2004	632.35
2005	571.42

图 4-46　利用 Excel 绘制的三维饼状图

为了便于直观地看出饼状图中各部分的占比，可以在绘制饼状图的过程中添加数据标签。

第 6 步，单击饼状图，单击鼠标右键。

第 7 步，选择添加数据标签下的添加数据标注。

最终，带有数据标签的饼状图如图 4-47 所示。

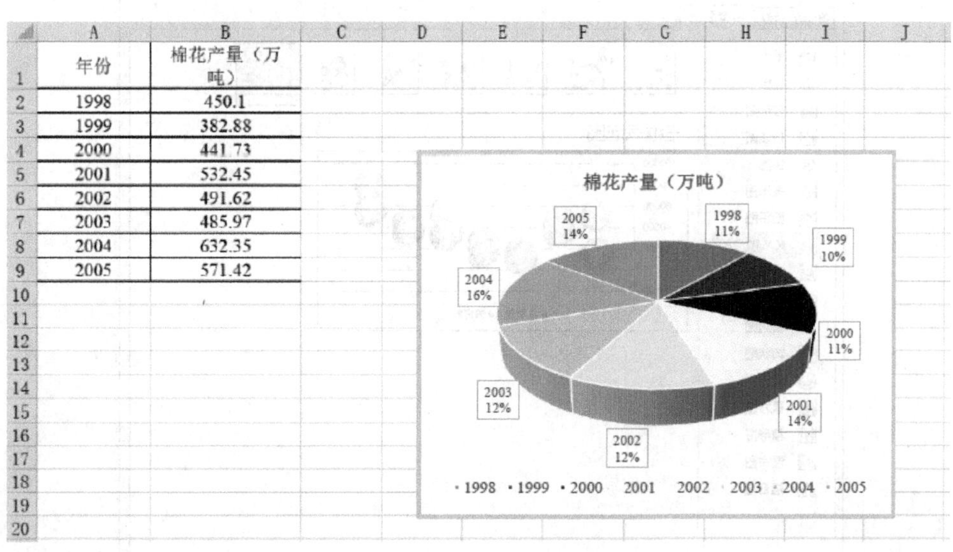

年份	棉花产量（万吨）
1998	450.1
1999	382.88
2000	441.73
2001	532.45
2002	491.62
2003	485.97
2004	632.35
2005	571.42

图 4-47　带有数据标签的饼状图

从图 4-47 中可以直观地看出各年份的棉花产量占 1998 ~ 2005 年总产量的比例，可以看出，1999 ~ 2005 年棉花产量总体呈上升趋势，且在 2004 年的生产量最大，因而所占的比例也最大。

4.6.6 气泡图

可将气泡图看成特殊类型的 XY 散点图，它在散点图的基础上附加了数据系列。和 XY 散点图一样，气泡图中的两个轴都是数值轴，没有分类轴。气泡图可以分为气泡图和三维气泡图两种类型。气泡图可以直观地反映出三个变量之间的关系。

表 4-20 是某公司不同产品的销售数据，以此为例，介绍如何在 Excel 中绘制三维气泡图。

表 4-20 某公司不同产品的销售数据

产品编号	A	B	C	D	E	F	G
总数量	50 210	45 784	15 475	24 578	53 687	42 578	78 951
销售额/元	15 247	35 478	10 245	15 478	32 457	35 789	54 786
百分比	30.37%	77.49%	66.20%	62.98%	60.46%	84.06%	69.39%

利用 Excel 对表 4-20 中的数据绘制三维气泡图的步骤如下。

第 1 步，选定单元格 A1:H4。

第 2 步，单击功能区中的插入。

第 3 步，单击图表中右下角的 ⧉ 标志。

第 4 步，在打开的新窗口中选择所有图表。

第 5 步，选择 XY 散点图中的三维气泡图，如图 4-48 所示。

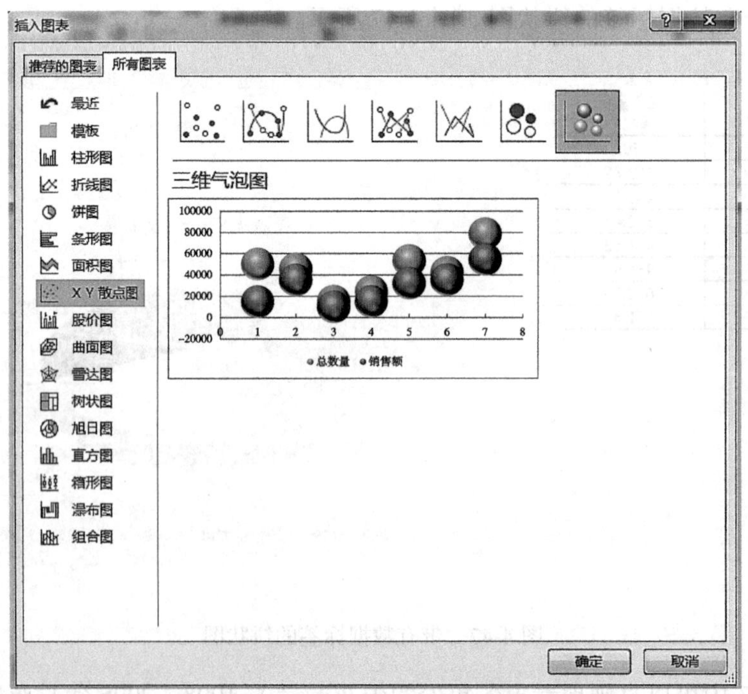

图 4-48 三维气泡图的选择

第 6 步，设置数据，点击图片并鼠标右键选择数据，点删除并删除所有数据，然后点添加，系列名称（N）中输入=销售情况，X 轴系列值（X）选择 B2:H2，Y 轴系列值（Y）选择 B3:H3，系列气泡大小（S）选择 B4:H4，点确定，再点确定。初步画成的三维气泡图如图 4-49 所示。

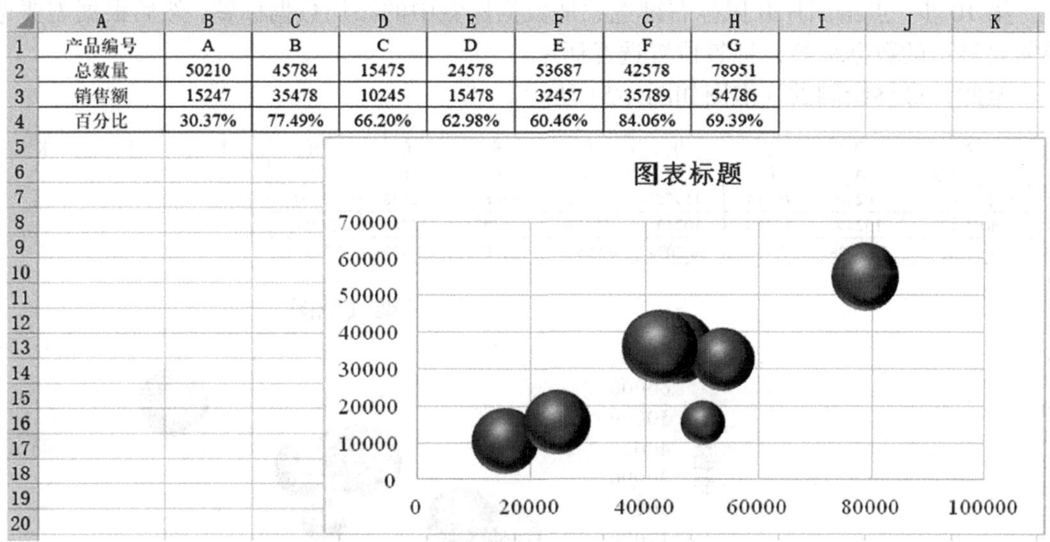

产品编号	A	B	C	D	E	F	G
总数量	50210	45784	15475	24578	53687	42578	78951
销售额	15247	35478	10245	15478	32457	35789	54786
百分比	30.37%	77.49%	66.20%	62.98%	60.46%	84.06%	69.39%

图 4-49　利用 Excel 初步绘制的三维气泡图

同样可以对初步绘制的三维气泡图进行适度的调整和美化。

单击添加图表元素，然后单击轴标题，并分别选择主要横坐标轴（H）和主要纵坐标轴（V）。此时的气泡图如图 4-50 所示。

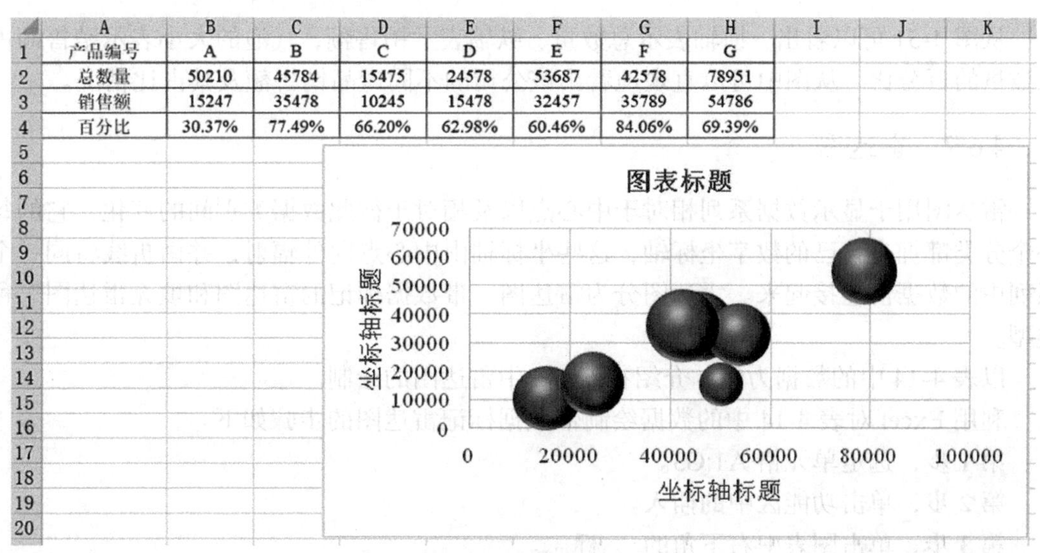

产品编号	A	B	C	D	E	F	G
总数量	50210	45784	15475	24578	53687	42578	78951
销售额	15247	35478	10245	15478	32457	35789	54786
百分比	30.37%	77.49%	66.20%	62.98%	60.46%	84.06%	69.39%

图 4-50　气泡图轴标题的添加

第 7 步，单击气泡图中的坐标轴标题，单击鼠标右键选择编辑文字。将纵坐标轴标题编辑为销售量，将横坐标轴标题编辑为总数量。

第 8 步，单击散点图中的图表标题，单击鼠标右键选择编辑文字。将图表标题编辑为三维气泡图。

第 9 步，单击散点图中的横网格线并单击删除（Delete），按同样的方法删除纵网格线。

第 10 步，点击图片并鼠标右键选添加数据标签中的添加数据标签，然后根据需要选择需要显示的数据标签，标签位置选择居中。

至此，最终绘制的气泡图如图 4-51 所示。

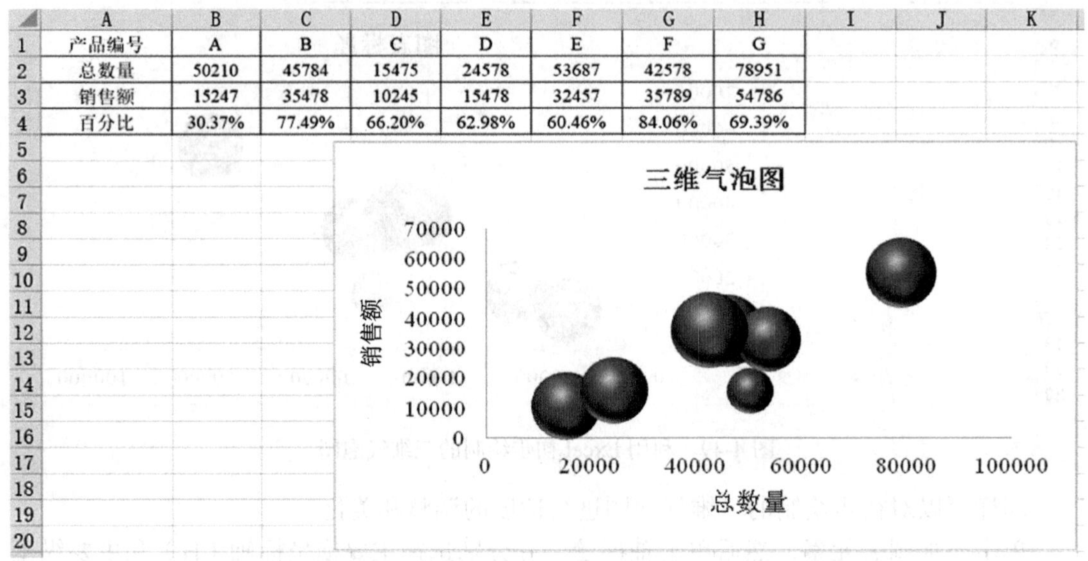

产品编号	A	B	C	D	E	F	G
总数量	50210	45784	15475	24578	53687	42578	78951
销售额	15247	35478	10245	15478	32457	35789	54786
百分比	30.37%	77.49%	66.20%	62.98%	60.46%	84.06%	69.39%

图 4-51　利用 Excel 绘制的三维气泡图

从图 4-51 可以看出，横轴表示总数量，纵轴表示销售额，气泡的大小表示销售额占总数量的百分比。从图中可以直观地看出该公司的不同产品销售额及其占比情况。

4.6.7　雷达图

雷达图用于显示数据系列相对于中心点以及相对于彼此数据类别间的变化，它的每一个分类都拥有自己的数字坐标轴，这些坐标轴由中心点向外辐射，并由折线将同一个系列中的数据值连接起来。雷达图分为雷达图、带数据标记的雷达图和填充雷达图三种类型。

以表 4-14 中的数据为例，介绍在 Excel 中雷达图的绘制。

利用 Excel 对表 4-14 中的数据绘制带数据标记雷达图的步骤如下。

第 1 步，选定单元格 A1:G3。

第 2 步，单击功能区中的插入。

第 3 步，单击图表中右下角的 ⧉ 标志。

第 4 步，在打开的新窗口中选择所有图表。

第 5 步，选择雷达图中的带数据标记的雷达图，如图 4-52 所示。

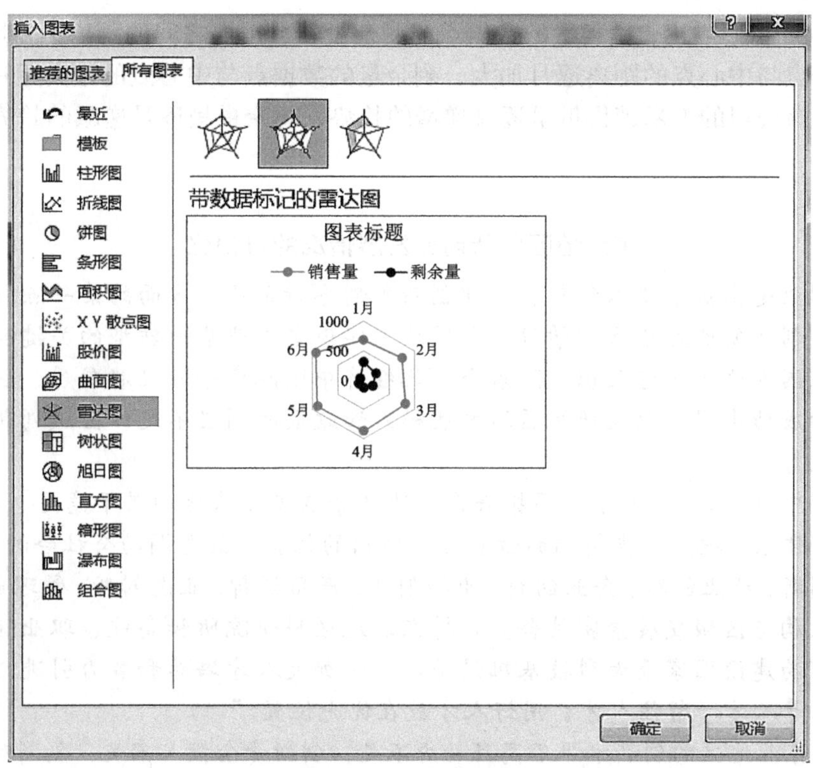

图 4-52　雷达图的选择

第 6 步，单击散点图中的图表标题，单击鼠标右键选择编辑文字。将图表标题编辑为带数据标记的雷达图。

至此，最终绘制的雷达图如图 4-53 所示。

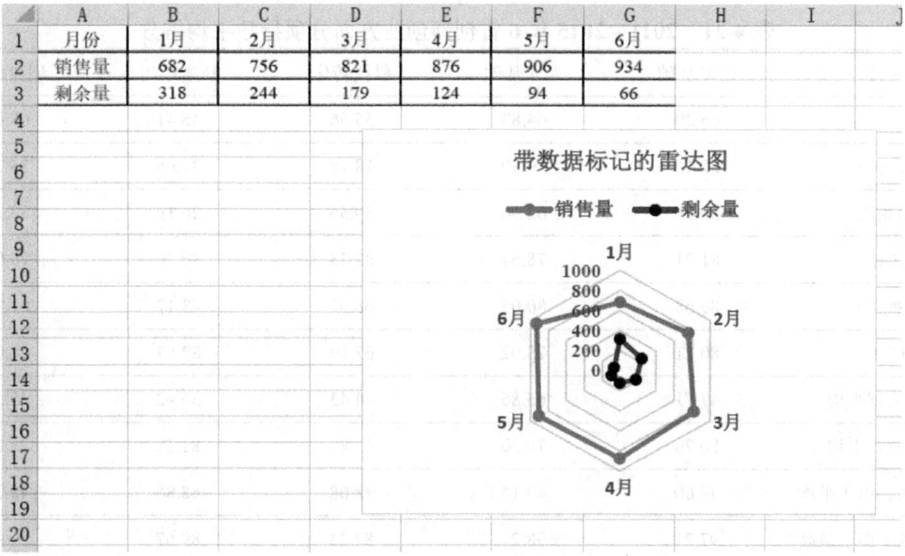

	A	B	C	D	E	F	G
1	月份	1月	2月	3月	4月	5月	6月
2	销售量	682	756	821	876	906	934
3	剩余量	318	244	179	124	94	66

带数据标记的雷达图

销售量　剩余量

1月　2月　3月　4月　5月　6月

1000　800　600　400　200　0

图 4-53　利用 Excel 绘制的带数据标记的雷达图

从图 4-53 可以看出，销售量的数据点与剩余量的数据点之间的距离不断地加大，销售量的数据点与中心点的距离逐月加大，剩余量的数据点与中心点的距离逐月减小，同样可以说明该公司的玉米销售量呈逐月递增的趋势，剩余量呈逐月递减的趋势。

案例 4-4

东北地区创新创业发展情况的可视化

创新创业是指基于技术创新、管理创新或创办新企业等方面的某一点或几点所进行的活动。创新创业是建立“学习型”区域，实现老工业基地转型的关键因素，这一观点已经在国内达成普遍共识。随着全球化经济中国际竞争的日趋激烈、区域企业和产业集群的成功出现，以及传统区域发展模式和政策的明显不足，区域创新系统概念得到迅速流行。

《中共中央 国务院关于全面振兴东北地区等老工业基地的若干意见》指出：“完善区域创新体系。把鼓励支持创新放在更加突出的位置，激发调动全社会的创新激情，推动科技创新、产业创新、企业创新、市场创新、产品创新、业态创新、管理创新。……促进科教机构与区域发展紧密结合。扶持东北地区科研院所和高校、职业院校加快发展，支持布局建设国家重大科技基础设施。……加大人才培养和智力引进力度。把引进人才、培养人才、留住人才、用好人才放在优先位置。”

目前，东北地区的创新水平不高且动力不足，创新资金投入不足，创新难以就地产业化。建立具有区域特征的创新创业生态系统，对振兴东北老工业基地和改变产业结构尤为重要。《2016 东北老工业基地全面振兴进程评价报告》从研发基础、人才基础、科技转化、技术产出和创业成效五个方面构建了衡量东北地区创新创业方面发展水平的评价指标体系，并对 2011～2015 年东北三省和全国 31 个省（区、市）的创新创业水平进行了评价，表 4-21 为 2011～2015 年创新创业方面各项指数平均得分的部分数据。

表 4-21 2011～2015 年 6 省创新创业方面分项指数平均得分

项目	研发基础	人才基础	科技转化	技术产出	创业成效
辽宁	66.20	64.83	55.56	45.41	68.01
吉林	37.16	69.80	18.18	37.66	35.21
黑龙江	39.76	62.96	59.56	26.19	33.28
江苏	81.21	78.64	82.23	80.70	78.06
浙江	80.68	80.05	68.97	73.17	81.95
广东	80.21	75.92	67.19	89.67	74.05
东北三省平均	47.71	65.86	44.43	36.42	45.50
东南三省平均	80.70	78.20	72.80	81.18	78.02
各省（区、市）平均	49.60	49.14	48.08	48.86	48.75
各省（区、市）最高	97.71	98.21	82.23	89.67	81.95
各省（区、市）最低	2.64	11.98	10.08	10.18	23.03

在《2016 东北老工业基地全面振兴进程评价报告》中，将表 4-21 中的数据利用雷达图进行了数据可视化处理，具体如图 4-54 所示。

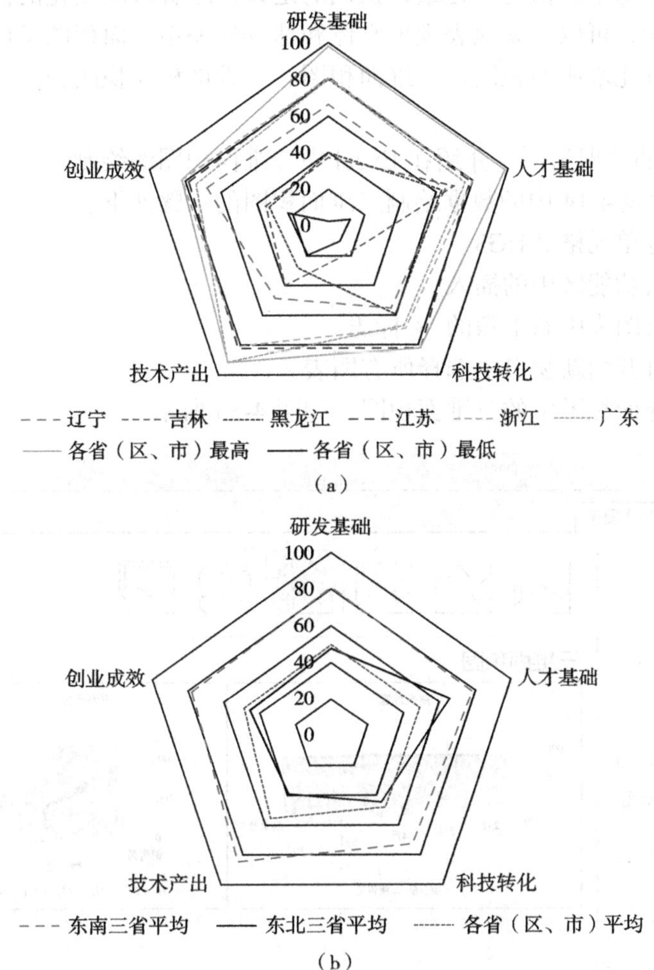

图 4-54　表 4-21 对应的雷达图

从表 4-21 和图 4-54 可以看出，2011～2015 年，东北三省的人才基础超过全国平均水平，表现相对较好，其他方面低于全国平均水平和东南三省平均水平，尤其是技术产出表现较弱。东南三省在五个分项指标上的发展水平均优于全国平均和东北平均水平。分省看，东南三省五个分项指数的发展相对均衡，广东省与浙江省的科技转化略低，广东省技术产出接近全国最优水平，浙江省仅创业成效接近全国最优水平，江苏省科技转化接近全国最优水平。东北三省五个分项指数的发展差距较大，其中吉林省最为突出。就东北三省而言，辽宁省创业成效相对较强，技术产出相对薄弱，吉林省人才基础相对较强，科技转化明显落后，黑龙江省人才基础和科技转化相对较强，技术产出较为薄弱。总体来看，东北三省在人才基础上具有一定优势，在技术产出上和东南三省的差距较大。

4.6.8 面积图

面积图可显示每个数值的变化量，强调的是数据随着时间变化的幅度。通过显示所绘制的数值的面积，可以直观地表现出整体和部分的关系。面积图又可以分为面积图、堆积面积图、百分比堆积面积图、三维面积图、三维堆积面积图和三维百分比堆积面积图六种类型。

以表 4-14 中的数据为例，介绍在 Excel 中三维面积图的绘制。

利用 Excel 对表 4-14 中的数据绘制三维面积图的步骤如下。

第 1 步，选定单元格 A1:G3。

第 2 步，单击功能区中的插入。

第 3 步，单击图表中右下角的 ⧉ 标志。

第 4 步，在打开的新窗口中选择所有图表。

第 5 步，选择面积图中的三维面积图，如图 4-55 所示。

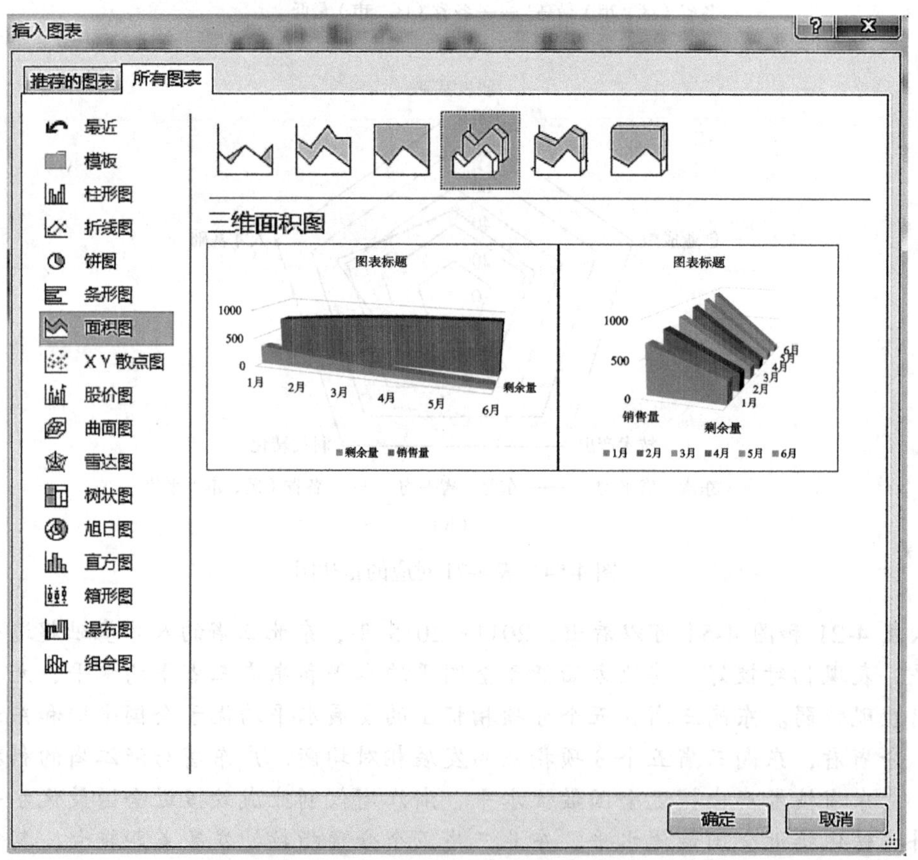

图 4-55 面积图的选择

第 6 步，单击散点图中的图表标题，单击鼠标右键选择编辑文字。将图表标题编辑为三维面积图。

至此，最终绘制的面积图如图 4-56 所示。

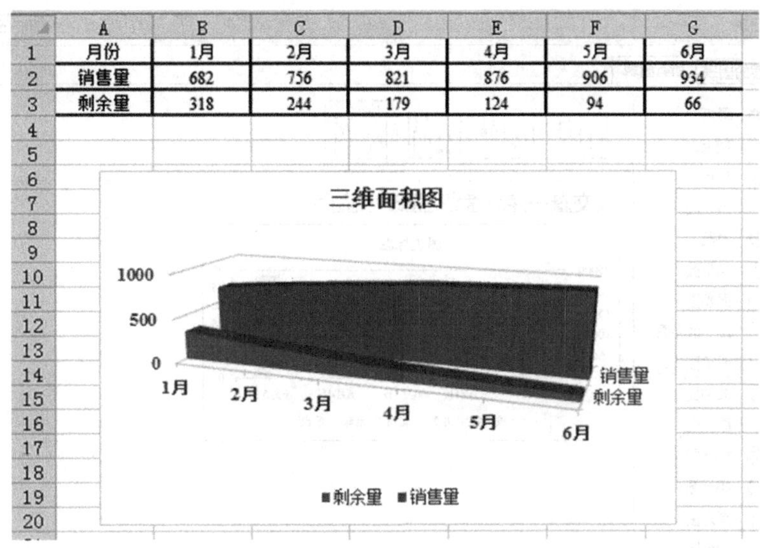

图 4-56　利用 Excel 绘制的三维面积图

从图 4-56 同样可以看出，该公司的玉米销售量呈逐月递增的趋势，剩余量呈逐月递减的趋势。

4.6.9　股价图

股价图是用来描绘股票走势的图形。要创建股价图，需要将工作表中的数据按照一定的顺序排列。股价图有四个类型，分别为盘高–盘低–收盘图、开盘–盘高–盘低–收盘图、成交量–盘高–盘低–收盘图和成交量–开盘–盘高–盘低–收盘图。

表 4-22 是股价相关数据，以此为例，介绍在 Excel 中成交量–开盘–盘高–盘低–收盘图的绘制。

表 4-22　股市数据

日期	成交量	开盘	盘高	盘低	收盘
6 月 1 日	17 234	19.82	20.59	18.68	20.48
6 月 2 日	9 532	19.89	22.35	19.76	22.05
6 月 3 日	11 273	21.54	23.89	20.87	22.78
6 月 4 日	16 879	23.86	25.36	23.12	25.26
6 月 5 日	23 568	24.36	16.86	23.49	26.34

利用 Excel 对表 4-22 中的数据绘制成交量–开盘–盘高–盘低–收盘图的步骤如下。

第 1 步，选定单元格 A1:F6。

第 2 步，单击功能区中的插入。

第 3 步，单击图表中右下角的 ↘ 标志。

第 4 步，在打开的新窗口中选择所有图表。

第 5 步，选择股价图中的成交量–开盘–盘高–盘低–收盘图，如图 4-57 所示。

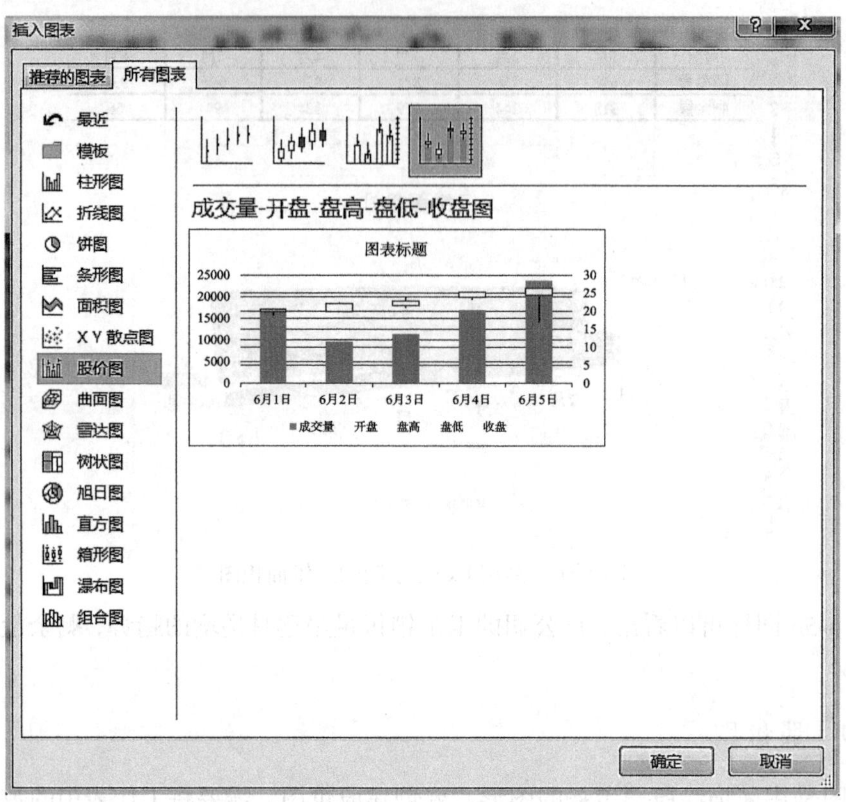

图 4-57　股价图的选择

第 6 步，单击股价图中的图表标题，单击鼠标右键选择编辑文字。将图表标题编辑为股价图。

至此，最终绘制的股价图如图 4-58 所示。

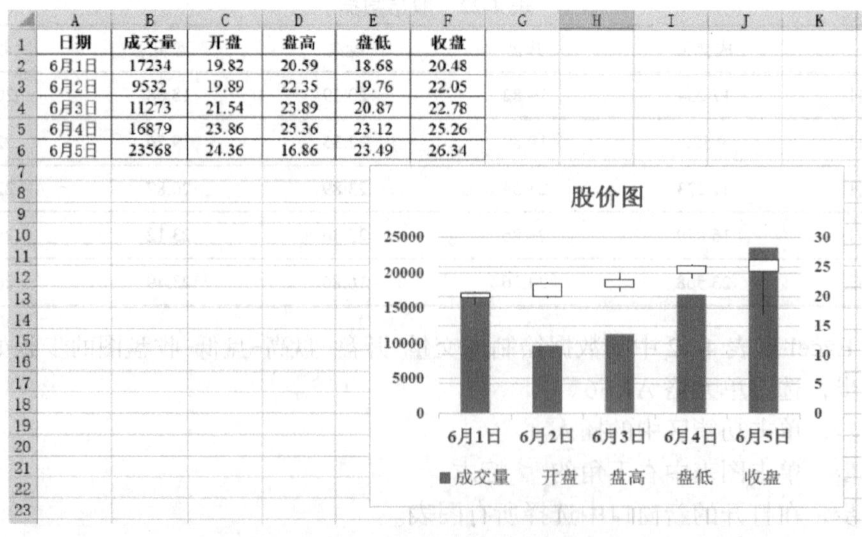

日期	成交量	开盘	盘高	盘低	收盘
6月1日	17234	19.82	20.59	18.68	20.48
6月2日	9532	19.89	22.35	19.76	22.05
6月3日	11273	21.54	23.89	20.87	22.78
6月4日	16879	23.86	25.36	23.12	25.26
6月5日	23568	24.36	16.86	23.49	26.34

图 4-58　利用 Excel 绘制的股价图

案例 4-5

组合图：我国船舶制造三大指标的可视化

在实际的数据分析中，不仅仅用单一的可视化图形对数据进行可视化展示，而且是结合两种或两种以上的数据可视化图形用于数据的可视化或分析，而多种可视化图形并不是展示在多个图形上，而是在同一个图形上展示，进而便于数据的比较和观察。比如将柱状图和折线图相结合对时序动态数据进行分析就是常用的图形组合的可视化方法之一。组合图的绘制方法与上面讲述的图形的绘制方法类似，在选择需要绘制图形的数据后，选择所有图表中的组合图，并依次选择不同的图形对各组数据进行可视化，具体过程请尝试用 Excel 软件绘制。

案例 3-3 介绍了船舶制造的三大指标，分别为造船完工量、新承接船舶订单和手持船舶订单，其是衡量船舶产业发展水平尤其是船舶制造水平的重要指标，表 4-23 是 2015～2019 年我国造船三大指标数据。

表 4-23　2015～2019 年中国造船三大指标的数据

年份	造船完工量/艘	新承接船舶订单/艘	手持船舶订单/艘
2015	1661	1295	3112
2016	1766	1353	2899
2017	1325	1375	2530
2018	984	1030	2294
2019	970	720	1499

观察三个指标的数据可以看出，手持船舶订单的数量均大于造船完工量和新承接船舶订单，而造船完工量和新承接船舶订单较为接近，因此，可以用折线图对手持船舶订单的数量进行可视化，以便于分析手持船舶订单数量的变化趋势，用柱状图对造船完工量和新承接船舶订单进行可视化，以便于两种指标间差距的比较。具体绘制的图形如图 4-59 所示。

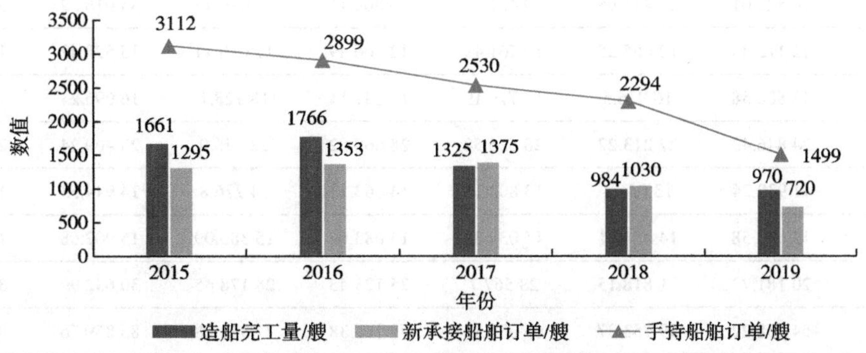

图 4-59　2015～2019 年我国造船三大指标数据的组合图

从图 4-59 中可以看出：①手持船舶订单的数量在 2015～2019 年呈现持续下降的趋势。②造船完工量在 2015～2016 年呈上升趋势，在 2016～2019 年呈现下降趋势。③新承接船舶订单数量在 2015～2017 年呈上升趋势，2017～2019 年呈现下降趋势。④2015 年、2016 年和 2019 年的造船完工量高于新承接船舶订单量，2017 年和 2018 年的造船完工量低于新承接船舶订单量。

需要说明的是，仅从造船三大指标的变化趋势和数量上并不能准确地把握我国造船行业的发展状况，还需要结合具体的船舶产业发展状况、国际形势、经济发展水平等综合考虑才能做出较为准确的评价。

【课程实验】

1. 实验项目名称

描述性数据分析实验

2. 实验目的

掌握应用描述性数据分析中的位置测度方法（平均值、中位数）、差异性测度（极差、方差、标准差、变异系数）等对数据进行分析，并掌握数据的可视化处理，进而结合数据和图形得出数据分析结果。

3. 实验内容与实验步骤

根据中国 31 个省（区、市）2012～2018 年的生产总值（表 4-24），掌握应用描述性数据分析中的位置测度方法（平均值、中位数）、差异性测度方法（极差、方差、标准差、变异系数）等进行描述性数据分析，并将计算得到的数据进行可视化处理，进而结合数据和图形得出数据分析的结果。

表 4-24 2012～2018 年我国 31 个省（区、市）生产总值的统计数据 （单位：亿元）

地区	2012 年	2013 年	2014 年	2015 年	2016 年	2017 年	2018 年
北京	17 879.4	19 800.81	21 330.83	23 014.59	25 669.13	28 014.94	33 105.97
天津	12 893.88	14 442.01	15 726.93	16 538.19	17 885.39	18 549.19	13 362.92
河北	26 575.01	28 442.95	29 421.15	29 806.11	32 070.45	34 016.32	32 494.61
山西	12 112.83	12 665.25	12 761.49	12 766.49	13 050.41	15 528.42	15 958.13
内蒙古	15 880.58	16 916.5	17 770.19	17 831.51	18 128.1	16 096.21	16 140.76
辽宁	24 846.43	27 213.22	28 626.58	28 669.02	22 246.9	23 409.24	23 510.54
吉林	11 939.24	13 046.4	13 803.14	14 063.13	14 776.8	14 944.53	11 253.81
黑龙江	13 691.58	14 454.91	15 039.38	15 083.67	15 386.09	15 902.68	12 846.48
上海	20 181.72	21 818.15	23 567.7	25 123.45	28 178.65	30 632.99	36 011.82
江苏	54 058.22	59 753.37	65 088.32	70 116.38	77 388.28	85 869.76	93 207.55
浙江	34 665.33	37 756.59	40 173.03	42 886.49	47 251.36	51 768.26	58 002.84
安徽	17 212.05	19 229.34	20 848.75	22 005.63	24 407.62	27 018	34 010.91
福建	19 701.78	21 868.49	24 055.76	25 979.82	28 810.58	32 182.09	38 687.77

续表

地区	2012 年	2013 年	2014 年	2015 年	2016 年	2017 年	2018 年
江西	12 948.88	14 410.19	15 714.63	16 723.78	18 499	20 006.31	22 716.51
山东	50 013.24	55 230.32	59 426.59	63 002.33	68 024.49	72 634.15	66 648.87
河南	29 599.31	32 191.3	34 938.24	37 002.16	40 471.79	44 552.83	49 935.9
湖北	22 250.45	24 791.83	27 379.22	29 550.19	32 665.38	35 478.09	42 021.95
湖南	22 154.23	24 621.67	27 037.32	28 902.21	31 551.37	33 902.96	36 329.68
广东	57 067.92	62 474.79	67 809.85	72 812.55	80 854.91	89 705.23	99 945.22
广西	13 035.1	14 449.9	15 672.89	16 803.12	18 317.64	18 523.26	19 627.81
海南	2 855.54	3 177.56	3 500.72	3 702.76	4 053.2	4 462.54	4 910.69
重庆	11 409.6	12 783.26	14 262.6	15 717.27	17 740.59	19 424.73	21 588.8
四川	23 872.8	26 392.07	28 536.66	30 053.1	32 934.54	36 980.22	42 902.1
贵州	6 852.2	8 086.86	9 266.39	10 502.56	11 776.73	13 540.83	15 353.21
云南	10 309.47	11 832.31	12 814.59	13 619.17	14 788.42	16 376.34	20 880.63
西藏	701.03	815.67	920.83	1 026.39	1 151.41	1 310.92	1 548.39
陕西	14 453.68	16 205.45	17 689.94	18 021.86	19 399.59	21 898.81	23 941.88
甘肃	5 650.2	6 330.69	6 836.82	6 790.32	7 200.37	7 459.9	8 104.07
青海	1 893.54	2 122.06	2 303.32	2 417.05	2 572.49	2 624.83	2 748
宁夏	2 341.29	2 577.57	2 752.1	2 911.77	3 168.59	3 443.56	3 510.21
新疆	7 505.31	8 443.84	9 273.46	9 324.8	9 649.7	10 881.96	12 809.39

具体步骤如下。

（1）分别计算 2012 ~ 2018 年 31 个省（区、市）生产总值的平均值，并将其绘制成折线图。

（2）分别计算 2012 ~ 2018 年 31 个省（区、市）生产总值的中位数，并将其绘制成条形图。

（3）分别计算 2012 ~ 2018 年 31 个省（区、市）生产总值的极差，并将其绘制成饼图。

（4）分别计算 2012 ~ 2018 年 31 个省（区、市）生产总值的方差，并将其绘制成条形图。

（5）分别计算 2012 ~ 2018 年 31 个省（区、市）生产总值的标准差，并将其绘制成柱形图。

（6）分别计算 2012 ~ 2018 年 31 个省（区、市）生产总值的变异系数，并将其绘制成折线图。

（7）根据计算的结果和绘制的图形进行数据分析，写出得到的结论和对策建议等。

4. 实验环境

Office 办公软件，主要为 Word 和 Excel。

5. 实验过程与分析

在实验过程中，应用 Excel 计算得到的结果和图形分别如下。

（1）利用 Excel 的=AVERAGE()公式计算的 2012 ~ 2018 年 31 个省（区、市）生产总值的平均值如表 4-25 所示。

表 4-25 2012 ~ 2018 年 31 个省（区、市）生产总值的平均值 （单位：亿元）

年份	2012	2013	2014	2015	2016	2017	2018
平均值	18 598.45	20 462.75	22 075.79	23 315.09	25 163.55	27 327.10	29 487.66

利用Excel的带数据标签的折线图功能将表4-25得到的数据绘制成折线图，如图4-60所示。

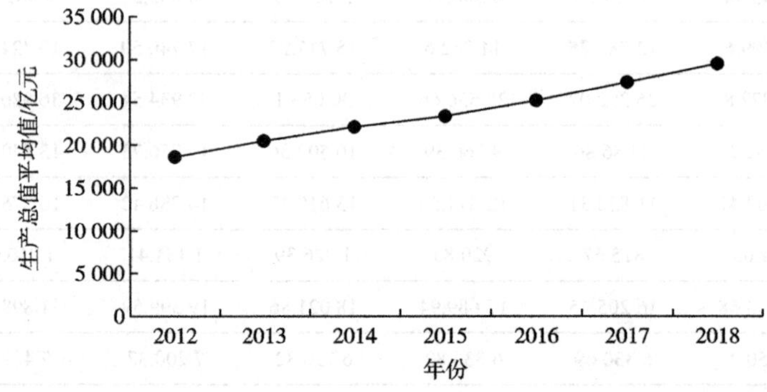

图 4-60 2012 ~ 2018 年 31 个省（区、市）生产总值的平均值走势图

（2）利用 Excel 的=MEDIAN()公式计算的 2012 ~ 2018 年 31 个省（区、市）生产总值的中位数如表 4-26 所示。

表 4-26 2012 ~ 2018 年 31 个省（区、市）生产总值的中位数 （单位：亿元）

年份	2012	2013	2014	2015	2016	2017	2018
中位数	14 453.68	16 205.45	17 689.94	17 831.51	18 499.00	20 006.31	22 716.51

利用 Excel 的条形图功能将表 4-26 得到的数据绘制成条形图如图 4-61 所示。

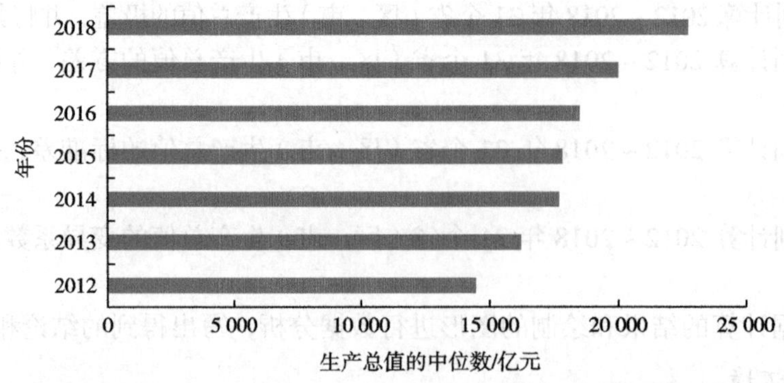

图 4-61 2012 ~ 2018 年 31 个省（区、市）生产总值的中位数走势图

（3）利用 Excel 的=MAX()和=MIN()两个公式计算的 2012～2018 年 31 个省（区、市）生产总值的极差如表 4-27 所示。

表 4-27 2012～2018 年 31 个省（区、市）生产总值的极差

年份	2012	2013	2014	2015	2016	2017	2018
极差	56 366.89	61 659.12	66 889.02	71 786.16	79 703.50	88 394.31	98 396.83

利用 Excel 的饼图功能将表 4-27 得到的数据绘制饼图，如图 4-62 所示。

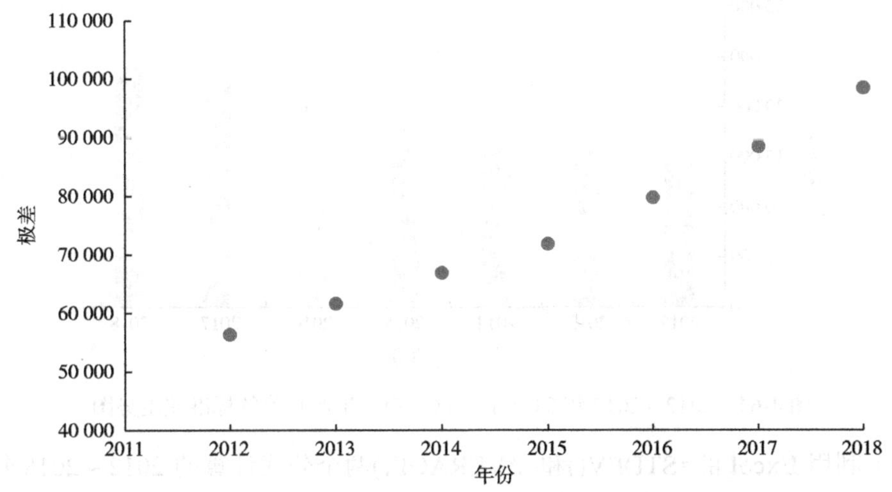

图 4-62 2012～2018 年 31 个省（区、市）生产总值的极差走势图

（4）利用 Excel 的=VAR()公式计算的 2012～2018 年 31 个省（区、市）生产总值的方差的结果如表 4-28 所示。

表 4-28 2012～2018 年 31 个省（区、市）生产总值的方差

年份	2012	2013	2014	2015	2016	2017	2018
方差	205 233 930	246 795 858	288 582 254	331 930 680	404 132 703	492 258 809	582 555 094

利用 Excel 的条形图功能将表 4-28 得到的数据绘制成条形图，如图 4-63 所示。

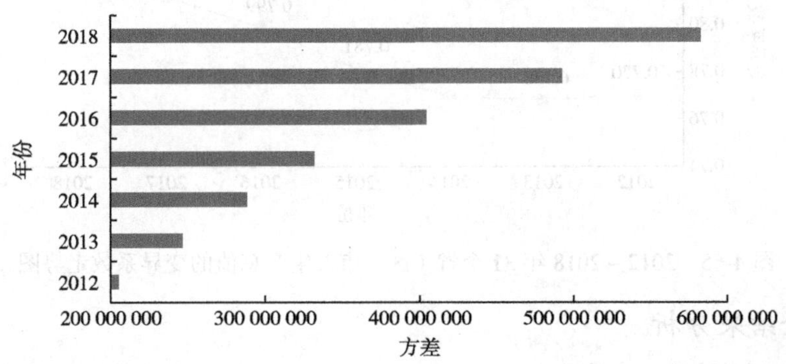

图 4-63 2012～2018 年 31 个省（区、市）生产总值的方差走势图

（5）利用 Excel 的=STDEV()公式计算的 2012～2018 年 31 个省（区、市）生产总值的标准差如表 4-29 所示。

表 4-29 2012～2018 年 31 个省（区、市）生产总值的标准差

年份	2012	2013	2014	2015	2016	2017	2018
标准差	14 325.99	15 709.74	16 987.71	18 218.96	20 103.05	22 186.91	24 136.18

利用 EXCEL 的柱形图功能将表 4-29 得到的数据绘制成柱形图，如图 4-64 所示。

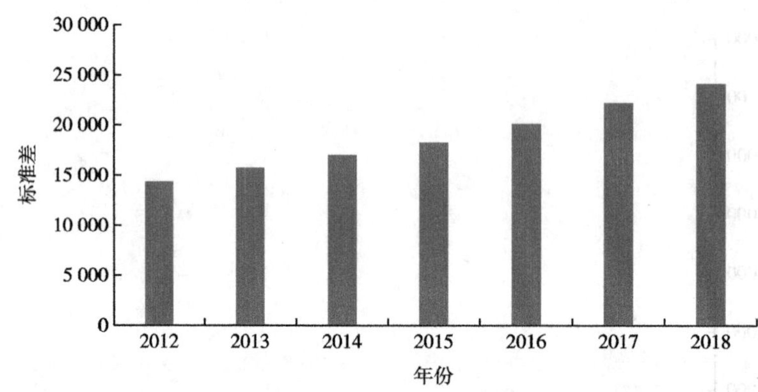

图 4-64 2012～2018 年 31 个省（区、市）生产总值的标准差走势图

（6）利用 Excel 的=STDEV()和=AVERAGE()两个公式计算的 2012～2018 年 31 个省（区、市）生产总值的变异系数如表 4-30 所示。

表 4-30 2012～2018 年 31 个省（区、市）生产总值的变异系数

年份	2012	2013	2014	2015	2016	2017	2018
变异系数	0.770	0.768	0.770	0.781	0.799	0.812	0.819

利用 Excel 的带数据标签的折线图将表 4-30 得到的数据绘制成折线图，如图 4-65 所示。

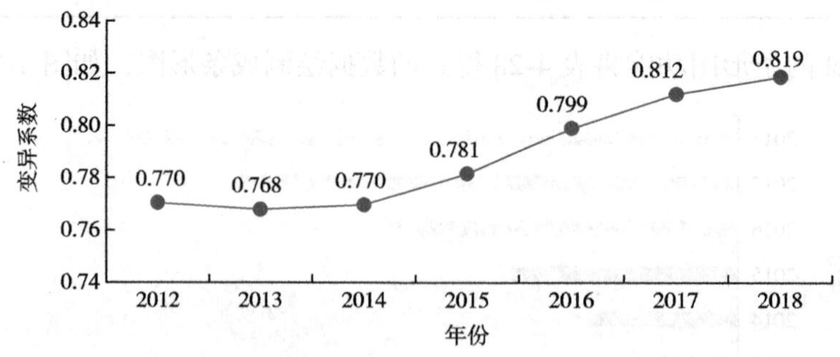

图 4-65 2012～2018 年 31 个省（区、市）生产总值的变异系数走势图

6. 实验结果分析

从计算得到的中国 31 个省（区、市）2012～2018 年生产总值的平均值和中位数绘

制的图形可以看出，中国 2012～2018 年生产总值的平均值和中位数均总体呈上升趋势，说明我国的经济发展水平整体呈上升趋势，且增长幅度较为明显，证明我国的经济水平在大幅提高，人民的生活水平得到更多的保证和提升。

从计算得到的中国 31 个省（区、市）2012～2018 年生产总值的极差、方差、标准差和变异系数绘制的图形可以看出，中国 2012～2018 年生产总值的极差、方差、标准差和变异系数均呈上升趋势，说明我国 31 个省（区、市）间的经济发展水平的差异越来越大，这进一步说明我国省域间的经济发展水平差异在进一步地扩大，"贫富差距"进一步扩大。

综上分析可知，2012～2018 年我国整体的经济水平呈现大幅增长的态势，但这种平均水平的显著增长并没有缩小省级行政区间经济发展水平的差异，反而进一步增加了省级行政区间经济发展水平的差异。因此，国家需要制定有关政策和方案等，在保证中国整体的经济发展的同时，也要采取措施缩小省级行政区间的经济发展不平衡问题。

【本章小结】

描述性数据分析是数据分析的基础内容，本章介绍了数据资料的描述性统计方法，包括数据分布、统计分析方法和数据可视化方法，并介绍了如何在 Excel 中进行描述性统计分析和数据可视化。在数据分布部分，着重介绍了属性数据的频数分布、频率分布、数量数据的频数分布，以及用直方图进行分布可视化的方法，并介绍了累积分布的概念。在统计分析方法部分，主要介绍了位置测度、变异性测量、分布分析和相关性分析的方法，其中在位置测度部分介绍了算术平均数、中位数、众数、几何平均数的概念、计算方法和利用 Excel 计算的方法；在变异性测量部分介绍了极差、方差、标准差、变异系数的概念、计算方法和利用 Excel 计算的方法；在分布分析部分介绍了百分位数、四分位数和 z 值的概念、计算方法和利用 Excel 计算的方法；在相关性分析部分介绍了如何利用散点图、协方差和相关系数判断两组数据的相关性以及在 Excel 中的操作方法；在数据可视化部分，我们介绍了经常在论文、书刊、报告等中使用的九种图形以及如何利用 Excel 绘制这九种图形，包括散点图、柱形图、条形图、折线图、饼图、气泡图、雷达图、面积图和股价图。完成本章内容的学习后就可以尝试对数据进行分析，挖掘数据本身所蕴含的信息，并以图形的形式呈现所挖掘的信息。

【思考题】

1.《华尔街日报》对订阅者特征和兴趣进行了一项包含 46 道问题的调查。思考下列问题提供的是数量数据还是属性数据。

（1）年龄。

（2）性别。

（3）你在什么时候第一次阅读《华尔街日报》，高中、大学、职业早期、职业中期、职业晚期，还是退休？

（4）你在目前这个职位上，干了多长时间？

（5）下次购车准备购买哪种车型，比如轿车、跑车、SUV、小型货车等？

2. 下表是频率分布表，完成下面 4 个问题。

等级	频率	等级	频率
A	0.22	C	0.40
B	0.18	D	

（1）D 等级的频率是多少？

（2）假设样本单位数是 200，D 等级的频数是多少？

（3）给出频数分布。

（4）编制百分比分布。

3. 汽修店的老板正在研究消费者来店里更换润滑油的等待时间，以下数据是一个月搜集的等待时间（单位：分钟）。

2 5 10 12 4 4 5 17 11 8 9 8 12 21 6 8 7 13 18 3

根据上述数据完成下面 5 个问题。

（1）以 0 ~ 4、5 ~ 9、10 ~ 14、15 ~ 19、20 ~ 24 等分组，编制频数分布。

（2）以 0 ~ 4、5 ~ 9、10 ~ 14、15 ~ 19、20 ~ 24 等分组，编制频率分布。

（3）以 0 ~ 4、5 ~ 9、10 ~ 14、15 ~ 19、20 ~ 24 等分组，编制累积频数分布。

（4）以 0 ~ 4、5 ~ 9、10 ~ 14、15 ~ 19、20 ~ 24 等分组，编制累积频率分布。

（5）消费者等待时间不超过 9 分钟的比例是多少？

4. 假定有一组观察值：10,20,12,17,16，请用 Excel 计算该组数据的均值和中位数。

5. 有一组观察值：27,25,20,15,30,34,28,25，请用 Excel 分别计算第 20、25、65、75 个百分位数。

6. 给定一组观察值：53,55,70,58,64,57,53,69,57,68,53，请用 Excel 分别计算均值、中位数和众数。

7. 下表为上证 180 指数某年每月的指数值，请用 Excel 求某年 12 个月指数的平均收益率。

月份	指数值	月份	指数值
1 月	3022.08	7 月	2456.32
2 月	3254.54	8 月	2534.23
3 月	3215.23	9 月	2538.45
4 月	3112.04	10 月	2453.67
5 月	2918.56	11 月	2439.63
6 月	2891.34	12 月	2356.37

8. 下表是一份美国人 48 个城市上下班途中花费时间的平均值，结合 Excel 完成下面 5 个问题。

（1）48 个城市的平均通勤时间是多少？

（2）48 个城市通勤时间的中位数是多少？

（3）48 个城市通勤时间的众数是多少？

（4）48 个城市通勤时间的方差和标准差各是多少？

（5）48 个城市通勤时间的第三个四分位数是多少？

城市	时间/分	城市	时间/分	城市	时间/分
阿尔伯克基	23.3	杰克逊维尔	26.2	菲尼克斯	28.3
亚特兰大	28.3	堪萨斯城	23.4	匹兹堡	25
奥斯汀	24.6	拉斯维加斯	28.4	波特兰	26.4
巴尔的摩	32.1	小石城	20.1	普罗维登斯	23.6
波士顿	31.7	洛杉矶	32.2	里士满	23.4
夏洛特	25.8	路易斯维尔	21.4	萨克拉门托	25.8
芝加哥	38.1	孟菲斯	23.8	盐湖城	20.2
辛辛那提	24.9	迈阿密	30.7	圣安东尼奥	26.1
克利夫兰	26.8	密尔沃基	24.8	圣迭戈	24.8
哥伦布	23.4	明尼阿波利斯	23.6	旧金山	32.6
达拉斯	28.5	纳什维尔	25.3	圣何塞	28.5
丹佛	28.1	新奥尔良	31.7	西雅图	27.3
底特律	29.3	纽约	43.8	圣路易斯	26.8
埃尔帕索	24.4	俄克拉何马城	22	图森	24
弗雷斯诺	23	奥兰多	27.1	塔尔萨	20.1
印第安纳波利斯	24.8	费城	34.2	华盛顿	32.8

9. 一份报告透露，某年 SAT 数学部分全国平均分为 515 分，标准差将近 100 分。假定 SAT 数学成绩呈钟形分布，请完成下面 5 个问题。

（1）数学分数超过 615 分有百分之多少的学生？

（2）数学分数超过 715 分有百分之多少的学生？

（3）数学分数在 415 ~ 515 分有百分之多少的学生？

（4）数学分数是 620 分的 z 值是多少？

（5）数学分数是 405 分的 z 值是多少？

10. 下表是某公司向大型企业销售阀门的月收入资料，请根据表格信息使用 Excel 绘制出折线图，并分析你能得到的结论。

月份	收入/美元	月份	收入/美元	月份	收入/美元
1	145 869	5	186 850	9	154 285
2	123 576	6	192 850	10	148 523
3	143 298	7	134 500	11	139 600
4	178 505	8	145 286	12	148 235

11. 变量 x 、y 的 20 个成对观察资料如下表所示，请根据表格信息使用 Excel 绘制散点图，探索利用 Excel 对散点图拟合趋势线，并说明变量之间存在什么样的关系。

编号	x	y	编号	x	y
1	−22	22	11	−37	48
2	−33	49	12	34	−29
3	2	8	13	9	−18
4	29	−16	14	−33	31
5	−13	10	15	20	−16
6	21	−28	16	−3	14
7	−13	27	17	−15	18
8	−23	35	18	12	17
9	14	−5	19	−20	−11
10	3	−3	20	−7	−22

12. 以下是某年《财富》500强企业的利润和市值数据，请根据表格信息使用Excel绘制散点图，利用Excel对散点图拟合趋势线，并说说市值与利润之间存在什么样的关系。

公司名称	利润/百万美元	市值/百万美元	公司名称	利润/百万美元	市值/百万美元
Alliant Techsystems	313.2	1 891.9	Harley-Davidson	599.1	8 925.3
Amazon.com	631	81 458.6	HCA Holdings	1 465	9 550.2
AmerisourceBergen	706.6	10 087.6	Kraft Foods	3 527	65 917.4
Avis Budget Group	−29	1 175.8	Kroger	602	13 819.5
Boeing	4 018	55 188.8	Lockheed Martin	2 655	26 651.1
Cardinal Health	959	14 115.2	Medco Health Solutions	1 455.7	21 865.9
Cisco Systems	6 490	97 376.2	Owens Corning	276	3 417.8
Coca-Cola	8 572	157 130.5	Pitney Bowes	617.5	3 681.2
ConocoPhillips	12 436	95 251.9	Procter & Gamble	11 797	182 109.9
Costco Wholesale	1 462	36 461.2	Ralph Lauren	567.6	12 522.8
CVS Caremark	3 461	53 565.7	Rockwell Automation	697.8	10 514.8
Delta Air Lines	854	7 082.1	Rockwell Collins	634	8 560.5
Fidelity National Financial	369.5	3 461.4	United Stationers	109	1 381.6
FMC Technologies	399.8	12 520.3	United Technologies	4 979	66 606.5
Foot Locker	278	3 547.6	United Health Group	5 142	53 469.4
General Motors	9 190	32 382.4			

13. 下表是5年4个汽车制造商的汽车产量（单位：万辆）数据，请利用Excel完成3个任务。

（1）根据表格内容绘制折线图。
（2）由折线图，说说能得出什么样的结论。
（3）根据表格内容，绘制簇状条形图，并做简要的分析。

制造商	第 1 年	第 2 年	第 3 年	第 4 年	第 5 年
丰田	804	853	924	723	856
通用	997	935	828	646	848
大众	568	627	644	607	734
现代	251	262	278	465	576

14. 下表是船舶装备配套公司排名前六位的某产品销售人员的销售数据，利用 Excel 完成 3 个任务。

（1）根据表格内容绘制柱形图。
（2）根据表格内容绘制饼状图。
（3）结合柱形图和饼状图给出你的结论。

人员编号	销售数据/套	人员编号	销售数据/套
1	24	4	23
2	41	5	53
3	19	6	39

15. 下表是按年龄分组的手机使用情况占比的调查数据，请利用 Excel 完成下面 3 个任务。

（1）根据表格内容绘制堆叠柱形图。
（2）根据表格内容绘制簇状柱形图。
（3）对堆叠柱形图和簇状柱形图进行比较，并给出你的结论。

年龄分组	智能手机	其他手机	没有手机
18～24 岁	0.49	0.46	0.05
25～34 岁	0.58	0.35	0.07
35～44 岁	0.44	0.45	0.11
45～54 岁	0.28	0.58	0.14
55～64 岁	0.22	0.59	0.19
65 岁及以上	0.11	0.45	0.44

16. 某船舶企业采用投资组合方法管理研发项目，旨在使项目的期望回报和风险水平保持平衡。下表是 6 个研发项目的期望回报率、风险水平（评估数值在 1 到 10 之间，1 代表风险最低，10 代表风险最高）、需要投入的资金（单位：百万美元）资料，请利用 Excel 绘制气泡图，并分析你能得到的结论。

项目编号	期望回报率	风险水平	需要投入资金
1	12.8%	6.7	6.4
2	13.5%	6.3	42.8
3	9.7%	4.2	9.2
4	6.5%	6.2	18.2
5	19.4%	8.2	34.2
6	8.5%	3.2	17.8

17. 下表是6家船舶公司的月收入资料，请完成下面3个任务。

（1）利用Excel绘制每个公司月收入走势图。

（2）分析在过去6个月里，哪些公司月收入下降，哪些公司月收入持续增长，哪些公司的月收入存在波动。

（3）利用Excel为每个月公司收入绘制热点图，并指出热点图和走势图各自的优缺点。

公司名称	月收入/美元					
	1月	2月	3月	4月	5月	6月
船企1	10 250	15 230	11 555	9 857	11 254	13 620
船企2	17 560	18 201	19 850	17 260	18 290	16 250
船企3	8 480	7 650	7 023	6 540	6 700	4 950
船企4	28 325	27 580	23 450	22 500	20 800	19 800
船企5	4 780	6 498	6 980	7 420	8 270	10 110
船企6	14 500	16 650	19 185	18 970	18 220	18 380

18. 下表是2015年至2019年我国造船产业三大指标的数据，请使用Excel绘制合适的统计图来观察我国2015～2019年船舶造船产业三大指标的变化情况。

时间	造船完工量/艘	新承接船舶订单/艘	手持船舶订单/艘
2015年	1661	1295	3112
2016年	1766	1353	2899
2017年	1325	1375	2530
2018年	984	1030	2294
2019年	970	720	1499

【案例分析】

Heavenly巧克力公司生产高品质的巧克力，在纽约Saratoga Springs的零售店里销售。后来，该公司建立了网站并且通过互联网销售产品。网上销售超出了当初的预期，该公司管理团队打算通过制定新的策略以扩大销售。为了研究网点的消费者，该公司从前几个月的销售中选择了50笔作为样本。下表给出的数据包含每笔交易的日期、顾客所使用的浏览器、浏览时间、浏览的页数及消费金额等。

编号	星期	浏览器	浏览时间/分	浏览页数	消费金额/美元	编号	星期	浏览器	浏览时间/分	浏览页数	消费金额/美元
1	周一	IE	12	4	54.52	26	周三	IE	11	2	40.54
2	周三	其他	19.5	6	94.9	27	周六	IE	16.9	5	34.69
3	周一	IE	8.5	4	16.68	28	周六	Firefox	6	4	27.91
4	周二	Firefox	11.4	2	44.73	29	周五	Firefox	32.9	10	155.3
5	周三	IE	11.3	4	66.27	30	周一	其他	11.8	9	120.25
6	周六	Firefox	10.5	6	67.8	31	周四	IE	7.1	2	41.2
7	周日	IE	11.4	2	36.04	32	周五	Firefox	18	8	134.4
8	周五	Firefox	4.3	6	55.96	33	周日	IE	11.8	4	37.17
9	周三	Firefox	12.7	3	70.94	34	周五	IE	9.1	3	52.09
10	周二	IE	24.7	7	68.73	35	周二	IE	7.8	5	71.81
11	周六	其他	13.3	6	54.04	36	周一	Firefox	16.5	5	59.99
12	周日	Firefox	14.3	5	48.05	37	周四	Firefox	6.2	4	84.17
13	周日	其他	11.7	7	64.16	38	周六	IE	11.3	4	55.58
14	周一	Firefox	24.4	10	158.51	39	周二	IE	10.6	2	39.06
15	周五	IE	8.4	3	84.12	40	周三	IE	5	5	36.48
16	周四	IE	9.6	4	59.2	41	周二	其他	15.9	4	67.44
17	周四	IE	23.3	7	91.62	42	周六	IE	18.1	7	60.14
18	周一	IE	14	7	126.4	43	周五	Firefox	10.8	4	70.38
19	周五	其他	5.6	4	68.45	44	周一	IE	13.3	7	110.65
20	周三	IE	15.1	5	32.69	45	周一	IE	30.1	6	104.23
21	周六	Firefox	16.3	5	78.58	46	周五	Firefox	13.7	4	68.17
22	周二	IE	10.2	6	74.43	47	周四	IE	8.1	2	17.84
23	周日	IE	8	3	32.73	48	周五	IE	9.7	5	103.15
24	周二	Firefox	8	2	48.66	49	周一	其他	7.3	6	52.15
25	周五	Firefox	9.6	3	54.66	50	周五	IE	13.4	3	98.75

Heavenly 巧克力公司想通过上述样本资料，了解网上消费者是否浏览页面越多、花费时间越多，购买金额也越多。除此以外，该公司还想了解周几、浏览器是否对销量也存在影响。

用描述性统计方法，对浏览 Heavenly 巧克力公司网站的消费者进行分析，并依次撰写管理分析报告。报告至少需要包含以下内容。

（1）对消费者在网站上浏览时间、浏览的页数进行数字和图形分析，并计算购买金额的均值。

（2）计算每周中每天交易的频数、总金额以及均值，并说说你的结论。

（3）计算每种浏览器的频数、总金额以及均值，并说说你的结论。

（4）绘制浏览时间与消费金额散点图，计算样本相关系数，然后说说你的结论。

（5）绘制浏览页数与消费金额散点图，计算样本相关系数，然后说说你的结论。

（6）绘制浏览时间与浏览页数散点图，计算样本相关系数，然后说说你的结论。

【参考文献】

邓芳. 2012. Excel高效办公——数据处理与分析[M]. 北京：人民邮电出版社.

宫诚举，易平涛，李伟伟. 2019. 双重驱动的省域科技发展水平评价方法研究[J]. 科学学研究，37（9）：1589-1597.

郭亚军. 2007. 综合评价理论、方法及应用[M]. 北京：科学出版社.

蒋盛益. 2014. 商务数据挖掘与应用案例分析[M]. 北京：电子工业出版社.

坎姆 J D，科克伦 J J，弗里 M J，等. 2017. 商业数据分析[M]. 耿修林，宋哲，译. 北京：机械工业出版社.

李凯，易平涛，王世权，等. 2017. 2016东北老工业基地全面振兴进程评价报告[M]. 北京：经济管理出版社.

蒲括，邵朋. 2014. 精通Excel数据统计与分析[M]. 北京：人民邮电出版社.

施尼德詹斯 M J，施尼德詹斯 D G，斯塔基 C M. 2018. 商业数据分析：原理、方法与应用[M]. 王忠玉，王天元，王伟，译. 北京：机械工业出版社.

周英，卓金武，卞月青. 2016. 大数据挖掘：系统方法与实例分析[M]. 北京：机械工业出版社.

第 5 章　预测性数据分析

➤【本章重要专业词汇】

预测性数据分析——prediction data analysis
数据驱动模型——data-driven model
回归分析——regression analysis
时间序列分析——time series analysis
文本分析——textual analysis
数据挖掘——data mining
监督学习——supervised learning
无监督学习——unsupervised learning
K 近邻——K-nearest neighbor
决策树——decision tree
逻辑回归——logistic regression
支持向量机——support vector machine
朴素贝叶斯——naive Bayesian
聚类——clustering
关联规则——association rules

开篇案例

中国旅游业成为国民经济战略性支柱产业

党的二十大明确提出要坚持以文塑旅、以旅彰文，推进文化和旅游深度融合发展[①]。改革开放以来，中国实现了从旅游短缺型国家到旅游大国的历史性跨越。“十二五”期间，旅游业全面融入了国家战略体系，走向国民经济建设的前沿，成为国民经济战略性支柱产业。2015 年，旅游业对国民经济的综合贡献度达到 10.8%。国内旅游、入境旅游和出境旅游全面繁荣发展，中国已经成为世界第一大出境旅游客源国和全球第四大入境旅游接待国。旅游业成为社会投资热点和综合性大产业。“十三五”期间，旅游业作为国民经济战略性支柱产业的地位更为巩固。旅游业与其他产业跨界融合、协同发展，产业规模持续扩大，新业态不断涌现，旅游业对经济平稳健康发展的综合带动作用更加凸显。

推动中国旅游业快速发展的原因是多方面的，在哪些重要的因素推动下，中国旅游业成为国民经济战略性支柱产业？旅游业的发展与这些重要因素的数量关系是什么？

显然，针对上述问题，需要寻求一些方法研究相互联系的经济变量之间的数量关系，通常来说，应该考虑以下几个方面：①确定作为研究对象的经济变量；②分析影响研究

---

① 习近平. 高举中国特色社会主义伟大旗帜　为全面建设社会主义现代化国家而团结奋斗——在中国共产党第二十次全国代表大会上的报告（2022-10-16）[2023-05-18]. https://www.gov.cn/xinwen/2022-10/25/content_5721685.htm[2023.05.18].

对象变化的主要因素；③分析各种影响因素与研究对象的相互关系；④确定研究对象与影响因素之间具体的数量关系；⑤分析并检验所得结论的可靠性；⑥运用数量研究结果做经济分析和预测。

商务数据分析要实现的应用领域之一就是预测性数据分析。预测性数据分析通常被定义为运用高等统计学、信息软件或者运筹学方法来确定预测变量并建立预测模型，从而识别描述性数据分析中并不容易观察到的趋势和关系。在观察到数据之间存在了一定的关系之后，就需要深刻理解为什么数据背后所代表的变量（通常被称为自变量或预测变量）能够对其他变量（通常被称为因变量或被预测变量）产生这样的影响。由此可见，可视化分析和描述性统计等是预测性分析前期重要的铺垫工作，只要在大数据中挖掘出信息的特点与联系，就可以建立科学的数据模型，通过模型代入新的数据，从而预测未来的数据。

我们可以借助本章的开篇案例来更好地理解预测性数据分析。相关的理论研究表明，国民经济保持稳定增长，居民人均可支配收入的持续提高推动消费结构逐步升级，都极大地影响了国内旅游市场的总体收入。除此之外，交通条件和基础设施的持续改善，提高了国内旅游的便捷性和舒适性，也为我国旅游行业的发展打下了坚实的基础。通过国家统计局发布的数据，我们可以获取到国内旅游收入与国内游客人数、城镇居民人均旅游支出、农村居民人均旅游支出、铁路里程、公路（含高速）里程和航班航线里程等变量的年度数据。再根据理论研究可以推测出，某些变量之间存在关系，但仍然需要在国内旅游收入和其余变量之间建立精确的定量关系。为了满足这个要求，我们需要首先运用数据，确定是否存在一种可量化的定量关系，然后从统计形式上建立有效的模型来预测未来的事件。这就是预测性数据分析在商务数据分析中所要发挥的作用。

在商务数据分析的流程中，预测性数据分析可以使用的方法有许多种。有些方法用于将数据分类为可操作的文件，以便用于以后建立精确的定量模型，如预测、抽样与估计、统计推断、回归分析、数据挖掘等方法。借助这些工具，预测性数据分析获得了非常重要的结果，这些结果能够识别未来趋势或预测未来发展，帮助企业做出有效的决策。

5.1 预测模型

建立预测模型就是创建一个可以用于预测未来事件的模型。在商务数据分析中，分析人员可以依据逻辑或者数据来创建分析模型，这两类分析模型分别被称为逻辑驱动模型和数据驱动模型。

5.1.1 逻辑驱动模型

逻辑驱动模型（logic-driven model）是基于经验、知识，以及与研究问题相关的变量和常量之间的逻辑关系来建立的模型。构建逻辑驱动模型的重点和难点是如何利用变量和常量来创建可以预测未来的模型，这样一来就使得经验知识成为其中必不可少的因素。分析人员要创建模型，首先需要对研究问题和研究对象有所了解，尽可能全面地列举出研究问题可能涉及的变量并深入理解变量在问题中所处的内在逻辑关系。在对研究问题涉及的变量之间的关系进行抽象和概念化时，画图的方法是非常有效的。因果图就是一种用于发现问题的根本原因的辅助图。这种方法假设潜在的原因和结果之间存在某种关系，在通过头脑风暴法从各种不同的角度尽可能全面地找出影响研究问题的所有原因或构成要素之后，按照相互之间的关系整理成层次分明、条理清晰的图形。因果图的形状类似鱼骨，因此又被称为鱼骨图（fishbone diagram）。

图 5-1 就是一个典型的因果图。首先确定研究问题，其次通过头脑风暴，列举出引起该问题的主要原因，然后对引起问题的原因进一步细化，针对不同的主原因尽可能多地列举出相关分原因，最后对该图进行优化整理，把相似的原因进行整合，就形成了最终完整的因果图。由于因果图不以数值来表示和处理问题，而是通过整理与问题相关的原因的层次关系来表征，因此这种图形能够对研究问题进行充分的定性分析。

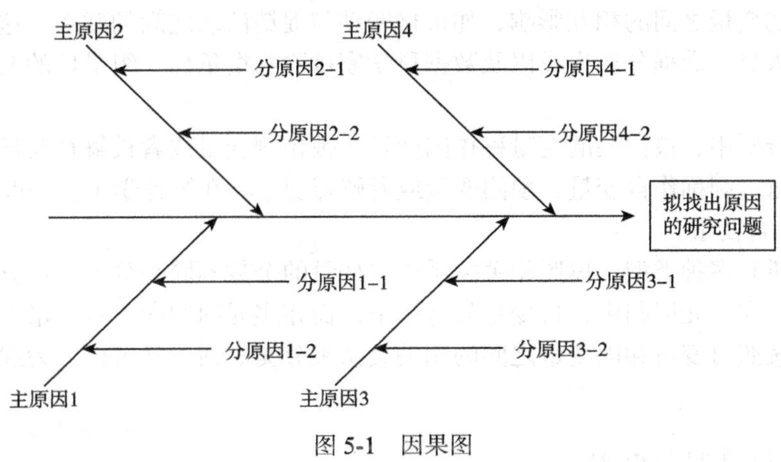

图 5-1　因果图

5.1.2　数据驱动模型

除了使用逻辑驱动模型从定性的角度对研究问题进行充分分析以外，另一种较为常用的预测模型就是以真实数据为基础的数据驱动模型。顾名思义，数据驱动模型是借助数据来创建关系的一种分析模型，即利用多种数据来源所收集到的数据定量地建立表示数据之间关系的模型。在通过统计方法和定量方法理解企业数据内部的基本关系的基础上，商务数据分析工作能够预测企业未来的发展或发展趋势，帮助企业管理者拥有了解问题和解决问题的能力。常用的基于数据构建预测模型的方法主要包括：回归分析、时间序列分析、文本分析、社交分析和数据挖掘等。在后续的章节中，我们会对这些常用方法进行相关的介绍，来进一步了解数据驱动模型的应用范畴。

5.2 回归分析

管理决策通常基于两个或两个以上变量间的关系做出，例如，根据商品广告费用与销量之间的关系，销售经理可能就会用给定的广告费用去预测销售量。再比如，企业可能根据气温和电量需求的关系，然后根据下个月的天气预报来预测用电量。在有些场合下，企业相关人员会根据直觉判断两个变量间的相关性。然而，如果有可供利用的数据，我们就可以用统计回归分析的方法，借助回归方程揭示变量间的关系。

使用统计方法研究两个变量之间的关系，最早是由英国统计学家高尔顿提出的。高尔顿发现，无论是身材特别高还是特别矮的父辈，他们子女的身高都会趋向或者“回归”于平均身高。这就是回归一词的最初由来。

回归一词的现代解释是非常简洁的：回归是研究因变量对自变量的依赖关系的一种统计分析方法，目的是通过自变量的给定值来估计或预测因变量的均值。它可用于预测、时间序列建模以及发现各种变量之间的因果关系。回归分析还可以用于比较那些通过不同计量测得的变量之间的相互影响，如价格变动与促销活动之间的联系。这些益处有利于市场研究人员、数据分析人员以及数据科学家排除和衡量出一组最佳的变量，用以构建预测模型。

在回归分析中，被预测的变量称作因变量、被预测变量或者被解释变量，用来预测因变量的变量，则称作自变量、预测变量或者解释变量。在统计学中，一般用 y 表示因变量，x 表示自变量。

回归分析有多种类型。按照相关关系中自变量的个数不同来分类，可分为一元回归和多元回归。在一元回归中，自变量只有一个，而在多元回归中，自变量有两个或两个以上。如果按照自变量和因变量之间的相关关系来分类的话，又可以分为线性回归和非线性回归。

5.2.1 简单回归模型

回归过程通常可用于创建线性模型，而通过回归得到的线性模型能够表示因变量随自变量变化的线性变化趋势，这种趋势可以对因变量进行短期或长期的预测。从本质上看，回归过程是通过使数据点和直线之间的距离最小化，将数据点转化为线性表达式的一种数学过程。仅包含一个自变量和一个因变量的回归分析，称为简单回归。简单回归模型试图将数据点（X 与相关的 Y 点）回归到单个线性表达式。

我们以简化后的开篇案例来更好地理解简单线性模型。近年来，我国的旅游业一直保持高速的发展，旅游业作为国民经济新的增长点，在整个社会经济发展中的作用日益显著。随着我国旅游业的高速发展，为了更好地制定相关的旅游政策来推动经济发展，文化和旅游部工作人员打算评估我国国内旅游的总体发展情况。管理人员认为，国内旅游收入（y）与国内游客人数（x）紧密相关。借助回归分析，可以反映自变量 x 与因变量 y 之间的关系。

1. 回归模型和回归方程

在这个案例中，每一年度的国内旅游出行事件构成了研究的统计总体。总体中的每一年度国内旅游事件，都存在一个 x 值（国内游客人数）和对应的 y 值（国内旅游收入）。反映 y 如何受到 x 影响以及它们与随机干扰项之间关系的等式，称作回归模型。简单的线性回归模型可以表示为

$$y=\beta_0+\beta_1 x+\varepsilon \tag{5-1}$$

式中，β_0,β_1 用来反映总体特征，被称为模型的参数；ε 为随机变量，是模型中的随机干扰项。随机干扰项主要用来说明不能通过 x 与 y 之间线性关系解释时的因变量 y 的变异部分。

反映因变量 y 的期望值 $E(y)$与自变量 x 关系的等式，被称为回归方程。简单线性回归的回归方程可以表示为

$$E(y|x)=\beta_0+\beta_1 x \tag{5-2}$$

式中，$E(y|x)$为在给定自变量 x 取值的条件下因变量 y 的期望值。从几何上看，简单线性回归方程是一条直线，β_0 为回归直线的截距项，β_1 为回归直线的斜率。

图 5-2 是直线回归的几种形式。

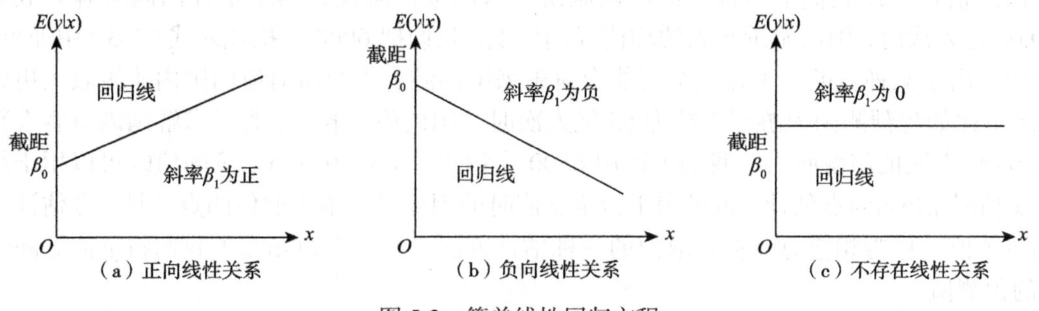

图 5-2　简单线性回归方程

图 5-2（a）表示因变量 y 的期望 $E(y|x)$与 x 之间存在正相关关系，即 x 值越大，$E(y|x)$也越大；图 5-2（b）表示因变量 y 的期望 $E(y|x)$与 x 之间存在负相关关系，即 x 值越大，$E(y|x)$反而会越小；图 5-2（c）表示因变量 y 的期望 $E(y|x)$与 x 之间不相关，即不论 x 值如何变化，$E(y|x)$始终不变。

2. 估计的回归方程

如果已知总体参数 β_0,β_1 的值，在给定自变量 x 取值的情况下，通过式（5-2）就能计算出因变量 y 的期望 $E(y)$。然而在实际中，反映总体特征的参数，其取值并不知道，因此需要使用样本数据进行估计。总体参数 β_0,β_1 的样本估计量相应地用 b_0,b_1 表示，对于式（5-2），用 b_0,b_1 取代 β_0,β_1，这样得到的等式，被称为估计的回归方程。估计的简单线性回归方程可以表示成

$$\hat{y}=b_0+b_1 x \tag{5-3}$$

图 5-3 给出了简单线性回归的统计分析过程。

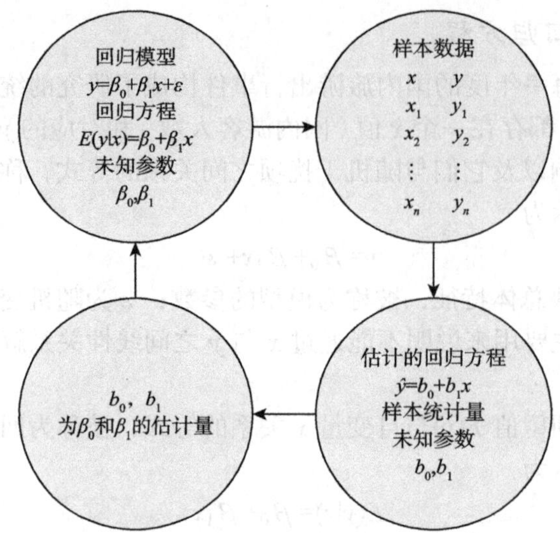

图 5-3 简单线性回归的统计分析过程

一般地讲，$\hat{y}$ 是 $E(y|x)$的点估计量，是在给定自变量 x 取值的条件下，因变量 y 取值均值的估计。用我们上面提到的国内旅游收入的案例来说，为了估计国内游客人数为 60.06 亿人次时，国内旅游收入的均值或期望值，我们把 6006 直接代入式（5-3）中即可。然而，出于某种目的，工作人员可能会对未来国内游客人数所对应的国内旅游收入更感兴趣，比如想预测国内游客人数为 65 亿人次时的国内旅游收入。为了求解国内游客人数为 65 亿人次的旅游收入，我们可以用 6500 代替式（5-3）中的 x。$\hat{y}$ 的值既可以用于给定 x 值时 $E(y|x)$的点估计，也可用于给定 x 值时的因变量 y 单个取值的点估计。点估计是用单个值，作为相应总体参数取值的一种估计方法。在大多数场合下我们将 $\hat{y}$ 值等同于 y 的预测值。

5.2.2 最小二乘法

最小二乘法是一种用样本数据获得估计的回归方程的方法，它在许多科学领域获得了广泛应用。在对测量得到的实验数据进行处理时，我们经常需要根据包含两个变量 x、y 的观测数据集合求出两个变量之间满足的函数关系式 $y=f(x)$。如果变量之间的函数形式根据理论分析或以往的经验已经确定，但其中有一些参数未知，则可以通过观测的数据来确定这些参数。如果变量之间的具体函数形式不能确定，则需要通过观测数据来确定函数形式及其中的参数。在多数估计和曲线拟合的问题中，不论是参数估计还是曲线拟合，都要求确定某些未知量，使得所确定的未知量能更好地适应所测得的观测值，即对观测值提供一个好的拟合。解决这类问题的最常用的方法就是最小二乘法。

我们以国内 1995～2019 年的旅游数据为例，说明最小二乘法的原理，详细资料见表 5-1。在表 5-1 中我们把统计年份设定为 i，即 1995 年为统计数据的第 1 年，i=1；2019 年为统计数据的第 25 年，i=25。

表 5-1　国内旅游收入和国内游客人数

年份 i	国内游客人数 x /百万人	国内旅游收入 y /亿元	年份 i	国内游客人数 x /百万人	国内旅游收入 y /亿元
1	629	1 375.70	14	1 712	8 749.30
2	639	1 638.38	15	1 902	10 183.69
3	644	2 112.70	16	2 103	12 579.77
4	694	2 391.18	17	2 641	19 305.39
5	719	2 831.92	18	2 957	22 706.22
6	744	3 175.54	19	3 262	26 276.12
7	784	3 522.36	20	3 611	30 311.86
8	878	3 878.36	21	3 990	34 195.05
9	870	3 442.27	22	4 435	39 390.00
10	1 102	4 710.71	23	5 001	45 660.77
11	1 212	5 285.86	24	5 539	51 278.29
12	1 394	6 229.74	25	6 006	57 250.92
13	1 610	7 770.62			

对于表 5-1 中的第 i 年，x_i 表示国内游客人数，y_i 表示国内旅游收入。这样当 i 为 1 时，表示的是第 1 年的国内旅游数据，此时有 x_1=629，y_1=1375.70，也就是国内游客人数为 6.29 亿人次，旅游收入为 1375.70 亿元。对于第 2 年的国内旅游数据，有 x_2=639，y_2=1638.38，即国内游客人数为 6.39 亿人次，旅游收入为 1638.38 亿元。旅游收入最多的第 25 年，有 x_{25}=6006，y_{25}=57 250.92，意指游客人数为 60.06 亿人次，旅游收入为 57 250.92 亿元。

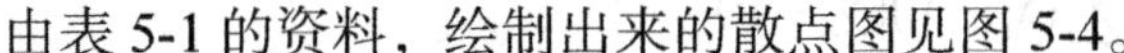

由表 5-1 的资料，绘制出来的散点图见图 5-4。

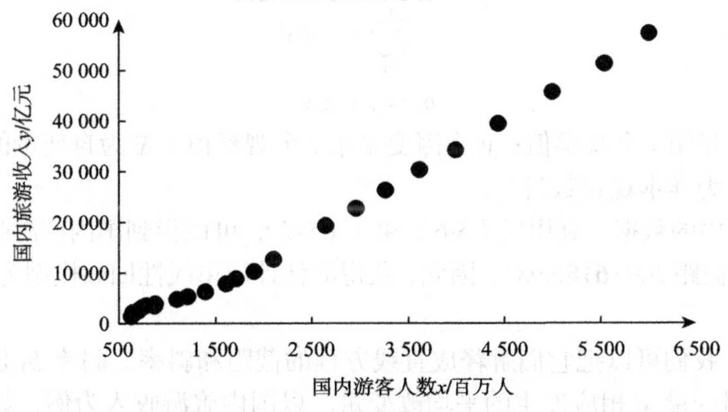

图 5-4　国内游客人数和旅游收入散点图

在回归分析中，绘制的散点图，一般将自变量 x 放置在横轴，因变量 y 放置在纵轴。通过绘制出来的散点图，我们可以观察到数据所呈现出来的图形，有助于我们对变量间可能存在的关系形成初步认识。

由图 5-4 我们不难看出，国内游客人数越多，国内旅游收入也越多。另外，国内旅游收入和国内游客人数之间近似存在一条直线，而且还是正的线性相关关系。据此，我们可以选择简单线性回归模型来表示国内旅游收入 y 与国内游客人数 x 之间的关系。

对于第 i 年，估计的回归方程可以表示为

$$\hat{y}_i = b_0 + b_1 x_i \quad (5\text{-}4)$$

式中，$\hat{y}_i$ 为第 i 年的预测旅游收入；b_0 为估计的回归直线的截距；b_1 为估计的回归直线的斜率；x_i 为第 i 年的游客人数。

对于表 5-1，每次预测任务都存在着实际旅游收入 y_i 和预测的旅游收入 $\hat{y}_i$。如果估计的回归方程能对样本观察数据进行较好的拟合，这时候一定存在实际旅游收入 y_i 和预测旅游收入 $\hat{y}_i$ 之间较小的差异。

最小二乘法根据样本数据，通过使各个因变量 y_i 的实际观察值与因变量预测值 $\hat{y}_i$ 离差平方和达到最小的办法，以求出 b_0、b_1 的值。最小二乘法的数学表达，见式（5-5）。

$$\min \sum_{i=1}^{n} (y_i - \hat{y}_i)^2 \quad (5\text{-}5)$$

式中，y_i 为因变量第 i 个实际观察值；$\hat{y}_i$ 为因变量第 i 个预测值；n 为样本观测数目。

所谓的最小二乘法，就是利用式（5-5）对回归方程进行估计。

借用残差的概念，我们可以将第 i 个观察因变量实际值 y_i，与第 i 个观察因变量预测值 $\hat{y}_i$ 之间的离差，表示成 $e_i = y_i - \hat{y}_i$。由此，式（5-5）又可表示为

$$\min \sum_{i=1}^{n} e_i^2$$

根据上面有关最小二乘法原理的讨论，通过求导运算，可以得到 b_0、b_1 的估计，具体如下：

$$b_1 = \frac{\sum_{i=1}^{n}(x_i - \overline{x})(y_i - \overline{y})}{\sum_{i=1}^{n}(x_i - \overline{x})^2} \quad (5\text{-}6)$$

$$b_0 = \overline{y} - b_1 \overline{x} \quad (5\text{-}7)$$

式中，x_i 为自变量第 i 个观察值；y_i 为因变量第 i 个观察值；$\overline{x}$ 为自变量的均值；$\overline{y}$ 为因变量的均值；n 为样本观察数目。

根据表 5-1 中的数据，利用式（5-6）和式（5-7），可以得到国内旅游收入回归方程的斜率 b_1=10.18，截距 b_0=−6186.95[①]。因此，获得的估计简单线性回归模型为 $\hat{y} = -6186.95 + 10.18x$。

对 b_0、b_1，我们可以把它们解释成直线方程的截距和斜率。斜率 b_1 是自变量 x 变化 1 个单位时，因变量 y 相应发生的平均改变量。以国内旅游收入为例，如果国内游客人数每增加 100 万，那么旅游收入平均将增加 10.18 亿元。截距 b_0 是当自变量 x 取值等于 0 时，因变量 y 的估计值。仍然以国内旅游收入为例，当国内游客人数是 0 个单位（0 百万人），这时的旅游收入的平均值为−6186.95 个单位（−6186.95 亿元）。但这是不是合理的解释呢？可能−6186.95 亿元代表着国内旅游业的经营成本，不管是否有游客到来，这些成本都是必须要付出的，它与游客人数没有关系。然而，我们仍然需要慎重对待这个问题，为了估计国内游客人数为 0 时的收入，我们只能由样本观察获得简单线性关系，

① b_1，b_0 为四舍五入保留两位小数后的取值。

并将自变量的取值扩展到样本观察值范围之外。在表 5-1 的样本观察中，自变量的取值范围在 629 ~ 6006，仅在自变量取值范围里，我们所获得的国内游客人数和国内旅游收入之间的关系，才是有经验证据的。

注意到这一点是非常重要的，就是回归模型只有在样本观察范围内才是有效的。样本观察范围，是用于估计模型的样本数据中自变量取值的区间。在样本观察范围之外，对因变量取值进行的预测，叫作外推。在回归分析中，进行外推式的预测，是要冒一定风险的。原因是，我们没有实际证据能证实，依据样本所获得的变量之间的关系，在样本观察范围之外是否仍然存在。既然外推式的预测有风险，那么只要有可能，我们最好避免做这样的预测。在国内旅游收入的案例中，这可能意味着任何国内游客人数小于 6.29 亿人次或大于 60.06 亿人次的预测都是不可靠的，对模型中的截距项 b_0 做出这样的估计似乎也没有什么意义。反过来，如果样本观察范围内出现了 0，此时取自变量为 0 来预测截距项才有意义。

我们还有可能这样来利用估计出来的回归模型，就是根据已知的国内旅游人数来估计国内旅游收入。表 5-2 给出了由自变量样本观察数据，进行估计的国内旅游收入、回归估计残差以及残差估计的平方。

表 5-2　根据国内旅游人数得到的国内旅游收入估计值和残差

年份 i	国内游客人数 x / 百万人	国内旅游收入 y / 亿元	$\hat{y}_i = b_0 + b_1 x_i$	$e_i = y_i - \hat{y}_i$	e_i^2
1	629	1 375.70	218.92	1 156.78	1 338 129.76
2	639	1 638.38	320.77	1 317.61	1 736 105.04
3	644	2 112.70	371.69	1 741.01	3 031 123.78
4	694	2 391.18	880.90	1 510.28	2 280 949.56
5	719	2 831.92	1 135.50	1 696.42	2 877 826.52
6	744	3 175.54	1 390.11	1 785.43	3 187 761.31
7	784	3 522.36	1 797.48	1 724.88	2 975 216.14
8	878	3 878.36	2 754.80	1 123.56	1 262 397.87
9	870	3 442.27	2 673.32	768.95	591 281.90
10	1 102	4 710.71	5 036.06	−325.35	105 852.93
11	1 212	5 285.86	6 156.32	−870.46	757 708.75
12	1 394	6 229.74	8 009.85	−1 780.11	3 168 801.27
13	1 610	7 770.62	10 209.64	−2 439.02	5 948 839.21
14	1 712	8 749.30	11 248.43	−2 499.13	6 245 674.12
15	1 902	10 183.69	13 183.44	−2 999.75	8 998 478.91
16	2 103	12 579.77	15 230.46	−2 650.69	7 026 182.36
17	2 641	19 305.39	20 709.58	−1 404.19	1 971 735.66
18	2 957	22 706.22	23 927.79	−1 221.57	1 492 229.78
19	3 262	26 276.12	27 033.98	−757.86	574 345.22
20	3 611	30 311.86	30 588.27	−276.41	76 401.63
21	3 990	34 195.05	34 448.09	−253.04	64 028.15
22	4 435	39 390.00	38 980.07	409.93	168 046.10
23	5 001	45 660.77	44 744.33	916.44	839 854.48
24	5 539	51 278.29	50 223.44	1 054.85	1 112 698.79
25	6 006	57 250.92	54 979.48	2 271.44	5 159 460.78
合计	55 078	406 252.72	406 252.72	0.00	62 991 130.02

注：表中数据是根据原始数据计算然后保留两位小数的结果。计算过程是：在 Excel 中，根据参数赋值与文中公式，写出对应变量的计算函数公式，然后计算出表格中各项变量值，再保留两位小数

由表 5-2 我们得到，预测值 $\hat{y}_i$ 的和等于因变量 y 值的和，残差 e_i 和等于 0，残差平方和达到了最小。

对简单线性回归模型来说，根据式（5-6）和式（5-7）所做出的估计，由此得到的上面的几个结论一定是正确的。图 5-5 是国内旅游收入散点图，添加上了简单线性回归直线方程 $\hat{y}_i=-6186.95+10.18x_i$ 的情形。

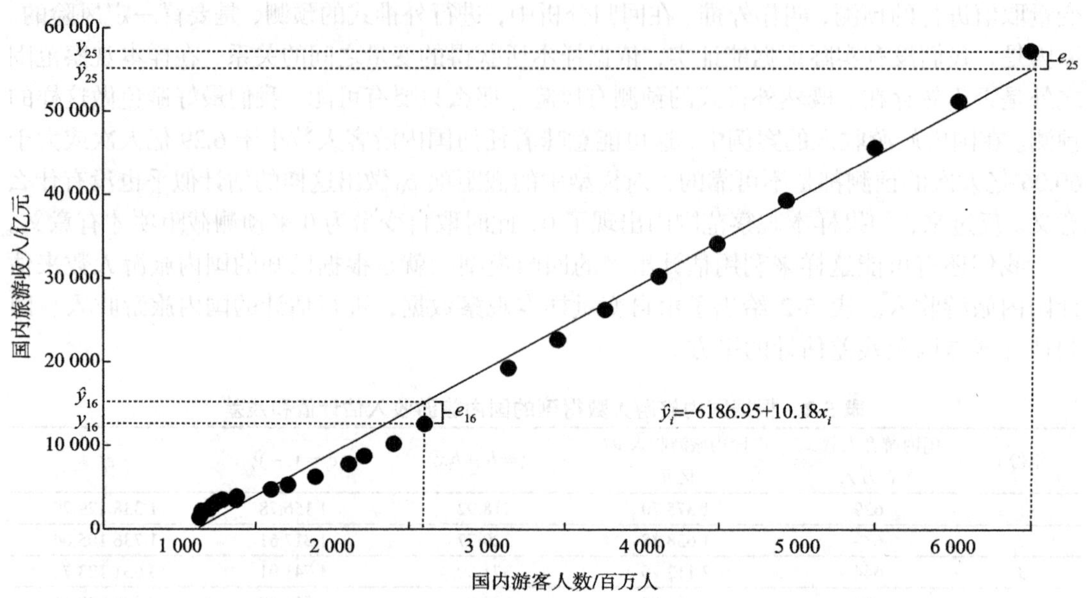

图 5-5 国内旅游收入散点图拟合的简单线性回归方程

在图 5-5 中，特别对第 25 年和第 16 年的旅游收入做了残差标示。从图中我们能够看出，所得到的回归方程对某些年份的旅游收入做了过低的估计（如第 25 年），对另外一些年份的旅游收入做了过高的估计（如第 16 年）。从总体上说，回归方程对数据的拟合效果还是比较好的。

如果我们把回归残差进行平方化，这时能得到边长等于残差绝对值的正方形。比如，第 16 年的回归残差平方等于 6 979 212 .91，是边长为 2641.82 的正方形面积。最小二乘法这种代数和几何上的关系，为我们运用最小二乘法拟合回归模型，提供了值得深思的有趣认识。

图 5-6 中，给散点图上的每个点都画上了一条与线性回归方程垂直的线。每一条这样的垂线，都代表着实际旅游收入和由线性回归方程预测出来的旅游收入之间的残差。每条垂线的长度等于每一年估计的旅游收入残差的绝对值。将残差进行平方处理后，其结果就是图 5-6 中代表残差的垂线所组成的正方形。因此，所谓求解残差平方和最小的线性回归模型，就是找到一条回归线，使得在该回归线下，图 5-6 中的 25 个正方形面积之和达到最小。

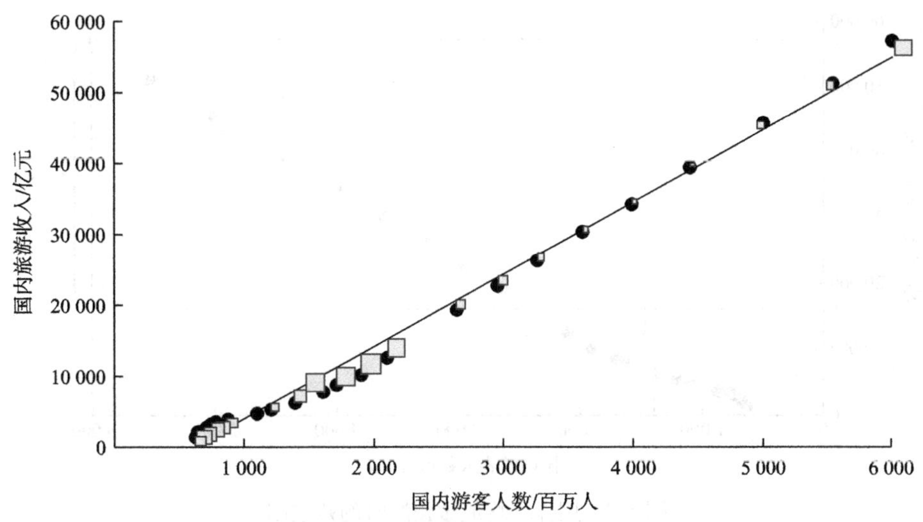

图 5-6　国内旅游收入最小二乘法的几何解释

5.2.3　简单线性回归模型的拟合效果

在前面的案例中，我们建立了一个估计回归方程 $\hat{y}=-6186.95+10.18x_i$，以此来逼近国内游客人数 x 和国内旅游收入 y 的线性关系。对此，我们还需要评估所得到的估计回归方程对样本数据的拟合效果。

1. 离差平方和的分解

在求解国内旅游收入回归方程的时候，我们是从式（5-5）出发的。把式（5-5）中的极小值符号 min 去掉，剩下的便是回归残差平方和 SSE，用公式表示就是

$$\text{SSE}=\sum_{i=1}^{n}(y_i-\hat{y}_i)^2 \tag{5-8}$$

SSE 反映的是，用由样本得到的回归方程，对因变量进行估计时所产生的误差。在表 5-2 中，我们已经给出了回归残差平方和的计算过程。表 5-2 中的最后一栏列示了每个因变量观察值的残差平方，对这些残差平方求和，就得到了回归残差平方和 SSE=62 991 130.02。该值测量了用回归方程 $\hat{y}=-6186.95+10.18x_i$ 来估计国内旅游收入的总残差。

现在假设我们在不知道游客人数的情况下，去估计某年的旅游收入。由于没有可利用的有关自变量的知识，我们或许会用样本均值 $\bar{y}$ 作为旅游收入的预测值。以前面 25 年的国内旅游收入为例，$\bar{y}$ 很容易计算出来，将表 5-2 各年的旅游收入加总，除以样本观测数目 n，便得到 $\bar{y}$=16 250.11。

用 $\bar{y}$=16 250.11 估计旅游收入，其效果究竟如何呢？图 5-7 给出了直观的说明。

由图 5-7，对第 13 年和第 25 年，用均值预测旅游收入加大了预测残差，容易看出，第 13 年，$\bar{y}$ 高估了国内旅游收入，第 25 年低估了国内旅游收入。

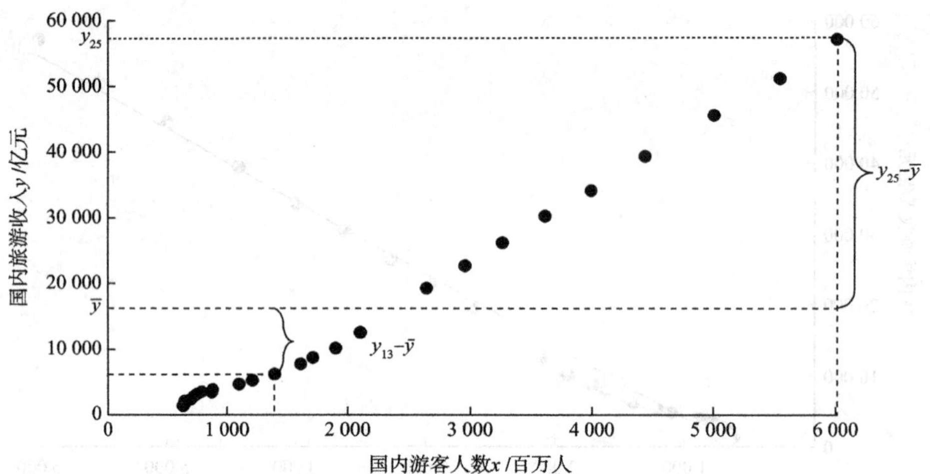

图 5-7 用样本均值做预测时的残差图

表 5-3 给出了用样本均值 $\bar{y}$=16 250.11 预测每年的国内旅游收入的离差平方和。

表 5-3 用样本均值 $\bar{y}$ =16 250.11 预测国内旅游收入的离差

i	x	y	$y_i-\bar{y}$	$(y_i-\bar{y})^2$	i	x	y	$y_i-\bar{y}$	$(y_i-\bar{y})^2$
1	629	1 375.70	−14 874.41	221 248 037.15	14	1 712	8 749.30	−7 500.81	56 262 132.65
2	639	1 638.38	−14 611.73	213 502 618.52	15	1 902	10 183.69	−6 066.42	36 801 437.06
3	644	2 112.7	−14 137.41	199 866 327.58	16	2 103	12 579.77	−3 670.34	13 471 386.91
4	694	2 391.18	−13 858.93	192 069 907.48	17	2 641	19 305.31	3 055.28	9 334 743.21
5	719	2 831.92	−13 418.19	180 047 790.67	18	2 957	22 706.22	6 456.11	41 681 371.83
6	744	3 175.54	−13 074.57	170 944 349.31	19	3 262	26 276.12	10 026.01	100 520 900.58
7	784	3 522.36	−12 727.75	161 995 589.52	20	3 611	30 311.86	14 061.75	197 732 846.81
8	878	3 878.36	−12 371.75	153 060 168.37	21	3 990	34 195.05	17 944.94	322 020 914.67
9	870	3 442.27	−12 807.84	164 040 734.73	22	4 435	39 390.00	23 139.89	535 454 564.75
10	1 102	4 710.71	−11 539.40	133 157 724.67	23	5 001	45 660.77	29 410.66	864 986 992.22
11	1 212	5 285.86	−10 964.25	120 214 751.75	24	5 539	51 278.29	35 028.18	1 226 973 478.18
12	1 394	6 229.74	−10 020.37	100 407 790.89	25	6 006	57 250.92	41 000.81	1 681 066 519.06
13	1 610	7 770.62	−14 874.41	71 901 730.31	合计	55 078	406 252.72	0	7 168 764 808.87

表 5-3 的第四栏是用样本均值 $\bar{y}$=16 250.11 估计的每年国内旅游收入的误差，第五栏是各年国内旅游收入估计误差的平方，将这些平方值加起来得到另一个误差平方和，回归分析中称之为总离差平方和，表示为 SST。

总离差平方和的计算公式为

$$\mathrm{SST}=\sum_{i=1}^{n}(y_i-\bar{y})^2 \tag{5-9}$$

表 5-3 最后一列的最后一行，便是国内旅游收入的总离差平方和 SST=7 168 764 808.87。现在我们把图 5-4、图 5-7 合并放在一起，得到图 5-8。

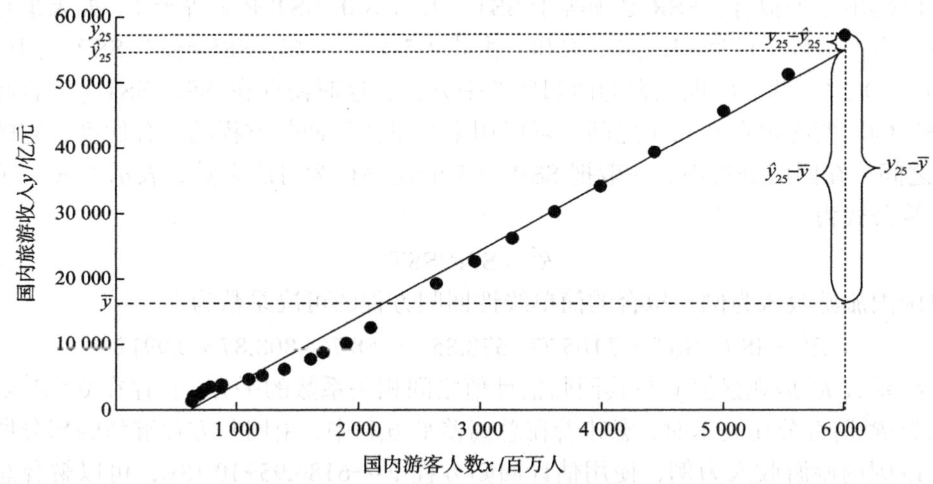

图 5-8　国内旅游收入估计回归直线和直线 $y=\overline{y}$ 的偏离

在图 5-8 中，不仅有估计的回归方程 $\hat{y}_i=-6186.95+10.18x_i$，还有水平线 $\overline{y}=16\ 250.11$。由图中容易看出，图中的数据点更多地围绕着 $\hat{y}_i=-6186.95+10.18x_i$ 散布，而不是水平线 $\overline{y}=16\ 250.11$。比如，样本中的第 25 个观察值，采用 $\overline{y}=16\ 250.11$ 估计 y_{25} 的残差，比使用 $\hat{y}_i=-6186.95+10.18x_i$ 预测 y_{25} 产生的残差更大。我们可以认为，SST 测量了观察值聚集在直线 $\overline{y}$ 附近的程度，SSE 测量了观察值聚集在回归方程 $\hat{y}_i=-6186.95+10.18x_i$ 附近的情况。

为了测量估计回归直线上的估计值偏离 $\overline{y}$ 的大小，我们需要计算另一个平方和。这个平方和也称作回归平方和，表示为 SSR。

回归平方和的计算公式为

$$\text{SSR}=\sum_{i=1}^{n}(\hat{y}_i-\overline{y})^2 \tag{5-10}$$

根据之前的讨论，我们认为，SST、SSR 和 SSE 是存在一定关系的。实际上，这三个平方和的关系是

$$\text{SST=SSR+SSE} \tag{5-11}$$

式中，SST 为总离差平方和；SSR 为回归离差平方和；SSE 为回归残差平方和。

式（5-11）表明，总离差平方和包含两个部分，即回归离差平方和与回归残差平方和。因此，只要知道这三个平方和中的任意两个值，就能求出第三个平方和的值。比如，在国内旅游收入的例子中，我们已经知道了 SSE=62 991 130.02，SST=7 168 764 808.87，那么由式（5-11）求出的回归离差平方和为

$$\text{SSR=SST}-\text{SSE}=7\ 168\ 764\ 808.87-62\ 991\ 130.02=7\ 105\ 773\ 678.85$$

2. 可决系数

现在让我们讨论一下，如何根据 SST、SSR、SSE 来测量估计回归方程的拟合优度。

如果因变量 y_i 的每个观察值正好落在估计的回归直线上，那么，估计回归方程拟合完美。在这种情况下，由于 $e_i = y_i - \hat{y}_i = 0$，所以，回归残差平方和 SSE=0。由于 SST=SSR+SSE，我们可以得出完美拟合，SSR 必须等于 SST，并且 SSR/SST 必定等于 1。如果拟合程度不好势必会产生较大的回归残差平方和。由式（5-11）可知，SSE=SST−SSR。因此，当 SSR 等于 0 时，就会出现最大的回归残差平方和，这时便存在 SSE=SST。综合起来，SSR/SST 的取值必定在 0 和 1 之间，可以用来衡量估计回归方程的拟合优度，它的值在 0 到 1 之间。在回归分析中，一般把 SSR/SST 的比率称为可决系数，表示为 R^2。可决系数的计算公式为

$$R^2 = \text{SSR/SST} \tag{5-12}$$

以国内旅游收入为例，拟合的简单线性回归方程的可决系数为

$$R^2 = \text{SSR} / \text{SST} = 7\,105\,773\,678.85 / 7\,168\,764\,808.87 \approx 0.9912$$

可决系数 R^2 是观察值 y_i 与其回归估计值之间相关系数的平方，且存在 $0 \leqslant R^2 \leqslant 1$。把可决系数 R^2 用百分比表示时，意味着在总离差平方和中，由回归方程解释的部分所占的份额。以国内旅游收入为例，使用估计回归方程 $\hat{y}=-6186.95+10.18x_i$，可以解释总离差平方和的 99.12%。换言之，样本中国内旅游收入 99.12%的变异，可以通过国内游客人数和国内旅游收入之间的关系得到解释。

对于社会和行为科学领域的问题，可决系数 R^2 的值有时低于 0.25 也被认为是有用的。在生命科学领域，可决系数 R^2 的值通常都在 0.6 以上。某些场合下，可决系数 R^2 的值甚至大于 0.9。在商务经济管理活动中，由于不同现象自身的特殊性，可决系数 R^2 的取值可能变化比较大。

5.2.4 多元回归模型

在学习了简单的一元线性回归后，接下来我们将在本节中介绍一个因变量对两个或两个以上自变量的回归分析问题，即构建关于一个因变量和多个自变量的多元回归模型。

与简单回归模型类似，多元线性回归要解决的主要问题仍然是如何根据变量的样本观测值去估计回归模型中的各个参数，即用样本回归函数去估计总体回归函数，并且对估计的参数及回归方程进行统计检验，最后利用回归模型进行预测和经济分析。与简单回归模型不同的是，多元线性回归模型包含了多个解释变量，相应的分析过程及计算更加复杂。

5.2.1 节中介绍的回归模型和回归方程的概念同样适用于多元回归问题。如果用 q 表示回归模型中自变量的数目，反映因变量 y 与自变量 $x_1,x_2,\cdots,x_q$ 以及随机干扰项 ε 之间关系的等式被称为多元回归模型：

$$y = \beta_0 + \beta_1 x_1 + \beta_2 x_2 + \cdots + \beta_q x_q + \varepsilon \tag{5-13}$$

式中，$\beta_0, \beta_1, \beta_2, \cdots, \beta_q$ 为模型中的参数；随机干扰项 ε 为随机变量。实际上，式（5-13）是因变量 y 与 $x_1,x_2,\cdots,x_q$ 及随机干扰项 ε 的线性函数，与简单回归类似，随机干扰项 ε 说明了因变量 y 的部分变异并不能用 $x_1,x_2,\cdots,x_q$ 的线性组合来解释。多元回归模型中的截距

β_0的解释也与简单回归截距项的解释相似。在多元回归模型中，截距β_0可以解释为当自变量$x_1,x_2,\cdots,x_q$的取值都等于 0 时，因变量y取值的均值。需要注意的是，对于多元回归模型中自变量的系数$\beta_1,\beta_2,\cdots,\beta_q$的解释，与简单回归模型对回归系数的解释存在微妙但重要的差别。在多元回归模型中，斜率β_i代表着当其他自变量取值保持不变时，自变量x_i变化一个单位对因变量y产生的平均影响。因此，在多元回归模型中，斜率β_1代表当$x_2,x_3,\cdots,x_q$取值不变时，自变量x_1变化一个单位对因变量y产生的平均影响。同样地，β_2代表当$x_1,x_3,\cdots,x_q$取值不变时，自变量x_2变化一个单位对因变量y产生的平均影响，以此类推。

反映$x_1,x_2,\cdots,x_q$如何影响因变量y的均值变化的多元回归方程可以写成

$$E(y|x_1,x_2,\cdots,x_q)=\beta_0+\beta_1x_1+\beta_2x_2+\cdots+\beta_qx_q \tag{5-14}$$

如果已知$\beta_0,\beta_1,\beta_2,\cdots,\beta_q$的值，那么在给定$x_1,x_2,\cdots,x_q$取值的情况下，可以利用式（5-14）计算因变量$y$的均值。但是在通常情况下，我们并不知道参数$\beta_0,\beta_1,\beta_2,\cdots,\beta_q$的取值，因此，必须根据样本数据对它们进行估计。假定参数$\beta_0,\beta_1,\beta_2,\cdots,\beta_q$的点估计量分别为$b_0,b_1,b_2,\cdots,b_q$，则可以定义出估计的多元回归方程：

$$\hat{y}=b_0+b_1x_1+b_2x_2+\cdots+b_qx_q \tag{5-15}$$

式中，$b_0,b_1,b_2,\cdots,b_q$分别为参数$\beta_0,\beta_1,\beta_2,\cdots,\beta_q$的点估计；$\hat{y}$为因变量$y$的估计。

和简单线性回归一样，我们希望建立的多元回归模型，对样本观察数据进行拟合时残差最小。关于多元回归模型的求解，我们仍然采用最小二乘法，通过最小二乘法找出参数$\beta_0,\beta_1,\beta_2,\cdots,\beta_q$的估计$b_0,b_1,b_2,\cdots,b_q$。仿照式（5-5）的做法，得到多元回归估计的最小二乘表达式：

$$\min\sum_{i=1}^{n}(y_i-\hat{y}_i)^2=\min\sum_{i=1}^{n}e_i^2$$

多元回归模型的估计过程见图 5-9。

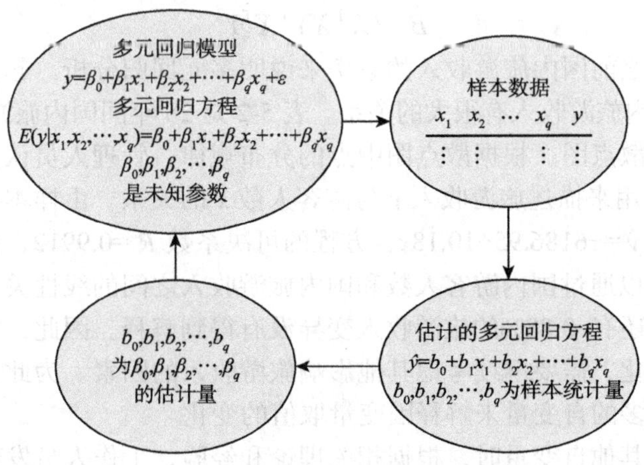

图 5-9　多元回归模型的估计过程

根据样本，得到参数$\beta_0,\beta_1,\beta_2,\cdots,\beta_q$的点估计$b_0,b_1,b_2,\cdots,b_q$后，这时在给定自变量$x_1,x_2,\cdots,x_q$的取值情况下，我们就可以对因变量$y$的取值进行预测。

多元线性回归模型包含了多个解释变量，相应的分析过程及计算更加复杂。

对于简单线性回归模型，我们给出回归参数估计量的计算公式：式(5-6)和式(5-7)。如果样本规模不大，我们完全可以手动计算出b_0和b_1。然而，多元线性回归模型包含了多个解释变量，相应地，分析过程及计算更加复杂。因此，为了表达和分析的简便，多元回归模型需要利用矩阵来表示和运算。在实际运用中，借助各种软件进行运算求解之后，再进行回归模型的解释。

对于多元线性回归模型$Y=XB+U$，如果得到参数估计量$\hat{B}$，则有

$$\hat{Y}=X\hat{B}$$

那么，所选择的方法应该使得估计值$\hat{Y}$与观测值Y之间的残差在所有样本点上达到最小，即

$$Q=\sum_{i=1}^{n}e_i^{\ 2}=e^{\mathrm{T}}e=(Y-\hat{Y})^{\mathrm{T}}(Y-\hat{Y})=(Y-X\hat{B})^{\mathrm{T}}(Y-X\hat{B})$$

达到最小。

根据微积分原理，Q取最小值的条件是

$$\begin{aligned}\frac{\partial}{\partial B}(Y-X\hat{B})^{\mathrm{T}}(Y-X\hat{B})&=\frac{\partial}{\partial B}(Y^{\mathrm{T}}-\hat{B}^{\mathrm{T}}X^{\mathrm{T}})(Y-X\hat{B})\\&=\frac{\partial}{\partial B}(Y^{\mathrm{T}}Y-Y^{\mathrm{T}}X\hat{B}-\hat{B}^{\mathrm{T}}X^{\mathrm{T}}Y+\hat{B}^{\mathrm{T}}X^{\mathrm{T}}X\hat{B})\\&=\frac{\partial}{\partial B}(Y^{\mathrm{T}}Y-2\hat{B}^{\mathrm{T}}X^{\mathrm{T}}Y+\hat{B}^{\mathrm{T}}X^{\mathrm{T}}X\hat{B})\\&=-2X^{\mathrm{T}}Y+2X^{\mathrm{T}}XB=0\end{aligned}$$

则

$$\hat{B}=(X^{\mathrm{T}}X)^{-1}X^{\mathrm{T}}Y$$

我们继续使用之前国内旅游收入的案例来说明多元回归分析。起初工作人员认为，国内游客人数与国内旅游收入有很大的关系。表5-2是25年间国内旅游样本数据，图5-4给出了样本数据的散点图。根据散点图中点的分布规律，管理人员认为简单线性回归模型$\hat{y}=b_0+b_1x$，可以用来描述旅游收入y与游客人数x的关系。由样本数据得到了估计的简单线性回归方程$\hat{y}=-6186.95+10.18x$，方程的可决系数$R^2=0.9912$，说明国内旅游收入99.12%的变异，可以通过国内游客人数和国内旅游收入之间的线性关系得到解释。与此同时，这也意味着还有 0.88%的旅游收入变异没有得到解释。因此，如果想要更好地弄清楚旅游收入的变化，需要继续考虑其他影响旅游收入的因素。为此，工作人员需要在分析模型中增加更多的自变量来解释因变量取值的变化。

在为模型挑选其他自变量时，根据相关理论和经验，工作人员发现定期航班航线里程可能会影响旅游收入。如果把定期航班航线里程也纳入模型中，这样便得到了包含两个自变量的回归方程。国内游客人数用x_1表示，定期航班航线里程用x_2表示，此时简单线性回归方程$\hat{y}=b_0+b_1x$，便被扩展成$\hat{y}=b_0+b_1x_1+b_2x_2$。多元回归模型的分析程序与简单

线性回归模型大致相同。

对回归方程 $\hat{y}=b_0+b_1x_1+b_2x_2$，工作人员搜集了相应的分析数据，见表 5-4。

表 5-4 国内旅游收入与国内游客人数、定期航班航线里程

任务编号	国内旅游收入/亿元	定期航班航线里程/万公里	国内游客人数/百万人	任务编号	国内旅游收入/亿元	定期航班航线里程/万公里	国内游客人数/百万人
1	1 375.70	112.90	629	14	8 749.30	246.18	1 712
2	1 638.38	116.65	639	15	10 183.69	234.51	1 902
3	2 112.70	142.50	644	16	12 579.77	276.51	2 103
4	2 391.18	150.58	694	17	19 305.39	349.06	2 641
5	2 831.92	152.22	719	18	22 706.22	328.01	2 957
6	3 175.54	150.29	744	19	26 276.12	410.60	3 262
7	3 522.36	155.36	784	20	30 311.86	463.72	3 611
8	3 878.36	163.77	878	21	34 195.05	531.72	3 990
9	3 442.27	174.95	870	22	39 390.00	634.81	4 435
10	4 710.71	204.94	1 102	23	45 660.77	748.30	5 001
11	5 285.86	199.85	1 212	24	51 278.29	837.98	5 539
12	6 229.74	211.35	1 394	25	57 250.92	948.22	6 006
13	7 770.62	234.30	1 610				

我们使用计算机软件对样本数据进行多元回归分析，得到的估计回归方程为

$$\hat{y}=-6766.97+6.64x_1+25.67x_2 \tag{5-16}$$

由式（5-16），我们能够得到：当定期航班航线里程不变时，国内游客人数每增加 1 百万人，国内旅游收入将增加 6.64 亿元。国内游客人数保持不变时，定期航班航线里程每增加 1 万公里，国内旅游收入平均将增加 25.67 亿元。回归方程的截距项（国内游客人数为 0、定期航班航线里程为 0 时的国内旅游收入）在这里没有意义，因为这是由外推法计算出来的。

经计算可知，方程的可决系数 $R^2=0.9953$。在原先的简单线性回归中，通过引进一个自变量（国内游客人数），国内旅游收入的变异得到了 99.12%的解释。引进自变量定期航班航线里程后，对国内旅游收入变异的解释提高了 0.41 个百分点，说明把定期航班航线里程当成自变量引入模型中是十分值得的。

在回归模型中新增加自变量时，残差平方和 SSE 通常不会变大。由于 SSR=SST−SSE，所以，当回归模型引入新的自变量时，SSR 不会变小（相反，通常会变大）。于是，当回归模型增加新的自变量时，R^2=SSR/SST 不会变小。

对含有两个自变量 x_1 和 x_2 的多元线性回归模型，如果同时给定 x_1、x_2 的值，这时我们就可以对因变量 y 的取值进行估计。含有两个自变量的回归模型，在几何上就不再是一条直线了，而是立体坐标系中的一个回归平面，详见图 5-10。

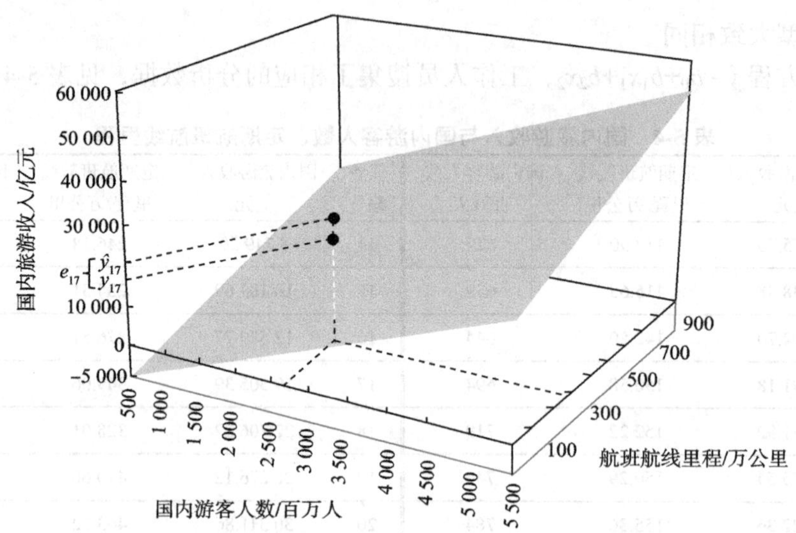

图 5-10 含有两个自变量的回归模型几何图像

图 5-10 给出了国内旅游收入问题的估计的回归面，并且还显示了第 17 年国内旅游收入的估计情况。从图 5-10 我们能看出：①国内游客人数（x_1）或者定期航班航线里程（x_2）增加时，平面朝着旅游收入较大方向上升；②在 $x_1=x_1^*$、$x_2=x_2^*$的时候，对应该年旅游收入的残差，是在 $x_1=x_1^*$、$x_2=x_2^*$的条件下，因变量 y 的实际值与期望值之间的离差。在图 5-10 中，第 17 年旅游收入的观察值位于回归面之下，说明回归模型高估了第 17 年的旅游收入。

尽管我们可以运用回归分析估计因变量和自变量之间的关系，但这并不能说明因变量和自变量之间一定存在着因果关系。判断自变量和因变量之间是否存在因果关系，仅仅依赖回归分析是不够的，还需要诉诸专业理论上的认识。在国内旅游收入多元回归的案例中，通过回归分析，我们虽然能够找到依据，表明国内游客人数和国内旅游收入之间存在着关系、航班航线里程和国内旅游收入也存在着关系，但我们不能仅凭这些就断言国内游客人数 x_1 的变化导致了国内旅游收入 y 的变化，或者定期航班航线里程 x_2 的变化导致了国内旅游收入 y 的变化。对于国内游客人数和国内旅游收入、定期航班航线里程和国内旅游收入之间是否存在因果关系，正确的做法是根据分析人员个人的专业知识和实践经验来做出判断。需要注意的是，回归分析的结果并不能证明现象之间存在因果关系。

5.2.5 回归推断分析

在多元线性回归模型中，我们用统计量 $b_0,b_1,b_2,\cdots,b_q$ 作为总体参数 $\beta_0,\beta_1,\beta_2,\cdots,\beta_q$ 的点估计。从经济性的角度考虑，这种通过使用样本集合做出参数点估计的方法，避免了为获得总体参数值而需要的全面调查，这种调查费时费力且通常不会获得有效结果。必须注意的是，根据样本所做出的点估计，虽然节省了时间和费用，但也会带来一定的风险。要想不冒这样的风险，唯一的办法就是搜集全面的调查资料。

样本不可能是总体的精准复制品，从同一个总体选取不同的样本，得到的 $b_0,b_1,b_2,\cdots,b_q$ 值不完全相同，换句话说，点估计的结果是随着样本的变化而变化的。如果像 $b_0,b_1,b_2,\cdots,b_q$ 这样的点估计值，在不同的样本之间变化比较小，那么点估计就具有较低的变异性，由此根据随机样本计算出来的总体参数的点估计值，就具有较高的可信性。反过来，如果样本与样本之间回归参数的点估计值变化很大，那么点估计具有高变异性，由此根据随机样本计算出来的总体参数的点估计值的可信性就比较低。仍然以国内旅游收入为例，我们对回归模型参数求出的估计值 b_0,b_1,b_2，估计结果是具有低变异性而相对可信，还是变异性较高而没有价值呢？要回答这方面的问题，就需要借助统计推断的思想。

统计推断是根据来自总体的样本观察，对总体特征进行估计和检验的过程。在回归分析中，统计推断主要用于：①对回归模型中未知的参数 $\beta_0,\beta_1,\beta_2,\cdots,\beta_q$ 进行估计和检验；②在给定自变量取值 $x_1^*,x_2^*,\cdots,x_q^*$ 的条件下，对因变量 y 的取值或估计值的均值 $E(y|x_1^*,x_2^*,\cdots,x_q^*)$ 进行估计。

关于回归推断分析，我们主要介绍区间估计和假设检验。

1. 推断分析的必要条件

在进行回归分析时，我们首先需要假设自变量和因变量之间存在合适的模型。对于线性回归，假设多元回归模型为

$$y=\beta_0+\beta_1x_1+\beta_2x_2+\cdots+\beta_qx_q+\varepsilon$$

对上述理论模型，一般采用最小二乘法对模型的参数进行估计，得到参数 $\beta_0,\beta_1,\beta_2,\cdots,\beta_q$ 的估计量分别是 $b_0,b_1,b_2,\cdots,b_q$。在估计出模型中的参数之后，便得到估计的多元回归方程：

$$\hat{y}=b_0+b_1x_1+b_2x_2+\cdots+b_qx_q$$

对于上述做法，我们一般不难理解，但问题是，这样的估计是不是有效。要想获得回归分析的有效估计，模型中的随机干扰项 ε 需要满足以下两个条件。

第一，对于自变量 $x_1,x_2,\cdots,x_q$ 的任何一组取值，随机干扰项 ε 服从于零均值、同方差的正态分布。

第二，各个样本点处的随机干扰项在统计上相互独立。

服从正态分布的变量的取值是关于均值对称的。靠近均值的数值发生的概率大，远离均值的数值发生的概率小。

对于任何一组 $x_1,x_2,\cdots,x_q$ 取值，随机干扰项服从零均值、同方差的正态分布，能保证回归估计的无偏性（不会出现或高或低的估计结果）、一致性和有效性（回归残差变小而不是变大）。有效的回归统计推断，第一个条件必须要得到满足。至于第二个条件，只有在针对时间序列数据时，为了保证回归统计推断的有效性，我们才会给予重视。从经验来看，一般情形下的回归推断通常都是可信的。

图 5-11 用几何图像的形式直观说明了简单线性回归的假定条件及意义。

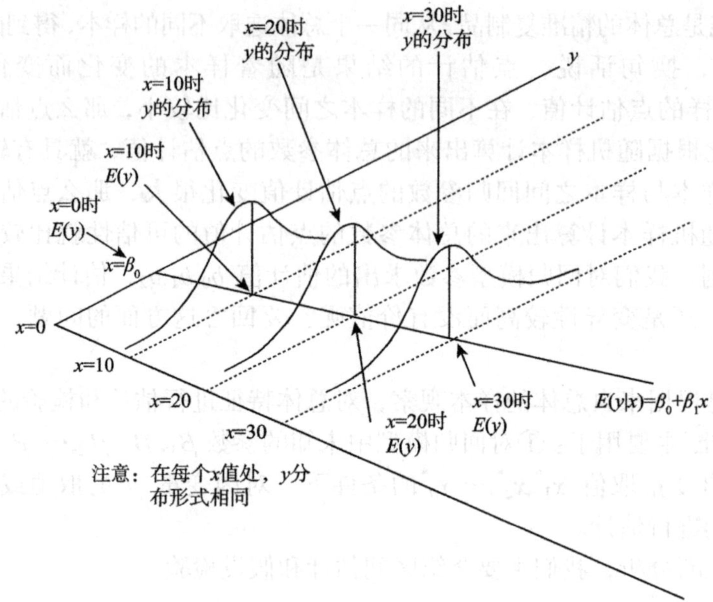

图 5-11 回归中有效推断的必要条件

由图 5-11 可知，随着自变量 x 取值的变化，$E(y|x)$始终呈线性变化。因此，在自变量 x 的每个取值处，随机干扰项的均值总是等于 0。但是，无论自变量 x 取什么样的值，随机干扰项 ε 和因变量 y 都服从正态分布，并且方差相同。在任意样本点处，随机干扰项 ε 的取值取决于因变量 y 的实际值是大于还是小于它的期望值 $E(y|x)$。

有许多方法能够诊断回归分析是否违反了最小二乘法的回归条件。在这些方法当中，根据由回归残差和自变量绘制出来的散点图进行判断，虽然简单，却很有效。我们应该注意考察残差散点图中可能存在的模式，一旦发现存在某种规则的形状，便意味着违反了回归分析的一个或多个必要条件。另外我们也要注意考察因变量预测值与残差散点图，在这个散点图中，如果回归分析的条件没有被违背，此时回归残差会围绕 e=0 这条水平线随机散布着，详见图 5-12。

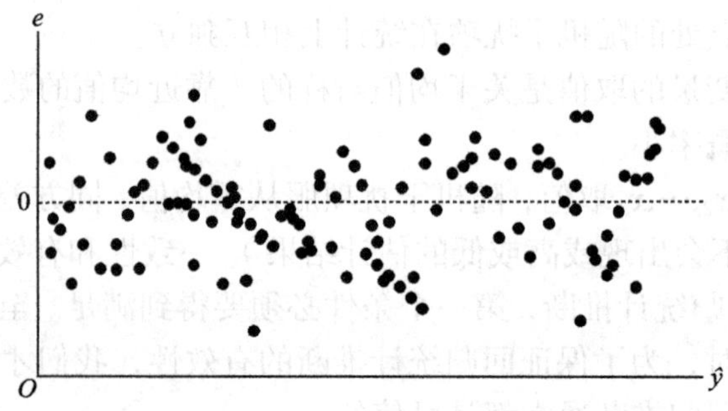

图 5-12 因变量预测值和残差散点图

但在图 5-12 中散点的分布并不存在明显的趋势，很难判断回归分析的必要条件是否得到了遵守。下面，我们再来看看图 5-13。

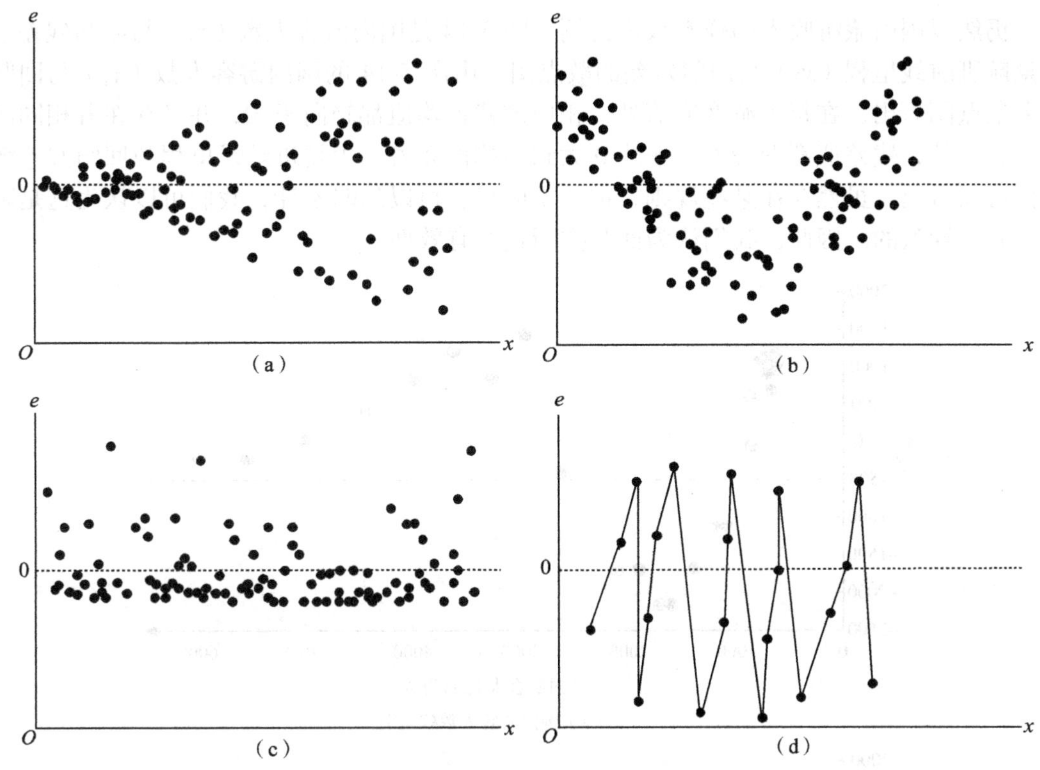

图 5-13　回归残差诊断图

图 5-13 中包含（a）、（b）、（c）、（d）四个子图。在图 5-13（a）中，残差 e 的离散程度随着自变量 x 取值的增加而不断加大，呈现出明显的扇形分布，表明残差中不存在同样水平的方差。在图 5-13（b）中，在自变量取较大值和较小值时，残差 e 都是正数，除此之外，残差 e 的取值都是负数，这说明线性回归模型在自变量取较小值和较大值时，低估了因变量的取值，自变量在较小部分和较大部分之间取值时，又会高估了因变量的取值。总之，这种情况下，采用的回归模型不能恰当地表达自变量 x 与因变量 y 之间的关系。在图 5-13（c）中，残差并不是围绕着 0 对称散布的，在水平线 0 之下，出现了大量的靠近 0 水平线负的残差，但也有一部分正残差远离于水平线 0，这种呈现偏态状的残差分布，意味着正态分布的条件没能得到满足。在图 5-13（d）中，残差图是按照时间自变量变化绘制的，如果我们把该图的四个残差点当成一组，从中我们可以得到，在各个组中，第二个残差始终比第一个残差大，而又总是比第三个残差小，第四个残差都是最小的，这表明残差图中的残差不是相互独立产生的，如果搜集的是分季度数据，并且在建模时又没有给予足够的重视，就会出现这类情况。一旦出现其中任意一种情形，那么由回归分析所做出的推断的可信性都会大打折扣。

通常情况下，残差项不能满足回归条件，原因可能是：模型中丢掉了重要的自变量，或者是用来表达因变量和自变量关系的函数形式不合适。单纯计算回归参数估计量 $b_0,b_1,b_2,\cdots,b_q$ 的值，并不要求满足这些条件。但是，在进行回归推断分析的时候，残差必须满足这样的条件才能保证推断结果的可信性。

仍然以国内旅游收入的样本数据为例，图 5-14 是国内游客人数（x_1）与回归残差、定期航班航线里程（x_2）与回归残差的散点图。由图 5-14 的国内游客人数（x_1）与回归残差散点图看出，在每个游客取值处，相应的残差均值都趋向于 0，并且存在着相同的方差，另外，残差值都围绕着水平线 0 大致对称散布着。由航班航线里程与回归残差散点图可以看出，虽然存在某些规则，但并不明显，可以忽略不计，我们可以认为这是随机变异所导致的。因此，我们认为回归推断具有有效性。

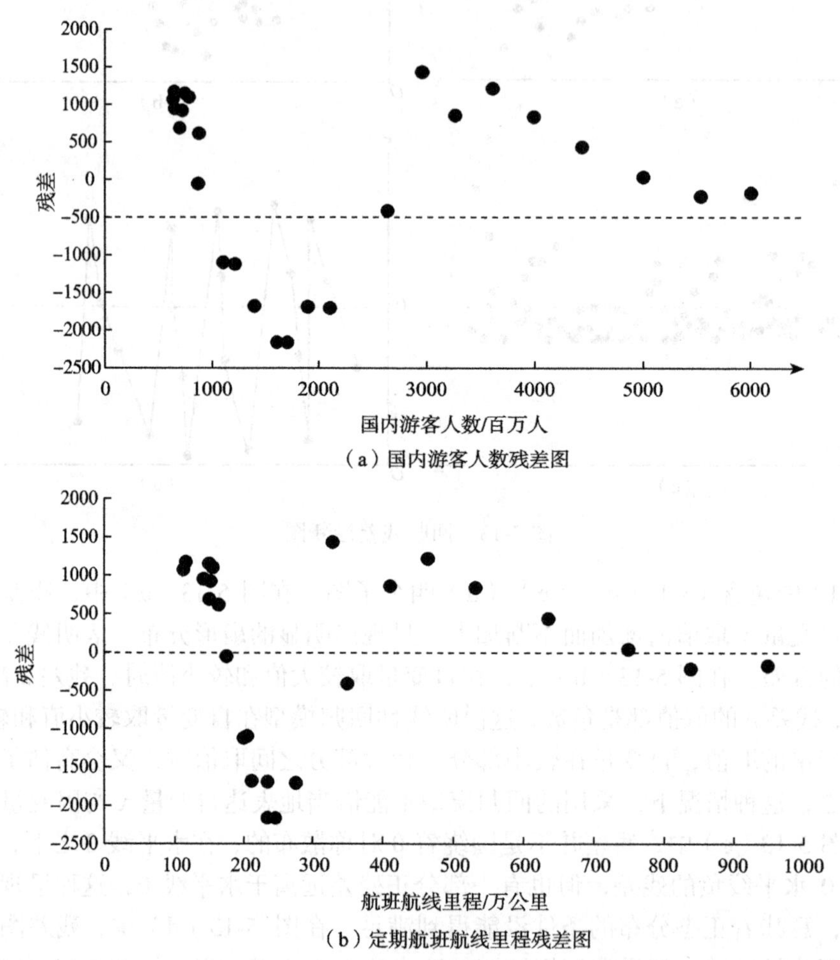

图 5-14 国内旅游收入多元回归的残差图

在回归推断分析条件诊断中，也经常用到由因变量估计值与回归残差绘制的散点图。为了绘制因变量预测值和回归残差散点图，需要计算出因变量的预测值。由图 5-15 可以看出，在因变量的每个预测值处，残差均值趋向为 0，散点都围绕着水平线 0 保持着程度较为一致的散布。因此，我们可以得出这样的结论：国内旅游收入的多元线性回归必要条件没有被违反，进行回归推断是有可信度的。

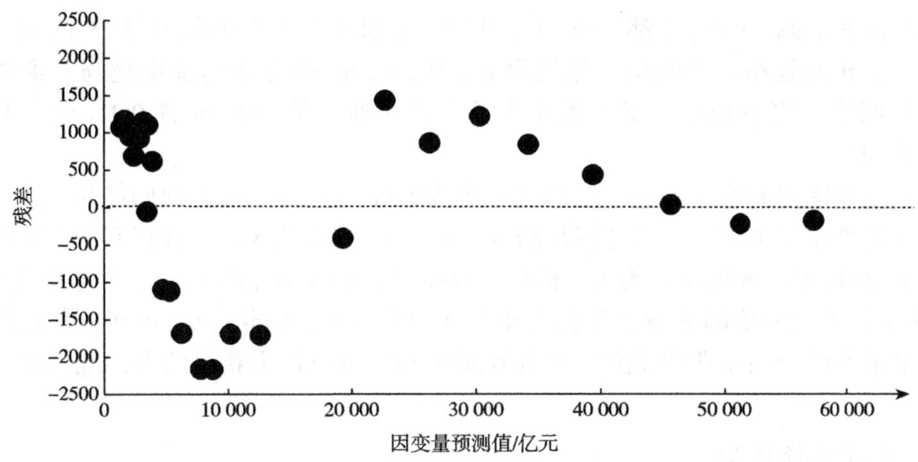

图 5-15 因变量预测值和回归残差散点图

2. 总体回归关系检验

一旦确定回归模型满足有效性，我们就可以开始进行假设检验以及建立置信区间。首先检验原假设：回归参数$\beta_0,\beta_1,\beta_2,\cdots,\beta_q$全部等于 0。如果不能拒绝该假设，那么，用给定的自变量取值通过回归方程对因变量均值进行预测，其效果不见得比直接用因变量均值$\bar{y}$作为因变量的预测值好到哪儿去。所以，如果接受了回归参数的取值全部等于 0 这个假设，我们就直接用$\bar{y}$预测因变量y的取值。

在线性回归方程中，因变量 y 的均值是自变量 $x_1,x_2,\cdots,x_q$ 的线性函数，即有$E(y|x_1,x_2,\cdots,x_q)=\beta_0+\beta_1x_1+\beta_2x_2+\cdots+\beta_qx_q$。如果$\beta_1,\beta_2,\cdots,\beta_q$的值都等于 0，那么必定有$E(y|x_1,x_2,\cdots,x_q)=\beta_0+0\times x_1+0\times x_2+\cdots+0\times x_q=\beta_0$。在这种情况下，因变量 y 的均值不取决于自变量 $x_1,x_2,\cdots,x_q$ 的取值。这就意味着自变量 $x_1,x_2,\cdots,x_q$ 和因变量 y 并不存在线性相关关系，进而也可以说不存在总体回归关系。相反，如果至少有一个$\beta_1,\beta_2,\cdots,\beta_q$的值不等于 0，那么就表明存在着总体回归关系。为了检验总体回归关系是否存在，我们需要通过样本数据检验假设：$\beta_1,\beta_2,\cdots,\beta_q$都等于 0。对此，需要用到基于 F 分布的 F 检验。F 检验结果表明拒绝原假设，那么，可以认为存在总体回归关系。否则，就可以认为不存在总体回归关系。这个假设检验的检验统计量为

$$F=\frac{\text{SSR}/q}{\text{SSE}/(n-q-1)} \tag{5-17}$$

式中，SSR 和 SSE 的定义分别见式（5-10）和式（5-8）；q 为回归模型中自变量的个数；n 为样本量。

F 检验是斯内德克（Snedecor）在 20 世纪 20 年代，为表达对首创 F 统计量的统计学家费雪（Fisher）的敬意，以其姓氏命名的。在式（5-17）中，SSR/q 通常被称作均方回归离差平方和，$\text{SSE}/(n-q-1)$ 被称作均方残差平方和。

式（5-17）中的分子，测量的是由自变量 $x_1,x_2,\cdots,x_q$ 能够解释的因变量 y 的变异，分母测量的是自变量 $x_1,x_2,\cdots,x_q$ 不能解释的因变量 y 的变异。因此，F 统计量的值越大，表明总体回归关系越强。统计软件可以为 F 检验计算出 p 值，对于给定的 F 值，

p 值代表着 $\beta_1,\beta_2,\cdots,\beta_q$ 全都为 0 时，从同一总体收集规模相同样本 F 值大小的概率。所以，p 值越小，表明拒绝原假设 $\beta_1,\beta_2,\cdots,\beta_q$ 都为 0 的证据越强，即总体回归关系越明显。当 p 值小于显著性水平预定值（通常是 0.05 或者 0.1）时，我们就拒绝原假设。

根据之前国内游客人数 x_1、定期航班航线里程 x_2 的多元线性回归结果，假设我们想要在显著性水平 0.05 下，检验假设 $\beta_1,\beta_2,\cdots,\beta_q$ 值都为 0，计算得到，F 检验统计量的值是 2348.18，p 值基本为 0。根据计算结果，如果 $\beta_1,\beta_2,\cdots,\beta_q$ 全部都等于 0，那么 25 个样本观察值的 F 统计量值大于 2348.18 的概率基本为 0。由于 p 值比给定的显著性水平 0.05 还小，据此我们可以拒绝原假设，可以认为获得的多元线性回归模型合适。

3. 回归参数检验

如果 F 检验结果表明总体回归关系存在，那么我们还需要检验因变量 y 和各个自变量 $x_1,x_2,\cdots,x_q$ 之间的关系是否显著。如果参数 β_j 等于 0，则意味着自变量 x_j 变化时因变量 y 不会发生变化，即 y 和 x_j 之间不存在线性关系。相反，如果 β_j 不等于 0，说明 y 和 x_j 之间存在线性关系。

如果想确定因变量 y 和 x_j 之间是否存在线性关系，我们则使用 t 检验统计量来检验原假设：回归参数 β_j 等于 0。t 检验的计算公式为

$$t=\frac{b_j}{S_{b_j}} \tag{5-18}$$

式中，S_{b_j} 为估计量 b_j 的估计标准差。

b_j 是参数 β_j 的点估计，b_j 在任一方向上偏离 0，对应的回归参数 β_j 不等于 0 的样本证据就得到了加强。因此，随着 t 值的增加（t 在任一方向偏离 0），我们就有可能拒绝回归参数 β_j 等于 0 这个假设，由此可以推断因变量 y 和自变量 x_j 之间存在线性关系。

统计软件可以为 t 检验统计量计算出 p 值，对于给定的 t 值，p 值代表着 β_j 实际为 0 时，从同一总体搜集规模相同样本 t 值比较大的概率。因此，p 值越小，说明拒绝 β_j 等于 0 的证据越强，即意味着因变量 y 和自变量 x_j 之间存在关系的证据越强。和 F 值一样，当对应的 p 值比显著性水平的预定值（通常是 0.05 或 0.01）小时，我们就拒绝原假设。

在简单线性回归中，用来检验因变量 y 和自变量 x 是否存在显著关系的 t 检验，与总体回归关系是否存在的 F 检验，从统计数学原理上，它们是相同的检验，所得到的 p 值也完全一样。因此，在简单线性回归中，t 检验和 F 检验是可以相互替代的，不过简单线性回归推断分析中一般都不报告 F 检验。

对于之前国内旅游收入的案例，统计软件得到了国内旅游收入 y 与国内游客人数 x_1、定期航班航线里程 x_2 的多元回归分析结果。现在我们利用这些结果，检验假设 β_1=0。如果不拒绝原假设，表明 x_1 的值改变时，因变量 y 的均值不会随之发生改变，因此国内旅游收入和国内游客人数不存在相关关系。根据输出结果，对应假设 β_1=0 的 t 统计

量值是 8.11，p 值是 0.00。由于 p 值近似等于 0，所以拒绝假设 $\beta_1=0$，可以认为国内旅游收入和国内游客人数之间存在相关关系。同样，我们可以根据输出结果，对原假设 $\beta_2=0$ 进行检验。对应假设 $\beta_2=0$ 的 t 统计值是 4.41，p 值是 0.00。如此小的 p 值表明，原假设 $\beta_2=0$ 不成立。所以，检验结果是国内旅游收入和定期航班航线里程之间存在相关关系。

对参数 β_0，我们同样可以进行假设检验。检验的原假设是：$\beta_0=0$。如果我们接受原假设，那么我们就可以推断在自变量 x_1、x_2 取值都等于 0 时，因变量 y 的均值也等于 0。由输出结果可知，参数 β_0 对应的估计量 b_0 的 t 值是 15.70，p 值是 0.00。该 p 值近似等于 0，所以我们拒绝原假设，即认为 $\beta_0=0$ 是不成立的。

我们还可以通过置信区间，检验上述有关假设。置信区间是在一定的置信水平下，通过构造一个能包含总体参数的区间，来对总体参数进行估计。置信度或者置信水平的含义是，从总体中用同样的抽样方式抽取若干个样本，由每个样本观察资料构造总体参数的估计区间，在这些估计区间中包含着总体真实参数的估计区间占全部估计区间的比例。因此，置信水平为 95%，表明用同样的抽样方法从总体中抽取 100 个样本，由这些样本构造出来的 100 个区间中，平均有 95 个包含了总体参数的真实值。

根据统计量 $b_0,b_1,b_2,\cdots,b_q$ 对总体参数 $\beta_0,\beta_1,\beta_2,\cdots,\beta_q$ 所做的置信区间，也可以用于对每一参数取值是否等于 0 的假设进行检验。在显著性水平 0.05 下，检验假设：$\beta_j=0$ 表明 x_j 和 y 不存在线性关系，我们先构造置信水平为$(1-0.05)\times 100$ 的置信区间，得到的置信区间如果不包含 0，我们可以推断 β_j 在显著性水平 0.05 下不等于 0。同样，为了检验假设：$\beta_0=0$，在给定的显著性水平（比如 0.05）下，我们对参数 β_0 构造置信水平为$(1-0.05)\times 100$ 的置信区间，如果参数 β_0 的置信区间不包含 0，可以推断参数 β_0 在给定的显著性水平下不等于 0。

5.2.6　非线性回归模型

通过前文的学习，我们能够在掌握大量观察数据的基础上，利用数理统计方法建立因变量与自变量之间的线性回归模型，线性意味着描述模型的函数表达式是一次方的。通常线性回归分析法是最基本的分析方法，如果回归模型的因变量是自变量的一次方以上的函数形式，回归规律在图形上表现为形态各异的各种曲线，则称为非线性回归，这类模型被称为非线性回归模型。非线性回归是线性回归的延伸。在许多实际问题中，回归函数往往是较复杂的非线性函数，解决问题的关键是确定曲线类型和怎样将其转化为线性模型。确定曲线类型一般从两个方面考虑：一是根据专业知识，从理论上推导或凭经验推测；二是在专业知识无能为力的情况下，通过绘制和观测散点图确定曲线大体类型。选择合适的曲线类型不是一个轻而易举的工作，主要依靠专业知识和经验。常用的曲线类型有幂函数、指数函数、抛物线函数、对数函数和 S 型函数。

将非线性转化为线性模型的非线性回归的基本思想是，通过变量变换，将非线性回归转化为线性回归，然后用线性回归方法处理。例如，假设目标函数是 $y=b_0+b_1x+b_2x^2$，可以令 $z_1=x$，$z_2=x^2$，目标函数就变换为 $y=b_0+b_1z_1+b_2z_2$ 的线性方程，这样一来就可以用线性回归进行方程求解。常见的转化模型见表 5-5。

表 5-5 常见的非线性方程的线性变换公式

非线性方程	变换公式	变换后的方程
双曲函数 $1/y=b_0+b_1/x$	$X=1/x, Y=1/y$	$Y=b_0+b_1X$
幂函数 $y = b_0 x_1^{b_1} x_2^{b_2} \ldots x_k^{b_k}$	$Y=\ln y, B_0=\ln b_0, X_1=\ln x_1, \cdots$	$Y=B_0+B_1X_1+B_2X_2+\cdots+B_kX_k$
指数函数 $y = b_0 e^{b_1 x}$	$Y=\ln y, B_0=\ln b_0$	$Y=B_0+B_1x$
对数函数 $y=b_0+b_1\ln x$	$X=\ln x$	$y=b_0+b_1X$

我们用下面的案例来介绍如何建立非线性回归分析模型。一家企业的管理人员想要分析销售人员的从业时间和产品销售量之间的关系，表 5-6 是为此采集到的样本数据，绘制出来的散点图见图 5-16。

表 5-6 销售人员从业月数与销售量

从业月数	销售量	从业月数	销售量	从业月数	销售量
41	275	12	150	0	83
106	296	85	367	12	112
76	317	111	308	6	67
100	376	40	189	56	325
22	162	51	235	19	189

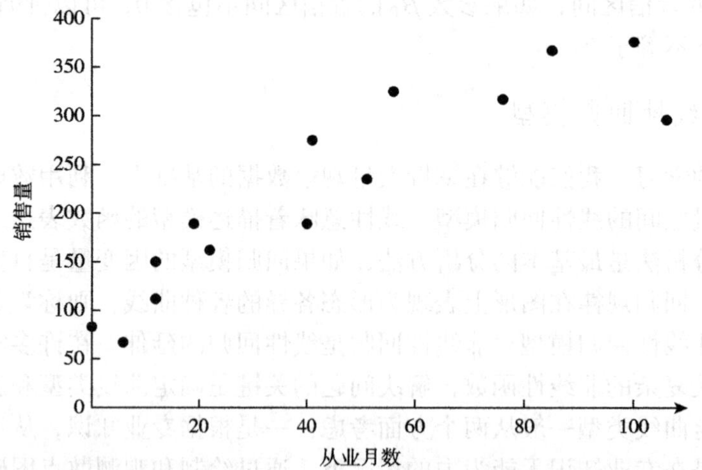

图 5-16 销售人员从业月数与销售量散点图

从图 5-16 中可以看出，销售人员的从业月数和销售量之间存在着曲线关系。这里我们暂且先不考虑如何建立曲线关系的回归模型，而是把它当成简单线性回归来处理。由表 5-6 给出的样本数据，可以得到线性回归方程为销售量=113.75+23.68×从业月数，且销售人员从业月数和销售量之间的关系显著，用销售人员的从业月数解释销售量的可决系数也很高。但是我们将从业月数代入得到的回归方程中计算出的销售量的预测值与回归残差之间的散点图却表现出明显的非线性形状（图 5-17）。这就需要我们在销售量和销售人员从业月数之间建立非线性回归模型。

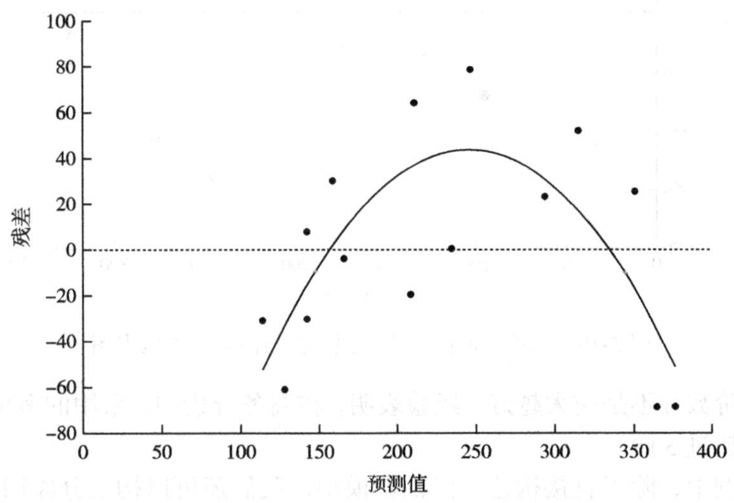

图 5-17　简单线性回归残差和因变量预测值散点图

根据图 5-17 中散点的分布趋势，我们可以考虑在销售量和销售人员从业月数之间建立曲线关系的回归模型，比如二项式回归模型。二项式回归模型具有较强的灵活性，可以用来反映许多因变量与自变量之间的非线性关系。二项式回归函数的可能情形，见图 5-18。

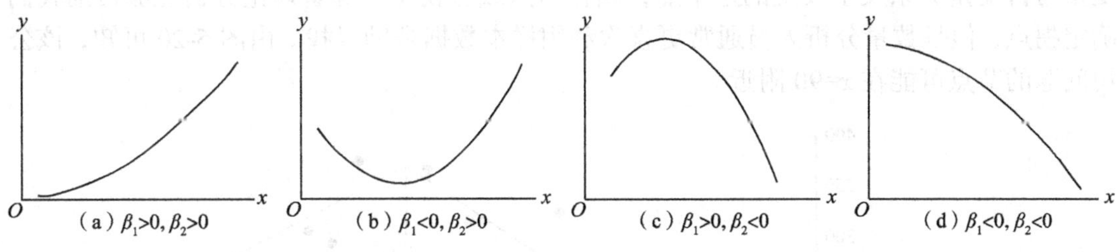

图 5-18　二项式回归函数的可能情形

随后我们对自变量的观察数据进行平方化处理，得到的估计回归方程为销售量=61.43+5.82×从业月数−0.03×从业月数平方。在估计出来的回归方程中，b_1（=5.82）是正数，b_2（=−0.03）是负数，这就意味着销售量起初会随着销售人员从业月数的增加而增加，但随着自变量从业月数的增加，其平方值也得到更快速地增加，使得销售量最终又随着销售人员从业月数的增加而减少。

因变量预测值和回归残差的散点图 5-19 不存在明显的规则状态，这说明二项式回归模型比简单线性回归似乎更能够解释该公司的问题。

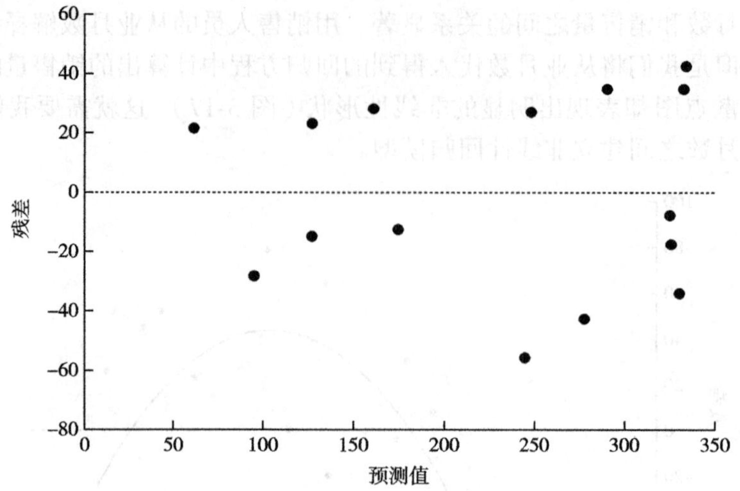

图 5-19 二项式回归因变量预测值与回归残差散点图

自变量的阶数并不是越大越好。经验表明，在商务分析中，采用的多项式回归模型，其阶数一般不超过 3 阶。

在这个案例中，除了直接构建二阶回归模型，我们还可以构建分段回归模型来进行解释。从图 5-16 中可以看出，从业月数小于某个值时，从业月数和销售量之间呈线性正相关，而在这个值之后，从业月数和销售量之间线性负相关。为此，我们可以构建分段线性回归模型，即用两条回归线分别拟合从业月数和销售量之间的关系。

继续用该公司的案例来进行分析，建立分段线性回归模型，首先需要找出从业月数和销售量之间的关系，以及在自变量（从业月数）取什么值时关系发生了改变。导致因变量与自变量关系发生改变的这个点，叫作节点或者拐点。尽管理论分析能够帮助我们确定拐点，但是数量分析人员通常更喜欢利用样本数据帮助寻找。由图 5-20 可知，该公司问题的节点可能在 x=90 附近。

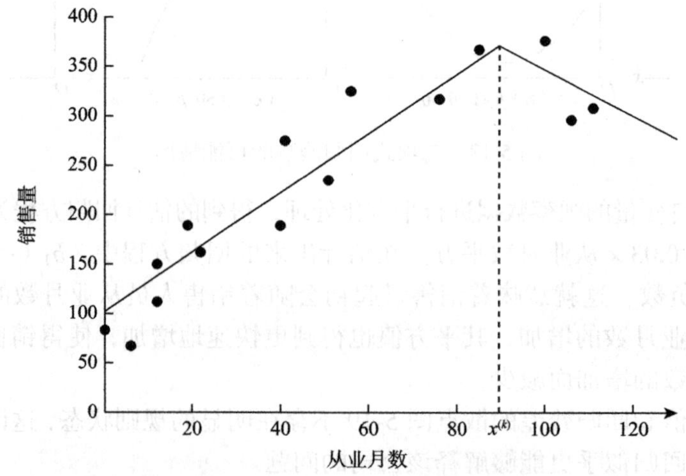

图 5-20 公司问题节点 x 可能的位置

一旦确定了节点的位置，我们就可以通过引进虚拟变量构造分段回归模型。在分段回归中，设置虚拟变量：

$$x_k = \begin{cases} 0, & x_1 \leqslant x^{(k)} \\ 1, & x_1 > x^{(k)} \end{cases} \tag{5-19}$$

式中，x_1 为从业月数；$x^{(k)}$ 为节点值（对于本案例，该值是 90）；x_k 为虚拟变量。最后得到了拟合的回归模型：

$$y = b_0 + b_1 x_1 + b_2 (x_1 - x^{(k)}) x_k + e \tag{5-20}$$

根据表 5-6 中的样本数据，我们可以得到回归方程：

$$\hat{y} = 87.2172 + 3.4094 x_1 - 7.8726 (x_1 - 90) x_k$$

在给定的显著性水平 0.05 下，总体回归关系是显著的，节点变量（虚拟变量）t 检验统计量的 p 值（0.0014）也小于 0.05，因此可以认为模型引进节点变量后，整体上是显著的。

由回归方程可知，对从业月数小于或等于 90 个月的情形，虚拟变量 x_k=0，这时估计出来的回归模型变成

$$\hat{y} = 87.2172 + 3.4094 x_1$$

对从业月数大于 90 的情形，节点虚拟变量 x_k=1，由此可以得到估计的回归模型：

$$\hat{y} = 87.2172 + 3.4094 x_1 - 7.8726 (x_1 - 90) = 795.7512 - 4.4632 x_1$$

如果从业月数等于 90，则两个回归方程的因变量的估计值完全相同：

$$\hat{y} = 87.2172 + 3.4094 x_1 = 795.7512 - 4.4632 x_1 = 394.0632$$

故在节点 x=90 处，两个回归方程因变量的取值相同。

对分段回归模型的解释和对二次回归模型的解释相似，销售人员在其从业月数没达到 90 个月时，每多 1 个月的从业经历，实现的销售量平均将增加 3.4094 个单位。在任职时间超过 90 个月之后，从业月数每多 1 个月，销售量就平均减少 4.4632 个单位。

那么，应该使用二项式回归模型还是分段线性回归模型呢?这些模型都很好地拟合了数据，而且都能给出合理的解释，所以按照 F 检验和 t 检验，我们都不能区分它们的好坏。要做出是使用分段回归还是二项式回归的判断，主要诉诸因变量与自变量的关系是否存在突变的情形，如果存在突变就进行分段回归模型的拟合，否则就采用二项式回归模型。

5.2.7　建模问题

获得一个有效的回归模型，往往是具有挑战性的。尽管我们可以从专业理论分析入手，但是经常的情况是，面对一大堆可供选择的自变量而不知道究竟选择哪些。在这一小节中，我们将介绍变量选择的策略以及模型的过度拟合等问题。

1. 变量选择方法

当需要面对很多自变量时，有时我们会利用特定程序选择回归模型中的自变量。变量选择方法包括：逐步回归法、前向选择法、后向选择法以及最优子集法等。在给定含有几个可能自变量的情况下，我们可以使用这些方法来确定选择什么样的自变量能得到

最好的回归结果。

逐步回归法是一种迭代方法，其过程是：每次添加或删除一个自变量，并相应地对模型进行估计，持续进行这些步骤，直到不能找出更好的模型。至于最优子集法，并不是一个单次单因子过程，而是对所有自变量组合的回归模型进行评估后再确定的。

前向选择法是从没有自变量的回归模型开始，分析人员先确定一个自变量引入模型的标准，比如，自变量 x 检验假设对应的 p 值，是否比事先预定的 p 值小。这种做法的第一步，将最能满足标准的自变量引入模型中。在随后的每一步中，引入一个不包含在当前模型中剩下的可选择的自变量，然后再进行评估，将最能满足标准的那个自变量添加进模型。直到没有新自变量能够满足标准时，就停止引入自变量。

后向选择法是将所有可供选择的自变量都纳入回归模型中，分析人员确定一个自变量能够继续保留在模型中的标准（比如，自变量 x 检验假设对应的 p 值，小于预定的显著性水平 p 值，那么该自变量就可以继续保留在模型中）。后向选择的第一步，将大于预定的 p 值中最大的那个 p 值所对应的自变量先从模型中删除出去，之后的每一步，对当前模型中存在的自变量逐个进行评估，直至模型中的自变量对应的 p 值，都不违背预先给定的显著性水平为止。

和前向选择法相似，逐步回归首先不在回归模型中设有自变量。分析人员先确定一个自变量能够进入模型和能够保留在模型中的标准，随后分为两步进行：第一步，对没被包含在当前模型中的自变量进行评估，把其中最能满足标准的自变量添加到模型之中；第二步，对引入当前模型中的所有自变量进行评估，将不满足标准程度最高的自变量剔除出模型。直至没有被引入模型的自变量中不存在能满足既定标准的自变量，以及引入当前模型中的自变量都能够满足既定标准为止。

最优子集的做法是，建立每个自变量的简单线性回归，此后再建立两个自变量所有组合的多元回归，以此类推，最后从这些回归中找出满足特定标准的那一个回归模型。

尽管在如何从大量可供选择的自变量中选出用于回归分析的自变量方面，上述方法都是有用的做法，但是它们并不一定就能带来有价值的回归模型。在运用上述方法确定了模型的自变量之后，我们还需要慎重考虑最终纳入模型的自变量是否具有实际解释功能。所以，在方法运用之外，我们还需要做出个人的判断，并对数据进行改进。

2. 过度拟合问题

建立回归模型的目的在于用简约的方式表达对现象的认识。相对简单的模型更容易理解、解释和使用，准确地表达总体的模型能够提供很多有意义的结论。

对根据样本数据建立的模型，我们必须十分谨慎。样本数据通常不能够很好地代表数据总体，如果模型过于追求拟合样本数据，我们就要承担针对样本观察而不是总体的风险。当模型过于适合样本数据并因此不能准确地反映总体时，这样的模型就被认为是过度拟合的。

过度拟合的产生，是为了使样本数据的特征能得到解释而采用了过于复杂的模型。在回归分析中，这主要表现在使用了对反映自变量和因变量之间关系没有太多意义的函数形式。过度拟合的模型，可能能够很好地符合既有的样本数据，但不一定适合于来自总体的其他样本数据。因此，过度拟合模型有可能会误导模型的预测能力和解释能力。

在不牺牲准确性的情况下，采用简单而富有意义的模型，是建模的原则，也叫“奥卡姆剃刀”准则。

如何发现和避免过度拟合，是一个比较困难的问题。那么，怎样才能使模型避免过度拟合呢？要想做到这一点，需要注意以下几点。

第一，只选择那些与因变量有真实且有意义的关系的自变量。

第二，只有在有充分的理由表明能够提供更准确刻画的情况下，才使用比较复杂的模型，如二项式模型、分段线性回归模型等。

第三，不要依赖软件确定模型。逐步回归或最优子集这些迭代性建模算法，只能作为参考，不要完全相信通过这些方法所带来的结果。在建立模型的时候，要注意对数据的判断和直觉感受。

第四，要根据足够多的数据评估建立的模型，而不能仅仅依据建模那么一点点的样本数据。在数据量特别大的情况下，建议把数据划分成训练数据集和验证数据集。训练数据集，是用以建立有实践意义的候选模型的数据集。验证数据集，是用以比较模型好坏和根据因变量预测值误差的大小来选择模型的数据集。比如，我们可以随机地选择一半的数据，用其来建立回归模型，用这些数据对建立的模型进行估计，或者比较选择优良的模型。然后使用另外一半数据，作为验证集以评估和比较模型的好坏，最终筛选出总体误差最小的模型。

上述注意事项，只是给建立模型提供了一些参考。执行这些原则，可以降低过度拟合风险，但是在解释和评估模型时，一定要注意潜在的过度拟合问题。

5.3 时间序列分析与预测

本节将介绍时间序列分析和预测。假定需要对公司某款产品在未来一年各个季度的销售进行预测，那么这个预测结果就有可能会影响产品的生产安排、原材料采购、库存管理策略、市场营销计划以及企业的财务状况。因此，糟糕的预测有可能导致不适当的计划，增加公司的成本。我们究竟怎样进行季节性销售预测分析呢？良好的判断、直觉感受、对宏观经济状况的认识，能给我们一个大致的结论或感觉，但是并不能得到精确到某个数字的结论。

时间序列是同一现象在不同时间上的相继观测值排列而成的序列，以时间序列所能反映的社会经济现象的发展过程和规律进行引申外推，对其发展趋势进行预测，则被称为时间序列预测。时间序列分析的目标，是要揭示时间序列中可能存在的规则性状态，然后依据这个规则性状态对未来进行预报。时间序列预测是完全根据被预测变量的历史数据资料进行的一种预测。

5.3.1 时间序列的几种类型

时间序列是变量在各个时间点或时期上观测值的数列。时间序列中的时间因素，可以用小时计，也可以用天、周、月、年计，或者其他固定的时间间隔计。通过时间序列，可以观察现象随着时间变化所表现出来的状态，一旦这样的状态被认为能持续到未来的某个时间，我们就可以选择出合适的预测方法。

第一种类型是水平变化状态的时间序列，这类序列的表现是数据围绕着某个常数，随着时间变化而发生随机性波动。我们继续用案例来说明时间序列的特点。表 5-7 是某企业某月前 14 天的每日职工人数。

表 5-7 某企业某月前 14 天的每日职工人数

日期	职工人数/人	日期	职工人数/人
1	250	8	266
2	250	9	272
3	250	10	272
4	262	11	262
5	262	12	258
6	258	13	258
7	258	14	262

由此可见，表 5-7 的样本数据是一个时间序列，通过 14 天的数据可以计算出平均每日在职的工人人数为 260 人。由表 5-7 绘制的时间序列图见图 5-21。

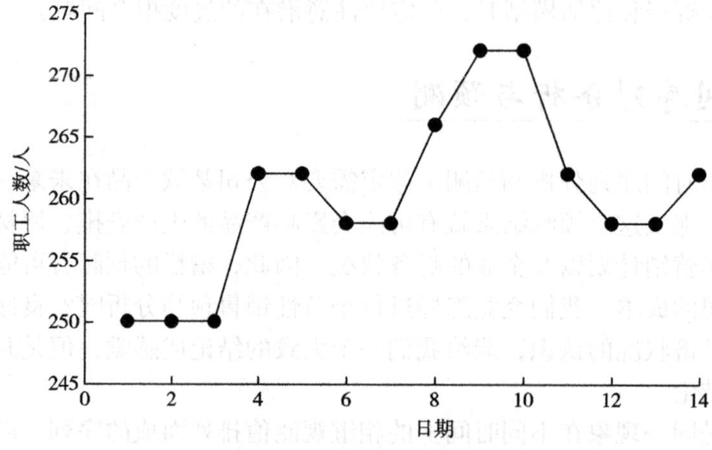

图 5-21 由表 5-7 资料绘制的时间序列折线图

由图 5-21 我们能看出，每天的职工人数围绕着 260 人上下波动。尽管存在着一定的随机变化，但我们仍然把这样的时间序列称作水平变化的时间序列。

在时间序列的研究中，人们经常提到平稳时间序列这一概念。所谓平稳时间序列，是指时间序列的统计特性不随时间变化而变化，产生数据的过程存在着一个常数均值，时间序列的波动在各个时间上大致相同。

商务经营环境的变化，会导致一个水平变化的时间序列，在某个时间上变化到一个新的水平上。假如，该企业决定在接下来的 14 天均派出一定的人员外出实习，则此决定将会使得企业每日的在职工人数产生一定程度的减少。表 5-8 前 14 天的在职工人数与表 5-7 相同，后 14 天是工人外出实习后的每天在职工人数。根据表 5-8，绘制时间序列图见图 5-22。

表 5-8　实习前后每日在职人数

日期	职工人数/人	日期	职工人数/人
1	250	15	200
2	250	16	200
3	250	17	200
4	262	18	212
5	262	19	212
6	258	20	208
7	258	21	208
8	266	22	216
9	272	23	222
10	272	24	222
11	262	25	212
12	258	26	208
13	258	27	208
14	262	28	212

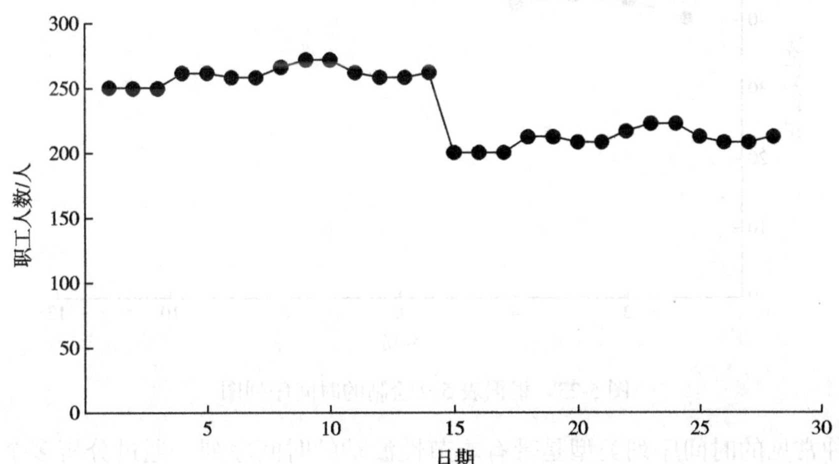

图 5-22　根据表 5-8 绘制的时间序列图

比较图 5-21 和图 5-22，新的时间序列图从第 15 日开始有了较大幅度的改变，这个变化给选择合适的预测方法带来了比较大的困难。在许多实际应用的场合，如何选择更好的适合时间序列水平变化后的预测方法，是非常重要的问题。

第二种类型是带有趋势的时间序列。尽管时间序列总是表现出某种程度的波动，但在一个更长的时间范围内，时间序列可能呈现出向更大的数值或更小的数值逐渐移动的现象，这样的时间序列，我们称为带有趋势的时间序列。趋势现象是长期因素起作用的结果，比如人口增加或减少、人口的迁移变动、技术革新、竞争环境的改变，以及消费者偏好的变化等。表 5-9 是某企业过去 12 年的汽车销售额。

表 5-9 某企业过去 12 年的汽车销售量

年份代码	销售量/千辆	年份代码	销售量/千辆
1	40.2	7	45.9
2	42.9	8	47.7
3	43.5	9	49.2
4	42.3	10	49.8
5	45.5	11	50.2
6	47.9	12	52.6

根据表 5-9 的数据，绘制的时间序列图如图 5-23 所示。尽管点的分布表现出一些波动，但从整体上看依然存在着一个增加的趋势。

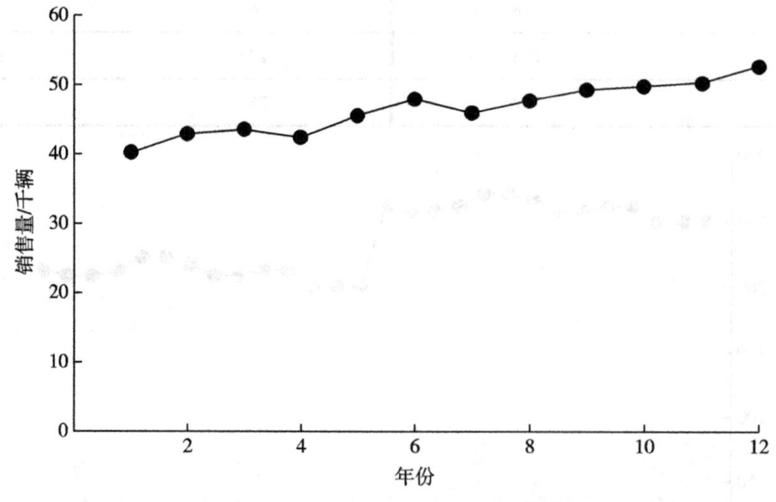

图 5-23 根据表 5-9 绘制的时间序列图

第三种常见的时间序列类型是带有季节性波动的时间序列。通过分析多个时期历史数据的变动，可以识别出时间序列中的趋势。要识别时间序列中的季节性波动，需要观察在同样的时间长度下，是否会反复出现某种规律状态。比如，游泳设备在秋冬季节的月份里市场销售低迷，在春夏季节销售火爆，这种现象在每一年里都会出现。与此相反，铲雪设备和棉质衣服的销售却呈现截然不同的变化。时间序列如果随着季节性改变而反复出现同样的模式，我们就称之为季节性波动效应。时间序列的季节性变化，有的表现在一年期上，也有的是一年以内的。比如，城市的交通流量，每天都会显示出一个“季节性”变化，高峰时刻交通压力达到最大，午夜到早晨这段时间交通流量就比较小。北京过去 5 年每个季度的最高温度如表 5-10 所示。

表 5-10　北京过去 5 年每个季度最高温度

年份代码	季度	时间编码	温度/℃	年份代码	季度	时间编码	温度/℃
1	1	1	22	3	3	11	36
	2	2	35		4	12	24
	3	3	35	4	1	13	24
	4	4	24		2	14	38
2	1	5	20		3	15	36
	2	6	38		4	16	34
	3	7	35	5	1	17	22
	4	8	27		2	18	35
3	1	9	19		3	19	34
	2	10	34		4	20	26

根据表 5-10 的资料，绘制的时间序列图见图 5-24。

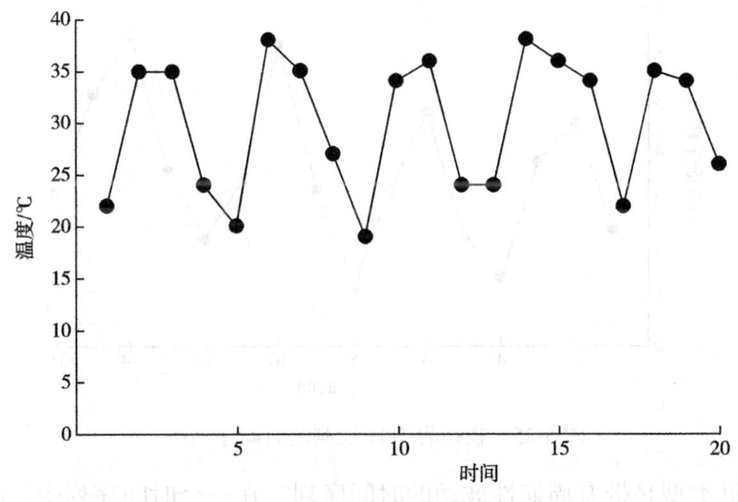

图 5-24　绘制的时间序列图

由图 5-24 可知，该时间序列没有显示出长期趋势。图 5-24 存在着水平状态的随机波动，然而当我们更认真地检查波动时，就会发现每一年内都会出现类似的变化，特别是，北京的最高气温往往出现在第二季度，第二季度和第三季度的温度相比于第一季度和第四季度要高。因此，北京过去 5 年每个季度的最高气温是存在着季节性效应的。

第四种类型是同时带有趋势和季节性波动的时间序列。有时候，我们碰到的时间序列可能既包含了长期趋势，也包含了季节性效应。在此我们通过一个实例来说明。表 5-11 是某冷饮品牌过去 4 年每个季度冷饮的销售量。

表 5-11 某冷饮品牌过去 4 年每个季度冷饮的销售量

年份代码	季度	时间编码	销售量/千杯	年份代码	季度	时间编码	销售量/千杯
1	1	1	2.4	3	1	9	3.2
	2	2	4.6		2	10	6.2
	3	3	3.8		3	11	3.4
	4	4	1.4		4	12	2.2
2	1	5	2.2	4	1	13	3.6
	2	6	4.8		2	14	6.4
	3	7	3.2		3	15	5.2
	4	8	1.2		4	16	3.2

由表 5-11 的资料绘制的时间序列图见图 5-25。显然，图 5-25 显示此冷饮品牌确实存在一个增长的趋势。与此同时，我们也可以从中看出，每年的第二季度销售量最高，第四季度销售量最低。因此，我们可以认为表 5-11 的资料，也存在着季节性波动。对这样的时间序列进行预测分析，就需要找到既能处理长期趋势，又能处理季节性波动的预测方法。

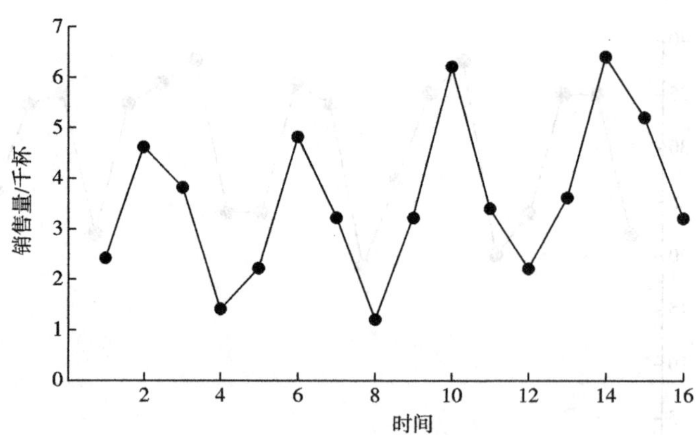

图 5-25 根据表 5-11 绘制的时间序列图

第五种常见类型是带有周期性波动的时间序列。在一个时间序列中，围绕着趋势线上下波动，并且持续时间超过 1 年，这时我们就称该时间序列存在着周期性波动。许多反映经济现象的时间序列，都带有周期性波动。时间序列的周期性波动，通常与商业活动的周期性有关。比如，紧随一个迅猛的通货膨胀后出现的中等程度的通货膨胀，就有可能导致相应的时间序列围绕着趋势线发生或上或下的交替波动。

时间序列中隐藏的形态，对预测方法的选择有着重要的影响。因此，当我们在确定选择使用什么样的预测方法的时候，最好先来绘制时间序列图。如果时间序列图显示的是水平变化状态，那么我们就必须选择适合这种类型的预测分析方法。同样，如果时间序列存在趋势，我们就应采用能有效处理这类时间序列的预测方法。

5.3.2 预测精度问题

根据表 5-7 的资料，对每天职工人数进行预测。这里我们先采用最简单的预测方法，也就是用最近一天的职工人数作为后一天职工人数的预测值。比如，第一天的职工人数是 250 人，我们就以这个值作为第二天的预测值，用第二天的实际职工人数作为第三天的职工人数的预测值等，以此类推。这种预测方法通常被称为朴素预测方法。如此一来，我们得到的预测结果见表 5-12。

表 5-12 职工人数的预测及预测误差计算

日期	职工人数/人	预测结果	预测误差	预测误差绝对值	预测误差的平方	相对误差	相对误差绝对值
1	250						
2	250	250	0	0	0	0	0
3	250	250	0	0	0	0	0
4	262	250	12	12	144	4.58	4.58
5	262	262	0	0	0	0	0
6	258	262	−4	4	16	−1.55	1.55
7	258	258	0	0	0	0	0
8	266	258	8	8	64	3.01	3.01
9	272	266	6	6	36	2.21	2.21
10	272	272	0	0	0	0	0
11	262	272	−10	10	100	−3.82	3.82
12	258	262	−4	4	16	−1.55	1.55
13	258	258	0	0	0	0	0
14	262	258	4	4	16	1.53	1.53
	合计		12	48	392	4.41	18.25

运用朴素预测方法进行预测，其预测精度如何呢？为了回答这一问题，下面我们根据表 5-12 得到的预测结果，介绍几种预测精度的测算方法。由预测精度的测算结果，我们可以确定什么样的预测方法比较合适，进而提高未来预测结果的准确性。与预测精度相关的一个关键概念，就是预测误差。用 y 表示时间序列 t 时刻的实际值，用 $\hat{y}_t$ 表示相应时刻的预测值，则预测误差可以定义为

$$e_t = y_t - \hat{y}_t \tag{5-21}$$

式（5-21）表明，预测误差就是时间序列 t 时刻的实际值与该时刻预测值之差。比如第 2 天的职工人数是 250 人，根据朴素预测方法得到的预测值是 250 人，所以第 2 天的预测误差便是

$$e_t = y_t - \hat{y}_t = 250 - 250 = 0$$

由式（5-21）计算出来的预测误差有正有负，也有可能等于 0。正的误差表明，所采用的预测方法过低地估计了相应时间上的实际值。与此相反，负的误差意味着预测方法给出的预测结果过高地估计了相应时间上的实际值。由朴素预测方法得到的预测误差，见表 5-12 的第 4 列。需要注意，由于这里采用的朴素预测方法是用前一天的实际值作为当天的预测值，所以表 5-12 中的预测值的第 1 行没有数值，对应地，第 1 天也不存在预测误差。

预测精度的一个简单测量方法，便是计算预测误差的均值或平均值。假定时间序列共有 n 项，采用的预测方法不能产生相应预测误差的项数是 k，则均值预测误差（mean forecast error，MFE）的计算公式为

$$\text{MFE} = \frac{\sum_{t=k+1}^{n} e_t}{n-k} \tag{5-22}$$

表 5-12 第 4 列显示了预测误差的和为 12，因此，均值预测误差为 12/13≈0.92。

因为我们没有更多的数据资料能对第 1 天的职工人数进行预测，所以在进行误差计算的时候，我们需要相应地调整计算公式的分子和分母。在做动态预测分析时，我们往往用 k 项时间序列观察值去做预测，这样我们就得不到时间序列前 k 项的预测值。在上述例子中均值预测误差分子之和是从有预测值的那一项开始的，所以，t 的取值是从 k+1 项到 n 项。相应地，均值预测误差的分母也要反映这一方面的情况。

在职工人数的案例中，均值预测误差是正数，意味着所采用的预测方法整体上对实际职工人数做了过低的估计。换句话说，时间序列中的实际观察值，存在大于预测值的倾向。正的预测误差和负的预测误差，在求解加和的过程中有可能相互抵消，所以按照式（5-22）计算的均值预测误差有可能偏小。这表明由式（5-22）定义的均值预测误差在反映预测精度时效果不太理想。

如果对预测误差取绝对值，这样求解在加和预测误差的时候，就会避免正负预测误差抵消的情况。对预测误差取绝对值，然后再求均值，由此得到的预测精度计算方法，就是平均绝对误差（mean absolute error，MAE）。平均绝对误差的计算公式为

$$\text{MAE} = \frac{\sum_{t=k+1}^{n} |e_t|}{n-k} \tag{5-23}$$

表 5-12 给出的预测误差绝对值之和是 48，这样由式（5-23）得到的平均绝对误差是：MAE=48/13≈3.69。

另外一个能使正负预测误差求解在加和过程中不发生相互抵消的做法是对预测误差

进行平方。对预测误差取平方，然后再求均值，所得到的结果被称为均方误差（mean square error，MSE）。其计算公式为

$$\mathrm{MSE}=\frac{\sum_{t=k+1}^{n} e_t^{\ 2}}{n-k} \tag{5-24}$$

因此得到的均方误差是：MSE=392/13≈30.15。

无论是平均绝对误差还是均方误差，它们都与时间序列观察值采用的刻度有关，因此这会给在不同时间长度的时间序列预测精度之间的比较带来困难，比如比较每个月职工人数的预测精度和每周职工人数的预测精度，或者比较不同的时间序列的预测精度，比如比较每个月职工人数的预测精度和每个月外出学习职工人数的预测精度。为了能在不同长度的时间序列和不同性质的时间序列之间进行预测精度的比较，我们可以采用平均绝对百分比误差（mean absolute percentage error，MAPE）的预测精度的计算方法。具体计算公式为

$$\mathrm{MAPE}=\frac{\sum_{t=k+1}^{n}\left|\left(\frac{e_t}{y_t}\right)\times 100\right|}{n-k} \tag{5-25}$$

根据式（5-25），可以得到平均绝对百分比误差的计算结果：MAPE=18.25/13≈1.40。

总结一下，运用朴素预测方法，采用不同的预测精度计算方法，得到的结果分别是

MAE=3.69

MSE=30.15

MAPE=1.40

这些预测精度的值，只是测量了所采用的预测方法在多大程度上可以用于对时间序列中各项观察值的预测。现在假定我们想去预测未来某个时间上的人数，比如对第 15 天的职工人数进行预测，我们仍然采用朴素的预测方法，就是用第 14 天的实际职工人数作为第 15 天的职工人数的预测值，这是不是第 15 天职工人数的精确估计值呢？遗憾的是，我们没有办法对未来时间上的预测精度进行回答。但是，只要我们选择的预测方法能够很好地对时间序列中的实际观察值进行预测，时间序列目前存在的状态就能够持续保持到未来，那么根据时间序列实际观察值计算出来的预测精度，也一定能说明对未来预测的效果。

以表 5-8 的时间序列资料为例，我们采用另外一种预测方法对职工人数进行预测。假定我们采用对所有可利用的时间序列观察值进行平均的方法，对下一个时期的观察值进行预测。对第 2 天来说，由于只有第 1 天的职工人数资料可以利用，这时第 2 天的预测结果仅是第 1 天的实际观察值，因此第 2 天的预测值便是 250 人。对第 3 天，由于现在有了第 1 天和第 2 天的实际观察值可以利用，根据我们在这里的既定规则，第 3 天的销售预测结果便是：$\hat{y}_3$=(250+250)/2=250。

同样，第 4 天的预测值是：$\hat{y}_4$=(250+250+250)/3=250。

其他以此类推，得到的预测结果及预测误差见表 5-13。

表 5-13 用所有可利用的时间序列观察值进行预测及其误差

日期	职工人数/人	预测结果	预测误差	预测误差绝对值	预测误差的平方	相对误差	相对误差绝对值
1	250						
2	250	250	0	0	0	0	0
3	250	250	0	0	0	0	0
4	262	250	12	12	144	4.58	4.58
5	262	253	9	9	81	3.44	3.44
6	258	254.80	3.2	3.2	10.24	1.24	1.24
7	258	255.33	2.67	2.67	7.13	1.03	1.03
8	266	255.71	10.29	10.29	105.88	3.87	3.87
9	272	257	15	15	225	5.51	5.51
10	272	258.67	13.33	13.33	177.69	4.90	4.9
11	262	260	2	2	4	0.76	0.76
12	258	260.18	−2.18	2.18	4.75	−0.84	0.84
13	258	260	−2	2	4	−0.78	0.78
14	262	280	−18	18	324	−6.87	6.87
	合计		45.31	89.67	1087.69	16.84	33.82

对这种预测方法，其预测精度为

$$MAE=89.67/13\approx .90$$
$$MSE=1087.69/13\approx 83.67$$
$$MAPE=33.82/13\approx 2.60$$

我们把本节介绍的两种预测方法所得到的预测精度列示在一起以便于比较。从中我们可以看出，无论是平均绝对误差，还是均方误差、平均绝对百分比误差，采用对所有可利用的时间序列观察值进行平均的预测方法，其预测精度都比朴素预测方法好。

只要时间序列存在的状态能够持续保持到未来某个时期，我们用时间序列实际观察资料对其进行预测，由此所得到的预测精度就是有效的。但是随着商业环境的变化，经常会将一个本来平稳的时间序列变得不平稳。在比较不同预测方法的时候，计算每种方法的预测精度是很有必要的。但是我们也不需要太在意预测精度的值，在选择预测方法的时候，良好的判断和认知也起着重要的作用。由时间序列实际观察值计算出来的预测精度，不是唯一关心的因素，特别是时间序列存在的模式有可能在未来发生改变，这时仅仅依赖预测精度挑选预测方法便显得很不合适。

5.3.3 移动平均法与指数平滑法

在本节中，我们将介绍两类比较常用的预测分析方法：移动平均法和指数平滑法。对呈水平状态变化的时间序列的预测，移动平均法和指数平滑法都适用。但在没有进行修匀的情况下，对带有趋势、周期性、季节效应的时间序列的预测分析，移动平均法和指数平滑法的使用效果可能要差一些。通过移动平均法和指数平滑法，可以对时间序列的随机性波动进行平滑化处理，所以这两种方法经常也被叫作平滑方法。移动平均法和指数平滑法不仅使用起来容易，而且对短期预测分析也能产生很高的预测精度。

1. 移动平均法

移动平均法是使用时间序列中最近时间的 k 项观察值的算术平均数，作为下个时间上现象的预测值。其计算公式为

$$\hat{y}_{t+1}=\frac{\sum_{i=t-k+1}^{t} y_i}{k}=\frac{y_{t-k+1}+\cdots+y_{t-1}+y_t}{k} \tag{5-26}$$

式中，$\hat{y}_{t+1}$ 为 t+1 期的预测值；y_t 为 t 期的实际观察值；k 为移动平均的项数。所谓移动是指，每次计算平均值时用时间序列中一个新的观察值，替代一个旧的观察值，然后再计算新的算术平均值。因此计算移动平均时，每次都要舍去一个观察值，在此基础上再逐次增补一个新的观察值。

下面，我们仍然以表 5-8 和图 5-22 职工人数的资料为例，说明移动平均法的使用。前面我们已经指出，职工人数的时间序列图呈水平状态变化，因此本节所介绍的两种方法都适用。

要想运用移动平均法进行时间序列预测，我们首先需要确定移动平均的阶数 k，也叫时间序列移动平均的项数。如果仅关心时间序列近期的观察值，我们可以选取一个较小的移动平均项数。若是考虑时间序列较长期的观察值，那我们就需要选取一个比较大的移动平均项数值。我们在前面已经提到过，水平状态的时间序列的观察值随着时间的变化，有可能会变化到一个新的水平上，对此移动平均仍然能用于新水平的时间序列，并且用 k 项移动平均依然能得到较好的预测结果。因此，一个取值较小的移动平均项数（我们在 5.3.2 节所讲的朴素预测方法，实际上也是一种移动平均法，只不过移动平均项数 k 取值为 1 而已），能更快地捕捉到时间序列的漂移。另外，给移动平均项数 k 取较大的值，能对时间序列随机性波动进行更有效的平滑。所以，在确定移动平均项数 k 时，我们需要在考察时间序列存在的状态的前提下，结合管理需要做出合适的选择。

对表 5-8 的数据，我们采用 3 期移动平均。这样，第 4 天的职工人数移动平均的预测结果是：$\hat{y}_4$=(250+250+250)/3=250，这说明用 3 期移动平均得到的第 4 天职工人数的预测值是 250 人。第 4 天的实际职工人数是 262 人，那么第 4 天的预测误差便是：262−250=12（人）。

第 5 天的职工人数的移动平均预测结果是：$\hat{y}_5$=(250+250+262)/3=254，因此，第 5 天职工人数的预测值是 254 人，相应的预测误差是：262−254=8（人）。

职工人数时间序列 3 期移动平均的详细预测结果，见表 5-14。

表 5-14 职工人数时间序列 3 期移动平均的预测结果及相应误差

日期	职工人数	预测结果	预测误差	预测误差绝对值	预测误差的平方	相对误差	相对误差绝对值
1	250						
2	250						
3	250						
4	262	250	12	12	144	4.58	4.58
5	262	254	8	8	64	3.05	3.05
6	258	258	0	0	0	0	0
7	258	260.67	−2.67	2.67	7.13	−1.03	1.03
8	266	259.33	6.67	6.67	44.49	2.51	2.51
9	272	260.67	11.33	11.33	128.37	4.17	4.17
10	272	265.33	6.67	6.67	44.49	2.45	2.45
11	262	270	−8	8	64	−3.05	3.05
12	258	268.67	−10.57	10.57	111.72	−4.10	4.10
13	258	264	−6	6	36	−2.33	2.33
14	262	259.33	2.67	2.67	7.13	1.02	1.02
合计			20.10	74.58	651.33	7.27	28.29

把表 5-14 中第二列的实际职工人数和第三列的预测职工人数绘制成图，便得到原始时间序列和 3 期移动平均时间序列的动态折线图，详见图 5-26。

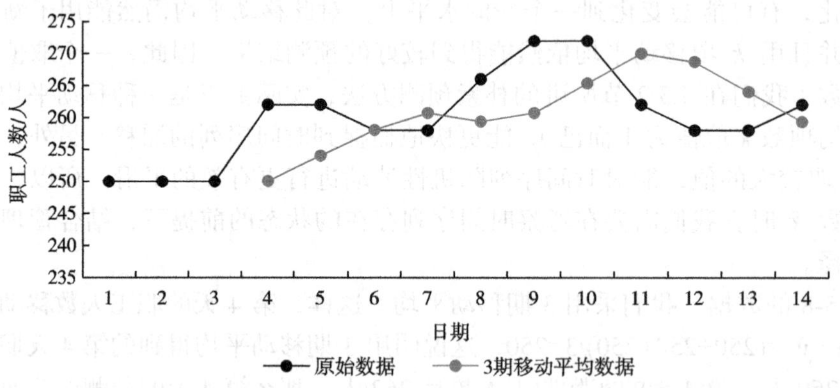

图 5-26 原始时间序列和 3 期移动平均时间序列的动态折线图

从图 5-26 中能够看出，移动平均后的时间序列曲线变得更加光滑，且波动的幅度也变小了。

如果要对第 15 天的职工人数进行预测，我们只需要计算第 12、13 和 14 天的平均数，也就是：$\hat{y}_{13}$=(258+258+262)/3 ≈ 259.33，所以按照 3 期移动平均，第 15 天的职工人数大约是 260 人。

到目前为止，并没有特别合适的方法进行移动平均项数 k 的选择，常用的方法是以均方误差最小时对应的 k 为准。拿职工人数的例子来说，均方误差最小值对应的移动平均项数是 4，此时的 MSE=414.88。只要我们能肯定既定的移动平均项数对原时间序列的实际观察值的预测结果比较好，同时对现象未来的预测结果也比较好，那么我们就可以选择该移动平均项数做移动平均预测。

如果在构建预测分析模型的时候，有足够多的样本数据可以利用，可以把数据划分成两个组成部分，一是训练数据集，二是验证数据集。然后以能保证验证数据集的均方误差达到最小的 k 值，作为移动平均的项数。

2. 指数平滑法

指数平滑法的思想是利用时间序列观察值的加权平均作为预测值，其计算公式为

$$\hat{y}_{t+1} = \alpha y_t + (1-\alpha)\hat{y}_t \tag{5-27}$$

式中，$\hat{y}_{t+1}$ 为 t+1 期的预测值；y_t 为 t 期的实际观察值；$\hat{y}_t$ 为 t 期的预测值；α 为常数，表示平滑系数，其取值范围为 $0 \leqslant \alpha \leqslant 1$。

式（5-27）表明，现象 t+1 期预测的结果，是 t 期的实际观察值 y_t 和 t 期预测值 $\hat{y}_t$ 的加权算术平均数。对 t 期实际观察值 y_t 采用的权数是平滑系数 α，对 t 期预测值 $\hat{y}_t$ 采用的权数是 $1-\alpha$。实质上，指数平滑预测分析方法，是对时间序列的各项观察值进行一系列加权平均的方法。为了说明这一点，我们以三期时间序列为例，假定一时间序列只有三项观察值，分别是 y_1, y_2, y_3。第 1 期的预测值 $\hat{y}_1$ 用时间序列第 1 期的实际观察值 y_1 代表，即 $\hat{y}_1 = y_1$。这样一来，便有

$$\hat{y}_2 = \alpha y_1 + (1-\alpha)\hat{y}_1 = \alpha y_1 + (1-\alpha)y_1 = y_1$$

这表明时间序列第 2 期的预测值，等于时间序列第 1 期的实际观察值。

对第 3 期进行预测，则有

$$\hat{y}_3 = \alpha y_2 + (1-\alpha)\hat{y}_2 = \alpha y_2 + (1-\alpha)y_1$$

如果把第 3 期的预测值，代入第 4 期的预测中，我们能得到

$$\hat{y}_4 = \alpha y_3 + (1-\alpha)\hat{y}_3 = \alpha y_3 + (1-\alpha)\left[\alpha y_2 + (1-\alpha)y_1\right] = \alpha y_3 + \alpha(1-\alpha)y_2 + (1-\alpha)^2 y_1$$

从上式我们不难发现，第 4 期的预测值，就是假定的时间序列前 3 期的实际观察值的加权算术平均数，并且各项前面的权数之和等于 1。由此，我们可以得到一个一般性的结论，利用指数平滑法对 t+1 期进行预测，实质上是时间序列所有 t+1 期之前的实际观察值的加权平均数。

尽管指数平滑法是用所有实际观察值的加权平均进行预测，但在具体实现的过程中，并不需要把所有的实际观察值都纳入计算中。由式（5-27）可知，实际上在运用指数平滑法进行预测时我们只需要掌握两项数值就可以了，一项是时间序列第 t 期实际观察值 y_t，另一项是第 t 期预测值 $\hat{y}_t$。下面，我们仍然以表 5-8 的数据为例，来说明指数平滑法的预测过程。前面我们已经指出过，对指数平滑预测法，一开始我们令第 2 期的预测值等于第 1 期的实际观察值。这样存在 y_1=250，$\hat{y}_1$=250，表 5-8 给出的第 2 期的实际观察值是 250，因此指数平滑法对第 2 期的预测误差是 250−250=0。在平滑系数假定为 0.5 的时候，由指数平滑法得到的第 3 期预测值是：$\hat{y}_3$=0.5 y_2 +0.5 $\hat{y}_2$ =250。同样的做法，我们

可以得到第 5 期的指数平滑预测结果：$\hat{y}_5=0.5\,y_4+0.5\,\hat{y}_4=256$。不断进行上述过程，我们可以得到每日职工人数的预测值，具体见表 5-15。

表 5-15　平滑系数为 0.5 时职工人数指数平滑法的预测结果

日期	职工人数	预测结果	预测误差	预测误差的平方
1	250			
2	250	250	0	0
3	250	250	0	0
4	262	250	12.00	144.00
5	262	256	6.00	36.00
6	258	259	−1.00	1.00
7	258	258.5	−0.50	0.25
8	266	258.25	7.75	60.06
9	272	262.13	9.87	97.42
10	272	267.07	4.93	24.30
11	262	269.54	−7.54	56.85
12	258	265.77	−7.77	60.37
13	258	261.89	−3.89	15.13
14	262	259.95	2.05	4.20
合计			21.90	499.58

根据表 5-15，第 14 天的实际观察值是 262，第 14 天的预测值为 259.95，这样根据式（5-27）可以得到第 15 天的预测值：$\hat{y}_{15}=0.5y_{14}+0.5\hat{y}_{14}=260.98$，这表明在既定的条件下，第 15 天职工人数的预测结果是 260.98。根据这个预测结果，企业就可以编制计划和进行其他方面的管理决策了。

把表 5-15 的第 2 列和第 3 列的资料，用动态折线图显示出来，得到图 5-27。

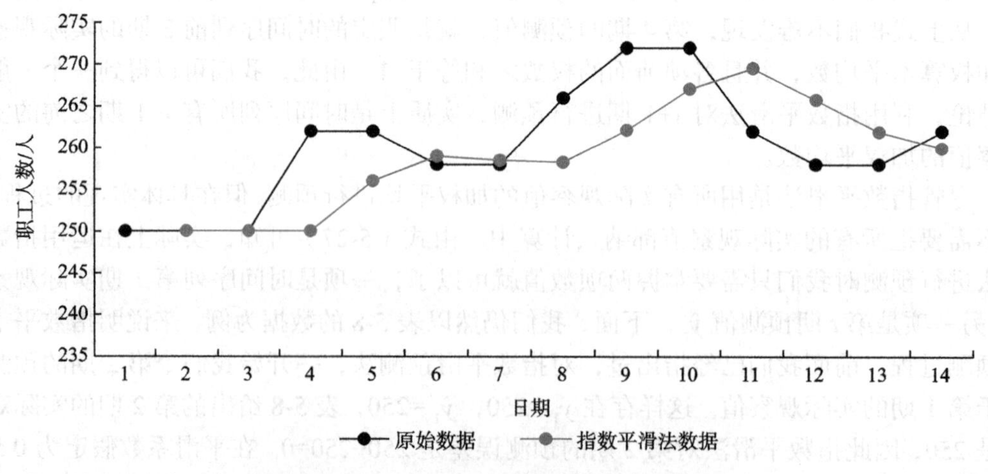

图 5-27　职工人数指数平滑法预测折线图

从图 5-27 可以看出，和原始时间序列资料绘制的折线图相比，由于指数平滑法把不规则变动或随机性波动平滑掉了，因此绘制出来的折线图显得比较光滑。

对于平滑系数的取值来说，如果时间序列预测误差的大部分是因随机性变异造成的，我们不想过度地急于干扰和调整预测结果，这时候给平滑系数赋予较小的值。如果时间序列的随机性变异相对比较小，那么预测误差更有可能代表着时间序列取值水平的实际变化，这时候给平滑系数赋予较大的值，其好处是能够迅速调整预测结果，以适应时间序列的改变，由此也能使预测分析对变化的环境做出更快速的反应。通常的做法是，如果有足够多的数据可以利用，我们在选择平滑系数时，可以考虑使验证数据集的均方误差达到最小时的平滑系数 α 值。

5.3.4　时间序列回归预测分析

在 5.2 节中，我们学习了回归分析的原理。回归分析是一类应用广泛的统计方法，通过回归分析得到的回归模型能够反映变量之间的相关关系。按照回归分析的说法，被预测的变量叫作因变量或被预测变量，用于预测因变量取值的变量叫作自变量或预测变量。一个因变量和一个自变量之间表现出直线关系的回归模型，叫作简单线性回归。一个因变量和带有两个或两个以上自变量之间的回归模型，叫作多元回归。在本节中，我们将介绍如何利用回归分析方法，对带有趋势、季节性效应，或同时带有趋势和季节性效应的时间序列进行预测，同时，我们也将介绍怎样建立回归预测分析模型。

1. 线性趋势回归分析

在这一部分我们将着重讨论适合于线性趋势时间序列的预测方法，并介绍如何利用回归分析方法对线性趋势的时间序列进行预测。在 5.3.1 节中，表 5-9 和图 5-23 的时间序列数据显示出长期趋势，现在我们用这些数据来进行回归分析。

求解简单线性回归模型的常用方法是最小二乘法。由最小二乘法得到的回归方程，能够保证均方误差达到最小。运用这一原理，我们可以对带有线性趋势的时间序列样本数据进行拟合得到最优的回归线。在时间序列的回归分析中，一般把时间序列的实际观察值当成因变量的取值，把时间编码看成自变量。因此，可以构造如下的线性趋势回归方程：

$$\hat{y}_t = b_0 + b_1 t \tag{5-28}$$

式中，$\hat{y}_t$ 为 t 期的预测值；b_0 为线性趋势线的截距项；b_1 为线性趋势线的斜率；t 为时间编码。

在式（5-28）给出的趋势直线方程中，t 的取值从 1 开始，t=1 对应着时间序列的第一项，t=n 对应着时间序列的最后一项，因此对于汽车销售的例子，t=12 表示该时间序列的最后一项的编码。

根据 5.2 节的内容，可以计算出截距项 b_0 和斜率项 b_1 的估计值，分别是 40.43 和 0.93。因此，汽车销售的线性趋势方程为

$$\hat{y}_t = 40.43 + 0.93t \tag{5-29}$$

式中，斜率 0.93 的含义是，在过去的 12 年中，该企业汽车销售平均每年增加 930 辆。假

设该企业汽车销售的趋势在未来仍然存在，这时就可以利用式（5-29）进行预测。比如对第 13 年，把 t=13 代入式（5-29）中，则可以得到第 13 年的汽车销售的预测值 $\hat{y}_{13}$=40.43+0.93×13=52.52，这表明在第 13 年，汽车的销售量估计为 52 520 辆。

对非线性趋势也可以按照上面的方法建立趋势方程，如果趋势方程中包含了 t^2、t^3，这时的趋势方程就是：$\hat{y}_t=b_0+b_1t+b_2t^2+b_3t^3$。这个多项式趋势方程就可以对曲线形式的时间序列进行预测。

如果趋势方程中所有的自变量都是同一时间序列的滞后值，这时我们可以得到另一种形式的回归预测模型。假如时间序列的各项观察值用 $y_1,y_2,\cdots,y_n$ 表示，我们可能会尝试通过用与 y 相关的最近的一些时间序列值 y_{t-1}、y_{t-2} 等来建立回归方程。比如，用时间序列最近三期的观察值作为自变量，按照这种方式得到的回归方程是：$\hat{y}_t=b_0+b_1y_{t-1}+b_2y_{t-2}+b_3y_{t-3}$，用时间序列的先前观察值作为自变量构造的回归模型，通常叫作自回归。

由于自回归模型典型地违背了最小二乘回归推断的必要条件，因此在对自回归模型做假设检验和区间估计时，我们需要慎重对待。

2. 带有季节效应的回归分析

从某种程度上说，季节性效应是客观存在的。因此，在构造预测分析模型的时候，需要把季节效应也考虑进来，以保证预测的精度。下面，我们区分两种情形加以讨论。

1）不带趋势的季节性效应

我们重新来考虑北京最高气温的案例，具体数据见表 5-10。从图 5-24 中可以看出，折线图并没有显示出某种长期趋势。事实上，图 5-24 显示出的波动是具有某种规则的。正如我们在前面所说的，最高气温往往出现在第二季度，第二季度和第三季度的温度相比于第一季度和第四季度要高，所以该时间序列存在着季节性效应。

通过引进虚拟变量，我们可以对带有季节性效应的时间序列构造分析模型。在 5.2 节中我们曾提到过借助属性变量可以对观察数据进行分类处理，并且指出要把数据划分成 k 个类别，我们只需要引入 $k-1$ 个虚拟变量。因此，要对 4 个季度的资料进行处理，只需要引进 3 个虚拟变量。例如，在北京最高气温的时间序列例子中，观察资料被区分成 4 个部分，每个部分都可以当成一个季度，这是一个带有 4 个水平的属性变量，分别是第一季度、第二季度、第三季度和第四季度。因此，对北京最高气温的时间序列，要对季节效应进行模拟，需要设立 4−1=3 个虚拟变量，它们分别是

$$D1_t=\begin{cases}1, & t\text{属于第一季度}\\0, & t\text{不属于第一季度}\end{cases}$$

$$D2_t=\begin{cases}1, & t\text{属于第二季度}\\0, & t\text{不属于第二季度}\end{cases}$$

$$D3_t=\begin{cases}1, & t\text{属于第三季度}\\0, & t\text{不属于第三季度}\end{cases}$$

当三个虚拟变量都等于 0 时，便是第四季度的预测结果。令 $\hat{y}_t$ 表示 t 期的预测值，则北京气温各个季度回归方程的一般形式为

$$\hat{y}_t=b_0+b_1D1_t+b_2D2_t+b_3D3_t \tag{5-30}$$

为了得到式（5-30）的回归方程，需要对时间序列进行适当的编排，具体见表 5-16。

表 5-16 含有虚拟变量的北京最高温度时间序列

时间编码	年份代码	季度	$D1$	$D2$	$D3$	温度/℃
1	1	1	1	0	0	22
2		2	0	1	0	35
3		3	0	0	1	35
4		4	0	0	0	24
5	2	1	1	0	0	20
6		2	0	1	0	38
7		3	0	0	1	35
8		4	0	0	0	27
9	3	1	1	0	0	19
10		2	0	1	0	34
11		3	0	0	1	36
12		4	0	0	0	24
13	4	1	1	0	0	24
14		2	0	1	0	38
15		3	0	0	1	36
16		4	0	0	0	34
17	5	1	1	0	0	22
18		2	0	1	0	35
19		3	0	0	1	34
20		4	0	0	0	26

根据表 5-16 的样本数据，我们使用一般的多元线性回归模型求解方法进行求解，得到的回归方程是

$$\hat{y}_t = 27 - 5.6D1_t + 9D2_t + 8.2D3_t \tag{5-31}$$

由式（5-31），可以得到来年每个季度北京最高温度的预测值，分别是

第一季度最高温度$=27-5.6\times1+9\times0+8.2\times0=21.4$

第二季度最高温度$=27-5.6\times0+9\times1+8.2\times0=36$

第三季度最高温度$=27-5.6\times0+9\times0+8.2\times1=35.2$

第四季度最高温度$=27-5.6\times0+9\times0+8.2\times0=27$

2）带有趋势的季节性效应

在 5.3.1 节冷饮的例子中，该时间序列既带有季节性效应，又存在着线性趋势（图 5-25）。对这类时间序列建立回归分析模型，可能需要考虑季节性效应的影响，同时也需要考虑到趋势的作用。对带有趋势的季节性效应回归分析模型，其一般形式为

$$\hat{y}_t = b_0 + b_1D1_t + b_2D2_t + b_3D3_t + b_4t \tag{5-32}$$

式中，$\hat{y}_t$ 为 t 期的预测值；$D1_t$、$D2_t$、$D3_t$ 为虚拟变量，其定义与前面相同；t 为时间编码，取值为 1,2,…。

为了能对式（5-32）进行求解，需要对相关的时间序列数据按照模型的需要重新编排，具体见表 5-17。

表 5-17　带有虚拟变量和趋势的冷饮销售时间序列

时间编码	年份代码	季度	*D*1	*D*2	*D*3	销售量/千杯
1	1	1	1	0	0	2.4
2		2	0	1	0	4.6
3		3	0	0	1	3.8
4		4	0	0	0	1.4
5	2	1	1	0	0	2.2
6		2	0	1	0	4.8
7		3	0	0	1	3.2
8		4	0	0	0	1.2
9	3	1	1	0	0	3.2
10		2	0	1	0	6.2
11		3	0	0	1	3.4
12		4	0	0	0	2.2
13	4	1	1	0	0	3.6
14		2	0	1	0	6.4
15		3	0	0	1	5.2
16		4	0	0	0	3.2

据表 5-17 的数据，对式（5-32）进行求解，得到的结果是

$$\hat{y}_t = 6.03 - 0.84D1_t + 0.41D2_t + 0.40D3_t - 0.12t \qquad (5\text{-}33)$$

由式（5-33）可以对未来一年各个季度冷饮的销售量进行预测。按照既定的时间代码，未来一年四个季度的编码分别是 17、18、19 和 20。这样，得到的未来一年各个季度销售量的预测结果分别是

$$\hat{y}_{17} = 6.03 - 0.84 \times 1 + 0.41 \times 0 + 0.40 \times 0 - 0.12 \times 17 = 3.15$$

$$\hat{y}_{18} = 6.03 - 0.84 \times 0 + 0.41 \times 1 + 0.40 \times 0 - 0.12 \times 18 = 4.28$$

$$\hat{y}_{19} = 6.03 - 0.84 \times 0 + 0.41 \times 0 + 0.40 \times 1 - 0.12 \times 19 = 4.15$$

$$\hat{y}_{20} = 6.03 - 0.84 \times 0 + 0.41 \times 0 + 0.40 \times 0 - 0.12 \times 20 = 3.63$$

这表明在同时考虑了时间序列季节性效应和趋势的情况下，第 5 年冷饮各个季度的销售量分别是 3150 杯、4280 杯、4150 杯和 3630 杯。

模型中引入虚拟变量，实际上意味着我们得到了四个回归方程，即每个季度都有一个回归方程。拿上述情形来说，这四个回归方程分别是

第一季度销售量$=6.03-0.84\times 1-0.12t=5.19-0.12t$

第二季度销售量$=6.03+0.41\times 1-0.12t=6.44-0.12t$

第三季度销售量$=6.03+0.40\times 1-0.12t=6.43-0.12t$

第四季度销售量$=6.03-0.12t$

上述四个季度销售量回归方程的斜率完全一样，都是−0.12，表明每个季度销售平均递减 1200 杯，差别表现在各个回归方程的截距上。

在冷饮的例子中，我们说明了怎样利用虚拟变量来表达四个季度的季节性效应。由于属性变量只有 4 个水平，只需 3 个虚拟变量。然而，许多商务活动可能需要使用月度而不是季度预测，这时候季节性效应的属性变量有 12 个水平，对此我们设立 12−1=11 个虚拟变量同样也能解决问题。

除了虚拟变量的设立和数量不一样之外，对月度时间序列的回归预测分析，其他方面与季度数据分析基本相同。不仅如此，对任何时间长度的时间序列，我们都可以采用同样的做法。

3. 因果关系的回归分析预测

对带有线性趋势和季节性效应的情形，我们在上面介绍了如何利用时间序列的观察资料进行预测。这类方法可以归为时间序列分析法，因为我们采用的分析模型，都依赖于时间序列本身的观察值才能进行预测分析。另外，根据被预测变量和预测变量之间存在的关系建立相应的分析模型也能进行预测。从一般角度看，这类模型仅包含能引起被预测变量变化的原因变量。例如，用广告支出对销售进行预测，用贷款利率解释住房建设规模，用学生在校学习成绩说明初始薪资，用产品价格说明对市场需求的影响，用道琼斯指数说明个股价值，用气温变化解释电力消耗等。

当诸如此类的自变量能够导致因变量发生变化时，我们把这类自变量纳入预测分析模型，由此构造出来的模型称为因果关系模型。这里需要注意的是，虽然叫作因果关系模型，但是这类模型只是反映了自变量与因变量之间的相伴随关系，并没有真正说明自变量与因变量是否存在因果关系。因果关系的判断不能靠模型，需要结合实际经验。

下面，我们以我国 1996～2005 年城镇居民家庭人均可支配收入与恩格尔系数的关系为例，来说明如何利用回归分析作预测。从数据来看，随着我国城镇居民家庭人均可支配收入的增加，城镇居民家庭的恩格尔系数在逐渐降低，表明两者可能存在着负相关关系，一般来说，城镇居民人均可支配收入越高，恩格尔系数越低，表明家庭用来购买食品所占比例越小，家庭相对富裕。

运用回归分析原理，可以在恩格尔系数（y）和城镇居民家庭人均收入（x）之间建立函数方程，依赖这样的方程，我们就可以在给定城镇居民人均收入的时候，对恩格尔系数进行预测。

为了构建城镇居民家庭人均可支配收入与恩格尔系数之间的模型，我们选取了我国 1996～2005 年的数据进行分析，详见表 5-18。

表 5-18 1996～2005 年中国城镇居民家庭人均可支配收入与恩格尔系数

年份	收入/元	恩格尔系数/%	年份	收入/元	恩格尔系数/%
1996	4 838.9	48.8	2001	6 859.6	38.2
1997	5 160.3	46.6	2002	7 702.8	37.7
1998	5 425.1	44.7	2003	8 472.2	37.1
1999	5 854	42.1	2004	9 421.6	37.7
2000	6 280	39.4	2005	10 493	36.7

由表 5-18 绘制的散点图，见图 5-28。

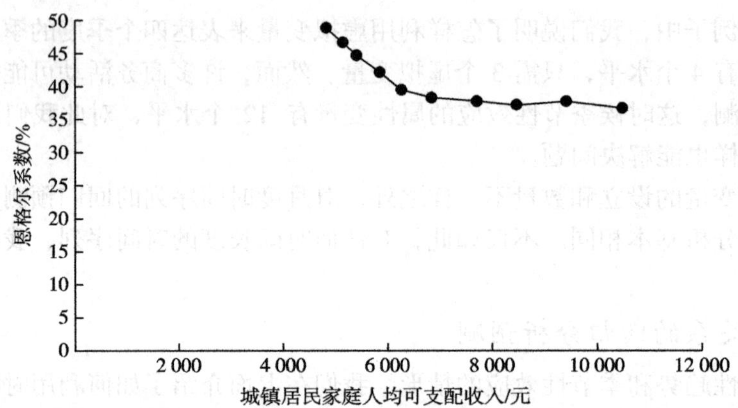

图 5-28 城镇居民家庭人均可支配收入与恩格尔系数散点图

根据图 5-28，我们可以看出，城镇居民家庭人均可支配收入与恩格尔系数存在着负相关关系，可以在两者之间拟合线性形式的回归方程。尽管图 5-28 的散点不全落在一条直线上，但基于回归分析的原理，能够在城镇居民家庭人均可支配收入(x)和恩格尔系数(y)之间建立直线形式的回归方程，详见图 5-29。

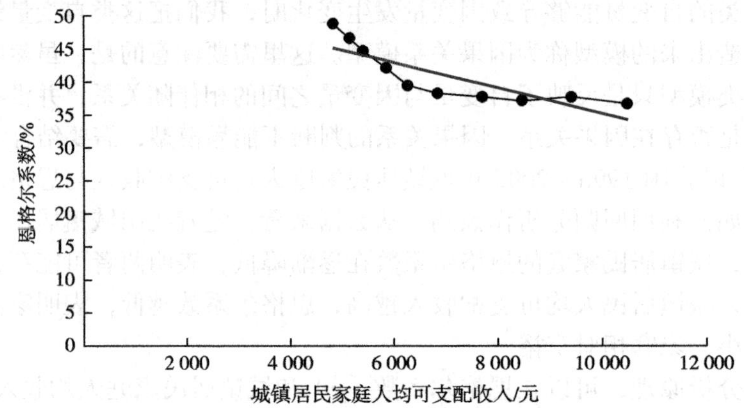

图 5-29 城镇居民家庭人均可支配收入与恩格尔系数的回归直线

由图 5-29 可知，可以采用如下直线方程：

$$\hat{y}_i = b_0 + b_1 x_i \tag{5-34}$$

式中，$\hat{y}_i$ 为第 i 年恩格尔系数；x_i 为第 i 年城镇居民家庭人均可支配收入；b_0 为线性回归方程的截距项；b_1 为线性回归方程的斜率。

根据数据得到的回归方程为

$$\hat{y}_i = 54.48 - 0.002x_i$$

回归直线方程的斜率是−0.002，表明随着城镇居民家庭人均可支配收入的增加，恩格尔系数会降低，即城镇居民家庭人均可支配收入增加 1000 元，恩格尔系数就会降低 2%。回归直线方程的截距项是 54.48，可以认为是当城镇居民家庭人均可支配收入为 0 时，期望能够达到的恩格尔系数值。

由最小二乘法得到的直线回归方程，如果能够较好地拟合城镇居民人均可支配收入与恩格尔系数之间的关系，那么在给定人均可支配收入的时候，就可以利用得到的回归方程对恩格尔系数进行预测。比如，某个家庭的人均可支配收入是 10 000 元，由线性回归方程的求解结果，该家庭的恩格尔系数就为 $\hat{y}=54.48-0.002\times10\,000=34.48$，计算结果表明，城镇居民家庭人均收入达到 10 000 时，恩格尔系数为 34.48%。

4. 存在因果变量和趋势及季节效应的回归预测

回归模型的包容性非常强，可以在回归方程中同时融进因果变量以及时间序列的相关效应。以城镇居民家庭人均收入为例，如果能拥有若干年的城镇家庭人均收入的时间序列资料，同时拥有社会补助金资料，并且我们有理由认为社会补助金与恩格尔系数之间存在相关关系，对此我们可以用一个回归方程，把这些因素都作为解释变量纳入进来。如果我们认为社会补助金的效应存在一定程度的滞后，只要把社会补助金做滞后 1 期处理即可，也就是用第 t–1 期的社会补助金解释第 t 期的社会补助金额。

使用自变量的前期观察值作为解释变量，这在回归分析中被称为滞后变量。

如果遇到多个自变量的情形，只要增加相应解释变量的观察数据，便能通过构造多元回归模型进行回归拟合和预测。

回归分析虽然可以帮助我们处理复杂的预测问题，但我们也需要注意过拟合问题。著名的预测分析专家斯佩诺斯·马克瑞戴克斯（Spyros G. Makridakis）根据个人研究实践指出，做短期预测采用简单的分析技术可能比使用复杂的方法好。采用复杂的方法，并不一定能保证好的预测结果。许多研究人员均表示，定量的预测分析要比“专家”做出的定性预测好得多。所以，只要有可利用的数据资料，我们最好还是选择定量预测分析。

回归方法能不能给出良好的预测分析结果，很大程度上取决于我们选择的自变量是不是与时间序列的变化有较好的相关性，以及所采集的数据资料的质量。在构建回归方程的时候，最好把可能的自变量都做一番考察，然后从中选择能够产生最好预测结果的变量。

5. 预测模型评估

假定有各种各样的预测模型和方法，现在我们面临着一个很现实的问题，就是“针对预测对象，怎样选择一个合适的模型或方法”。通常的做法是，根据已有的数据，先对这些数据进行统计描述，并绘制出数据图像，以便于能直观地进行分析。以时间序列为例，通过绘制动态曲线图，能够帮助我们直观地判断是否存在季节性效应，是存在线性趋势还是非线性趋势。对因果关系建模，绘制出的散点图能帮助我们识别自变量和因变量之间是存在高强度的线性关系还是非线性关系，要是两者之间完全呈随机性变化，建模的时候就根本没有必要考虑这样的自变量。

在回归分析建模的时候，我们可能要与大量的数据打交道。对此，我们建议把这些数据划分成两个部分，一部分作为训练数据，另一部分作为验证数据。针对训练数据，我们可能会采用指数平滑模型，也可能会采用回归模型，然后用剩下的数据来评估和比较所采用的模型的拟合效果。对验证数据资料，根据不同模型所产生的误差，通过计算平均绝对误差、均方误差、平均绝对百分比误差，我们可以从中挑选一个具有最小误差的模型。

5.4 文本分析及社交媒体分析

当今社会正处于信息时代，与其他事物发展的速度相比，计算机技术的发展是飞快的，在以往人们的印象中，那些庞大的、复杂的、难以计算的文本内容，随着信息时代的到来，在一定程度上可以得到解析。解决这些疑难问题的关键其实是文本分析与挖掘技术的进步。本来需要人工统计并处理的文本数据，在信息时代，计算机可以轻而易举地实现，只需要预先设定好框架和结构，就可以得到计算结果。文本分析与挖掘技术尤其商业数据的分析会得到大量的应用，企业为了更好地完善自身服务，提高自己的效益，会对自身或同行的商业数据进行细致的分析，以得到更加有用的信息。因此，本节主要介绍的就是文本分析/挖掘和 Web 分析/挖掘技术，并介绍其应用领域，如搜索引擎、情感分析和社交网络/媒体分析。

5.4.1 文本分析与文本挖掘概述

数据实际上可以分为两种类型：一种是结构化的数据；另一种是非结构化的数据。结构化的数据的格式是预先设定好的，由某些特定的数据记录组成，并以此形式存储在数据库中；非结构化的数据则与之不同，该种类型的数据没有预先设定格式，而是完全以文本的形式进行存储的。我们生活在信息爆炸的时代，各种类型的电子数据无论在收集还是存储方面数量都在不断地增长。实际上非结构化的数据在各大数据库中还是主导类型，部分研究者的研究结果表明，大约 85%的企业数据是以非结构化的数据类型存储。进一步解析非结构化的数据，并且得到非常有用的结果，也将成为各大企业的目标，准确而合理的分析结果对企业的发展是很有价值的。

尽管文本分析和文本挖掘的首要目标都是通过自然语言处理与分析将非结构化的文本数据转化成可操作的信息，但它们的定义还是有一些区别的。文本分析是一个更加宽泛的概念，它包含信息检索、信息提取、数据挖掘和 Web 挖掘。文本挖掘主要侧重于从文本数据源中发现新颖的、有用的知识。随着人们对商务分析和市场竞争分析、可视化分析以及社交分析等许多相关技术应用领域的重视，文本处理领域也与商务分析的关系越来越密切。通常来说，文本分析这个术语更多地被用于商业应用环境中，而文本挖掘则在学术研究中被频繁地提及。尽管对两者的定义或多或少存在差异，但在本章中我们依照学术惯例把文本分析和文本挖掘当作同义词使用。

文本挖掘又称为文本数据挖掘或文本数据库中的知识发现，是从大量非结构化数据源中提取模式、有用的信息和知识的半自动过程。数据挖掘是从数据中识别有效的、新颖的、潜在有用的而且最终可理解的模式的过程。这些数据以记录形式存储在结构化数据库中，包括分类、序数和连续变量。文本挖掘具有和数据挖掘相似的目标和过程，但文本挖掘的输入是大量非结构化（或半结构化）的数据文件，如 Word 文档、PDF 文件、文本摘录、XM 文件等。从本质上来看，文本挖掘由两个主要步骤组成：首先把文本数据源转化为结构化的数据，然后使用数据挖掘技术和工具从得到的结构化文本数据中提取相关信息和知识。

在许多不断产生文本数据的领域，如司法、学术研究、金融、医学、生物、科技和营销，文本挖掘带来的好处是显而易见的。例如，自由文本形式的客户交互，包括投诉或称赞以及保修申请表，可以使企业客观地认识到产品和服务在哪些方面具有可以提高的空间，从而改善产品开发和服务配置。对非结构化文本的自动处理在电子通信和电子邮件领域也产生了较大影响。文本挖掘不仅能用来分类和过滤垃圾邮件，还能根据重要性等级自动确定电子邮件的优先序，也能自动生成回复。目前应用文本挖掘较为广泛的领域包括信息提取、话题追踪、文档摘要、分类、聚类等。

5.4.2　自然语言处理

文本挖掘技术其实最早应用于解析文本文档，最常使用的就是词袋模型（bag of words model)，从而将文档集分为两个或多个预定义的类或对它们进行聚类形成自然分组。在词袋模型中，文本可以使用词语的集合进行表示，在该模型中，不需要关注文本中语句的语法以及词语的顺序。词袋模型的使用非常广泛，并且在实践项目中也得到了广泛的应用。比如我们熟知的垃圾邮件过滤程序，一封垃圾信件就是一个无序的词袋，我们只要把这个词袋与预先设定好的词袋进行比较，如果两个词袋中很多词语出现了高度重合，那就意味着这封邮件很有可能是一封垃圾邮件。预先设定好的词袋包含了大量的“垃圾”词语，在人们通常判断中出现这些词语的信件就是垃圾邮件。所以，垃圾邮件过滤程序的设计原理就是基于此。但是我们在进行文本挖掘任务的过程中，仅仅使用词袋模型是远远不够的，我们还需要借助更加先进的技术，如深度学习或自然语言处理技术等。

自然语言处理是文本挖掘中的一个重要组成部分，同时也是人工智能领域的主要研究内容。自然语言处理主要研究的是“理解”问题，将人类的语言描述进行一定处理，转换成计算机可以读取和处理的形式，自然语言处理的目标不仅仅是简单的语义理解，其更高层次的目标是语法解读、语义上下文的解读等。

“理解”这个词的定义和范围是自然语言处理的主要话题之一。考虑到人类自然语言的模糊性，对自然语言含义的真正理解超越了词语、句子和段落，需要有关话题的广泛知识，计算机目前并不能采用人类的方式理解自然语言并达到人类的准确度。自然语言处理从简单的单词计数开始已经走了很长的一段路，但要真正理解人类自然语言还有很长的一段路要走。自然语言处理需要解决的难点主要包括下面几类。

（1）词性标注：给文本中的词项标注词性（如名词、动词、形容词、副词等）是很困难的，因为一部分词性不仅取决于词项的定义，还与词项出现的上下文相关。

（2）文本分割：有些书面语言，如汉语、日语和泰语，没有单字边界。在这些例子中，文本解析任务要求能够识别这些语言的文字边界，这通常是一项很艰难的任务。类似的挑战出现在对口语进行语音分割时，语音代表了连续的字母，不同的词之间会互相融合。

（3）词义消歧：许多词包含不止一个含义，从中选出最适合的含义只能通过将词出现的上下文纳入考虑来实现。

（4）句法模糊性：自然语言的语法是模糊的，也就是说需要考虑可能的不同句子结构。选择其中最合适的结构通常需要语义信息和上下文信息的融合。

（5）不完善或不规则的输入：语音中的外国口音或地方口音和浊音、文本中印刷或语法错误使语言处理成为一项异常艰难的任务。

（6）语言行为：一个句子通常被看作说话者的一种行为。单纯的句子结构没有包含足够的信息来定义这个行为。例如，“Can you pass the class?”请求一个简单的是或否回答，然而“Can you pass the salt?”则请求该行为被执行。

5.4.3 文本挖掘过程

在进行文本挖掘研究的过程中，我们需要遵守一定的行业标准，在这个行业标准下是有一套非常完善而合理的流程的。尤其在进行跨行业数据挖掘的过程中，更要注重这一标准，其实数据挖掘跨行业标准化过程就是数据挖掘项目的标准化过程，主要涉及六个步骤，分别是业务理解、数据理解、数据准备、建模、测试和评估及部署满足特定业务需求的解决方案。文本挖掘过程模型可参见图 5-30，在该图中可以详细地看出每一个步骤数据处理的过程。

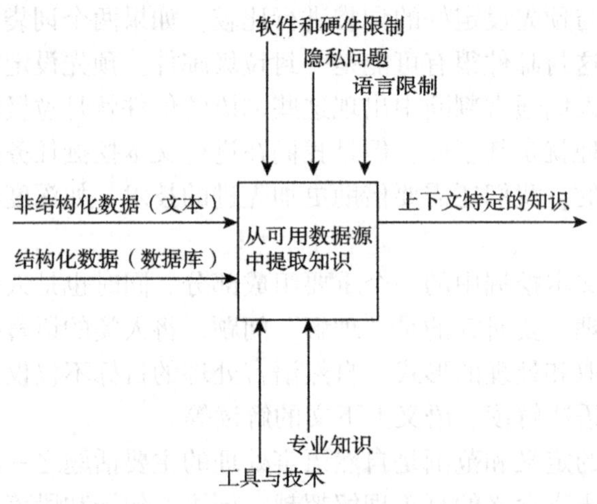

图 5-30 文本挖掘过程

如图 5-30 所示，基于文本的知识发现过程的输入（方框左边界的内向连接）是非结构化的数据，以及收集、存储和可获得的结构化数据。过程的输出（方框右边界的外向连接）是可用于决策的上下文特定的知识。过程的控制条件，也称为约束（方框上边界的向内连接），包括软件和硬件限制、隐私问题、与自然语言文本处理有关的难题。过程的机制（方框底边界的向内连接）包括恰当的技术、软件工具和专业知识。文本挖掘（在知识发现的上下文中）的主要目标是处理非结构化的文本数据（与所处理的问题相关并可用的结构化数据）以提取有意义的、可操作的模式，更好地做出决策。

从较高层面上来看，文本挖掘过程可以分解为三个连续的任务，每个任务都有明确的输入以产生明确的输出，如图 5-31 所示。如果某些原因导致一个任务的输出不是预期的结果，那么就需要反向重新定向到上一个任务的执行。

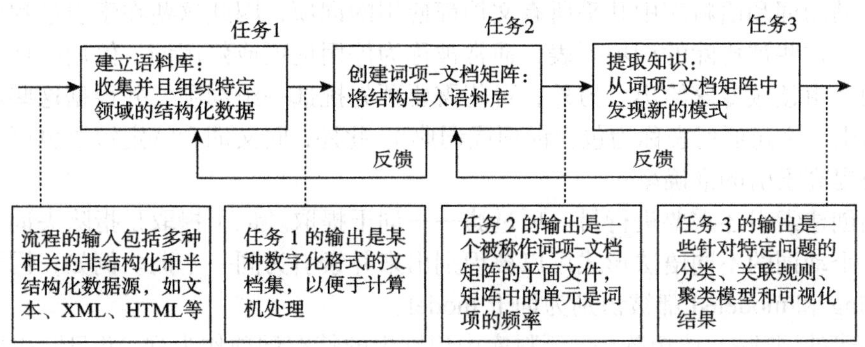

图 5-31　文本挖掘的三步过程（任务）

任务 1：建立语料库。

任务 1 的主要目标是收集数据，即收集与研究相关的文档，或是该领域内的文档，其收集到的数据样本格式是多样的，可以是文本数据、也可以是 XML[①]文档或 HTML[②]说明，语音数据也可以，通过语音识别算法转换成文档数据。

在完成数据收集后，文本文档就会被转化并组织成同样的表示形式，以便计算机处理。文档的组织可以是简单地存储在文件夹中的数字化文本摘录，也可以是特定领域的网页链接列表。许多商用的文本挖掘软件工具能够把它们当作输入，并转化成一个平面文件以供处理。或者平面文件可以在文本挖掘软件之外准备好，然后作为文本挖掘应用的输入。

任务 2：创建词项-文档矩阵。

任务 2 的主要目标是利用已经创建好的语料库构建词项-文档矩阵（term-document matrix）。在该矩阵中，行所代表的是文档，列所代表的是词项。词项和文档的关系实际上就是词项出现在各文档中的次数。图 5-32 是词项-文档矩阵的一个示例。

文档	海洋	船舶	航运	设计	管理	……
文档 1	1	1	1			
文档 2		3		1		
文档 3	1		1			
文档 4			1		2	
文档 5			2	1	1	
文档 6	1	1				
……						

图 5-32　一个简单的词项-文档矩阵

任务 2 的目标是将文档列表（语料库）转换为词项-文档矩阵，并用最恰当的索引填

① extensible markup language，可扩展标记语言。

② hypertext markup language，超文本标记语言。

充矩阵中的单元。该任务假设一篇文档的内容可以表示为一个列表和文档中使用词项的频率。然而，在描绘文档特征时所有的词项的重要性不同，有些词项并不具有区分能力，如冠词、助动词和语料库中几乎所有文档都使用的词项，因此这些在索引过程中应该被排除在外。这些被排除的词项列表，通常被称为停用词项或停用词。停用词项通常是领域特定的，由领域专家给出。另外，可能需要预先挑选一组词项，并根据这些词项对文档进行索引（该词项列表称为包含词项或词典）。此外，同义词和特定短语也可以提前定义，以便提高索引的准确率。

精确创建索引还需要进行另一项过滤——词干提取。词干提取是指除去词缀得到词干，如一个动词的不同语法形式可以被识别出来并索引为同一个词。例如，词干提取使得 modeling 和 modeled 都被识别为词干 model。

第一代的词项-文档矩阵中，语料库中识别出的特有词项作为列，并且除去停用词列表中的词；所有的文档作为行，单元值是每个词项在各个文档中出现的次数。实际上，如果语料库中的文档数量相当大，那么词项-文档矩阵就很可能包含相当多的词项。处理如此大的矩阵可能会耗费较长时间，而且更重要的是可能提取出不准确的模式。在这种情况下，我们必须考虑到索引的最佳表示以及怎样降低矩阵的维度使得计算机能够处理。

索引是为了加速对表中数据行的检索而创建的一种分散的存储结构。索引是针对表而建立的，它是由数据页面以外的索引页面组成的，每个索引页面中的行都会含有逻辑指针，以便加速检索物理数据。在对输入文档建立了索引并计算了每篇文档的初始词频后，就可以采用多种数据转换方法，归纳和聚合提取出的信息。原始的词频大体上反映了词项在每一个文档中的重要程度。具体地说，文档中出现频率较高的词是该文档内容更好的描述符。然而，仅仅根据词项出现的频率就假设它与文档描述的重要程度成正比是不合理的。例如，如果有一个词在文档 A 中出现了 1 次，而在文档 B 中出现了 3 次，因此假设这个词作为文档 B 的描述符的重要程度是文档 A 的 3 倍，这显然不合理。为了获得更加一致的词项-文档矩阵以进行进一步的分析，需要对这些索引标准化。与显示真实的频率计数相反，可以使用多种替代方法对词项和文档之间的数字表示进行标准化处理，如对数频率、二进制频率、逆文档频率等。

由于词项-文档矩阵通常很大而且相对稀疏，因此另一个重要问题是如何把矩阵的维度降低到一个可以处理的大小。为了管理矩阵大小，有许多可用的方法，比如最原始的方法是采用人工降维，由领域专家检查词项列表，剔除那些对研究上下文没有多大意义的词项，或者删除只在极少文档中出现很少次的词项。另外使用比较广泛的方法是奇异值分解，将输入矩阵整体的维度（输入文档的数量 × 提取出词项的数量）降低到一个低维空间中，其中每一个维度代表词和文档之间可能变化的最大程度。奇异值分解与主成分分析密切相关。理想情况下，分析人员可能识别出 2 ~ 3 个能够解释大部分文档和词之间的变化或差异的最显著维度，从而识别出该分析中构成文档和词关系的隐语义空间。一旦这些维度被识别出来，文档中包含的内容的潜在含义就会被提取出来。

任务 3：提取知识。

任务 3 的主要目标是利用结构良好的词项-文档矩阵和其他结构化数据元素，提取特定问题背景下的新模式。知识提取方法主要可以分为以下四种：第一种是分类；第二种是聚类；第三种是关联；第四种是趋势分析。下面，我们对这四种类别进行较为详细的解读。

第一种知识提取的重要方法是分类。通常来说，分析复杂数据源最常用的知识发现方法就是对象的分类（classification）。分类的任务是为一个给定的数据实例指定预先定义的类别。随着将分类应用到文本挖掘领域中，这项任务称为文本分类（text classification）。在文本分类中，给定一组分类（主题、话题或概念和文本文档集），目标是使用分类模型为每个文档找到正确的话题（主题或概念），其中分类模型是在包含文档和分类标记的训练数据集上构建的。目前，自动文本分类已经应用在各种不同的背景中，包括自动或半自动的可交互的文本索引、垃圾邮件过滤、层次目录下的网页分类、元数据自动生成、类型检测等。文本分类的两种主要方法是知识工程和机器学习。在知识工程中，专家的分类知识以语句的形式或程序化的分类规则编码在系统中。在机器学习中，归纳过程通过学习一组已经分类的实例建立分类器。由于文档数目呈指数级增长和知识专家数量不足，文本分类开始转向机器学习方法。

第二种重要方法是聚类。聚类是无监督过程，它将对象划分到称为簇的自然分组中。分类问题根据类的描述特征使用预先分类的训练样本集合开发模型，从而对未标记的新对象进行分类。与分类不同，聚类是在没有任何先验知识的条件下，将一组未标记的对象，如文档、客户评论、网页，分成有意义的簇。由于数据的类别经常是未知的，因此聚类得到了广泛的应用，适用范围从文档检索扩展到优化网页内容搜索。事实上，聚类最突出的应用之一是分析和导航超大文本集，如网页。基本假设是相对于不相关的文档，相关文档之间会更加相似。如果该假设成立，基于内容相似度的文档聚类可以提高搜索的有效性。由于聚类是基于整体相似度而不是单个词项的出现，所以当查询与文档匹配时会返回整个聚类，因此聚类能够提高基于查询的搜索的召回率。聚类也能够提高搜索精度。随着集合中文档数量的增加，浏览相匹配的文档列表变得困难。聚类能够将文档分成若干个较小的关联文档分组，并按照关联程度对它们排序，从而只返回最相关分组中的文档。目前最流行的两个聚类方法是分散/集中聚类和特定查询聚类。分散/集中聚类指的是当一个搜索查询不能被形式化描述时，文档浏览器使用聚类来提高人类浏览文档的效率。在某种意义上，该方法动态地生成一个收集内容列表，并根据用户的选择进行调整。特定查询聚类则使用层次聚类，其中与查询最相关的文档出现在一个小的紧密的簇中，而该簇嵌套在一个大的簇中，大的簇包含不太相似的文档集，从而创建文档的相关性层级。该方法在处理具有真实规模的文档集时表现良好。

第三种重要方法是关联。关联分析也称为数据挖掘中的关联规则学习，是从大型数据库中发现变量之间有趣关系的一项流行技术，已得到了充分的研究。生成关联规则的主要目的是识别那些经常一起出现的项目集合。在文本挖掘中，关联特指概念（词项）或概念集合之间的直接关系。与频繁概念集 A 和 C 有关的关联规则为 A+C，可以用支持度（support）和置信度（confidence）等基本度量标准评价。这里，置信度是包含 A 中所有概念也包含 C 中所有概念的文档百分比。支持度是包含 A 和 C 所有概念的文档占总文档的百分比或数量。

第四种重要方法是趋势分析。文本挖掘中趋势分析的最新方法是基于这样的概念：

不同种类的概念分布是文档集的函数，即对于相同的概念集合来说，不同的文档集导致了不同的概念分布。因此，可以挑选两个除文档来源外完全相同的文档子集，比较它们的概念分布。

5.4.4 情感分析

情感分析（sentiment analysis）通常所指的是对文本的内容进行带有感情色彩的主观性分析、处理、抽取的过程，所使用的技术是自然语言处理技术或文本挖掘技术。情感分析在近些年被广泛使用在学术界和工业界，主要是得益于社交媒体、在线评论、个人博客等互联网社交平台的快速发展。从个人角度出发，情感分析关注的重点是个人的观点、情绪、交互信息等；对企业而言，情感分析关注的重点则是产品的服务、反馈等。

情感分析主要通过对文本中的观点、情绪和主观看法的自动提取，并通过各种计算机技术对这些观点和看法进行进一步深入的研究。情感分析不仅适用于计算机领域，还在社会学领域、心理学领域、管理学领域等得到了进一步发展，情感分析把各个领域的研究人员和从业人员聚集到一起，由单一领域扩展到多领域。在实践应用中，尤其是在商业应用中，情感分析可以进一步地把握客户对企业的反馈，尤其在进行服务质量的打分中发挥了重要的作用。

传统的情感分析方法通常是基于问卷调查的形式或以小组为中心，成本较高且花费的时间较长，调查问卷的参与者范围很小。与传统的情感分析方法相比，新兴的基于文本分析的情感分析打破了这些限制。目前的解决方案是通过自然语言处理技术和能够同时处理事实和主观信息的数据挖掘技术，自动完成对海量数据的收集、过滤、分类和聚类。

由于文本中潜在的概念、文本的表达方式和文本的上下文等都是复杂且没有固定模式的，故情感分析的难度较高。情感分析的总体研究步骤如下所示。

第一步是进行情感检测。在检索和准备文本文档后，情感分析的第一个主要任务就是检测客观性。这个步骤的目标是区分事实和观点，也可以将文本分类为客观或主观两类。这也可以称为客观–主观极性（objective-subjective polarity，o-s 极性，可以表示为 0～1 的数值）计算。如果客观性的值接近 1，说明这是一个事实，没有意见可以挖掘，过程返回并且抓取下一条文本数据进行分析。通常，观点检测基于对文本中的形容词进行检测。例如，通过查看“这是一个令人沮丧的工作”中的形容词，就可以相对容易地确定情感极性。

随后进行第二步：极性分类。给定一段评论性的文本，这个步骤的目标是将观点分为两个对立的情感极性之一，或者将观点放置在两个观点极性的连续区间内。情感极性是文本分析重点关注的一种特别的文本特征。极性通常有两种：积极的和消极的。当把极性看作一个二元特征时，极性分类就变成了一个二元分类任务，即将表达观点的文档标记为一个总体的积极或消极观点。极性识别可以在单词、词项、句子或文档级别进行。极性识别的最细粒度是在单词级。一旦完成单词级的极性识别，接着就可以聚合到更高级别，然后再到下一个级别，直到情感分析期望的聚合级别。有两种主要技术可以在单词/词项级别进行极性识别，它们分别是使用词典或者使用已标记的可用文档资源作为训练集。

（1）使用词典作为参考库。通过人工或自动生成词典，由个人为特定任务开发或者由机构开发通用词典。

（2）在特定领域内使用训练文档集作为词项极性的知识源，即从表达观点的文本文档中建立预测模型。

除了识别情感极性外，人们还对识别情感的强度感兴趣（与简单的积极情感相反，可能会表达为轻微的、适度的、强烈的或非常强烈的积极情感）。大多数情感分析的研究是针对产品或电影的评论，这些评论中的“积极”和“消极”情感的定义相对明显。然而其他一些工作则较为困难。例如，一篇文档虽然没有明显地使用任何主观的词语或词项，但可能包含消极的消息。此外，当一篇文档同时表达了积极和消极的情感时，那么任务可能就变为识别文档的主要或主导情感。对于长文本来说，分类任务仍然需要在多个级别中完成：词项、短语、句子，也可能是文档级别。对于这些任务，使用一个级别的输出作为另一个更高级别的输入是非常常见的。当确定了单个词汇的语义倾向后，通常就需要将其扩展到单词出现的短语或句子中。完成这种聚合的最简单的方法是对短语或句子中的词的极性进行某种类型的平均。类似于从单词级别向短语或句子级别聚合情感极性，向文档级别聚合也是通过某种类型的平均来完成。

第三步是目标识别，这个步骤的目的是准确地识别所表达情感的目标。该任务的难度很大程度上与分析的领域有关。虽然准确识别产品或电影评论的目标通常很容易，因为评论是与目标直接相关的，但在其他领域可能会非常有挑战性。例如，较长的通用文本，如网页、新闻和博客，通常并不具有一个预定义类别的话题，并且经常会提到多个对象，其中任何一个对象都可能被推断成目标。有时候，在一个情感句子中会包含多个目标，如在比较性的文本中，一个主观的比较性句子会按照偏好程度对对象进行排列，例如，“这台笔记本电脑比我的台式计算机要好”，使用形容词和副词比较级（更多、更少、更好、更长）、形容词最高级（最多、最少、最好）和其他词（一样、不同、胜过、偏爱等）可以识别这些句子。一旦句子被检索出来，就可以根据文本中的描述按照最能代表对象特质的顺序对它们进行排列。

第四步是收集和聚合。在文档中所有文本的情感被识别并计算后，就可以聚合并转化成整个文档的单一情感度量。聚合过程可以很简单，如对所有文本中的极性和强度简单求和；也可以很复杂，如使用自然语言处理中的情感聚合技术产生最终的情感。

5.4.5　Web 挖掘

互联网的发展不仅改变了人们的日常生活，而且改变了商业的生存环境和运行环境，随着互联网的发展，世界日趋表现为互联化、扁平化、竞争化。当代企业既面临着机遇，也面临着巨大的挑战，在日益复杂的互联网环境中，在某一个时刻，企业可能会获得难以想象的巨大收益，也有可能瞬间丧失掉自己的优势，由此，企业的发展会遇到更大的困难。互联网已经成为一个企业发展的必备条件，在互联网中客户得到的是企业的服务，而企业在互联网的平台中得到的是用户的反馈信息。

互联网的发展能够在一定程度上产生大量的数据，对这些数据的收集、处理、交互等过程是非常关键的。互联网的信息服务、信息交互、信息咨询、信息反馈的过程不局限于个体，随着社交媒体工具和技术的进一步发展，在互联网上每个人已经不再是孤立的个人，人与人之间的关系被进一步拉近。所以一个想要成功的企业会充分地利用互联网中的各项技术，合理地改善自身的服务，更好地实现企业与客户之间的沟通，以真正地实现“以客户为中心”。

万维网作为一个巨大的数据和信息仓库，几乎包含个人能够想象的所有事情。无论是企业还是个人，只要指出名称，就可以获知大量与之有关的信息。Web 可能是世界上最大的数据和文本仓库，并且 Web 上的信息总量一直在快速增长。大量有趣的信息可以在线获取，如主页与哪些其他页面相链接、有多少人点击了某个页面的链接、某个网站是如何组织的。此外，网站的每个访问者、搜索引擎的每一次搜索、链接的每次点击和电子商务网站的每次交易都产生了附加的数据。由于庞大的规模和复杂度，Web 挖掘对任何方法来说都不是一项简单的任务。

Web 挖掘是从文本、网页链接、使用记录等形式的 Web 数据挖掘内在关系的过程。从本质上来看，Web 挖掘是数据挖掘在 Web 数据分析中的应用，其目标是将海量的事务、客户交互和网站使用数据转化为可操作的信息和知识，以提升企业范围内的决策水平。图 5-33 显示了 Web 挖掘的简单分类，它包含了三种类型：Web 内容挖掘、Web 结构挖掘和 Web 使用挖掘。虽然这三个区域分开显示，但在实际应用中常常需要利用这些工具协同解决业务问题。

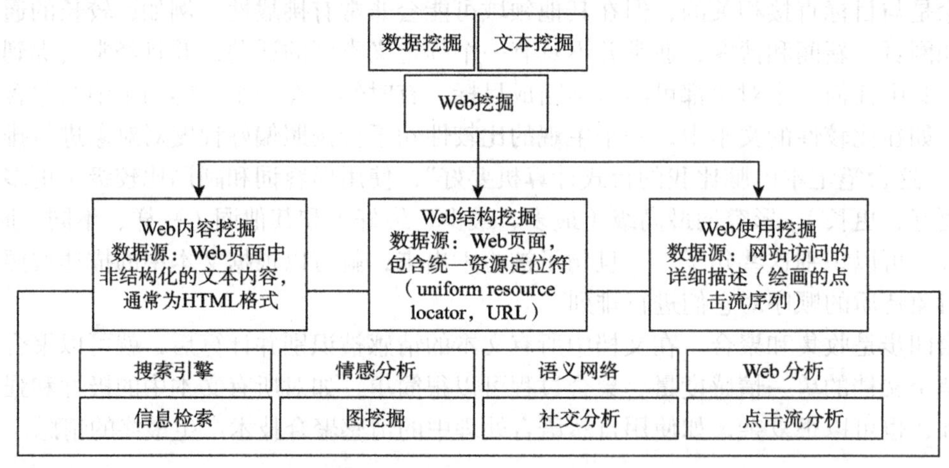

图 5-33 Web 挖掘的简单分类

Web 内容挖掘是指从 Web 页面中提取有用信息。文档可能以某种机器可读的形式被提取出来，从而可以使用自动化技术从这些 Web 页面中提取信息。网络爬虫用来自动地浏览网站内容。收集的信息可能包括与文本挖掘中类似的文档特征，也可能包括其他概念，如文档层次结构。这样一个自动或半自动的 Web 内容收集和挖掘过程可以用于有关竞争者产品、服务和客户的情报的收集，还可以用于信息/新闻/意见的收集和汇总、情感分析和预测建模中自动的数据收集和结构化。除了文本外，Web 页面也包括从一个页面指向另一个网页的超链接。超链接包含了大量重要的、隐含的人工标注，这些标注有助于自动地推断网页的中心性或权威性。当网页中包含一个指向其他 Web 页面的链接时，可以认为 Web 页面开发人员对其他页面的认可。不同开发人员对同一个网页的共同认可说明这个页面的重要性，自然能够发现权威的 Web 页面。因此，大量 Web 链接信息提供了有关 Web 内容的相关性、质量和结构的丰富信息，对 Web 挖掘来说这是一个丰富的数据源。

Web 结构挖掘是从 Web 文档中嵌入的链接中提取有用信息的过程。Web 结构挖掘用来识别权威页面和网络中转站 hub（指向权威页面的链接集的一个或多个网站），这也是目前网页排名算法的基石。目前流行的搜索引擎的核心都是 page-rank 算法。正如指向一个网页的链接表明了此网站的流行度或权威性，网页或整个网站内的链接显示了对某一话题的涵盖深度。链接分析对于理解大量网页之间的相互关系非常重要，能够帮助更好地理解特定的 Web 社区、部落或圈子。

Web 使用挖掘也称为 Web 分析，是从网页浏览和交易数据中提取有用的信息。分析 Web 服务器收集的信息能够帮助我们更好地理解用户行为。对这些数据的分析通常叫作点击流分析（click stream analysis）。通过使用数据和文本挖掘技术，企业可以识别点击流中有趣的模式。图 5-34 显示了从点击流数据中提取知识的过程，以及怎样使用生成的知识优化过程和网站，最重要的是增加客户价值。

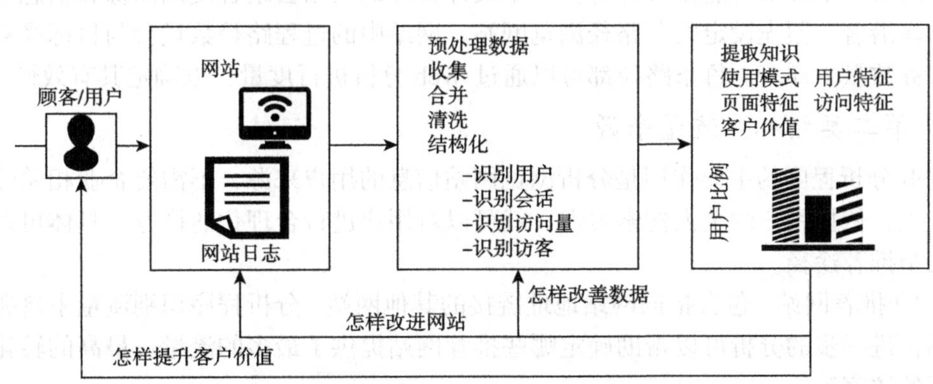

图 5-34　从 Web 使用数据中提取知识

市场上存在很多 Web 分析的工具和技术。由于 Web 分析工具能够度量、收集和分析互联网数据，以更好地理解和优化 Web 的使用，故 Web 分析工具的应用越来越广泛。Web 分析不仅仅是度量 Web 流量的工具，也可以作为电子商务和市场调查的工具，评估并提高电子商务网站的有效性。Web 分析应用也能够帮助企业度量传统的平面或电视广告活动的效果，帮助估计新的广告活动投放后网站的流量变化。Web 分析提供了有关网站访客数量和页面浏览数量的信息，可以帮助计算网站流量和流行趋势，可以用于市场调查。

通过使用不同的数据源，Web 分析程序提供了对大量营销数据的访问，来发现更有效的信息，促进企业成长，获取更高的投资回报。Web 分析提供了广泛的指标，通常可操作的并能够直接影响业务目标的包括四类指标。

1. 第一类指标：网站可用性

这一类指标重点关注的是网站对访客的友好程度及服务水平。

（1）页面浏览量：这是最基本的度量，这个指标经常描述为“每个访客的平均页面浏览量”。如果访客来到网站但没有浏览很多页面，那么网站可能存在设计或结构上的问题。页面浏览量低的另一个解释是吸引访客到网站的营销信息与实际内容脱节。

（2）网站停留时间：与页面浏览量类似，网站停留时间是一个评估访客和网站交互的基础度量。一般而言，访客在网站花费的时间越长越好。这可能意味着他们在认真浏览网站的内容，利用网站提供的交互组件做出购买、回复或进行下一步的决策。另外，网站停留时间也需要与页面浏览量比照，以确定访客不是在花费时间试图定位本应更容易获取的内容。

（3）下载：下载包括提供给访客的 PDF 文件、视频和其他资源。网站需要考虑这些条目易于获取的程度和推广的效果。

（4）点击地图：大多数分析程序能够显示网页中每个条目的点击百分比。这包括可点击的图片、文本链接、下载和页面中的任何可能的导航。

（5）点击路径：虽然评估点击路径更复杂，但通过这个路径网站可以快速找到在特定过程的哪一个环节可能损失访客。一个设计良好的网站会组合使用图像和信息架构，激发访客沿着“预先设定的”路径浏览网站。网站中的过程路径数量会与目标受众、商品和服务数量一样多。每条路径都可以通过 Web 分析进行度量，以确定其有效性。

2. 第二类指标：流量来源

Web 分析程序的主要作用是分析浏览网站信息的用户来源，不需要企业相关营销人员的介入，依据用户的个人搜索习惯，就可以对用户进行合理化的推荐，具体可以分为以下几个推荐途径。

（1）推荐网站：包含指向网站地址链接的其他网站。分析程序识别流量来自哪些推荐网站，进一步的分析可以帮助确定哪些推荐网站提供了最多的流量、最高的转化率以及最新的访客等。

（2）搜索引擎：搜索引擎的流量来自付费搜索和自然搜索。由于搜索查询使用短语的方式不同，即使是最简单的产品搜索也可能使用一些不同的关键词。

（3）直接搜索：直接搜索有两种来源。用户在收藏夹中存储了网页链接，点击这个链接会被记录为一个直接搜索。另一个来源是直接在浏览器中输入 URL。这种情况发生在用户通过名片、宣传册、平面广告、商业电台等检索到了 URL。这说明使用编码的 URL 是一种有效的策略。

（4）线下活动：如果采用广告形式而不是基于 Web 的活动，但包含了一个将数据发回给网站的机制，那么分析程序就可以抓取与访问相关的数据。

（5）在线活动：假如网站发起了一个横幅广告活动、搜索引擎广告活动，甚至邮箱营销活动，那么可以与线下活动策略一样采用专用的 URL，分析各个活动的有效性。

3. 第三类指标：访客特征

Web 分析不仅仅是一个非常实用的营销工具，同时它还具有对用户进行分类的功能，结合不同的数据来源和分析报表，依据不同的用户资料对用户进行分类。

（1）关键词：在分析报表中，网站可以发现访客在搜索引擎中使用了哪些关键词定位到网站。如果通过相似性对这些关键词进行聚合，就会发现使用网站的不同访客群体。例如，从用户使用的特别的搜索短语可以看出他们对产品或产品优势的了解程度。如果他们使用的词恰恰反映了产品或服务的描述，那么他们可能已经从广告、宣传册等渠道了解了一些信息。如果用户使用的检索词项比较宽泛，那么这些访客可能在寻找解决方案时偶然发现了网站。如果第二种访客群具有相当的规模，那么网站需要确保拥有强大的"教育"能力，说服访客并将其纳入销售渠道。

（2）内容分组：根据内容的组织方式，可以分析网站中与特定产品、服务、活动和其他营销策略有关的部分。

（3）地理：通过分析，可以查看产生流量的地理位置，包括国家、地区和城市位置。如果网站想要进行面向区域的营销活动或度量在某个地区的可见性，那么这种分析可能会非常有用。

（4）时间：通常，网站流量会在工作日的开始、午餐时间和接近工作日结束这几个时间段达到峰值。然而，大量流量在深夜访问网站也并不罕见。可以分析这些数据确定人们浏览和购买的时间，并对客户服务时间做出决策。

（5）登录页资料：如果合理地组织不同的广告活动，网站可以将每个目标群体带入不同的登录页，便于 Web 分析的捕获和度量。通过将这些数字与活动媒体的人口统计学信息相结合，可以发现访客中每个人口群体的百分比。

4. 第四类指标：转化统计

其实每一个组织都会基于其特定的模式选取营销目标，而这一过程就可以被定义为"转化"。部分 Web 分析程序会使用"目标"作为网站目标的基准，而这个目标可能是网站的访客次数、注册次数，甚至可能是网站商品的购买次数。

（1）新访客：如果网站在努力提高可见性，就需要研究新访客数据的趋势。Web 分析能够识别所有新访客或回访访客。

（2）回访访客：如果涉及客户忠诚度项目或提供具有较长购买周期的产品，那么回访访客数据可以帮助度量相应的进度。

（3）销售线索：一旦表单被提交，感谢页面生成，就完成了一个销售线索。Web 分析允许网站通过将已完成表单的数量除以访问页面的访客数量，计算完成率（或放弃率）。完成率低会为网站指明需要注意的页面。

（4）销售/转化率：根据网站的目的，可以自定义"销售"的含义，如一次在线购买、一次注册、一次在线提交或任何其他 Web 活动都可以成为网站的一次"销售"。监控这些数据会对上游出现的任何变化发出警示。

（5）放弃/退出率：有些访客在某个过程开始后就退出了，还有一些访客浏览了一两个页面就离开了，与那些从头至尾浏览了网站的访客相比，这两类访客同样重要。在第一种情况下，网站需要分析访客在过程的哪个位置终止，以及是否有大量访客在这个位置退出。随后探讨这种问题的解决方案。在后一种情形下，网站或页面的高退出率通常是访客预期问题。访客根据广告、展示等包含的信息点击了网站，并期望该信息的持续性。网站需要确保广告的内容在网站中得到加强和实现。

以上每一项都包含了指标，可以根据特定的组织需求进行选择。持续评估这些指标并与其他营销数据结合使用，就可以创建高度量化的营销项目。

5.4.6 社交分析

社交分析的概念是挖掘社交媒体中的文本内容并由此分析社交媒体中建立的网络关系，其主要的服务对象是公司的特定产品。通常使用的是情感分析、机器学习、自然语言处理等技术。社交分析通常可以分为两种类型：一种是社交网络分析（social network analysis）；另一种是社交媒体分析（social media analysis）。

1. 社交网络分析

社交网络是由人与人之间的关系所构成的社会结构。社交网络分析不仅可以进行个体之间的分析，还可以进行团体或组织的分析。通过社交网络可以进一步分析社交实体的结构和动态变化，该分析不仅可以进行全局分析，还可以进行局部分析。社交网络分析被广泛应用于商务数据分析领域、社会学领域等，同时在其他学科领域中也得到了广泛的应用。

社交网络是一个理论架构结构，在社会科学的研究中，社交网络的研究不局限于人与人之间的关系，这种关系是可以扩展的，如个人与团体、组织之间的关系，或是个人与社会的关系。人们印象中的社交网络往往过于狭隘，仅仅是人与人之间的关系。社交网络在商业应用中则更为复杂，如与企业相关的通信网络、社区网络、犯罪网络、创新网络等，这些网络类型其实都是社交网络。

社交网络分析是对社交网络的系统研究。社交网络分析使用网络理论分析社交关系，包括节点（代表网络内的个人或组织）和连接/联系（代表了个人或组织之间的关系，如友谊关系、亲属关系、组织地位等）。这些网络通常用社交网络图表示，其中节点用点表示，连接用线表示。常用于描述社交网络结构的指标具体如下。

同质性：社交网络的参与者（actor）倾向于与相似的人形成联系，不与相似性较低的人联系。相似度可以由性别、民族、年龄、职业、教育水平、职业状态、价值观或其他显著特征来定义。

多重性：连接中所包含的内容种类的数量。多重性一直与关系强度联系在一起。

相互性：两个参与者互相回应对方的友谊或其他互动的程度。

中心性：一个旨在量化网络中某一特定节点或群组的重要性或影响力（从多种意义上）的指标。度量中心性的一般指标包括中介中心性、紧密中心性、特征向量中心性、α 中心性和度中心性。

密度：社交网络中节点之间直接连接数目与网络中所有节点之间连接数的比值。

距离：连接社交网络中两个参与者需要的最小连接数。

连接强度：由时间、情绪强度、亲密度和相互关系的线性组合定义。强连接与同质性、邻近关系和传递性相关，而弱连接与桥相关。

聚类系数：聚类系数是表示一个图形中节点密集程度的系数。聚类系数越大说明聚集程度越高。

内聚性：参与者之间直接相连的程度。结构内聚是指隔离群组节点需要移除的最小成员数量。

2. 社交媒体分析

社交媒体主要是指互联网上的用户进行信息交互所使用的平台，如微博、知乎、微信等。这一类平台主要是信息的集散地，用户之间可以进行彼此的交流和沟通。社交网络的发展也是与计算机技术的进步密切相关的，随着 Web 技术的不断发展，更多的社交媒体平台不断地出现，进一步推动了个体之间、企业之间以及个体与社区之间的关系。

社交媒体的数量呈现出指数式的增长，人们在各大社交媒体的平台发表自己的言论，与其他个体进行深度的交流与沟通，进一步拉近了人与人的距离。依据每一个用户在社交媒体的活跃程度，可以进一步对用户进行分级，具体的分级结果如图 5-35 所示。

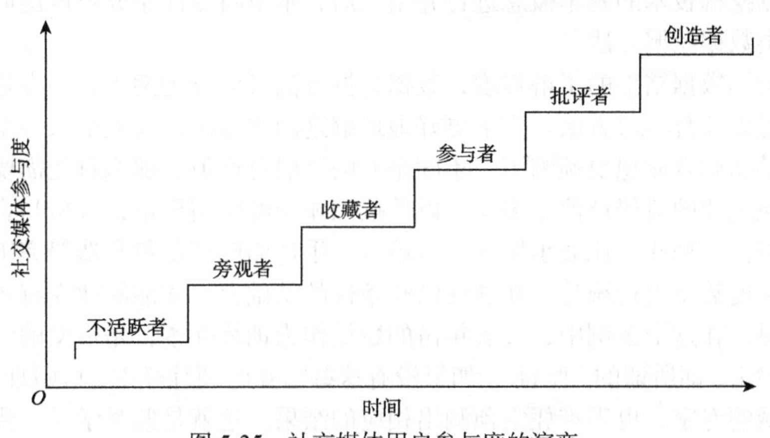

图 5-35　社交媒体用户参与度的演变

研究结果表明，在线用户社区的参与度一直在稳定地增长，其中最显著的变化是不活跃者。换句话说，社交媒体已经真正被大众广泛接受。

社交媒体分析是指使用系统化的、科学的方法，对基于 Web 的社交媒体工具和技术产生的大量内容进行分析，以增强企业的竞争力。社交媒体分析正快速成为全球企业青睐的新技术，允许企业前所未有地接触并理解消费者。对许多企业来说，社交媒体分析正在成为集成营销和沟通战略的工具。

对小型或大型的组织来说，社交媒体网站上用户生成的内容隐藏着有价值的洞察。但如何从数十个评论网站、数千篇博客、数百万帖子和数千万微博中将它们挖掘出来？度量社交媒体影响的分析工具通常分为三类。

（1）描述性分析：使用简单的统计数据以识别活动特征和趋势，如你有多少追随者、写了多少评论、哪个渠道使用最多。

（2）社交网络分析：根据朋友、粉丝和追随者之间的连接，识别有影响力的关系和最有力的影响者。

（3）高级分析：包括预测性分析和文本分析，检测一般方法无法揭示的在线对话内容，以识别话题、情感和连接。

5.5 数据挖掘

过去几十年，科技进步带来了数据记录量的急剧增加。智能终端、电子传感器和互联网等高科技产品的使用，使得从电话交流、电子邮件、商业交易、产品和客户跟踪、网页浏览中采集数据更加方便。面对大量的数据，企业试图从中发现有益的规则和联系，以使企业保持良好的发展和竞争力。数据挖掘正是一种致力于从数据中发现规律和联系的应用技术，它通过提取数据背后隐含的变量信息，识别有效的规则和关系，预测未来的变量行为，目的是更深刻地理解数据背后所表征的模式和规律，并用它们来指导决策。针对大量数据的分析和挖掘工作主要得益于数据获取、数据存储和数据分析三个方面的技术进步和发展，这又从一定程度上促进了数据挖掘技术在商业领域的推广和应用。因此，在对数据挖掘技术的基本概念进行介绍之后，本节将专注于介绍广泛应用于商务数据分析的几类数据挖掘方法。

根据对输入数据结果的了解程度，数据挖掘方法可以分为两类，一类是监督学习方法，另一类是无监督学习方法。为了更好地理解这两类方法，我们引入一个非常简单的例子：假设某船舶企业想要预测下一年度企业的造船总产值，那么首先需要分别统计在过去若干年该企业的造船产值是多少，以及按照相关经验与理论，分析与企业造船产值密切相关的指标有哪些，比如承接新船订单量、手持船舶订单量和造船完工量等，并对这些指标的年度数据进行统计。在这些已知条件的基础上，才能够建立有效的模型进行预测。很明显，在这个案例中，过去年份的数据作为训练样本，是模型的已知输入和相对应的已知输出，即所谓的"监督"。如果没有这些已知的训练样本，巧妇难为无米之炊，就算是该领域的专家，也很难凭空预测出相应的结果。这就是监督学习。我们继续假设该船舶企业拥有大量的客户销售记录，企业试图在大量的客户相关数据中查找具有共同或类似购买习惯的客户，以便于可以利用这些信息向他们提出相关的购买建议并改善企业的追加销售策略。由于企业对于客户并没有预定的划分，客户的相关数据是原始且粗糙的，这时就很难使用监督学习模型来对客户进行分类。在不存在已知的训练样本的情况下，无监督学习应运而生，这类学习方法不存在训练过程，直接使用数据进行建模分析，更关注于对数据的理解和探索。

上文中的两个小案例能够帮助我们更加感性地理解监督学习和无监督学习这两类常用的学习方法。下面我们回归理性思维，从概念的角度对这两类学习方法进行更加准确的描述。监督学习的目的是根据一系列变量来预测结果。其中，前文 5.2 节学习的回归分析就是一种来自经典统计学的已经被广泛使用的有监督学习方法。在回归分析中，使用已知的观察值（通常被称为被解释变量或因变量）和所对应的已知相关特征（被称为解释变量或自变量）作为"监督"来建立用于估计观察值的回归模型。在本节中，我们将详细介绍 K 近邻（K-nearest neighbor，KNN）算法、决策树等几种常用的监督学习方法法。与监督学习方法相比，无监督学习方法并不尝试预测输出值，而是用来探测数据中的模式和关系。本节介绍的无监督学习方法，主要是对观察值进行聚类和建立观察变量间的关联规则这两类算法。

实际上，无论采用监督学习还是无监督学习，基于商业数据的数据挖掘过程都包括以下几个步骤：业务理解、数据理解、数据整理、模型构建、测试和评价。

业务理解是数据挖掘的第一步，也是极其重要的一步。在业务理解步骤中，工作人员需要对业务需求所涉及的企业相关部门进行详细深入的调研，深刻理解企业的管理需求和业务目标，对所研究的问题进行准确的定义。正确理解企业的业务需求是数据挖掘任务顺利完成的前提条件和必要条件。

数据理解是数据挖掘的第二步。在理解业务的基础上，根据数据挖掘任务的具体要求，从与所研究问题相关的大量数据中，抽取与业务任务相对应的数据集合，作为数据样本和研究基础。

在数据获取的基础上进行数据整理，是数据挖掘的第三步。这一步主要针对采集的数据进行预处理，为正式的建模准备合适的数据形式，提高数据质量，使处理后的数据具有准确性、完整性和一致性。数据预处理主要包括数据清理、数据集成、数据规约和数据变换等。

数据挖掘的第四步是进行模型构建，在建模时需要选择合适的建模方法以满足业务需求，即运用合适的数据挖掘技术（如回归、决策树、K 均值聚类等），实现有目的的数据挖掘任务（如预测、分类、聚类等）。

在完成了上述步骤之后，数据挖掘的第五步是对构建的模型进行测试和评价。根据构建的模型在相应数据中的表现，对模型进行评估，最终根据企业的业务需求对整体挖掘任务进行评价。

通过上面的介绍，我们了解到，数据挖掘技术利用企业组织内部和外部现有的及相关的商务数据建立模型，识别数据的属性特征所呈现的有用的信息和模式，以便获得对企业和客户更深入的了解，找出改进企业流程的模式，建立新的监督企业管理的规则。因此，在商务数据分析过程中，数据挖掘是一种非常理想的预测性分析工具。

5.5.1 数据理解与数据整理

当具体了解了企业的业务需求并提炼出明确的商业问题之后，为了商务数据分析任务的顺利进行，首先需要获得与该问题相关的变量数据。依赖通信和信息系统的高速发展，企业能够获取到大量有关产品意见调查、企业日常经营等与自身发展息息相关的商务数据，这些数据集合通常至少包含数以万计的观察值和几百甚至上千的与观察值相关的观测变量。尽管数据体量会影响到理解商业问题和进行决策分析的有效程度，但是数据量过大同时也会大大增加商务数据分析任务的难度。因此，在对与研究问题相关的数据进行选择时，商务数据分析任务的难度和决策分析的效果都是需要数据分析人员仔细权衡的。经验表明，如果相关数据的容量过大，可以从中抽取具有代表性的样本，不需要对所有的数据都进行分析。其中，代表性样本是指从样本分析中得出的结论与数据整体分析得到的结论相同的样本子集。这也就是上文中所提到的数据理解过程。

在数据理解过程中，并没有明确的规则来确定从总体数据集合中抽取样本的规模的大小。通常来说，样本数据需要足够大，以便样本中包含充足的信息，使数据挖掘算法更有效，可是也要足够小，以便数据处理起来更便捷。因此，在进行样本数据选取之前，首先需要对研究问题及与该问题相关的数据进行总体深入的了解。如果研究对象是一个稀有事件，如船用发动机运行异常发生故障，这时就需要获取足够多的样本，其中每一个样本都对应着一个观察值及一系列与其相关的变量值。假设船用发动机出现故障的概率为 1‰，那么我们至少需要抽取 50 万个观察值，才可以确保能获得 500 个船用发动机存在异常故障的观察值。

在数据理解过程之后，即已经获取了与研究问题密切相关的代表性样本，根据数据挖掘的基本步骤，下一步就需要对代表性样本集合进行预处理，把数据处理成可以直接作为算法输入的形式，也就是上文所说的数据整理过程。

在前面的第 3 章的学习中我们已经总体介绍过数据预处理过程，在这里我们仅简单介绍在商务数据分析中较为常见的数据预处理方法。由于在被处理成适合数据挖掘算法的形式之前，数据通常被认为是“脏的”和“粗糙的”，因此，为了获得对数据的了解，需要利用之前所介绍的描述性统计和数据可视化方法进行数据预处理。通常在数据挖掘过程中，预处理的一般任务主要是考察缺失数据，识别错误数据，诊断异常值，采用适当的形式表达数据。

1. 缺失数据问题

在对变量进行观测时，出现缺失数据是很正常的事情。处理缺失数据的主要做法通常包括：①删除含任何缺失数据的样本值；②删除含缺失数据的变量；③运用估计的方法对缺失数据进行填补；④应用可以处理缺失值的数据挖掘算法（如分类和回归树）。

如果观察中缺失数据的数量比较少，删除这些不完整的样本可能是比较合理的选择。然而，这些缺失数据可能不是随机原因造成的，可能是有意放弃的测量。这时就需要调查为何缺失了数据。

如果一个变量的大量观察值存在数据缺失，删除该变量可能是最优选择。尤其是将要被删除丢弃的变量与另一变量高度相关，这样一来因删除变量所带来的信息损失可能会比较小。

此外，对缺失数据可以使用估计的方法进行插补。可供选择的做法是，以变量的众数、均值或中值，代替该变量的缺失值。只有当变量值是随机缺失的时候，以这种方法推算缺失值才是真正合理的，否则就可能会把误导性信息带入数据中。如果缺失值难以估计，我们可以建立模型，对含有缺失值的变量进行预测，然后以这些预测值代替该变量中的缺失值。

2. 识别异常值和错误数据

对于异常值和错误数据，可以通过特征数字、直方图、数据透视表、散点图等对数据集中的变量进行考察。例如，销售额出现负数可能是由于数据输入错误或实际上代表了一个缺失值。对异常值的仔细检查，有可能会找出错误，或者提醒我们要不要再调查一下该观察值是否与当前的研究有关。一个保守的做法是将数据划分成两组，其中一组包含异常值，一组不包含异常值，然后用同样的模型分析这两组数据，如果发现得到的结论不一样，那我们就需要搞清楚异常值出现的原因。

除了上述处理数据的方法以外，在数据整理过程中还可能涉及变量的删除。通常来说，为了数据的代表性和全面性，样本中需要尽可能多地包含与研究问题和研究对象相关的变量，但是过多的变量很可能会造成数据挖掘任务的难度增加及准确性降低。因此，对变量的处理需要慎之又慎。由于样本中都包含大量的记录数据的变量，这些变量之间的关系不同且它们与各自对应的观察值之间的关系也不同，分析人员在使用商务数据挖掘技术之前，需要对相关数据进行大量的描述性统计和可视化探索，在确保不损失任何关键性信息时，才能够对相应变量进行删除或降维处理。

5.5.2　监督学习

在本节的开始部分我们引入了两个案例形象地展示了监督学习和无监督学习的基本概念和差别，下面我们开始进一步介绍几类常用的监督学习方法。监督学习是指利用一组已知类别的样本来调整分类器的参数，使其达到所要求的性能的过程，即从一组带标签的数据中学习从输入到输出的映射，随后将这种映射关系应用到未知数据。监督学习旨在建立回归预测连续结果值或区分分类结果的模型。我们首先介绍如何分割数据集，以便对模型进行合适的评估，然后讨论分类和预测模型的性能度量指标。这里，我们着重介绍三类常用的监督学习方法：K 近邻算法、决策树、逻辑回归。

1. 样本数据集划分

通过前文的介绍，我们学习了数据挖掘的基本流程。在深入了解企业的实际业务需求、获取与任务相关的样本数据集合并整理成可以直接进行数据挖掘的形式之后，下一步就需要构建模型来进行相应的企业挖掘任务。显然，构建模型有两个前提：数据和模型背后的算法，其中数据是一切算法的基础，而算法是在数据基础上建立模型的方法。换句话说，数据挖掘过程的核心在于模型的优化和选择。模型的基本原理和框架实际上是已经确定的，未知的仅仅是模型中的参数，那么这就需要通过已知的样本数据集得到一个最优参数，使模型可以较为准确地描述从输入到输出的关系和变化。因此，与业务需求相关的样本数据集在数据分析建模中是非常重要的。

对数据分析人员来说，他们需要关心模型对已知样本的拟合能力，模型需要尽可能多地学习到所有已知样本所蕴含的规则和关系。除此之外，由于数据挖掘的目的是将得到的模型应用到实际的环境中以解决企业真实的业务需求，因此数据分析人员还希望得到的模型在真实数据中能收获好的预测结果，模型对新样本有较好的学习能力，即泛化误差较小。为了使模型满足这两种需求，我们通常将已知的样本数据集划分为三部分：训练集（train set）、验证集（validation set）、测试集（test set）。

训练集由用于建立候选模型的数据组成，我们用由训练数据建立的模型的准确度评价指标来确定拟合效果好的模型。由于训练集被用来建立模型，不能识别出应用于训练集之外的新数据时最优的预测模型，因此我们使用验证集来识别在应用于构建模型以外的数据时，哪个模型的预测最准确。根据数据挖掘方法，验证集还可以被用来调整模型参数。如果验证集用于对比模型或模型改进来识别最优的模型，那么模型准确度的估计值是有偏差的。为准确地估计应用于既没有被用来建立也没有被用来选择模型的数据时模型的有效性，最终模型需用测试集检验。例如，假设我们已经识别了四种与训练集模拟度很好的模型。为评价应用新数据时这些模型的预测效果，我们将其应用于验证集。在识别四个模型中的最优模型后，我们将最优模型应用于测试集，以获得该模型准确度的公正估计。

三个数据集的大小没有明确的规定，但是训练集往往最大。对于预测任务，一条经验法则是，样本数应至少是变量数的 10 倍。对于分类任务，可供参考的经验法则是，样本数应至少是输出的类别数与变量数的乘积的 6 倍。当我们预测稀有事件时，比如前文提到的船用发动机存在异常故障的概率，在采集样本时，就需要为数据挖掘算法提供足够的样本数据来“学习”稀有事件。例如，如果我们有 10 000 个结果，但只有 10 组船用发动机存在故障，我们将没有足够的信息，区分存在异常的发动机和正常运行的发动机。在诸如此类的情形下，训练集必须包含与结果变量的不同值相等的或近似相等数量的样本。

总体来说，训练集用于训练和估计模型参数，验证集用于模型的最终优化和确定，而测试集则是用于测试已经训练好的模型的推广能力。在实际应用中，我们一般只需要将数据集分成训练集和测试集两部分即可。此外在对数据集进行划分时，需要确保训练集和测试集与样本的真实分布一致，且两个集合之间的样本互斥。

2. 分类模型的评价指标

在学习了样本数据集的划分之后，我们来继续学习分类模型的评价。在完成模型构建之后，我们需要对模型的效果进行评估，根据评价结果来继续调整模型的参数、特征甚至算法，以达到符合要求的结果。

在本节的案例中，我们关注的问题是希望将样本划分成两个可能组（发动机行为异常和发动机行为正常）。分类算法有很多，不同分类算法又有很多不同的变种，我们需要根据特定的任务和特定的样本数据进行分类算法的选择。在选择算法得到分类器之后，很自然的做法就是评价分类算法或分类器的好坏。

通常来说，评价一个模型最简单也是最常用的指标就是模型分类的正确率，但是在没有任何前提下使用正确率作为评价指标，正确率往往不能反映一个模型性能的优劣。比如某个地区某天地震的预测，假设我们有一堆的特征作为地震分类的属性，类别只有两个：0，不发生地震；1，发生地震。一个不加思考的分类器，对每一个测试用例都将类别划分为 0，那么它就可能达到 99%的正确率，但真的地震来临时，这个分类器毫无察觉，那么这个分类所带来的损失是巨大的。为什么 99%的正确率的分类器却不是我们想要的，因为这里数据分布不均衡，类别 1 的数据太少，完全错分类别 1 依然可以达到很高的正确率却忽视了我们关注的东西。因此，对于一个模型，我们需要从不同的方面来判断它的性能。在对比不同的模型时，使用不同的性能度量往往会导致不同的评价结果。这就意味着在评价模型性能时，模型的优劣并不是绝对的，模型的性能不仅取决于算法和数据，还受到任务需求的限制。下面我们来详细介绍一下分类算法的评价指标。

在分类问题中，估计模型的分类性能主要依靠混淆矩阵（confusion matrix），也被称为分类矩阵。表 5-19 为一个二分类问题的混淆矩阵。在这个分类问题中，类别分别为正例（positive）和负例（negative）。

表 5-19　二分类问题的混淆矩阵

实际类别	分类器预测结果		
	正例	负例	合计
正例	TP	FN	TP+FN
负例	FP	TN	FP+TN
合计	TP+FP	FN+TN	TP+FN+FP+TN

表 5-19 中包含几个常见的模型评价术语。

（1）True Positives（TP）：被正确地划分为正例的个数，即实际为正例且被分类器划分为正例的实例数（样本数）。

（2）False Positives（FP）：被错误地划分为正例的个数，即实际为负例但被分类器划分为正例的实例数（样本数）。

（3）False Negatives（FN）：被错误地划分为负例的个数，即实际为正例但被分类器划分为负例的实例数（样本数）。

（4）True Negatives（TN）：被正确地划分为负例的个数，即实际为负例且被分类器划分为负例的实例数（样本数）。

在了解了混淆矩阵及模型评价术语后，我们来介绍分类模型的评价指标。

1）正确率（Accuracy）

正确率是最常见的评价指标，Accuracy=(TP+TN)/(TP+FN+FP+TN)，这个很容易理解，就是被分对的样本数除以所有的样本数，通常来说，正确率越高，分类器越好。

2）错误率（Error-rate）

错误率则与正确率相反，描述被分类器错分的比例，Error-rate=(FP+FN)/(TP+FN+FP+TN)，对某一个实例来说，分对与分错是互斥事件，所以 Accuracy=1−Error-rate。

3）灵敏度（Sensitive）

Sensitive=TP/(TP+FN)，表示的是所有正例中被分对的比例，衡量了分类器对正例的识别能力。

4）特效度（Specificity）

Specificity=TN/(FP+TN)，表示的是所有负例中被分对的比例，衡量了分类器对负例的识别能力。

5）精度（Precision）

精度是精确性的度量，表示被分为正例的示例中实际为正例的比例，Precision=TP/（TP+FP）。

6）召回率（Recall）

召回率是覆盖面的度量，度量在实际为正例的样本中多少被分为正例，Recall=TP/(TP+FN)=Sensitive，可以看到召回率与灵敏度是一样的。

7）其他评价指标

（1）计算速度：分类器训练和预测需要的时间。

（2）鲁棒性：处理缺失值和异常值的能力。

（3）可扩展性：处理大数据集的能力。

（4）可解释性：分类器的预测标准的可理解性。

对于某个具体的分类器而言，我们不可能同时提高所有上面介绍的指标，当然，如果一个分类器能正确分对所有的实例，那么各项指标都已经达到最优，但这样的分类器往往不存在。比如我们开头说的地震预测，没有谁能准确预测地震的发生，但我们能容忍一定程度的误报，假设 1000 次预测中，有 5 次预测为发现地震，其中一次真的发生了地震，而其他 4 次为误报，那么正确率从原来的 999/1000=99.9%下降到 996/1000=99.6%，但召回率从 0/1=0%上升为 1/1=100%，这样虽然误报了几次地震，但能够预测真实发生的地震，这样的分类器才是我们想要的，在一定正确率的前提下，我们要求分类器的召回率尽可能高。

因此，针对不同的任务需求，模型的训练目标不同，评价模型性能的指标也会有所差异。我们需要根据实际的业务需求和挖掘任务，选择相应的指标来评价模型性能的优劣。

3. K 近邻算法

K 近邻算法，是一个理论上比较成熟的方法，也是最简单的机器学习算法之一。该方法的思路是：在特征空间中，如果一个样本附近的 k 个最近（即特征空间中最邻近）样本的大多数属于某一个类别，则该样本也属于这个类别。换句话说，该算法给定一个训练数据集，对新的输入实例，在训练数据集中找到与该实例最邻近的 k 个实例（也就是上面所说的 k 个邻居），这 k 个实例的多数属于某个类，就把该输入实例分类到这个类中。

我们使用图 5-36 来说明该方法的思想。在图中有两类不同的样本数据，分别用正方形和三角形表示，而图正中间的那个圆所表示的数据则是待分类的数据。也就是说，现在，我们不知道中间那个数据是从属于哪一类（正方形或三角形），下面，我们就要解决这个问题：给这个圆分类。

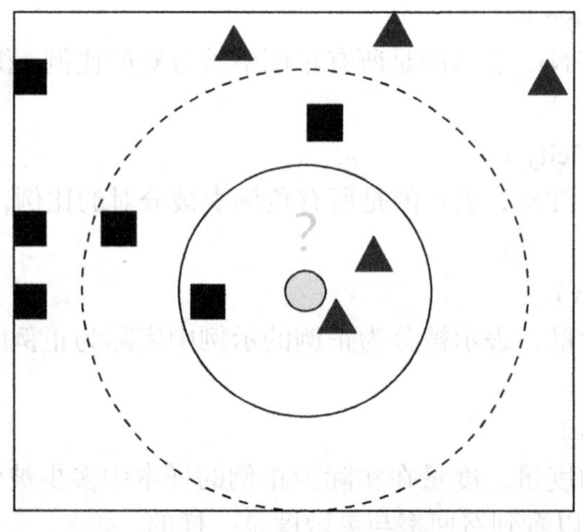

图 5-36　K 近邻算法示意图

我们要判别上图中那个圆是属于哪一类数据，可以从它的 k 个邻居的类别来判断。如果 k=3，离圆点最近的 3 个邻居是 2 个三角形和 1 个正方形，少数从属于多数，基于统计的方法，判定这个待分类点属于三角形一类。如果 k=5，离圆点最近的 5 个邻居是 2 个三角形和 3 个正方形，还是少数从属于多数，基于统计的方法，判定这个待分类点属于正方形一类。

由此可知，当无法判定当前待分类点从属于已知分类中的哪一类时，我们可以依据统计学的理论看它所处的位置特征，衡量它周围邻居的权重，而把它归（或分配）到权重更大的那一类。这就是 K 近邻算法的核心思想。

给定训练数据集 $D=\{(x_1,y_1),(x_2,y_2),\cdots,(x_m,y_m)\}$，其中，$x_i \in X \subseteq \mathbb{R}$ 为实例的特征向量，$y_i \in Y=\{c_1,c_2,\cdots,c_k\}$ 为实例的类别。对于输入实例特征向量 x，要求输出它的所属类别 y，K 近邻算法的具体步骤如下。

（1）根据给定的距离度量，在训练集 D 中找出与 x 最邻近的 k 个点，涵盖这 k 个点的 x 的邻域记作 $N_k(x)$。

（2）在 $N_k(x)$中根据分类决策规则（如多数表决）决定 x 的类别 y:

$$y=\arg\max_{c_j}\sum_{x_i\in N_k(x)} I(y_i=c_j)\ ,\ i=1,2,\cdots,m;j=1,2,\cdots,k \tag{5-35}$$

式中，I 为指示函数，即当 $y_i=c_j$ 时 I 为 1，否则 I 为 0。

K 近邻算法中，可用的距离包括欧氏距离、向量夹角余弦等，计算公式如下：

$$D(x,p)=\begin{cases}\sqrt{(x-p)^2}, & \text{欧氏距离}\\ \dfrac{x\cdot p}{|x|\cdot|p|}, & \text{向量夹角余弦}\end{cases} \tag{5-36}$$

在 K 近邻算法中，所选择的邻居都是已经正确分类的对象。该方法在决策上只依据最邻近的一个或者几个样本的类别来决定待分样本所属的类别。k 取值从 1 到 n 可能都是合理的，其中 n 是训练集样本的个数。k=1，表明新的样本的分类和预测仅仅依据训练集中最相似的一个样本。另一个极端是，k=n，即新的样本所属的类别是训练集中最普通的类别（即含样本最多的类别），或者新的样本预测值被设置为整个训练集的平均结果值。通常 k 值会在 1 到 20 之间变化，我们会建立 k 取 1～20 范围内某个值时的模型，然后选取使分类误差最小的 k 当成 k 的最佳取值。需要注意的是，以这种方法利用验证集识别 k 值，意味着应该在验证集上应用该 k 值的 K 近邻算法能准确地估计在未来数据上的预期误差率。

K 近邻算法本身简单有效，是一种惰性学习算法，分类器不需要使用训练集进行训练。K 近邻算法虽然从原理上也依赖于极限定理，但在类别决策时，只与极少量的相邻样本有关。由于 K 近邻算法主要靠周围有限的邻近的样本，而不是靠判别类域的方法来确定所属类别的，因此对于类域的交叉或重叠较多的待分样本集来说，K 近邻算法较其他方法更为适合。

K 近邻算法不仅可以用于分类，还可以用于回归。通过找出一个样本的 k 个最近邻居，将这些邻居的属性的平均值赋给该样本，就可以得到该样本的属性。更有用的方法是将不同距离的邻居对该样本产生的影响给予不同的权值（weight），如权值与距离成反比。该算法在分类时有个主要的不足是，当样本不平衡时，如一个类的样本容量很大，而其他类样本容量很小时，有可能导致当输入一个新样本时，该样本的 k 个邻居中大容量类的样本占多数。该算法只计算“最近的”邻居样本，某一类的样本数量很大，那么或者这类样本并不接近目标样本，或者这类样本很靠近目标样本。无论怎样，数量并不能影响运行结果。可以采用权值的方法（和该样本距离小的邻居权值大）来改进。

课程思政：通过前面的学习我们了解到，K 近邻算法的基本思想是，一个未知样本的类别由与其距离最近的 k 个邻居样本中样本数量最多的类别决定。因此，在认识事物时，我们要树立整体的大局观，客观、全面地看待事物，在实际问题中，培养责任感和使命感，以国家民族的利益为重，确立正确的人生观和价值观。

4. 决策树

决策树（decision tree）是一种直观运用概率分析的图解法，在已知各种情况发生概率的基础上，通过构成决策树来求取净现值的期望值大于等于零的概率，能够评价项目风险，帮助进行决策分析。由于这种决策分支画成图形很像一棵树的枝干，故称决策树。在机器学习中，决策树是一个预测模型，它代表的是对象属性与对象值之间的一种映射关系。树中每个节点表示不同的对象，每个分叉路径代表可能的属性值，而每个叶节点则对应从根节点到该叶节点所经历的路径所表示的对象的值。决策树是一种数据挖掘中经常要使用的技术，根据决策树的输出结果，决策树可以分为分类树和回归树，分类树输出的结果为具体的类别，而回归树输出的结果为一个确定的数值。

例如，当我们对“该图像里的动物是否为大象”进行决策时，通常会使用一系列的判断或者“子决策”：先看“该动物是否是灰色的？”，如果是，再看“该动物是否有腿？”，如果有，再看“该动物的耳朵是否很大？”，如果是，再看“该动物的鼻子是否很长？”，如果是，那么我们就认为图像里是一只大象，详见图 5-37。

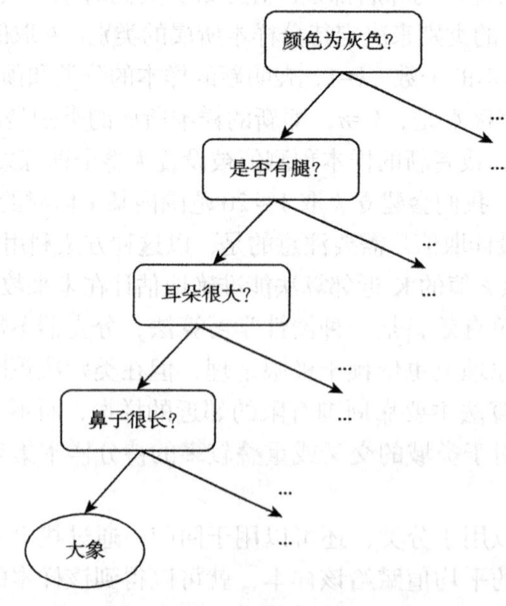

图 5-37　大象问题的一棵决策树

以上只是一个简单的决策树模型，决策树可以不只有两个分支，判断条件也多种多样。例如，按照年龄范围 0 ~ 18 岁、19 ~ 35 岁、36 ~ 50 岁和 50 岁以上可以从上一个节点分出四个分支。

决策树学习的目的是根据给定的训练数据集构建一个决策树模型，使它能够对实例进行正确的分类。一般地，一个决策树由一个根节点、若干个中间节点和若干个叶节点组成。叶节点代表最终的决策结果，其他每一个节点都代表一个属性测试。最开始全部数据集中在根节点，通过一次次的属性测试最终抵达叶节点，得到测试结果。

决策树学习的算法通常是通过递归判断出最优属性，依照最优属性对初始数据集进行分割，得到两个或多个数据集，再对每个数据集重复这一操作，直到得到最终结果。随着这一过程的进行，我们希望决策树的节点所包含的数据属于同一类别，即节点的纯度（purity）达到最高。

我们通常用信息熵（information entropy）来表示节点的纯度，信息熵的值越小，数据集纯度越高。表达式如下：

$$\mathrm{Ent}(D)=-\sum_{k=1}^{K}p_k\log_2 p_k \tag{5-37}$$

式中，D 为当前节点所包含的数据集；K 为总的样本种类数；k 为第 k 类样本；p_k 为第 k 类样本所占数据集 D 的比例。

接下来我们就可以利用信息熵来选取当前节点的最优属性，来使得划分之后数据集"纯度"提升最大，即该属性对数据集 D 划分之后所得到的"信息增益"（information gain）最大。假设我们选取离散属性 a 来对数据集 D 进行划分，a 可能有 V 个可能的取值，则划分后会产生 V 个新的分支节点，所产生的"信息增益"计算如下：

$$\mathrm{Gain}(D,a)=\mathrm{Ent}(D)-\sum_{v=1}^{V}\frac{\left|D^V\right|}{|D|}\mathrm{Ent}(D^v) \tag{5-38}$$

式中，D^v 为第 v 个新分支节点中包含的数据集；$|D|$ 为数据集中样本个数。我们对当前节点可选取的每个属性计算"信息增益"，值最大的即是最优属性。

我们希望随着树深度的增加，节点的熵迅速地降低，且熵降低的速度越快越好。下面我们通过一个实例来加深对决策树算法过程的理解。某渔船要对下周是否出海做出决策，前期的天气情况及出海数据详见表 5-20。

表 5-20　天气状况及出海的数据

天气	温度	湿度	有风	是否出海
晴天	热	高	有	否
晴天	热	高	无	否
多云	热	高	有	是
下雨	温和	高	有	是
下雨	冷	正常	有	是
下雨	冷	正常	无	否
多云	冷	正常	无	是
晴天	温和	高	有	否
晴天	冷	正常	有	是

续表

天气	温度	湿度	有风	是否出海
下雨	温和	正常	有	是
晴天	温和	正常	无	是
多云	温和	高	无	是
多云	热	正常	有	是
下雨	温和	高	无	否

根据已有数据集，可计算得到出海的数据占比为 9/14，不出的数据占比为 5/14，该数据集的信息熵为

$$-\frac{9}{14}\log_2\frac{9}{14}-\frac{5}{14}\log_2\frac{5}{14}=0.940$$

若首先以天气为最优属性对数据集进行划分，天气为晴、多云、雨的数据占比分别为 5/14、4/14、5/14。划分后产生三个新的分支节点，产生的信息增益为

$$0.940-\{\frac{5}{14}[-\frac{2}{5}\log_2(\frac{2}{5})-\frac{3}{5}\log_2(\frac{3}{5})]+\frac{4}{14}[-\frac{4}{4}\log_2(\frac{4}{4})-\frac{0}{4}\log_2(\frac{0}{4})]$$
$$+\frac{5}{14}[-\frac{3}{5}\log_2(\frac{3}{5})-\frac{2}{5}\log_2(\frac{2}{5})]\}=0.247$$

同理可以计算出，选取温度进行划分产生的信息增益为 0.029；选取湿度进行划分产生的信息增益为 0.152；选取有风进行划分产生的信息增益为 0.048。按照天气进行划分所产生的信息增益最大，所以我们认为天气这一属性是当前节点的最优属性，可以使得系统的信息熵下降得最快。其余分支节点的求法和根节点求法类似，所以决策树算法是一个递归算法。

剪枝是决策树算法中修复过拟合（overfitting）现象的常用方法，过拟合是指通过训练样本训练出的模型在训练样本上预测的准确率很高，但是对于测试样本的预测准确度并不高，也就是模型的泛化能力（generalization）差。

剪枝分为预剪枝和后剪枝。预剪枝是指在决策树构建的过程中，使用一定条件加以限制，在产生完全拟合决策树之前就停止生长。预剪枝使得决策树不能完全展开，从而降低过拟合的风险，同时也可以缩短决策树的训练时间。但是被限制生长的决策树可能不是泛化能力最强的，这给预剪枝决策树带来了欠拟合风险。预剪枝判断条件有很多，比如当节点的信息熵小于一定阈值时，通过预剪枝使得决策树停止生长。

后剪枝是在已经生成一棵完整的决策树之后，自底向上地修剪决策树。后剪枝有两种方式：一种是用新的叶节点替代子树，该节点的预测类由子树数据集中的多数类决定；另一种是用子树中最常使用的分支代替子树。后剪枝得到的决策树一般要比预剪枝得到的决策树拥有更高的泛化能力、更低的欠拟合风险。但是由于后剪枝是在生成一个完整的决策树之后进行的，而且要对非叶节点进行逐一考察，所以其所需的训练时间要远大于预剪枝所需要的训练时间。

决策树的构建算法主要有 ID3、C4.5、分类与回归树（classification and regression tree，CART）三种，其中 ID3 和 C4.5 是分类树，CART 是分类回归树。

5. 逻辑回归

逻辑回归（logistic regression）也是一种比较常用的机器学习方法，用于估计某种事物的可能性。该模型最早由 Verhulst 提出，后由 Pearl 等研究人员重新发现并开始被研究人员应用。

在前文中我们学习了回归分析，其中较为常用的多元线性回归以一组解释变量 $x_1,x_2,\cdots,x_q$，通过线性方程 $y=b_0+b_1x_1+\cdots+b_qx_q$，预测连续被解释变量 y。与之类似的是，逻辑回归试图通过解释变量的线性函数区分分类结果（y=0 或 1）。然而，直接通过解释变量的线性函数解释分类结果可能是无效的，因此逻辑回归关注于通过函数来预测每一种分类结果的可能性。

设逻辑回归模型中，因变量 y 有 c 个取值：$0,\cdots,c-1$，相应的 p 个自变量为 $X=(x_1,x_2,\cdots,x_p)$。记 y 取 j 时的概率为

$$p_j = P(y = j| X)$$

式中，$j=0,\cdots,c-1$。显然 $\sum p_j = 1$。假设 p 个自变量之间相互独立，可以得出 y 的条件概率为

$$P(y = k | X) = \frac{\mathrm{e}^{gk(x)}}{1 + \sum_{j+1}^{c-1} \mathrm{e}^{gk_j(x)}} \tag{5-39}$$

式中，$k=0,1,\cdots,c-1$。由此得到相应的逻辑回归模型：

$$g_k(X) = \ln\left[\frac{P(y = k | X)}{P(y = 0 | X)}\right] = \beta_{k0} + \beta_{k1}x_1 + \cdots + \beta_{kp}x_p \tag{5-40}$$

式中，β 为相应的参数。

为说明逻辑回归的基本思想，我们来看一个案例。某船舶货运公司通过货轮运输货物，我们想根据货船运输的折扣幅度，预测货物是否会准时运到。我们根据近几年该货运公司总计 7462 个包含货轮运输的折扣幅度以及货物是否准时送达的结果的运输数据，绘制的散点图与简单线性拟合回归方程，见图 5 38。

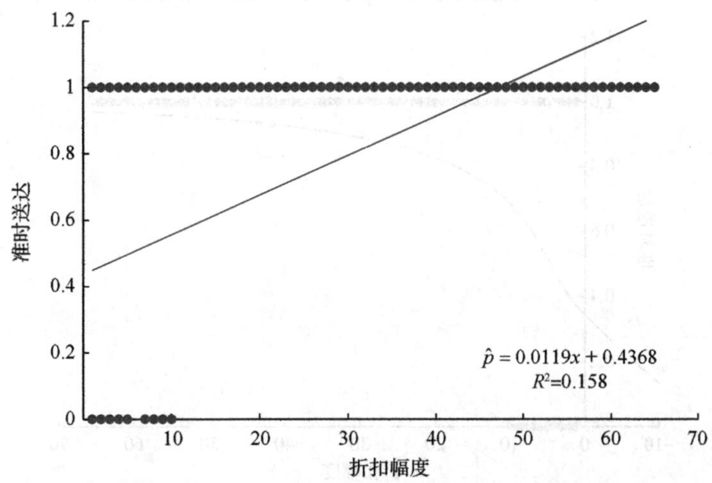

图 5-38 货物运输折扣幅度与准时送达散点图和简单线性回归拟合

在图 5-38 中，每个散点对应着一个货物的折扣幅度以及该货物是否能准时送达（1=准时送达，0=没有准时送达）。图中的直线是简单线性回归拟合得到的线性回归方程 $\hat{p}=0.0119x+0.4368$，其中 x 表示货物的折扣幅度，$\hat{p}$ 为该货物准时送达概率 p 的估计。从图中就能够看出，线性回归模型不能恰当地说明分类结果变量（是否能够准时送达）。比如当货物折扣大于 47 时，线性回归方程预测准时送达的概率大于 1.0。由回归残差和折扣幅度绘制的散点图见图 5-39，该图存在着明显的规则形状，这也能验证对给定的资料建立简单线性模型不合适。

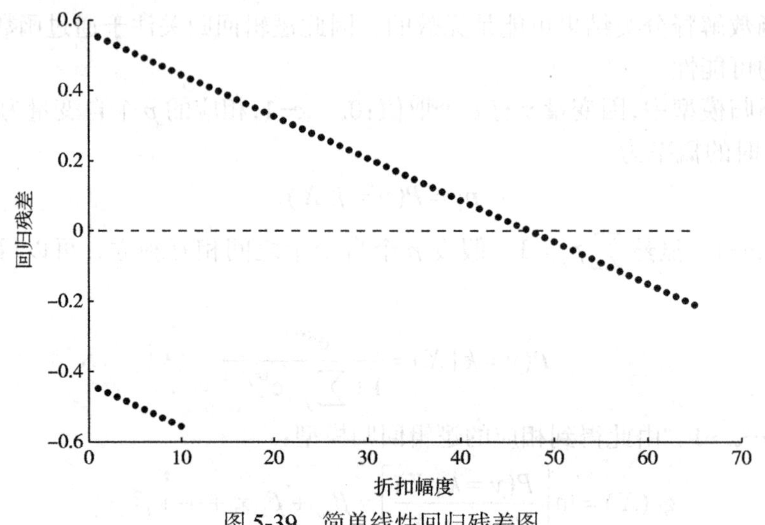

图 5-39 简单线性回归残差图

采用线性函数 $\hat{p}=b_0+b_1x_1+\cdots+b_qx_q$ 估计概率 p 不完全合适，这是因为虽然 p 也取连续型数值，但被限定在[0,1]范围内。也就是，概率值不能小于零或大于 1。图 5-40 给出了一条更好的、能解释货物准时送达和折扣幅度之间关系的“S”形曲线。“S”形曲线在两端变平并且永远不会超过 1 或低于 0，而不是延伸至正无穷或负无穷。我们可以利用“S”形曲线来估计货物准时送达的概率 p，而不是直接用线性函数估计 p 值。

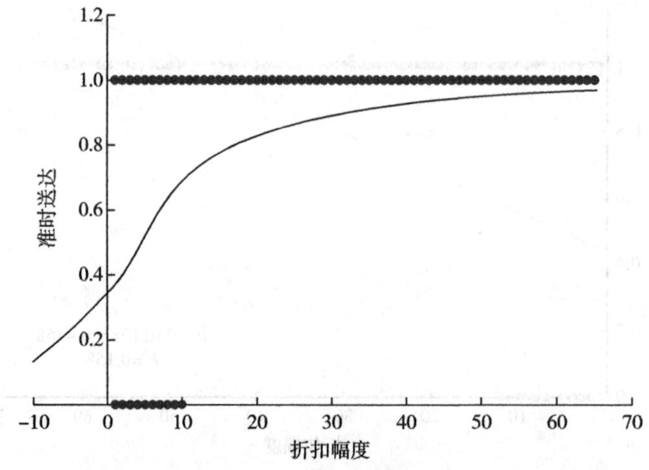

图 5-40 货轮是否准时送达案例的逻辑“S”形曲线

首先，我们需要了解优势比的概念。假如某个事件概率估计值是 $\hat{p}$ ，则等价的优势比为 $\hat{p}/(1-\hat{p})$。比如事件发生的概率是 $\hat{p}=2/3$ ，对此优势比将是 $\hat{p}/(1-\hat{p})=2$，意味着该事件发生的优势比是 2:1。优势比的取值范围在零和正无穷之间，所以利用优势比，就能消除线性拟合可能导致的超过概率 $\hat{p}$ 最大值 1 的界限问题。为解决 $\hat{p}/(1-\hat{p})$ 取值仍然不小于 0 这个问题，我们对事件优势比取对数，即 $\ln[\hat{p}/(1-\hat{p})]$ ，如此一来就能得到负无穷到正无穷之间的取值。以线性函数估计对数，得到估计的逻辑回归方程为

$$\ln\left(\frac{\hat{p}}{(1-\hat{p})}\right)=b_0+b_1x_1+\cdots+b_qx_q$$

给定一组解释变量，为获得优势比对数的最佳估计，可以运用逻辑回归算法确定出 $b_0, b_1, \cdots, b_q$ 值。拿货物是否准时达到的例子来说，对给定的资料，逻辑回归算法得到估计值 $b_0=-0.7257$ 和 $b_1=0.1239$，也就是说， 件货物准时送达的优势比的对数的回归方程为

$$\ln\left(\frac{\hat{p}}{(1-\hat{p})}\right)=-0.7257+0.1239\times\text{折扣幅度}$$

与一般的多元线性回归系数的含义有所不同，逻辑回归方程中的系数不能给出直观的说明。例如，$b_1=0.1239$ 意味着货物每多一个单位的折扣幅度，货物准时送达优势比的对数提高 0.1239。换句话说，货船运输折扣幅度与货物准时送达的优势比对数线性相关。事件优势比对数的变化并不像解释事件概率变化那么容易。根据代数原理，解出上式中的 $\hat{p}$ ，我们可以得到以逻辑函数表示的估计概率和解释变量间的关系：

$$\hat{p}=\frac{1}{1+\mathrm{e}^{-(b_0+b_1x_1+\cdots+b_qx_q)}}$$

对货物是否准时送达的例子，估计出来的逻辑函数方程为

$$\hat{p}=\frac{1}{1+\mathrm{e}^{-(-0.7257+0.1239\times\text{折扣幅度})}}$$

很明显，拟合的逻辑回归反映了货物准时送达的概率和货轮运输折扣幅度之间的非线性关系。货轮运输折扣的增加对货物准时送达的概率的影响，与最初的运输折扣幅度多少有一定的关系。比如货轮运输折扣幅度是 20，那么再增加一个折扣点，将使货物准时送达的估计概率从 $\hat{p}=\frac{1}{1+\mathrm{e}^{-(-0.7257+0.1239\times20)}}=0.8522$ 提高至 $\hat{p}=\frac{1}{1+\mathrm{e}^{-(-0.7257+0.1239\times21)}}=0.8672$ ，增加了 0.015。

与其他分类方法一样，逻辑回归分析计算新样本属于类别 1 的概率，然后对比阈值来对其分类。如果概率超过阈值（默认值为 0.5），该样本被分类为类别 1。

逻辑回归模型中自变量的选择方法，与多元线性回归介绍的做法类似。尤其在面临许多变量时，通过描述统计和数据可视化对数据进行探查，可以帮助我们逐步缩小解释变量筛选范围。与多元线性回归一样，解释变量 $x_1,x_2,\cdots,x_q$ 之间的强共线性，对系数 b_0, b_1, $\cdots$, b_q 的估计会带来不利的影响。因此，注意识别存在强相关关系的解释变量可以使得逻辑回归模型中不出现共线性的解释变量。

6. 支持向量机

在上一部分我们已经了解了处理二元分类问题的方法——逻辑回归算法。本节我们要介绍的支持向量机（support vector machine，SVM）算法也是一类解决二分类问题的有效方法，经过扩展，它还可以应用于模式识别、多分类、回归等问题。支持向量机属于监督学习算法，它的基本思想是寻找一个超平面，使得两类数据与其的距离尽可能地大。

首先我们以二维空间数据点的分类为例，了解支持向量机技术。假定训练样本集 $D=\{(x_1,y_1),(x_2,y_2),\cdots,(x_m,y_m)\}, y_i\in\{-1,1\}$。如图 5-41 所示，不同形状的点表示不同类别的数据，我们可以找到无数条直线来对数据点进行划分，但是我们难凭肉眼判断哪一条才是最优的分割线，支持向量机则可以帮助我们解决这一问题。

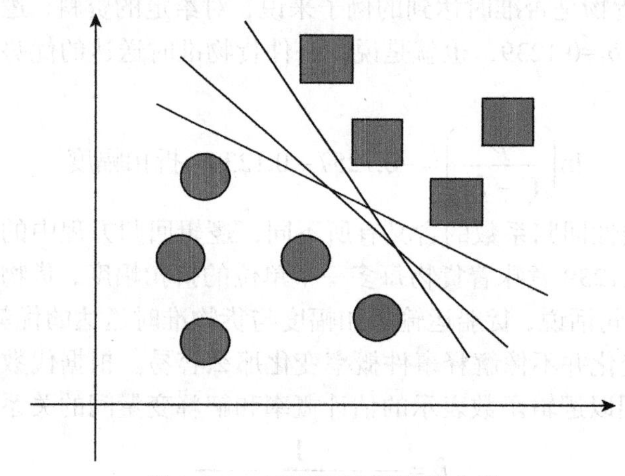

图 5-41　二维平面上的数据分类

扩展到高维空间，对于两类数据，支持向量机可以找到一个最优的超平面来划分训练样本集，并利用该超平面对测试数据集进行预测。

对于图 5-41 中的两类数据，我们可以用一条直线分开，这些点称为线性可分模式。如果这两类点不能用一条直线或一个超平面分开，那么这些点是线性不可分模式。对于线性不可分模式的样本数据，可将样本空间映射到高维空间中。在高维空间里，可以有一个超平面将它们分开，见图 5-42。这就是 SVM 中的核函数技巧。

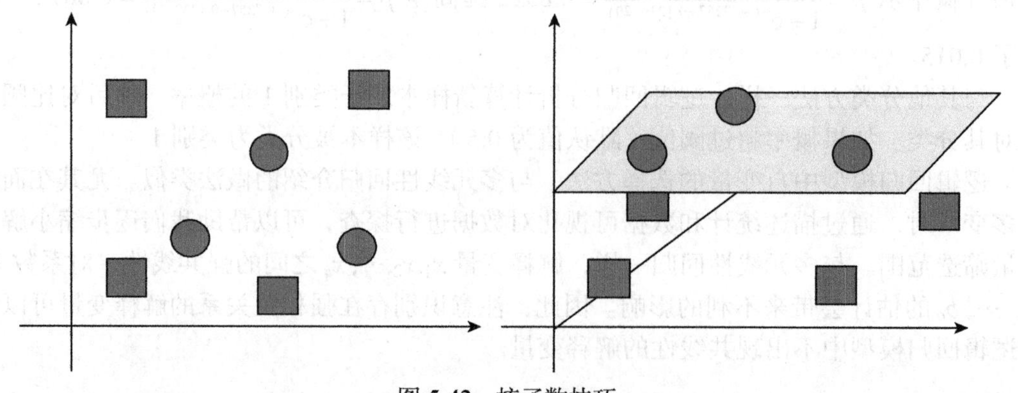

图 5-42　核函数技巧

假定训练样本集 $D=\{(x_1,y_1),(x_2,y_2),\cdots,(x_m,y_m)\}, y_i\in\{-1,1\}$。在样本空间中，超平面可通过如下线性方程来描述：

$$w^{\mathrm{T}}x+b=0 \tag{5-41}$$

于是存在分类函数

$$f(x)=w^{\mathrm{T}}x+b=0 \tag{5-42}$$

$$\begin{cases} w^{\mathrm{T}}x_i+b\geqslant +1, & y_i=+1 \\ w^{\mathrm{T}}x_i+b\leqslant -1, & y_i=-1 \end{cases} \tag{5-43}$$

如图 5-43 所示，离超平面最近的几个样本点使得等号成立，这些点就是支持向量（support vector）。离超平面最近的两个异类点到超平面的距离之和称为“间隔”，用 margin 表示。一般来说，间隔越大，该超平面的泛化能力越强。

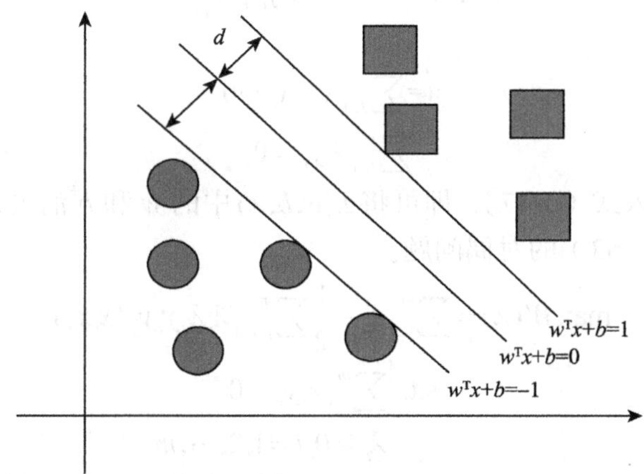

图 5-43　支持向量和间隔

样本空间中任一点 x 到超平面 $L=\{x:f(x)=w^{\mathrm{T}}x+b=0\}$ 的距离可表示为

$$s=\frac{\left|w^{\mathrm{T}}x+b\right|}{\|w\|} \tag{5-44}$$

可计算出间隔

$$\text{margin}=\frac{2}{\|w\|} \tag{5-45}$$

求解间隔的最大值就是求解 $\|w\|^2$ 的最小值，因此，最优超平面求解问题可表示成约束优化问题：

$$\begin{gathered} \min_{w,b}\frac{1}{2}\|w\|^2 \\ \text{s.t. } y_i(w^{\mathrm{T}}X_i+b)\geqslant 1,\ i=1,2,\cdots,m \end{gathered} \tag{5-46}$$

这就是 SVM 的基本型。

这是一个凸二次规划问题，由于训练样本集线性可分，所以可行域非空，该问题有解。但是我们可以找到一种更简单的计算方式，对该二次规划问题应用拉格朗日对偶性，通过求解对偶问题得到原始问题的最优解。

该问题的拉格朗日函数可写为

$$L(w,b,\lambda)=\frac{1}{2}\|w\|^2+\sum_{i=1}^{m}\lambda_i(1-y_i(w^{\mathrm{T}}x_i+b)) \tag{5-47}$$

式中，$\lambda=(\lambda_1,\lambda_2,\cdots,\lambda_m)^{\mathrm{T}}$ 为拉格朗日乘子向量。根据拉格朗日对偶性，原问题的对偶问题应是求目标函数的极大值，对偶问题的目标函数可写为

$$W(\lambda)=\min_{w,b} L(w,b,\lambda) \tag{5-48}$$

要求 $L(w,b,\lambda)$ 的极小值，令其对 w,b 的偏导数等于 0：

$$\nabla_w L(w,b,\lambda)=w-\sum\nolimits_{i=1}^{m}\lambda_i y_i x_i=0 \tag{5-49}$$

$$\nabla_b L(w,b,\lambda)=w-\sum\nolimits_{i=1}^{m}\lambda_i y_i=0 \tag{5-50}$$

得

$$w=\sum\nolimits_{i=1}^{m}\lambda_i y_i x_i=0 \tag{5-51}$$

$$\sum\nolimits_{i=1}^{m}\lambda_i y_i=0 \tag{5-52}$$

将式（5-51）代入式（5-47），即可将 $L(w,b,\lambda)$ 中的 w 和 b 消去，再考虑式（5-52）的约束，就得到式（5-53）的对偶问题。

$$\begin{aligned}\max W(\lambda)=&\sum\nolimits_{i=1}^{m}\lambda_i-\frac{1}{2}\sum\nolimits_{i,j=1}^{m}\lambda_i\lambda_j y_i y_j(x_i x_j)\\ \text{s.t. }&\sum\nolimits_{i=1}^{m}\lambda_i y_i=0\\ &\lambda_i\geqslant 0, i=1,2,\cdots,m\end{aligned} \tag{5-53}$$

利用 KKT 条件（Karush-Kuhn-Tucker），我们可以通过对对偶问题的解来间接地求解原始问题。式（5-46）中原始问题与式（5-53）中对偶问题的 KKT 条件是凸优化 KKT 条件直接推论。

设 w^*, b^* 是原始问题的一组解，λ^* 为对偶问题的一组解，则它们均为最优解的充分必要条件如下：

$$w^*=\sum\nolimits_{i=1}^{m}\lambda_i y_i x_i \tag{5-54}$$

$$\lambda(1-y_i(<w^*,x_i>+b^*))^*=0,\ i=1,2,\cdots,m \tag{5-55}$$

从式（5-54）可以看出，最优解 $w^*=\sum\nolimits_{i=1}^{m}\lambda_i y_i x_i$ 是训练数据特征组的线性组合。设 $\lambda_{i_1},\lambda_{i_2},\cdots,\lambda_{i_k}\neq 0$，$w^*$ 就是 $x_{i_1},x_{i_2},\cdots,x_{i_k}$ 的线性组合。所以，求解该问题实际上是寻找使得间隔最大的分离平面的支持向量 $x_{i_1},x_{i_2},\cdots,x_{i_k}$ 以及它们对应的系数 $\lambda_{i_1},\lambda_{i_2},\cdots,\lambda_{i_k}$。这就是该算法为支持向量机算法的原因。

支持向量机基本型又称为线性可分支持向量机，在样本数据集可以被完美地分割时才可使用。然而有很多样本数据并不是完全线性可分的，可能存在个别异常值。使得无论怎么选择超平面，总会有两类数据在超平面的一侧。我们引入软间隔（soft margin）来解决这一问题。

如图 5-44 所示，深色的圆形数据表示一个异常值。引入一个非负松弛变量（slack variable）ξ_i，将约束条件改写为

$$\text{s.t.}\ \ y_i(w^{\mathrm{T}}X_i+b)\geqslant 1-\xi_i,\ \ i=1,2,\cdots,m \tag{5-56}$$

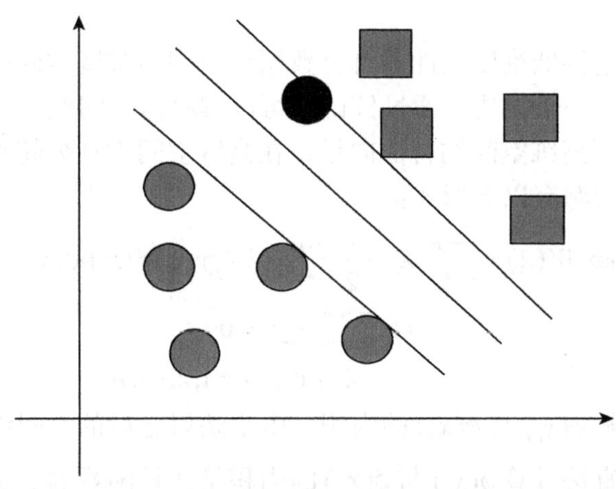

图 5-44　异常值示意图

当 $\xi_i<1$ 时，数据点在间隔中间；当 $\xi_i=1$ 时，数据点在超平面上；当 $\xi_i>1$ 时，该数据点才是真正被错分。为使不满足约束的数据尽可能少，将目标函数改写为

$$\min_{w,b}\frac{1}{2}\|w\|^2+C\sum\nolimits_{i=1}^{m}\xi_i \tag{5-57}$$

于是该问题就等价于：

$$\begin{aligned}&\min_{w,b}\frac{1}{2}\|w\|^2+C\sum\nolimits_{i=1}^{m}\xi_i\\ &\text{s.t.}\ \ y_i(w^{\mathrm{T}}X_i+b)\geqslant 1-\xi_i,\ \ i=1,2,\cdots,m\\ &\qquad \xi_i>0,\ \ i=1,2,\cdots,m\end{aligned}$$

同样地，我们通过对该问题的对偶问题求解来得到该问题的解。对偶问题的具体形式如下：

$$\begin{aligned}&\max W(\lambda,\beta)=\sum\nolimits_{i=1}^{m}\lambda_i-\frac{1}{2}\sum\nolimits_{i,j=1}^{m}\lambda_i\lambda_j y_i y_j(x_i\bullet x_j)\\ &\text{s.t.}\ \sum\nolimits_{i=1}^{m}\lambda_i y_i=0\\ &\qquad 0\leqslant\lambda_i\leqslant C,\ i=1,2,\cdots,m\end{aligned}$$

借助于 KKT 条件，可以用对偶问题的解来间接地求解原始问题。设 w^*, b^*, ξ^* 是原始问题的一组可行解，λ^* 为对偶问题的一组可行解，则它们均为最优解的 KKT 条件如下：

$$w^*=\sum\nolimits_{i=1}^{m}\lambda_i y_i x_i$$

$$\lambda_i^*(1-y_i(<w^*,x_i>+b^*))=0,\ i=1,2,\cdots,m$$

$$(C-\lambda_i^*)\xi_i^*=0$$

对比可知，该 KKT 条件要比线性可分支持向量机的 KKT 条件多一个约束条件。这一约束条件表明当 $\lambda_i^* < C$ 时，$\xi_i^* = 0$，即该样本被正确分类；当样本没有被正确分类时，必满足 $\lambda_i^* = C$。

线性可分可以通过将低维度线性不可分数据映射到高维度空间中来实现。这种变换在维度很高时对计算是一个挑战，通过核函数可以解决这一问题。

设 $\phi(x)$ 为 x 映射到高维空间的特征向量，在高维空间中划分超平面的模型属于支持向量基本型。其对偶问题有以下形式：

$$\max W(\lambda)=\sum_{i=1}^{m}\lambda_i-\frac{1}{2}\sum_{i,j=1}^{m}\lambda_i\lambda_j y_i y_j(\phi(x_i)\cdot\phi(x_j))$$

$$\text{s.t.}\ \sum_{i=1}^{m}\lambda_i y_i=0$$

$$\lambda_i \geqslant 0,\ \ i=1,2,\cdots,m$$

求解上式需要求解 $\phi(x_i)$ 与 $\phi(x_j)$ 的内积，由于映射之后的空间维度可能很高，甚至可能是无穷维，所以直接计算 $\phi(x_i)$ 与 $\phi(x_j)$ 的内积是比较困难的。这时我们只需要知道核函数 $K(x_i,x_j)=<\phi(x_i),\phi(x_j)>$，就可以在不指定变换 $\phi(x)$ 的情况下计算出内积。一般常用的核函数有以下几种。

线性核：$K(x_i,x_j)=<x_i,x_j>$。

多项式核：$K(x_i,x_j)=(1+<x_i,x_j>)^d$。

径向基核：$K(x_i,x_j)=\exp(-\gamma\|x_i,x_j\|^2)$。

高斯核：$K(x_i,x_j)=\exp(\dfrac{-\|x_i,x_j\|^2}{2\sigma^2})$。

神经网络核：$K(x_i,x_j)=\tanh(k_1<x_i,x_j>+k_2)^d$。

以上我们已经了解到支持向量机解决分类问题的过程，那么支持向量如何解决回归问题呢?

给定训练样本集 $D=\{(x_1,y_1),(x_2,y_2),\cdots,(x_m,y_m)\}$，$y_i\in\mathbb{R}$。在线性回归模型中，我们认为只有当输出预测值 $f(x_i)$ 等于实际值 y_i 时，该样本才是被准确预测，损失为 0。支持向量回归（support vector regression，SVR）可以容忍 $f(x_i)$ 与 y_i 之间有 ε 的偏差，如图 5-45 所示，只有当样本数据点落在 $f(x)+\varepsilon$ 与 $f(x)-\varepsilon$ 两条直线之外时，我们才计算损失。

于是 SVR 问题可写为以下优化问题：

$$\min_{w,b}\frac{1}{2}\|w\|^2+C\sum_{i=1}^{m}\ell_\varepsilon(y_i-f(x_i)) \tag{5-58}$$

式中，C 为正则化常数，$\ell_\varepsilon(z)=\begin{cases}0, & |z|<\varepsilon\\ |z|-\varepsilon, & \text{其他}\end{cases}$ 称为 ε 不敏感损失。

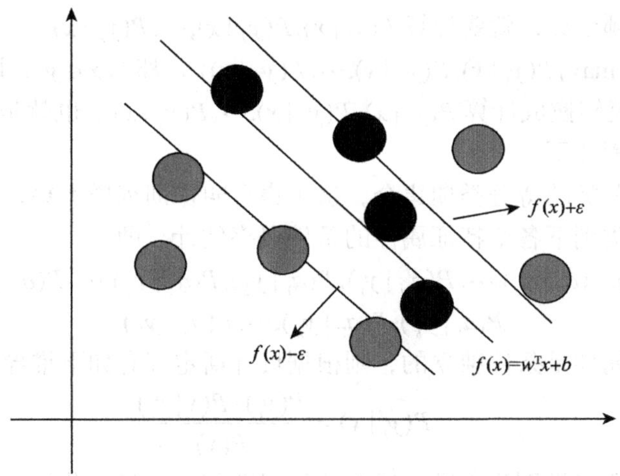

图 5-45　支持向量回归示意图

求解式（5-58）可得

$$\hat{w} = \sum_{i=1}^{m} (\hat{a}_i^* - \hat{a}_i) x_i \tag{5-59}$$

$$\hat{f}(x) = \sum_{i=1}^{m} (\hat{a}_i^* - \hat{a}_i) < x_i, x_j > +b \tag{5-60}$$

式中，$\hat{a}_i^*, \hat{a}_i$ 为正数，且为以下优化问题的解：

$$0 \leqslant a_i^*, a_i \leqslant C$$

$$\sum_{i=1}^{m} (a_i^* - a_i) = 0$$

$$a_i^* a_i = 0$$

同样地，类似于支持向量机，可以将输入变量的特征空间利用核函数映射到高维空间中。

7. 朴素贝叶斯

朴素贝叶斯（naive Bayesian）分类器是一类简单的概率分类器，它基于贝叶斯定理和特征间的强大的（朴素的）独立假设，可以用于判断垃圾邮件，对新闻的类别进行分类，比如科技、政治、运动，判断文本表达的感情是积极的还是消极的，以及人脸识别。

$P(A|B)$ 表示在事件 B 已经发生的前提下，事件 A 发生的概率，称为事件 A 发生的情况下，事件 B 发生的条件概率。以下为贝叶斯公式：

$$P(A|B) = \frac{P(A) \cdot P(B|A)}{P(B)} \tag{5-61}$$

该公式为我们从 $P(B|A)$ 计算 $P(A|B)$ 提供了一种途径。

朴素贝叶斯分类是运用贝叶斯定理，并假设特征属性（feature attribute）是条件独立的一种分类方法，即朴素贝叶斯分类器假设样本的每个特征与其他特征都不相关。

朴素贝叶斯分类基本过程如下。

假设 $x = \{a_1, a_2, \cdots, a_m\}$ 为一个待分类项（即一个向量），$a_1, a_2, \cdots, a_m$ 为 x 的特征属性。类别集合 $C = \{y_1, y_2, \cdots, y_k\}$，总共有 K 个分类。

要判断 x 属于哪个类，就要计算 $P(y_1|x),P(y_2|x),\cdots,P(y_k|x)$。

如果 $P(y_i|x)=\max\{P(y_1|x),P(y_2|x),\cdots,P(y_k|x)\}$，那么 $x\in y_i$，即 x 就属于第 i 类。

因此，该问题就转换成计算 $P(y_1|x),P(y_2|x),\cdots,P(y_k|x)$，也就是 x 属于各个类别的概率，具体计算过程如下。

找到一个已知分类的待分类项集合，这个集合叫作训练样本集。

统计得到在各类别下各个特征属性的条件概率估计。即

$$P(a_1|y_1),P(a_2|y_1),\cdots,P(a_m|y_1);P(a_1|y_2),P(a_2|y_2),\cdots,P(a_m|y_2);\cdots;$$
$$P(a_1|y_k),P(a_2|y_k),\cdots,P(a_m|y_k)$$

如果各个特征属性是条件独立的，则根据贝叶斯定理有如下推导：

$$P(y_i|x)=\frac{P(y_i)\cdot P(x|y_i)}{P(x)}$$

因为分母对于所有类别为常数，因此我们只要将分子最大化即可（即求出最大的分子）。又因为各特征属性是条件独立的，所以有

$$P(x|y_i)P(y_i)=P(a_1|y_i)\times P(a_2|y_i)\times\cdots\times P(a_m|y_i)=\prod_{j=1}^{m}P(a_j|y_i)P(y_i)$$

如果

$$P(x|y_i)P(y_i)=\max\{\prod_{j=1}^{m}P(a_j|y_1)P(y_1),\cdots,\prod_{j=1}^{m}P(a_j|y_k)P(y_k)\}$$

那么 $x\in y_i$，即 x 就属于第 i 类。

当某个特征属性为连续值时，通常假设其服从正态分布：

$$g(x,u,\sigma)=\frac{1}{\sqrt{2\pi}\sigma}\mathrm{e}^{\frac{(x-u)^2}{2\sigma^2}}$$

即 $P(a_j|y_i)=g(a_j,u_{y_i},\sigma_{y_i})$

只要计算出训练样本中各个类别中这个特征属性的值域划分的均值和标准差，代入上述公式，就可以得到需要的估值。

另一个需要讨论的问题就是当 $P(a_j|y_i)=0$ 时该怎么办，当某个类别下某个特征项划分没有出现时，就会产生这种现象，这会令分类器质量大大降低。为了解决这个问题，我们引入 Laplace（拉普拉斯）校准，它的思想非常简单，就是对每类别下所有划分的计数加 1，这样如果训练样本集数量充分大时，并不会对结果产生影响，并且避免了上述频率为 0 的尴尬局面。

5.5.3 无监督学习

在了解了监督学习之后，我们继续学习数据挖掘领域中的无监督学习。无监督学习不需要预测结果变量，主要是识别观察值之间的关系。因为没有明确的结果变量所以也就不需要关心所谓的准确性，取而代之的是运用定性评价来评估无监督学习方法，比如得到的分析结果与专家判断匹配程度如何。

1. 聚类分析

聚类的目的是根据观测变量，将观察值分割为相似的组。在数据预处理环节，可以运

用聚类来识别被聚合或删除的变量和观察值。在市场营销中，通常会运用聚类方法将消费者分为不同的组，该过程就是我们所熟知的市场细分。识别不同的消费者群体，可以帮助企业为每一个群体制定不同的营销策略。聚类分析还可以用来识别异常值，这些异常值在加工制造场合可能反映质量控制出现的问题，在金融交易中可能反映欺骗性行为。

这里以我国沿海地区的海洋产业为例，为了进一步探究沿海海洋产业区域发展规律，我们将沿海地区分为几个不同的组（或簇），使得在相同组中的地区在关键特征上相似。对每个地区，我们给出 2016 年海洋产业发展统计数据，包括：海洋第一产业总产值、海洋第二产业总产值、海洋第三产业总产值、海洋总产值、涉海就业人数，具体数据见表 5-21。

表 5-21 海洋产业发展统计

地区	海洋第一产业总产值/亿元	海洋第二产业总产值/亿元	海洋第三产业总产值/亿元	海洋总产值/亿元	涉海就业人数/万人
天津	15.2	2 803.3	2 105.1	4 923.6	181.2
河北	77.3	986.4	1 064	2 127.7	98.8
辽宁	404.1	1 236.7	1 888.4	3 529.2	333.7
上海	4.4	2 436.2	4 319.1	6 759.7	217.1
江苏	409.5	3 071.5	2 620.7	6 101.7	199.0
浙江	462	2 164.2	3 390.4	6 016.6	436.6
福建	512.7	2 625.4	3 937.4	7 075.5	442.2
山东	790	5 522.4	6 110	12 422.4	544.7
广东	254	6 223.3	7 965.9	14 443.2	860.3
广西	183.1	404.6	542.6	1 130.3	117.3
海南	215.4	198	591.3	1 004.7	137.2

结合本案例，我们来介绍两种聚类方法。一是分层聚类，该方法开始时把每个观察对象各自作为一类，而后循序渐进地合并最相似的类，以创建一系列嵌套式的聚类。二是 K 均值聚类，即在某种程度上将每个观察值分配到 k 个类别之一，以使在同一类别中的观察值尽可能相似。因为这两种方法都是以观察值的相似度为基础，因此我们首先来介绍如何测量观察值间的相似度。

1）相似度测量

聚类分析的目的是将观察值分组成不同的类，使得相同类里的观察值相似，不同类里的观察值不相似。因此，为规范这一过程，我们需要测量相似性或者不相似性。一些指标跟踪观察值之间的相似性，寻求观察值之间相似性的最大化。其他指标则测量观察值间的不相似性或者距离，试图寻求观察值之间的距离最小化。

当观察值是连续型变量时，欧氏距离是最常用的测量观察值间不相似性的方法。令观察值 $u=(u_1,u_2,\cdots,u_q)$和 $v=(v_1,v_2,\cdots,v_q)$都是由 q 个变量的测量值组成。在海洋产业的例子中，每个观察对象对应着一个矢量，该矢量由五个变量（海洋第一产业总产值、海洋第二产业总产值、海洋第三产业总产值、海洋总产值、涉海就业人数）的测量值组成。例如，观察值=(15.2,2803.3,2105.1,4923.6,181.2)，对应天津地区，海洋第一、二、三产业总产值分别为 15.2 亿元、2803.3 亿元、2105.1 亿元，海洋总产值为 4923.6 亿元，涉海就业

人数 181.2 万人。样本观察值 u 和 v 的欧氏距离是

$$d_{u,v}=\sqrt{(u_1-v_1)^2+(u_2-v_2)^2+\cdots+(u_q-v_q)^2}$$

欧氏距离的几何意义见图 5-46。图中刻画了基于两个变量的两个样本观察值的欧氏距离，与变量有关的一对观察值越相似，欧氏距离就越小。欧氏距离受变量测量尺度的影响很大，比如按照海洋总产值（计量单位是亿元且均大于 2000）和涉海就业人数（计量单位是万人且均小于 1000），对地区进行分类，那么地区的海洋总产值在欧氏距离的计算中就起着主导作用。通常需要对每个变量进行标准化，用标准化后的数据来代替。

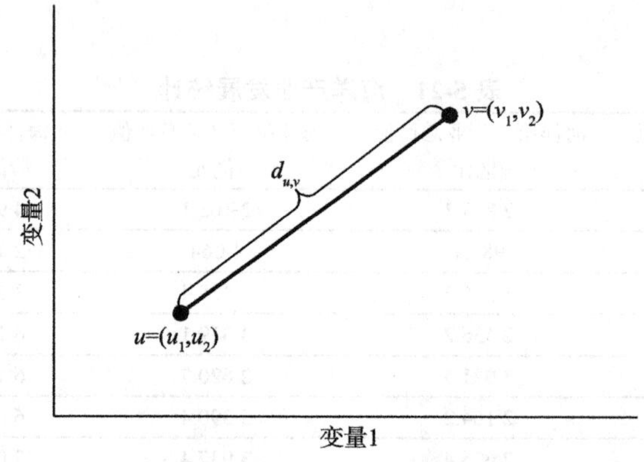

图 5-46　欧氏距离的几何意义

将数据标准化后，可以通过将选定的权重乘以每个观察值的变量来考虑变量的重要性。标准化消除了由测量单位不同造成的偏差，变量权重使分析人员能够根据商务经济管理环境导入适当的偏好。

2）分层聚类方法

分层聚类法又称为系统聚类法，它的思想是在开始时每个观察值都各自成为一类，随后依次将两个最相似的类聚合在一起。每次聚合都会减少相异聚类的个数，以提高聚合的水平。分层聚类是通过考察组成每个聚类的观察值的相似性来决定两个聚类的相似性的。对比两个聚类里的观察值，有几种方法可以用来测量聚类相似性，具体见图 5-47。

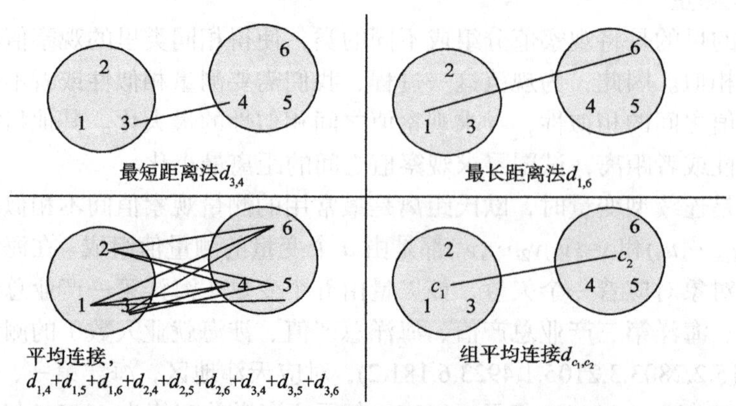

图 5-47　测量聚类间的相似性

当运用最短距离法时，两个聚类间的相似性是根据不同聚类中最相似的一对观察值的相似性来确定的。如果一类里的一个观察值与另一个类里的至少一个观察值相近，最短距离法认为这两个聚类相似。然而，运用最短距离法把两个聚类合并成新的聚类，有可能还包含着差异很大的观察值。原因是对一个聚类中的观察值仅仅考虑与另一个聚类的某个观察值的相似性，却没有考虑与其他观察值的差异如何。

最长距离法由不同聚类中差异最大的一对观察值的相似性来确定两个聚类间的相似性。如果两个差异最大的观察值相近，最长距离法会认为两个聚类相近，由这种方法得到的聚类中的所有观察值彼此相对都比较接近。

最短距离法和最长距离法，根据两个不同聚类里最相似或最不相似的一个成对观察值确定两个聚类的相似性。平均连接聚类法则通过计算两个聚类所有成对观察值的平均相似性来确定两个聚类的相似性。如果聚类 1 有 n_1 个观察值，聚类 2 有 n_2 个观察值，两个聚类的相似性，将会是 $n_1 \times n_2$ 个相似性测量值的平均值。该方法得到的聚类不会受到单个成对观察值相似性的影响。

组平均连接用聚类中心的平均值计算聚类间的相似性，聚类 k 的重心是通过计算聚类中每个变量所有观察值的平均值得到的，以 c 表示。也就是说，重心是一个聚类的平均观察值。然后两个聚类间的相似性，根据两个聚类中心来计算。

除了这四种连接测量法，用来计算聚类间相似性的较为常用的方法还有离差平方和法。离差平方和法以两个聚类的所有单个观察值与合并后的聚类的重心相似性的离差平方和来计算不相似性。运用离差平方和法的分层聚类得到的一系列聚类，会最小化个体观察值层次和聚类层次间的信息丢失。

3）K 均值聚类

在 K 均值聚类中，分析人员必须确定聚类的数目 k。根据问题的背景分析，尚不能确定聚类个数 k，那么 K 均值聚类算法可以用几个不同的 k 值不断进行尝试。在既定的 k 值下，K 均值算法会将观察值随机分成 k 个类别。所有观察值都被分入聚类后，聚类中心会被计算出来。使用更新后的聚类中心所有观察值被重新分入最近中心的聚类（一般采用欧氏距离）。重复该过程，计算聚类中心将观察值分配到重心最近的聚类，直到聚类不再改变或到达了指定的最大重复次数。

作为一种无监督学习技术，聚类分析不受任何明确的准确度度量指标监督，因此名义上好的聚类是主观的，它依赖于分析人员希望聚类分析能揭示什么样的结果。无论如何，可以通过对比一个聚类中的平均距离和聚类中心间的距离来测量聚类的强度。获得有效聚类的经验是，聚类间的距离和聚类内的距离的比值需要超过 1.0。

为了说明 K 均值聚类，我们用表 5-21 的数据为例进行 3 均值聚类，具体结果见图 5-48。该图显示了以海洋总产值和涉海就业人数为基础的 3 个聚类，其中，聚类 3 的特征是海洋总产值、涉海就业人数均较大，其重心在(13 432.8,702.5)；聚类 2 的特征是海洋总产值、涉海就业人数均较小，其重心在(1948.0,171.8)：聚类 1 的特征是海洋总产值、涉海就业人数相对居中，其重心在(6175.4,295.2)。另外，图 5-48 展示出聚类 2 是最小且最同质的聚类，聚类 3 是最大且最具异质性的聚类。

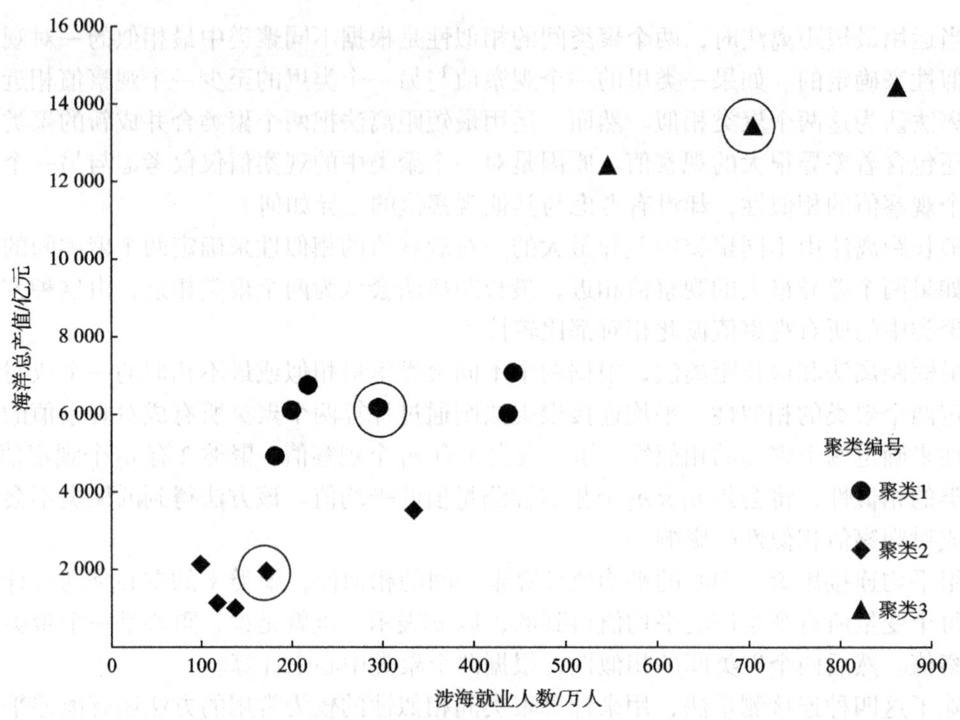

图 5-48 对涉海就业人数与海洋总产值进行 3 均值聚类

为评价各聚类的强度，把表 5-22 中聚类内的平均距离和表 5-23 中聚类间的平均距离进行对比。可以看出，聚类 2 和聚类 3 彼此差距最大，聚类 1 和聚类 2 彼此差距最小。虽然定性分析应该优先评价聚类，但聚类 1 和聚类 2 的界限模糊不清，表明应该考察 k=4 的均值聚类，或者通过其他的变量再进行聚类。

表 5-22 聚类内的平均距离

	观察值数目	观察值到中心的平均距离
聚类 1	5	618.466
聚类 2	4	886.714
聚类 3	2	1022.648

表 5-23 聚类中心间的距离

距离	聚类 1	聚类 2	聚类 3
聚类 1	0	4 229.248	7 268.799
聚类 2	4 229.248	0	11 497.082
聚类 3	7 268.799	11 497.082	0

4）分层聚类和 K 均值聚类比较

如果拥有的数据集小于 500 个观察值，想方便地以逐渐提升的聚类数检查求解结果，这时可以采用分层聚类方法。如果还想观察聚类是如何嵌套的，分层聚类也是可以选择的。如果知道想得到多少个聚类，并且拥有的数据集比较大，多于 500 个观察值，这时可以选择 K 均值聚类。K 均值聚类能对观察值做分割处理，所以如果想用 k 个平均的观察值对观察资料进行汇总描述，K 均值聚类可能比较合适。由于 K 均值聚类过程中多半采用欧氏距离，因此对 0-1 数据或顺序数据，采用 K 均值聚类原则上是不适合的。

2. 关联规则

在市场营销中，分析消费者行为能带来对产品定位与促销方式更深刻的认识。市场营销人员尤其对消费者购物交易数据感兴趣，因为这能帮助他们识别被顺带一起购买的产品。在本节中我们讨论如何构建假设陈述。假设陈述被称为关联规则，表示特定商品被同时购买的可能性。虽然关联规则是购物篮分析中的重要工具，但它除了市场营销领域外还适合于其他领域，比如运用关联规则可以帮助医疗研究员理解对于特定病人症状开出了哪些药并产生了哪些影响。

下面我们以一个简单的案例来学习关联规则的基本原理。某蔬菜生鲜超市想了解其顾客的购买模式，收集了一段时间内顾客在超市内的购物单明细。表 5-24 中的数据是商品目录格式，每个交易行对应一系列商品名称。该数据还可以用二维矩阵表示，在二维矩阵中，每一行对应一个交易记录，列代表不同的商品，等价于以 0-1 虚拟变量作为每一个商品的代码。表 5-25 是表 5-24 的矩阵表示形式，其中每个交易记录表示了消费者购买的商品目录。

表 5-24 购物车交易信息

交易编号	购物车
1	鸡蛋、黄瓜、西红柿、菠菜、油菜
2	鸡蛋、油菜、生菜、白菜、西红柿、菠菜、金针菇、黄瓜
3	莲藕、菠菜、土豆、茄子
4	猪肉、油菜、生菜、白菜、鸡蛋、菠菜
5	油菜、生菜、黄瓜、西红柿、菠菜
6	油菜、生菜、白菜、西红柿、鸡蛋、菠菜
7	菠菜、生菜、白菜、西红柿
8	菠菜、生菜、黄瓜、西红柿
9	菠菜、鸡肉、牛肉
10	牛肉、金针菇、茄子

表 5-25 顾客购买资料

鸡蛋	黄瓜	西红柿	菠菜	油菜	生菜	白菜	金针菇	莲藕	土豆	茄子	猪肉	鸡肉	牛肉
1	1	1	1	1	0	0	0	0	0	0	0	0	0
1	1	1	1	1	1	1	1	0	0	0	0	0	0
0	0	0	1	0	0	0	0	1	1	1	0	0	0
1	0	0	1	1	1	1	0	0	0	0	1	0	0
0	1	1	1	1	1	0	0	0	0	0	0	0	0
1	0	1	1	1	1	1	0	0	0	0	0	0	0
0	0	1	1	0	1	1	0	0	0	0	0	0	0
0	1	1	1	0	1	0	0	0	0	0	0	0	0
0	0	0	1	0	0	0	0	0	0	0	0	1	1
0	0	0	0	0	0	0	1	0	0	1	0	0	1

从该数据中，我们得到的一个关联规则是“如果{鸡蛋，油菜}，那么{黄瓜}”，其含义是，“如果一个交易包括鸡蛋和油菜，那么也一定包括黄瓜”。商品集{鸡蛋，油菜}对应规则的假设部分被称为前提，商品集{黄瓜}对应规则的那么部分被称为结果。特别地，只是那些结果包含单一商品的关联规则才被考虑，这是因为这些规则更有可控性。虽然可能得到的关联规则数量有时会很多，但我们只关注关联的前提项目和结果项目频繁地同时发生的关联规则。为规范频繁的概念，我们定义商品集的支持度为数据中包括该商品集的交易次数所占总交易次数的比例。在表 5-25 中，{鸡蛋，油菜}的支持度是 40%。根据经验法则，仅仅考虑支持度至少为 20%的关联规则。

关联规则的潜在影响往往取决于其可能影响的交易数量。由表 5-25 可以看出，“如果{鸡蛋，油菜}，那么{黄瓜}”，这样{鸡蛋，油菜，黄瓜}的支持度是 20%。仅考虑关联事项支持度大于最低水平的规则，通常能避免无法解释的情况。

为帮助识别可靠的关联规则，我们来定义置信度，具体计算公式如下：

$$\text{置信度}=\frac{\{\text{前提和结果}\}\text{的支持度}}{\text{前提的支持度}}$$

该度量指标可以认为是假设事件发生时结果事件同时发生的条件概率。较高的置信度值表示关联规则中的假设成立时结果往往成立，但高置信度也可能造成误解，比如结果的提升比例高，也就是对应那部分的项目集很频繁，那么即使项目间很少甚至没有关联，关联规则的置信度也可能很高。在表 5-25 中，规则“如果{鸡肉}，那么{菠菜}”的置信度是 100%。这是一种误导，因为{菠菜}是频繁出现的事件，几乎任何以{菠菜}为结果的规则置信度都会很高。因此，为了评估关联规则的有效性，我们通过考虑结果的频率来计算规则的提升度。

$$\text{提升度}=\frac{\text{置信度}}{\text{结果支持度/交易总数}}$$

其中，提升度大于 1 表明规则是有用的，而且当结果事件发生时，提升度大于 1 表明前提和结果的关联水平，比这些事件相互独立时所期望的关联水平更高。对表 5-25 中的数据，规则“如果{鸡蛋，油菜}，那么{黄瓜}”的置信度=2/4=50%并且其提升度=0.5/(4/10)=1.25。认为一个购买了鸡蛋和油菜的消费者，也购买了黄瓜比仅仅猜测一个随机的消费者购买了黄瓜要准确 25%。

关联规则的使用依赖于支持度和提升度，虽然高的提升度表明，规则对找到结果何时发生很有效，但如果支持度较低，规则可能并不像另一个有更低提升度但影响大量交易频数的规则有效。如果结果代表了非常有价值的机会，有高提升度和低支持度的关联规则可能仍有用。

虽然支持度、置信度和提升度，这三类明确的测量值能帮助过滤关联规则，但一个关联规则的好坏，最终要以其可执行性和解释事件关系的好坏来判断。比如，沃尔玛挖掘交易数据时发现了很强的关联规则：“如果一个消费者购买了尿不湿，那么，该消费者也购买了啤酒”，就可以在商品摆放、广告和促销中应用这样的关系，例如，在尿不湿旁放置啤酒的促销广告。一个有用的关联规则必须能被很好地支持并能解释重要的未知关系。

课程思政：通过上面的学习我们了解到，以真实数据作为基础的数据驱动模型，是解决预测性数据分析问题的一种有效方法。因此，针对未来可能的数据分析任务，我们首先要确保用于分析的数据是真实可靠的，并且数据的来源需要符合国家的法律法规。在数据分析过程中，我们应该秉持实事求是的科学精神和严谨务实的科学态度，尊重数据，求真求实，用科学辩证的思想方法全面客观地了解事务和分析问题，让数据为实际问题服务。

【课程实验】

将 5.5.2 节第 4 部分中决策树中“根据天气状况决定是否出海”的案例用代码实现。

首先要导入所需的库：

```
from math import log
import operator
```

（1）创建数据集

```
def createDataSet():
    #天气:晴天,多云,下雨
    #温度:热,温和,冷
    #湿度:高,正常
    #有风:有,无
    #是否出海:否,是
    dataSet=[
        ['晴天','热','高','有','否'],
        ['晴天','热','高','无','否'],
        ['多云','热','高','有','是'],
        ['下雨','温和','高','有','是'],
        ['下雨','冷','正常','有','是'],
        ['下雨','冷','正常','无','否'],
        ['多云','冷','正常','无','是'],
        ['晴天','温和','高','有','否'],
        ['晴天','冷','正常','有','是'],
        ['下雨','温和','正常','有','是'],
        ['晴天','温和','正常','无','是'],
        ['多云','温和','高','无','是'],
        ['多云','热','正常','有','是'],
        ['下雨','温和','高','无','否']

    ]
    labels=['天气','温度','湿度','有风','是否出海']
    return dataSet,labels
```

（2）计算信息熵

```
def calcShannonEnt(dataSet):
    numEntries = len(dataSet)          #总的数据数量
    labelCounts ={ }
    for feaVec in dataSet:
        currentLabel = feaVec[-1]          #即每行数据的最后一个数据（表示类别）
        if currentLabel not in labelCounts:
            labelCounts[currentLabel] = 0
        labelCounts[currentLabel] += 1  #统计总共有多少个类别以及每个类别里
                                         包含的数据条目
    #开始计算熵
    shannonEnt = 0.0
    for key in labelCounts:
        prob = float(labelCounts[key])/numEntries #第 key 类样本所占数据集的比例
        shannonEnt = prob*log(prob,2)                  #累加计算总的信息熵
    return shannonEnt
```

（3）将数据集按照某一特征划分

```
def splitDataSet(dataSet,axis,value):          #三个变量分别代表数据集、特征、分类值
    retDataSet = []
    for featVec in dataSet:                    #取数据集中的每一行数据
        if featVec[axis] == value:
            reducedFeatVec = featVec[:axis]
            reducedFeatVec.extend(featVec[axis+1:])
            retDataSet.append(reducedFeatVec)    #添加数据
    return retDataSet
```

（4）计算信息增益并选取最优特征

```
def chooseBestFeatureToSplit(dataSet):
    numFeatures = len(dataSet[0]) - 1              #特征数量
    baseEntropy = calcShannonEnt(dataSet)          #计数数据集的香农熵
    bestInfoGain = 0.0                             #信息增益
    bestFeature = -1                               #用来记录最优特征的索引值

    #遍历所有特征
    for i in range(numFeatures):
        featList = [example[i] for example in dataSet]
        uniqueVals = set(featList)                 #创建 set 集合{}，去除重复数据
```

```
        newEntropy = 0.0                                  #划分之后的信息熵
        for value in uniqueVals:                          #遍历类别
            subDataSet = splitDataSet(dataSet, i, value)      #第 i 个特征值为 value
的数据
            prob = len(subDataSet) / float(len(dataSet))
            newEntropy += prob * calcShannonEnt((subDataSet))    #更新信息熵
        #计算信息增益
        infoGain = baseEntropy - newEntropy
        print("第%d 个特征的增益为%.3f" % (i, infoGain))          #打印每个特征
的信息增益
        if (infoGain > bestInfoGain):                              #挑选最优特征
            bestInfoGain = infoGain
            bestFeature = i
    return bestFeature                                    #返回信息增益最大特征的索引值
```

（5）采用多数表决法确定叶子节点的类别

```
def majorityCnt(classList):
    classCount ={}
    for vote in classList:                        #计算叶子节点数据集各个类别的数目
        if vote not in classCount.keys():          #如果是一个新的类别，则创建新的键
            classCount[vote] = 0
        classCount[vote] += 1
    sortedClassCount = sorted(classCount.items(), key = operator.itemgetter(1), reverse
= True)                                 #对字典里的元素按照 value 值由大到小排序
    return sortedClassCount[0][0]
    #return max(classCount)                                 #返回数目最多的类别
```

（6）按照递归方式创建决策树

```
def createTree(dataSet,labels):
    classList = [example[-1] for example in dataSet]      #将 dataSet 中的数据先按行
依次放入 example 中，然后最后一列元素，放入列表 classList 中
    if classList.count(classList[0]) == len(classList):  #类别相同则停止划分
        return classList[0]
    if len(dataSet[0]) == 1:                              #所有特征已经用完，仅剩标签
        return majorityCnt(classList)                         #返回多数表决的类别
    bestFeat = chooseBestFeatureToSplit(dataSet)      #选取最优特征
    print("最优特征为第%d 个特征：" %(bestFeat) + labels[bestFeat])
    bestFeatLabel =labels[bestFeat]                        #获取最优特征的名称
```

```
    myTree ={bestFeatLabel:{}}                          #以字典形式创建决策树
    del(labels[bestFeat])                               #删除最优特征（已被使用）
删除的是变量名称
    featValues = [example[bestFeat] for example in dataSet] #取出最优特征那一列
    uniqueVals = set(featValues)                        #创建 set 集合，元素不可重复
    for value in uniqueVals:
        subLabels = labels[:]                 #为了不改变原始列表的内容复制了一下
        myTree[bestFeatLabel][value]    =    createTree(splitDataSet(dataSet,bestFeat,
value),subLabels)                                                #递归构建决策树
    return myTree
```

（7）主函数调用

```
if __name__=='__main__':
    data, label = createDataSet()
    myTree = createTree(data, label)
    print(myTree)
```

（8）输出结果如下：

```
第 0 个特征的增益为 0.247
第 1 个特征的增益为 0.029
第 2 个特征的增益为 0.152
第 3 个特征的增益为 0.048
最优特征为第 0 个特征：天气
第 0 个特征的增益为 0.020
第 1 个特征的增益为 0.020
第 2 个特征的增益为 0.971
最优特征为第 2 个特征：有风
第 0 个特征的增益为 0.571
第 1 个特征的增益为 0.971
第 2 个特征的增益为 0.020
最优特征为第 1 个特征：湿度
{'天气': {'多云': '是', '下雨': {'有风': {'无': '否', '有': '是'}}, '晴天': {'湿度': {'正常': '是', '
高': '否'}}}}}
```

【本章小结】

本章介绍了商务数据分析中的预测性数据分析的基本步骤和常用方法。作为商务数据分析重要的应用领域之一，预测性数据分析专注于数据中不易观察到的趋势和关系，因此选择合适的方法建立预测模型是预测分析的重点。根据不同的建模思想，常见的预

测模型包括逻辑驱动模型和数据驱动模型。逻辑驱动模型从变量之间的逻辑关系出发，按照之前的经验知识从定性分析的角度建立模型，而数据驱动模型从实际数据出发，按照数据的总体情况从定量的角度建立分析模型。本章还介绍了四类常用的预测性数据分析方法：回归分析、时间序列分析、文本分析和数据挖掘方法，分别介绍了每一类方法的基本思想和分析步骤。

【思考题】

1. 在商务数据分析过程中，为什么预测性数据分析是总体数据分析任务的第二逻辑步骤？

2. 在预测性数据分析中，常用的预测模型有哪几类？它们之间的区别在哪里？

3. 根据经验可知，二手车的销售价格取决于车龄、行驶里程等很多因素。下面的表格给出了相同品牌型号的二手车的行驶里程和销售价格的相关数据。

行驶里程/万公里	价格/万元	行驶里程/万公里	价格/万元
2.2	1.62	10.9	0.83
2.9	1.59	2.8	1.25
3.6	1.38	5.9	1.11
4.7	1.15	6.8	1.50
6.3	1.25	6.8	1.22
7.7	1.29	9.1	1.30
7.3	1.12	4.2	1.56
8.7	1.30	6.5	1.27
9.2	1.18	11.0	0.83
10.1	1.08	4.5	1.21

要求：

（1）根据给出的数据样本绘制散点图，并根据散点图说明行驶里程和售价之间存在什么关系。

（2）建立回归分析模型，并根据样本数据求解。

（3）给定显著性水平 0.01，对回归参数进行假设检验。

（4）假如已知某辆该型号二手车行驶了 60 000 公里，根据回归模型估计它的售价。

4. 下面的表格给出了一组时间序列的样本数据。

月份	1	2	3	4	5	6	7
观察值	24	13	20	12	19	23	15

要求：

（1）绘制时间序列图，并估计可能存在的状态。

（2）做3期移动平均，求这时的均方误差，并预测7月的估计值。

（3）给定平滑系数 0.2，使用指数平滑法预测，求这时的均方误差，并预测 7 月的估计值。

（4）比较（2）和（3）的预测精度，并说明比较结果。

5. 文本挖掘的基本步骤都包括哪些？

6. 数据挖掘的基本步骤都包括哪些？

7. 无监督学习和有监督学习的主要区别是什么？各举出几类常用的学习算法。

【案例分析】

粮食是关系国计民生的战略物资，无论是发达国家还是发展中国家，世界各国都对粮食生产十分重视。从战略的角度看，粮食和石油对一个国家来说具有非常重要的制约作用，其中任何一种物资的缺乏，都会使本国在国际竞争中处于被动地位。我国作为人口大国，人口的压力将直接作用在粮食生产上。习近平总书记在党的二十大报告中指出："全方位夯实粮食安全根基，全面落实粮食安全党政同责，牢牢守住十八亿亩耕地红线，逐步把永久基本农田全部建成高标准农田，深入实施种业振兴行动，强化农业科技和装备支撑，健全种粮农民收益保障机制和主产区利益补偿机制，确保中国人的饭碗牢牢端在自己手中。"[①]因此，粮食生产在我国具有非常重要的意义。鉴于农业在国民经济中的重要地位，我们想深入分析我国农业发展现状，并提供未来农业生产的策略建议。

理论经验表明，粮食生产量与耕地面积之间存在着很强的相关性，使用化肥也会相应提高单位面积的农作物产量。我国农村人口数量庞大。与美国和加拿大等与我国国土面积近似的国家相比，人多地少是我国农业的特点。在农业生产以劳动密集型为主的我国广大农业地区，农业劳动力对粮食产量的影响是不可忽视的。随着我国经济的发展，农业生产条件显著改善，农业机械拥有量快速增加，农业机械化水平不断提高。此外，水灾和旱灾作为农业生产所面临的主要自然灾害，对粮食产量的影响也需要考虑。

为了预测粮食产量，我们从中国农业信息网获取了部分数据，如下所示。

年份	Y	X_5	X_4	X_3	X_2	X_1
1983	38 728.00	18 022. 10	34 710.00	31 645.00	114 047.00	1 660.00
1984	40 731.00	19 497.20	31 890.00	31 685.00	112 884.00	1 740.00
1985	37 911.00	20 912.50	44 370.00	30 352.00	108 845.00	1 776.00
1986	39 151.00	22 950.00	47 140.00	30 468.00	110 933.00	1 931.00
1987	40 298.00	24 836.00	42 090.00	30 870.00	111 268.00	1 999.00
1988	39 408.00	26 575.00	50 870.00	31 456.00	110 123.00	2 142.00
1989	40 755.00	28 067.00	46 990.00	32 114.00	112 205.00	2 357.00
1990	44 624.00	28 707.70	38 470.00	33 336.00	113 466.00	2 590.00
1991	43 529.00	29 388.60	55 470. 00	34 186.00	112 314.00	2 805.00
1992	44 266.00	30 308.40	51 330.00	34 037.00	140 560.00	2 930.00

① 习近平. 高举中国特色社会主义伟大旗帜 为全面建设社会主义现代化国家而团结奋斗——在中国共产党第二十次全国代表大会上的报告（2022-10-16）[2023-05-18]. https://www.gov.cn/xinwen/2022-10/25/content_5721685.htm.

续表

年份	Y	X_5	X_4	X_3	X_2	X_1
1993	45 649.00	31 816.60	48 830.00	33 258.00	110 509.00	3 152.00
1994	44 510.00	33 744.00	55 040.00	32 690.00	109 544.00	3 318.00
1995	46 662.00	36 118.10	45 874.00	32 335.00	110 060.00	3 594.00
1996	50 454.00	38 546. 90	46 989.00	32 260.00	112 548.00	3 828.00
1997	49 417.00	42 015.60	53 429.00	32 435.00	112 912.00	3 981.00
1998	51 230.00	45 208.00	50 145.00	32 626.00	113 787.00	4 086.00
1999	50 839.00	48 996.10	49 981.00	32 912.00	113 161.00	4 124.00
2000	46 218.00	52 573.60	54 688.00	32 998.00	108 463.00	4 146.00
2001	45 264.00	55 172.10	52 215.00	32 451.00	106 080.00	4 254.00
2002	45 706.00	57 929.90	47 120.00	31 991.00	103 891.00	4 339.00
2003	43 070.00	60 386.50	54 386.00	31 260.00	99 410.00	4 412.00

其中，Y 代表粮食总产量，X_1 代表农业化肥施用量（万公斤），X_2 代表粮食播种面积（千公顷），X_3 代表受灾面积（公顷），X_4 代表农业机械劳动力（万千瓦），X_5 代表农业劳动力（万人）。

请根据本章所学习的知识，并结合上述背景和数据，详细分析影响粮食总产量的主要因素，并分别使用几种不同的方法来预测我国 2004 年的粮食总产量。

【参 考 文 献】

沙尔达 R，德伦 D，特班 E. 2018. 商务智能：数据分析的管理视角[M]. 赵卫东，译. 北京：机械工业出版社.

施尼德詹斯 M J，施尼德詹斯 D G，斯塔基 C M. 2018. 商业数据分析：原理、方法与应用[M]. 王忠玉，王天元，王伟，译. 北京：机械工业出版社.

Bartlett R. 2013. A Practitioner’ s Guide to Business Analytics Using Data Analysis Tools to Improve Your Organization’s Decision Making and Strategy[M]. New York：McGraw-Hill.

Laursen G H N，Thorlund J. 2010. Business Analytics for Managers: Taking Business Intelligence Beyond Reporting[M]. Hoboken：John Wiley & Sons.

Nisbet R，Elder J F，Miner G D. 2009. Handbook of Statistical Analysis & Data Mining Applications[M]. Amsterdam：Academic Press.

Stubbs E. 2013. Delivering Business Analytics: Practical Guidelines for Best Practice[M]. Hoboken：John Wiley & Sons.

第 6 章　规范性数据分析

【本章重要专业词汇】

最优化——optimization　　目标——objective

约束——constraint　　选择——choice

数据——data　　数学规划——mathematical programming

线性规划——linear programming　　非线性规划——nonlinear programming

整数规划——integer programming　　混合整数规划——mixed integer programming

精确式算法——precise algorithm　　近似算法——approximation algorithm

启发式算法——heuristic algorithm　　可行解——feasible solution

最优解——optimal solution　　无界解——unbounded solution

不可行解——infeasible solution　　决策——decision making

确定性决策——deterministic decision making　　风险性决策——risk decision making

期望值法——expectation method　　决策树法——decision tree method

贝叶斯决策——Bayesian decision making　　不确定性决策——uncertain decision making

乐观法——optimistic method　　瓦尔德法——Wald method

赫维奇法——Hurwicz method　　拉普拉斯法——Laplace method

萨维奇法——Savage method　　蒙特卡罗模拟——Monte Carlo simulation

开篇案例

排球运动与最优化

党的二十大明确提出要加快建设体育强国[①]。中国女排从 1981 年到 2019 年十度成为世界冠军（包括世界杯、世锦赛和奥运会三大赛事）。作为三大球中唯一一支夺取过世界冠军的运动队，中国女排的影响力早已超越体育本身的意义，不仅是时代的集体记忆，更是激励国人继续奋斗、自强不息的精神符号。

① 习近平. 高举中国特色社会主义伟大旗帜　为全面建设社会主义现代化国家而团结奋斗——在中国共产党第二十次全国代表大会上的报告（2022-10-16）[2023-05-18]. https://www.gov.cn/xinwen/2022-10/25/content_5721685.htm.

回到本门课程的主旨，我们想说的是在中国女排的常赢史上，也离不开数据分析的功劳，尤其对于已经市场化的排球职业运动来说。曾经有过一部电影《点球成金》，它详细论述了职业棒球队如何利用描述性数据分析和预测性数据分析，使自己与更有战斗力的对手球队相比获得优势。但是还不清楚职业球队在多大程度上利用了规范性数据分析（也就是最优化）来决定球员名单。如果想弄清楚最优化如何应用到类似问题上，我们这个案例，从排球职业运动说起，则提供了初步的介绍。

对于排球职业运动（如排球俱乐部）来说，运营者或教练需要权衡一名球员的预测价值和他们将支付给他的薪资，以此决定哪些球员值得留用。毫无疑问，他们希望对这支球队获胜的次数进行最优化（也就是最大化），但是尚不明确这个过程中是否使用了数学。

鉴于本书作者不是排球资料的统计分析者，因此如果我们选择错了，在此道歉，但为了论证，这里我们将选择替换球员比较值（value over replacement player，VORP）。VORP是想判断一名球员相较于替换球员有多大的价值。很明显，关于这名虚构的替换球员将展示什么水平，存在许多争论和歧义，这里我们不做具体讨论。一名VORP高的首发球员意味着如果球队失去了这名球员并由替补球员替代他，那么这支球队将会输掉更多的比赛。也就是说，例如，首发球员的VORP是8，这意味着，如果他受伤了，被阵容中一个普通替补球员来替代，则一个赛季预计少赢8场比赛。因此，我们认为最大化预期获胜的最好方式是我们全部首发球员的VORP达到最大化。

受限于预算约束，我们的最优化问题是对VORP最大化。如果我们考虑的每一名球员都有已知的VORP和薪资，那么这个问题就可以抽象为众所周知的“背包问题”的最优化问题。背包问题的起源就来自它的名字。假如要去长途旅行，需要决定背包里放什么，而背包最多只能承受一定的重量。你有各种各样能放进背包的东西，像衣服、睡袋、剃须膏、手电筒等，每一样都有不同的重量和不同的价值。如果放入大的睡袋，那么可能就没有地方放手电筒。决定物品怎么组合，将产生最大价值并且适合这个袋子，是一个有趣的最优化问题。这类问题可以具体应用到很多地方。

在体现排球运动员花名册的背包问题上，每名球员的重量就是他的薪资，每名球员的VORP就是他的价值，而背包的可承重限制是预算约束。解决这个问题的一种简单方法可能是运用“贪心算法”。可以用每名球员的VORP除以他的薪资来得到每名球员的“性价比”，然后可按这个数值的降序将这些球员排序，同时在花名册上增加球员，直到不再有足够的预算能容纳下一名球员。随后，可以跳到那个可能仍然符合预算的球员。当不再有可能符合你预算球员的时候，任务结束。这个方法和许多其他贪心算法存在的问题类似，即它可能导致整支球队都是极低薪资的球员，从而剩下未使用的预算。这样，VORP/薪资可能被最大化，但真正目标VORP最大化却没有达到。

事实上，排球运动俱乐部面临的问题可能不是纯粹的背包问题，因为还有一些必须要考虑的额外约束。排球运动员之间不是完全可以替换的，因为他们打特定的位置，如主攻、副攻、一传、二传等。如果全用扮演游击手角色的球员填满整支球队，这个方案显然不是一个非常好的解决方案。我们更想用每一个位置上适量的球员来填满球队。简单地说，假设我们只关心首发阵容，这可能就意味着，每个位置上都需要一定数量的球员。于是，我们得到下面的最优化问题。

目标：最大化 VORP

约束条件：总预算

对每个位置分配的球员数量超出希望的数量

每名球员只被分配一个位置

选择：哪些球员将被列入球队花名册，哪个位置分配给该球员

数据：每名球员的 VORP

每名球员的薪资

每名球员合适的位置

这个问题可以很容易系统地表述成混合整数规划（第 6 章将更详细阐述这个问题）。已知可以选拔的排球职业运动队员数量不到几千人，一个商业数学求解软件可在几秒内解决这个问题。倘若所述假设成立，所得结果提供了最好的可能球员名册，此结果会最大化期望胜率。

在当前已经和球员签订合同的情况下产生一个现实的球员名册是不大可能的。不过，作为一种决策支持，在未来可能具有指导意义。当然，我们还可以对最优化模型进行补充，加入更多的现实约束，比如我们目前的球员名册和其他球员的状态。在此情况下，即使大多数球员已经确定，也仍然存在许多选择，因为有许多自由球员，而且很多球员还可以打多个位置。因此，可能存在很多球员和可能位置分配的组合。更为可能的是，我们假定所有目前签订合同的球员并不受限于我们的球队（我们可以与其他球队交换一些球员）；同样，所有与另一支球队签订合同的球员也不受限（我们可以交换那些球员）。所以，从管理角度来看，锁定合适的球员并为其他球队提供合适的球员，这是组建团队的工作。我们也可以想象，应当对可交易和交换的球员总数量进行限制，因为球队之间交易球员是件很棘手的事。

正如从这个讨论中所看到的，关于排球职业运动球队如何利用最优化方法做出更好的决策，存在许多需要考虑的因素。可能没有那么明显的是，你应该将最优化模型看成一种决策支持工具，而不一定是决策工具。也就是说，别想着将影响决策的因素都加入到最优化模型中，单击“运行”按钮，然后就有一个程序提出唯一的最好答案。相反，当将最优化模型看成能让你探索多种不同解决方案的途径，每一次你单击“运行”按钮，它就会分类整理所有的可能性，并对一组输入值给出最好答案，你可能得到一个交易七名球员的极好解决方案。在此情况下，你可能想改变模型，以便它能给你至多两次交易的最好解决方案。也许方案之间预计获胜的差别只是三场比赛，但这样做是值得的。

很有可能的情况是，有些职业运动球队已经利用数学最优化来帮助指导有预算约束的球队决策。然而，至今为止，在职业运动中，大家主要专注于描述性数据分析和预测性数据分析，还没有看到有运用规范性数据分析领域的书籍。

资料来源：根据沃森和内尔森（2017）的“点球成金”与最优化案例改编。

课程思政：中国女排在世界排球赛中，凭着顽强战斗、勇敢拼搏的精神，五次蝉联世界冠军，为国争光，为人民建功。她们的这种精神，给予全国人民巨大的鼓舞，相信

也给在校学生带来巨大震撼。不要觉得她们离我们很遥远，我们可以尝试运用规范性数据分析专业知识进行问题解决方案的思考，其实女排精神离我们很近，而且我们还能在其中出一份力，这种女排精神相信会让我们的自豪感和责任感油然而生。

6.1 规范性数据分析简介

在前面的章节中，我们已经了解到描述性数据分析和预测性数据分析。描述性数据分析作为商务数据分析的开始，主要说明“发生了什么”，运用简单的统计技术来描述数据集或者数据库中包含了什么，比如制作描述顾客年龄的条形图，用于百货公司按年龄定位目标客户群。预测性数据分析作为商务数据分析的第二个阶段，主要解释“正在发生什么、为什么会发生和将会发生什么”，运用高等统计技术、信息软件或运筹学方法来识别预测变量，并建立预测模型来识别那种用描述性数据分析无法观测的趋势和关系，比如将多元回归用于揭示年龄、体重和锻炼对减肥食物销售的影响。但是，仅仅通过上述方法，难以达到数据分析的终极目标，于是，就出现了规范性数据分析来回答“如何应对”的问题。

规范性数据分析作为数据分析的最后一步，通过对当前所拥有的不同的选择进行分类，然后返回最优的方案以实现既定的目标，因此从本质上来讲，规范性数据分析也称为最优化。最优化分析在我们的日常生活中随处可见，例如，对于出行路线的选择问题来讲，当你打开百度地图或谷歌地图后，输入起点和终点，选择出行方式，软件就会帮你选择当前条件下的一条最优的出行路线，在这个过程中，选择出行路线就回答了“如何应对的问题”，这就是规范性数据分析，也就是最优化。

6.1.1 规范性数据分析的概念

规范性数据分析（也称最优化）是运用决策科学、管理科学、运筹学（应用数学技术）来指导人们对资源进行最优化配置。比如百货公司针对目标客户的广告预算有限，运用线性规划模型来最优地分配不同广告媒体的预算。上述方法都是基于数学方法和算法将变量和参数纳入一个定量的框架中，对复杂问题产生最优或者接近最优的方案。在现实生活中，不可能产生一个完全的最优方案，所以，规范性数据分析就是帮助人们尽可能找到那个接近最优的方案以实现既定的目标。

6.1.2 规范性数据分析的模型框架

规范性数据分析作为商务数据分析的重点，具有一套规范的模型框架。图 6-1 给出了规范性数据分析的模型框架以及与描述性数据分析和预测性数据分析的关系。规范性数据分析和描述性数据分析的结合一般用于决策分析，和预测性数据分析的结合一般用于模拟，在案例研究的情况下，会同时用到三种数据分析。由于篇幅有限，图 6-1 只列出了一部分规范性数据分析方法。表 6-1 给出了大部分有关规范性数据分析的方法，可供大家参考。

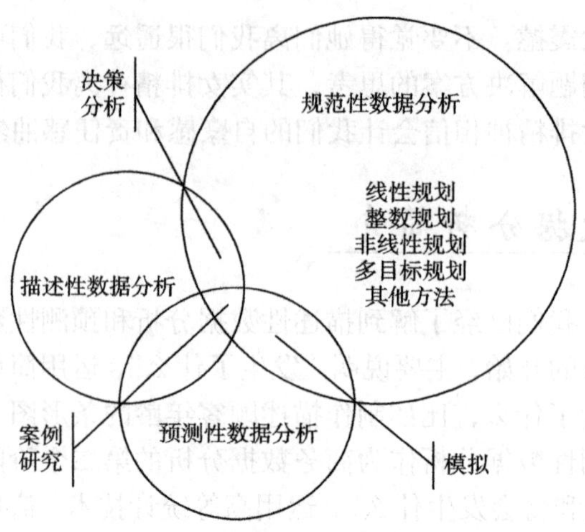

图 6-1 规范性数据分析方法论

表 6-1 部分规范性数据分析模型

模型	模型简介
线性规划	线性规划是运筹学中研究较早、发展较快、应用广泛、方法较成熟的一个重要分支，它是辅助人们进行科学管理并且约束条件和目标函数都为线性的一种数学方法。例如，分配预算给不同的机构或部门；配置人才和技术资源到产品生产过程；对混合物的混合成分进行优化，以使产品成本最小化
整数规划	类似于线性规划，唯一不同之处在于决策变量取整数。例如，将不同飞机或机组资源分配到不同的航班、将不同种类的货物分配给不同的货架、将股票分配给不同投资组合、将人员分配到不同岗位
非线性规划	当数学规划的约束或目标出现非线性关系时，这一大类方法和算法用于分析和寻求问题最优或接近最优的解决方案。例如，解决人才、科技、制度的最优分配问题，它们与成本或者利润成二次、三次或者非线性函数的关系
多目标规划	研究多于一个目标函数在给定区域上的最优化。在很多实际问题中，例如经济、管理、军事、科学和工程设计等领域，衡量一个方案的好坏往往难以用一个指标来判断，而需要用多个目标来比较，而这些目标有时不甚协调，甚至是矛盾的
决策分析	一般指在不同决策条件下，从若干个可能的方案中选择其中一个的决策过程的定量分析方法。决策条件包括很多种，常见的决策条件主要包括确定性、风险和不确定性等。例如，想从一组站点位置中选出一个最适合的来建设仓库
案例研究	当现象与实际环境边界不清而且不容易区分，或者研究者无法设计准确、直接又具系统性控制的变量的时候，可通过现实或假设的案例研究为商务数据分析提供现实生活中的实践经验。例如，拼多多是如何运用互联网成为扶贫助农新力量的
模拟分析	这类方法可以运用于某些情况下的规范性数据分析，这些情况包括参数是概率性的、非线性的，或者问题太过于复杂以至于不适合采用确定的、线性的其他最优化模型。例如，一家银行想要通过模拟当前处理贷款申请的交易过程，来确定该过程中的改进是否能够节省时间、提高效率，这类模拟分析可用于测试备选方案
其他方法	运筹学、决策科学和管理科学将数学、工程学和计算机科学整合运用，以此提出一系列的规范性数据分析方法。其他分析方法包括网络分析模型、项目计划、动态规划、排队论、决策支持系统、启发式方法，人工智能、专家系统、马尔可夫决策、决策树、博弈论、目标规划法、可靠性分析以及数据包络分析等，并且可以充分利用这些方法的整合运用来解决实际问题

6.2 最优化四要素

在所有的商业环境中，管理者都会对提高企业生产效率与提升企业管理效果感兴趣。当利用某些方法来提高企业效率时，很自然地就会提到对企业进行相应的最优化。因此，最优化作为一个专业术语，会在商务数据分析中被广泛使用。

最优化是规范性数据分析模型框架中我们需要重点讨论的一类模型方法。最优化是试图探寻基于算法的决策方法。另外，还有些学者认为最优化是在一定条件限制下，选取某种研究方案使目标达到最优的一种方法，这个过程的关键就是数据的使用。将这个过程与基于算法的方法特性结合，就可以给出最优化的定义：在满足所有已知约束条件后，使用基于算法的数学方法来推荐能使所定义的目标最大或者最小的一些决策。最优化的四个要素就是目标、约束条件、决策和数据，一般也可以写作目标、约束条件、选择和数据。

6.2.1　目标

面对一个需要解决的商业问题，当判断问题的一个解决方案是一个好的、一般或者差的解决方案时，我们需要计算出该方案为商业运营所能提供的价值，这个价值我们称为目标。最优化算法则将目标分为最大化目标和最小化目标。

最优化目标的数学表达非常重要。评估一个方案好坏的关键是通过对比目标值来实现的，因此这些目标必须都能用数学形式表达出来。若目标不能用数学形式表达，这可能表明，它本质上有点模糊，因此应该更加具体地定义它。对于给定的问题，理解和定义目标是设计优化的过程中最为关键的因素。总而言之，目标如此关键的原因是，最优化算法是冷酷无情的，绝大部分的优化问题是利用数学算法来解决，这里的数学算法要被编写成软件。对于给定的问题，这些算法就是寻找解决方案，尽可能实现给定的目标——这是它们存在的唯一目的。算法就是想方设法地改进目标，没有细微差别，没有“是的，但是”。在约束条件下，算法将采用任何方法改进目标，无论改进的数量有多少。

最优化目标有时候会决定最优化模型的类型。比如，如果目标是非线性函数，则对应模型一定是非线性规划模型。如果一个优化模型的目标函数只有一个，则一般为单目标优化模型。如果一个模型的目标函数表达式有多个，则该模型就被定义为多目标最优化模型。如果一个模型的目标函数含有随机变量，则该模型可能会被定义为随机优化模型。

在商业环境下或在某一公司中，多目标优化一般比较常见。最优化目标一般与特定的关键绩效指标有关，关键绩效指标是快速了解公司做得怎么样的特定参数。关键绩效指标的目的在于为管理者提供组织运作得好或差的一种指标，依据的是关键绩效指标和目标测量值的差距。但是，对于不同层级的管理人员来说，其关注的绩效指标有可能与组织的主要目标相偏离。当一个组织的不同部门拥有不同的关键绩效指标，这些关键绩效指标也有可能会相互冲突。例如，一个制造公司，生产经理基于产品的产出量有一个关键绩效指标，仓库经理基于库存的减少量有一个关键绩效指标。基于产出量的关键绩效指标，生产经理可能会有生产大批量产品的动机，因为这将在减少生产线转换同时最大化产出。然而这可能与仓库经理的目标直接矛盾，因为大量产品占用仓库很长时间，这样会导致库存关键绩效指标表现很差。在这种情况下，如果最优化问题是优化生产计划，那么就应该同时考虑至少两个目标，即生产最大化与库存最小化。

6.2.2　约束条件

在最优化问题中，对于解决方案一般会有各项限制，常以不等式或方程式的形式出现，这些限制条件都包含代表解决方案的变量，可以说是这些变量的函数，因此这些限制一般称为约束条件或约束函数。

约束条件有“硬”约束和“软”约束之分。硬约束是指我们在任何情况下都不可以违背的。如果一个解决方案违背了任何一个硬约束，那么就认为此方案是不可行的。软约束被认为是要坚持的约束但可能仍然有某种回旋余地。尽管人们更倾向于不违背任何约束的解决方案，但是一个只违背软约束的解决方案仍然可能执行。

在商业环境下，如果公司将所有约束当成硬约束。出现的情况则可能是，这些约束在过去的实践中经常被违背。当所有的约束被认为是硬约束时，需要判断什么是可行的解决方案以及是否有可行的解决方案。因为，对于所有约束都是硬约束的问题来说，可能会出现没有推荐的解决方案的情况；另外，即使存在满足所有约束的可行解，可能还会存在那种只是违背一些软约束但却表现更好的一些解决方案。

6.2.3 选择

选择是你想要利用最优化算法提供的那个推荐建议，简单地说，选择就是你要决定的事情，也被称为决策变量，是指在最优化模型中所涉及的与约束条件和目标函数有关的待确定的量，即利用最优化方法精炼出不同的值以供选择，确保这些选择的值不违背所设置的任何约束条件，计算一系列选择的目标值，然后比较不同选择的目标值，进而选出最好的那个。不论是目标还是约束条件都依赖于对选择的定义。从数学形式上看，目标（目标函数）可以被写成选择（决策变量）的函数。

按照取值的方式不同，决策变量可以分为 0-1 变量、整数变量和连续变量等若干种类型。如何确定决策变量的取值类型，需要对问题进行系统的分析才能确定。例如，工程工人排班问题。基本上，工人排班问题是一个涉及工人具有不同技能、工资率、可用性的问题，同时在不同厂区要排满换班，要求如何指派工人的换班能使总成本最小化。在最简单情况下，可以考虑对每名工人、每次换班确定一个选择：“这次换班用这个工人吗?”这是一个二值决策变量，意味着它只可能取两个值（是或否）。一般地说，在这个模型中，人们使用 0 和 1 来表示二值变量。然而，假设工厂在这个问题上添加了更多的复杂性，例如将雇用临时人员加入某些换班。工厂可能会对雇用临时人员参与整个换班加以限制，需要加一些新的选择，在这些选择中确定有多少次换班是有临时人员参加的。在此情况下，需要将整数决策变量加入模型之中。这意味着，变量可以用任意整数表示（如 0, 1, 2,⋯）。最后，在这个例子中，假设临时人员工作时间非常灵活，且愿意在任何时间工作（不仅仅是这个换班）。在此情况下，选择就是雇用临时人员多长时间。于是，这些选择可用连续决策变量表示，这样的变量可以取任何（非负）值。

6.2.4 数据

对于商务数据分析方法来说，数据是能够将其应用于实际决策的关键，正所谓“巧妇难为无米之炊”。无论是描述性数据分析、预测性数据分析，还是规范性数据分析方法，如果没有合适的数据，相关方法就没有用武之地。尤其对于规范性数据分析来说，它是决策的最后也是最关键一步，几乎所有人都听过“垃圾进入等同于垃圾出去”这句话，如果规范性数据分析方法是在提供“垃圾输出”，那么决策者就会简单地放弃那个垃圾信息，并以其他方式继续做决策，但这并不是方法的错误，而可能是输入数据的问题。尤其当实际决策问题属于大规模复杂问题时，运用最优化模型是非常有用和有价值的，但是所推荐的解决方案是否为“垃圾输出”并不能被很容易地发现，只有在解决方案被实施以后，才会发现其效果到底如何。

一般来说，最优化模型中的数据可以分为两类，第一类数据是可直接输入模型且有某种确切含义的，第二类则是一般所认为的模型参数。主要区别在于第一类是确定的信息，而第二类数据具有不确定性和变化的特性。对于某一个实际问题，根据关注点的不同，可能会导致我们两类数据的划分标准有所不同。例如，面对货物投递中的火车路线规划问题时，如果我们想重点分析货车容量对投递效果的影响，那么输入到最优化模型的大部分数据属于第一类数据，包括投递点列表、货物的大小（重量，体积等）、各个投递点之间的距离等。货车可承载能力则属于第二类数据，需要重点对其进行敏感度分析。

案例 6-1

由苏伊士运河重型货船搁浅事件看班轮干扰恢复

2021 年 3 月 23 日，一艘悬挂巴拿马国旗的“长赐号”重型货船在苏伊士运河新航道搁浅，这艘长约 400 米、宽约 59 米的巨轮几乎达到了运河的通行上限，搁浅造成航道堵塞。因为苏伊士运河是世界上最繁忙的航线之一，这次搁浅事件引起了全世界的关注。苏伊士运河连接了欧洲与亚洲之间的南北双向水运，使得船只不需要绕过非洲最南端的好望角，大大地节省了航程和成本，举个例子，从英国伦敦港到印度孟买港，走苏伊士运河比走好望角航程能缩短 43%，约 7000 公里，因此成为欧亚贸易最为重要的航运线路。

党的二十大明确提出要深度参与全球产业分工和合作，维护多元稳定的国际经济格局和经贸关系[①]。航运是保障全球产业分工和贸易合作的基石。根据此前美国经济学家估计，苏伊士运河堵塞 1 天，损失约 4 亿美元，这个损失应该包括了航运公司和制造企业的损失，而根据埃及政府每年从苏伊士运河收取约 56 亿美元的通行费估算，每堵塞 1 周埃及政府损失约为 1 亿美元。当然，这只是经济上的直接损失，因为经济全球化的发展，加上苏伊士运河在海运中的重要性，苏伊士运河的堵塞出现了明显的蝴蝶效应，影响波及全球工业和消费品价格。在全球化的今天，从班轮运营公司的角度看，如何采取紧急措施来减少干扰造成的影响，降低自身损失，值得去探讨与研究。

1）目标

班轮运输在受到干扰后，原来的运输规划被打乱，班轮运营公司后续的计划无法有效开展，其巨大损失不可估量，因此班轮运输干扰恢复的首要目标是对原计划的改变最小，这也体现了干扰管理思想的宗旨，即通过微调来恢复船期；船期每耽搁一天，后续

---

① 习近平. 高举中国特色社会主义伟大旗帜　为全面建设社会主义现代化国家而团结奋斗——在中国共产党第二十次全国代表大会上的报告（2022-10-16）[2023-05-18]. https://www.gov.cn/xinwen/2022-10/25/content_5721685.htm.

就需要加速来恢复船期，班轮运营就需要消耗大量的燃油等，因此第二目标就是尽量减少燃油成本的支出；班轮运输受到干扰，就会有大量集装箱无法按时交付，给客户造成大量损失，也给班轮运营公司造成信誉损失，因此第三个目标则是尽量减少延迟交付集装箱带来的惩罚成本。

2）约束条件

一般在班轮运营中，由于船舶航运的性能要求，都会有最大航行速度和最小航行速度限制。

3）选择

在班轮运营干扰恢复中，常用恢复措施有以下几种：加速航行、缩短在港时间、甩货（取消某港集装箱的装载计划）、取消某些港口挂靠、改变港口的挂靠顺序、加入闲置船舶等。这些措施可以根据实际需要进行选择。

4）数据

数据对于班轮运营干扰恢复具有重要的意义。一方面，运营公司在优化船期的过程中，离不开具体真实的数据。如果没有数据，或者数据不真实，那么优化的结果也不真实，所得出的方案也就难以应用到现实生活中。另一方面干扰恢复方案很多，优化方案的好坏需要数据进行衡量，数据的存在为班轮干扰恢复选择优化方案提供了一个度量。班轮干扰恢复的数据主要包括船舶数据（最大最小航速、设计航速及对应油耗、船期表、船舶发生干扰时的位置、恢复水平等）、集装箱数据（集装箱数量、交付时间、在港装卸时间、运价等）、港口数据（港口之间航行距离、港口服务时间段）以及一些成本（燃油单价、延迟交付惩罚成本等）。

综上所述，类似于航班干扰管理一样，现实中的很多问题，往往不能只考虑一个目标，而更多是将许多目标综合起来一起考虑，在一定的约束条件下，通过采取不同的算法，得到最终优化的结果。但在进行多目标优化的过程中，往往要从目标、约束条件、选择、数据四个角度进行分析，只有这样，优化的过程才是可行的、有效的。

课程思政：在解决一个优化问题的过程中，目标、约束条件、数据和选择是缺一不可的。这也可以类比于我们在日常工作和生活中，四者也是缺一不可的：①首先要有明确的目标，否则会很迷茫，而且目标一旦确立，要坚持这个目标不随便改变，不要在长年累月的日复一日中逐渐忘记了自己的初心。②我们不能为了达到目标而使用一切方法，甚至不择手段，所以我们需要约束，正所谓“不以规矩，不能成方圆”。③为了达到目标，我们需要了解我们可以利用的资源（即“数据”）有哪些，只有充分运用好自己现有的资源，并将其作用发挥到最大，为达到目标提供助力。④知道了人生目标，知道了要遵守的规矩，知道了有哪些资源可以运用，你的人生路该如何选择就已经很明确了。

6.3 最优化模型

6.3.1 数学规划

数学规划是运筹学的一个重要分支，也是现代数学的一门重要学科，其基本思想出现在 19 世纪初，并由美国哈佛大学的罗伯特·多尔夫曼（Robert Dorfman）于 20 纪 40 年代末提出。数学规划的研究对象是数值最优化问题，这是一类古老的数学问题。古典的微分法已可以用来解决某些简单的非线性最优化问题。直到 20 世纪 40 年代以后，由于大量实际问题的需要和电子计算机的高速发展，数学规划才得以迅速发展起来，并成为一门十分活跃的新兴学科。今天，数学规划的应用极为普遍，它的理论和方法已经渗透到自然科学、社会科学和工程技术中。根据问题的性质和处理方法的差异，数学规划可分成许多不同的分支，如线性规划、非线性规划、多目标规划、动态规划、参数规划、组合优化和整数规划、随机规划、模糊规划、非光滑优化、多层规划、全局优化、变分不等式与互补问题等。

数学规划模型的一般形式如下：

$$
\begin{gathered}
\text{opt}\ \ f(X) \\
\text{s.t.}\ \begin{cases} g_i(X) \leqslant 0, & i = 1,2,\cdots,m \\ h_j(X) = 0, & j = 1,2,\cdots,l \end{cases}
\end{gathered}
\tag{6-1}
$$

式中，$X=(x_1,x_2,\cdots,x_n)^{\mathrm{T}}$ 为未知向量，称为决策变量；$f(X)$ 为目标函数；$g_i(X)$与$h_j(X)$ 为约束函数。$f(X)$、$g_i(X)$与$h_j(X)$ 均为 X 的数量函数。符号 opt 表示对函数 $f(X)$ 求最优化结果。如果要求 $f(X)$ 最大，则 $\text{opt}\,f(X)$ 记为 $\max f(X)$。如果要求 $f(X)$ 最小，则 $\text{opt}\,f(X)$ 记为 $\min f(X)$。符号 s.t.为 subject to 的缩写，意思是受约束于或受限于 m 个不等式约束条件 $g_i(X)\leqslant 0, i=1,2,\cdots,m$ 以及 l 个等式约束条件 $h_j(X)=0, j=1,2,\cdots,l$。

于是数学规划问题可以表述为：求满足约束条件的 X^*，使 $f(X^*)$ 成为最优，而将 X^* 称为数学规划问题的最优解，将 $f^*=f(X^*)$ 称为最优值。

数学规划模型种类很多，包括线性规划、整数规划、目标规划等。下面将一一介绍这个方法的概念、案例以及软件求解过程。

6.3.2　线性规划

1. 线性规划模型

针对数学规划，如果决策变量为可控的连续变量且目标函数和约束函数都是线性的则称此类数学规划问题为线性规划问题，线性规划的英文名称是 linear programming，简写为 LP。

简而言之，线性规划中的目标函数和约束条件都必须是连续决策变量的线性加权和。现实生活中几乎所有问题都不是线性的和连续的，但大量的应用可以建模为线性规划加以解决。即便线性规划问题涉及的变量数量级为千百万，甚至十亿个，也能够有效地找到全局最优解。案例 6-2 中所建立的德尔塔公司利润最大化模型就是典型的线性规划模型。

线性规划必须满足以下四条基本性质。

1）比例性

比例性要求每个决策变量在目标函数和约束函数中，其贡献与决策变量的值存在直接比例性。即每项经营活动所代表的决策变量对目标函数的贡献是一个常数。对约束函数中资源等的消耗也是一个常数。

2）可加性

可加性是指所有决策变量对目标函数和约束函数的贡献是相互独立的（包括正向贡献和负向贡献），目标函数值等于每个决策变量各自对目标函数贡献的总和。

3）确定性

确定性是指线性规划中所有目标函数和约束函数中的系数都是确定的常数，不含随机因素。在实际中，目标函数和约束函数中的系数往往是随机的且满足一定的概率分布。如果这些系数的波动不大，即其标准差充分小，则可近似地认为这些系数是相应概率分布平均值。否则，若这些系数的波动性较大，即其标准差较大，则可采用其他方法求解，如随机线性规划算法等。

4）连续性

连续性是指所有的决策变量取值为连续的数。例如，某一实际问题无法全部满足上述四条性质，则需采用其他运筹学方法进行建模和求解。

线性规划问题在经济、管理中应用比较广泛，如可应用在人力资源分配生产计划、套材下料、配料、投资、市场营销调查问题和收益管理等实际问题中。

案例 6-2

德尔塔公司的低端和高端船舶配件生产选择

德尔塔公司是一家服务于船舶行业的座椅布料生产企业，为了进一步扩展市场，公司销售部门与上海某造船公司签订了供应协议，上海某造船公司会收购其生产的所有座椅布料。由于销售规模较大，德尔塔公司高层打算建立新的生产线。

根据以往经验并结合进一步的需求调研，公司认为生产布料需要经过以下四道工序：第一，剪裁；第二，缝制；第三，检查；第四，包装。

技术人员结合座椅制作的工艺要求，分别对两种不同质量的座椅布料的各道工序进行了工时分析。若该公司生产低端座椅布料，每套座椅布料剪裁需要花费 0.7 小时，缝制需要 0.5 小时，检查需要花费 1 小时，包装需要花费 0.1 小时。如果生产高端座椅布料，每套座椅布料剪裁需要 1 小时，缝制需要 0.8 小时，检查需要花费 0.6 小时，包装需要花费 0.25 小时。为清晰起见，我们把生产条件用表格形式表现出来，具体见表 6-2。

表 6-2　德尔塔公司的低端和高端配件每道工序所需要的时间

工序	各道工序所需时间/小时	
	低端价格水平	高端价格水平
剪裁	0.7	1
缝制	0.5	0.8
检查	1	0.6
包装	0.1	0.25

对于德尔塔公司来说，能用于每道工序的工时是有限的。经过对每道工序的负荷评

估，剪裁工序的最大可用工时是 620 个小时，缝制工序是 600 个小时，检查工序是 700 个小时，包装工序是 150 个小时。财务部门通过对生产数据的分析，认为低端座椅布料每套获利 100 元，高端座椅布料每套可获利 120 元。对德尔塔公司来说，现在面临的问题是：低端和高端的座椅布料，分别生产多少才能保证该公司获得最大的利润？

在解决问题之前，需要先对问题进行规范化表述。问题的规范化表述又叫模型化表述，就是将用语言文字陈述的问题转化成数学分析表达的过程。模型化表述是一门艺术，需要依赖实践经验。我们就以德尔塔公司为例，说明在建立线性规划模型之前，需要先明确最优化的四要素。

1. 目标

德尔塔公司的管理目标，就是使总利润达到最大。

2. 约束条件

德尔塔公司的案例中，有 4 个工时约束，它们决定着产品的生产数量。

约束条件 1：剪裁需费的工时，一定小于或等于该道工序的最大可用工时。

约束条件 2：缝制需要的工时，一定不大于该道工序可以利用的最大可用工时。

约束条件 3：检查需要的工时，一定不能超过该道工序可以利用的最大可用工时。

约束条件 4：包装需要的工时，一定不能多于该道工序可以利用的最大可用工时。

3. 选择（决策变量）

决策变量就是我们能够进行控制的变量：一是低端座椅布料的数量（记为 L），二是高端座椅布料的数量（记为 U）。按照最优化问题的术语来说，这里定义的 L 和 U 就是问题的决策变量。

4. 数据

该问题的相关数据已在该案例的前四段话中给出，在此不再赘述。我们基于这些数据，给出线性规划模型的构建过程。

1）给出用决策变量表示的目标函数

德尔塔公司的利润来自两个方面，一是生产低端座椅布料；二是生产高端座椅布料。背景材料已经告诉我们，生产出 1 套低端座椅布料，可以获利 100 元。如果低端座椅布料生产了 L 套，则低端座椅布料可以获利 $100L$ 元。生产出 1 套高端座椅布料可以获利 120 元，如果高端座椅布料生产 U 套，则高端座椅布料能够带来的利润总额是 $120U$ 元。由于该问题是为了得知德尔塔公司如何实现利润最大化，所以目标函数可以写为

$$\max = 100L + 120U$$

2）给出用决策变量表示的约束条件

上面我们已经用文字描述了德尔塔公司问题的约束条件，这里我们将其用决策变量表示出来，具体如下。

约束条件 1：

剪裁需要的工时 ≤ 该道工序的最大可用工时

低端座椅布料，每套剪裁需要花费 0.7 小时，假定生产低端座椅布料 L 套，则低端座椅布料剪裁需要花费的总时间是 $0.7L$。生产高端座椅布料每套剪裁需要花费 1 小时，因此生产这种高端座椅布料 U 套所需要的时间是 $1U$。由于德尔塔公司目前能用于剪裁

的总工时是 620 小时，所以生产两种类型的座椅布料，总共需要剪裁时间的约束方程可以表示成

$$0.7L + 1U \leqslant 620 \tag{6-2}$$

约束条件 2：

缝制需要的工时 ⩽ 该道工序的最大可用工时

低端座椅布料，每套缝制需要花费 0.5 小时，假定生产低端座椅布料 L 套，则低端座椅布料缝制需要花费的总时间是 $0.5L$ 小时。生产高端座椅布料每套缝制需要花费 0.8 小时，因此缝制这种高端座椅布料 U 个所需要的时间是 $0.8U$ 小时。由于德尔塔公司目前能用于剪裁的总工时是 600 小时，所以生产两种类型的座椅布料，总共需要缝制工时的约束方程可以表示成

$$0.5L + 0.8U \leqslant 600 \tag{6-3}$$

约束条件 3：

检查需要的工时 ⩽ 该道工序的最大可用工时

低端座椅布料，每个检查需要花费 1 小时，假定生产低端座椅布料 L 套，则低端座椅布料检查需要花费的总时间是 $1L$ 小时。生产高端座椅布料每套检查需要花费 0.6 小时，因此检查这种高端座椅布料 U 套所需要的时间是 $0.6U$ 小时。由于德尔塔公司目前能用于检查的总工时是 700 小时，所以生产两种类型的座椅布料，总共需要检查工时的约束方程可以表示成

$$1L + 0.6U \leqslant 700 \tag{6-4}$$

约束条件 4：

包装需要的工时 ⩽ 该道工序的最大可用工时

低端座椅布料，每套包装需要花费 0.1 小时，假定生产低端座椅布料 L 套，则低端座椅布料包装需要花费的总时间是 $0.1L$ 小时。生产高端座椅布料每套包装需要花费 0.25 小时，因此包装这种高端座椅布料 U 套所需要的时间是 $0.25U$ 小时。由于德尔塔公司目前能用于包装的总工时是 150 小时，所以生产两种类型的座椅布料，总共需要包装工时的约束方程可以表示成

$$0.1L + 0.25U \leqslant 150 \tag{6-5}$$

两种类型的座椅布料要么生产，要么不生产，它们的取值不可能为负数，因此有

$$L, U \geqslant 0 \tag{6-6}$$

3）代数形式的表达

通过上述过程，我们对德尔塔公司问题的目标函数、约束方程等，都给出了代数化的表达。将目标函数、约束方程联系起来。便得到德尔塔公司问题的数学模型：

$$\max = 100L + 120U$$

$$\text{s.t.}\begin{cases} 0.7L + 1U \leqslant 620 \\ 0.5L + 0.8U \leqslant 600 \\ 1L + 0.6U \leqslant 700 \\ 0.1L + 0.25U \leqslant 150 \\ L, U \geqslant 0 \end{cases}$$

式中，s.t.表示服从于。完整地说，就是目标函数的最大值需要服从于以下的约束条件。

至此，我们关心的重点就是找出产品的生产组合，也就是通过求解得到L、U的值，使其不仅要能满足所有的约束条件的要求，还要确保目标函数值达到最大。这时候的L、U值，就是上述问题的最优解。

德尔塔公司问题的数学模型也叫作线性规划模型，或可简称为线性规划。因为这类模型的目标函数和所有约束方程，都是决策变量的线性函数。

对于线性规划问题的求解，可以运用图解法、单纯性法、椭球法、内点法等，也可以运用运筹学软件包进行求解，如WinQSB、LINGO、LINDO和Excel等，还可以运用优化软件CPLEX、Gurobi等求解。

资料来源：根据坎姆等（2017）改编

2. 线性规划的几种特殊情况解

线性规划的解包括唯一最优解、多个最优解、无可行解以及无界解四种。

1）唯一最优解

存在一个顶点使得目标函数达到最值。

2）多个最优解

从线性规划图解法的讨论中，我们知道最优解位于可行域的顶点。如果目标函数的等值线与可行域的紧约束所在的某条边重叠，这将会导致若干个最优解，也就是说，线性规划问题的最优解不唯一。

3）无可行解

无可行解表明，线性规划问题找不到能同时满足所有约束方程的解。从几何上看，无可行解意味着不存在可行域，也就是说，没有任何一点能满足所有的约束条件。

在进行线性规划问题分析时，一旦发现没有可行解，这时我们就需要校正管理决策分析并适时采取管理应对措施。认识到这一点是非常重要的，它有助于我们判断管理方案是否可行，借此可以指出无法满足的条件，以及需要采取的正确行动。

对无可行解的线性规划问题，我们如果仍然坚持用LINGO软件的求解功能进行求解，此时电脑会报告问题无可行解。因此，在建立线性规划模型的时候，我们需要仔细检查模型的合理性，以辨别是否存在可行解，并搞清楚不存在可行解的原因是什么。对无可行解的线性规划问题，有的时候我们可以删除一个或几个约束条件。

4）无界解

对于一个求极大化的线性规划问题，在不进行约束条件扰动的情况下，该问题的目标函数值变得无限大，对此我们就称这样的问题为无界规划问题。相反，对一个求极小问题如果不进行约束条件扰动，该问题的目标函数值会变得无限小，这也属于无界规划问题的一种情形。

对无界规划问题，如果我们使用优化软件的求解功能进行求解，此时电脑会报告该问题的目标值不收敛。在实际应用线性规划方法的时候，一旦出现无界情形，那就意味着模型的构建是不合适或不正确的。所以，对一个求极大化问题，出现了无界解，与缺少部分约束条件有关。

3. 敏感性分析

在建立线性规划模型的时候，我们依据的是给定的决策参数资料（例如案例 6-2 的目标函数值中 100*L*+120*U* 中的 100 和 120），这些参数值往往是估计值或者预测值，然而市场是经常变化的，研究这些参数值变化对目标函数的影响就是敏感性分析。

线性规划的敏感性分析，主要是讨论模型中的参数变化是怎样影响最优解的。通过敏感性分析，我们能得到以下认识。

第一，目标函数系数的变化将怎样影响最优解。

第二，约束方程左边某些项取值的变化，会对最优解产生什么样的影响。

第三，约束方程右边项取值的变化，又会对最优解产生什么样的影响。

由于敏感性分析主要关心上述几个问题，所以对一个线性规划问题，只有在获得了最优解之后进行敏感性分析才有价值。正是这个原因，敏感性分析有时又被叫作后验分析。

通过运用优化软件求解出来的敏感度分析报告能提供很多非常有用的认知信息。不过这种经典的敏感性分析有一些局限性，因为它一次仅能对某个参数的变化进行敏感性分析，而假定其他参数保持不变。可是，在许多场合，我们感兴趣的是多个参数同时发生变化时，对模型的当前解会产生什么样的影响。对此，有一个比较简单的做法，那就是重新对改变后的模型进行求解。

6.3.3 整数规划模型

在前面讨论的线性规划问题中，有些最优解可能是分数或者小数，但对于某些具体问题，要求决策变量求解出的结果必须是整数。如果所有的决策变量都要求取整数值，这就是纯整数规划（pure integer programming）模型；如果将一部分决策变量限制为整数，则称为混合整数规划（mixed integer programming），整数规划有一种特殊情形是 0-1 规划，它的决策变量的取值限定为 0 或者 1，这就是 0-1 规划问题。

下面给出的例子有两个决策变量，并都要求取整数值，所以属于纯整数规划模型。

$$
\begin{aligned}
\max\quad & 2x_1+3x_2 \\
\text{s.t.}\quad & 3x_1+3x_2\leqslant 12 \\
& \frac{2}{3}x_1+3x_2\leqslant 4 \\
& x_1+2x_2\leqslant 6 \\
& x_1,x_2\geqslant 0,\text{且取整数}
\end{aligned}
$$

对上述模型，如果我们把取整数要求拿掉，那就是我们所熟悉的两变量线性规划问题。所以，一般的线性规划问题，可以看成整数线性规划的放松。从这点来看，线性规划也可叫作整数线性规划放松的规划。

如果决策变量只有一部分不是全部存在取整数的要求，我们把这样的线性规划问题称作混合整数线性规划。以下是混合整数线性规划的一个例子：

$$
\begin{aligned}
\max \quad & 2x_1 + 3x_2 \\
\text{s.t.} \quad & 3x_1 + 3x_2 \leqslant 12 \\
& \frac{2}{3}x_1 + 3x_2 \leqslant 4 \\
& x_1 + 2x_2 \leqslant 6 \\
& x_1, x_2 \geqslant 0, \text{且} x_2 \text{取整数}
\end{aligned}
$$

对上述问题，如果把 x_2 取整数的要求拿掉，也能得到放松后的线性规划模型。

有些场合下，决策变量可能只能取 0 或 1 这样的值，这种线性规划通常叫作 0-1 整数线性规划。本章的后面我们将会谈到，通过引进 0-1 变量，能够提高模型的适应性。在许多应用场合，通过 0-1 变量，可以把我们想采取的活动设定为 1，把我们不想采取的活动设定为 0。像货位安排等问题，都有可能会用到 0-1 变量。

案例 6-3

海运港口物流公司的平面货位分配

海运港口物流公司仓库的货位分配一般要遵循“常用应易取”的原则，从而提高货物的存取效率。我们以 A 物流公司仓库一部分货区的数据进行货物分配优化的分析。仓库为平面仓库，在仓库中共有 A 排货架，每排为 B 列，在平面仓库中以仓库出库口为原点建立直角坐标系，将距离仓库出口最近的一排记为第 1 排，距离出口最近的列记为第 1 列，坐标(x, y)表示位于第 x 排第 y 列的货位。每个货位的长度和宽度相同，均为 L。设共有 K 种不同的货物需要存放到这个仓库，以周转率 P 来衡量货物的出入库频率，P 值越大，说明该货物的出入库频率越高。

在计算货物从指定货架移动到出库口所需的时间时，由于堆垛机只能沿着预定的 x 轴和 y 轴移动，所以，存取位于（x, y）的货物时，堆垛机移动到出货口的距离表示为

$$(x+y)\times L \tag{6-7}$$

由于堆垛机沿 x 轴方向的移动速度为 v_x，沿 y 轴方向的移动速度为 v_y，所以货位(x,y)处的货物移动到出口所用的时间为

$$t_{xy} = \left(\frac{x}{v_x} + \frac{y}{v_y}\right)L \tag{6-8}$$

根据货位优化的目标，需要把周转率较大的货物放到距离出口较近的货位，周转率较小的货物放到距离出口较远的货位，因此，货位（x, y）处的货物移动至出库口的时间可表示为

$$t_{xy}P_i \tag{6-9}$$

为了提高出入库的效率，就是要使仓库内所有的货物的出入库总时间最小。引入 0-1 变量 D_{xyi}，设

$$D_{xyi} = \begin{cases} 0, & \text{不把货物}i\text{放在货位}(x, y)\text{处} \\ 1, & \text{把货物}i\text{放在货位}(x, y)\text{处} \end{cases}$$

因此，使仓储系统出入库效率达到最高的目标函数为

$$\min f=\sum_{i=1}^{K}\sum_{x=1}^{A}\sum_{y=1}^{B}D_{xyi}t_{xy}P_i \tag{6-10}$$

其中，决策变量 D_{xyi} 需要满足如下约束条件：

$$\sum_{x=1}^{A}\sum_{y=1}^{B}D_{xyi}=1,\ \forall i\in\{1,2,\cdots,K\} \tag{6-11}$$

$$\sum_{i=1}^{K}D_{xyi}\leqslant 1,\ \forall x\in\{1,2,\cdots,A\},y\in\{1,2,\cdots,B\} \tag{6-12}$$

$$D_{xyi}=\{0,1\} \tag{6-13}$$

按照此模型求解 D_{xyi}，在求得的 D_{xyi} 中，当 $D_{xyi}=1$ 时，则表示把第 i 种货物放在货位 (x,y) 处。即最优的货位分配策略。

此时若添加 $A\times B-K$ 种假想货物，其周转率 P_i，$i=K+1,K+2,\cdots,A\times B$ 均等于 0。这样就能转化为把 $A\times B$ 种货物恰好放到 $A\times B$ 个货位的平衡问题。

经过模型转换，货物的数量 K 转化为 $A\times B$。因为当 $i=K+1,K+2,\cdots,A\times B$ 时 P_i 等于 0，所以有

$$\sum_{i=K+1}^{A\times B}\sum_{x=1}^{A}\sum_{y=1}^{B}D_{xyi}t_{xy}P_i=0 \tag{6-14}$$

因此，转化后目标函数可变为

$$\begin{aligned}\min f&=\sum_{i=1}^{K}\sum_{x=1}^{A}\sum_{y=1}^{B}D_{xyi}t_{xy}P_i\\&=\sum_{i=1}^{K}\sum_{x=1}^{A}\sum_{y=1}^{B}D_{xyi}t_{xy}P_i+\sum_{i=K+1}^{A\times B}\sum_{x=1}^{A}\sum_{y=1}^{B}D_{xyi}t_{xy}P_i\\&=\sum_{i=1}^{A\times B}\sum_{x=1}^{A}\sum_{y=1}^{B}D_{xyi}t_{xy}P_i\\&=\sum_{i=K+1}^{A\times B}\left(\sum_{x=1}^{A}\sum_{y=1}^{B}\right)D_{xyi}(t_{xy}P_i)\end{aligned} \tag{6-15}$$

此外，由于货位优化模型转换为平衡问题，则对于任意的货位，都有一种货物要放置，所以约束条件（6-11）转化为

$$\sum_{i=1}^{K}D_{xyi}=1,\ \forall x\in\{1,2,\cdots,A\},y\in\{1,2,\cdots,B\} \tag{6-16}$$

其余的约束条件不变。这样该问题就可以运用匈牙利算法进行求解。

若平面仓库货位的排数 A=3，列数 B=3，每个货格的长度和宽度都是 L=1m。堆垛机的形式速度为 v_x=v_y=1m/s，其取货时间忽略不计。我们选择其中 5 个货位存储 5 种货物。5 种货物的周转率和初始所在货位坐标如表 6-3 所示，其中（0,0）表示仓库出口。经过计算，位于货位 (x,y) 处的货物出库时间如表 6-4 所示。

表 6-3 货物初始储存方案

货物编号	周转率	初始位置坐标
1	0.3	（1,1）
2	0.2	（1,3）
3	0.6	（2,2）
4	0.5	（3,1）
5	0.8	（3,3）

表 6-4　货物出库时间

货位	(1,1)	(1,2)	(1,3)	(2,1)	(2,2)	(2,3)	(3,1)	(3,2)	(3,3)
t_{xy}	2	3	4	3	4	5	4	5	6

运用匈牙利算法得到货位优化的最优解如表 6-5 和图 6-2 所示。

表 6-5　货位优化最优解

	(1,1)	(1,2)	(2,1)	(2,2)	(1,3)	(3,1)	(2,3)	(3,2)	(3,3)	总数
1	0	0	0	0	0	1	0	0	0	1
2	0	0	0	1	0	0	0	0	0	1
3	0	0	1	0	0	0	0	0	0	1
4	0	1	0	0	0	0	0	0	0	1
5	1	0	0	0	0	0	0	0	0	1
6	0	0	0	0	1	0	0	0	0	1
7	0	0	0	0	0	0	0	0	1	1
8	0	0	0	0	0	0	1	0	0	1
9	0	0	0	0	0	0	0	1	0	1
总数	1	1	1	1	1	1	1	1	1	

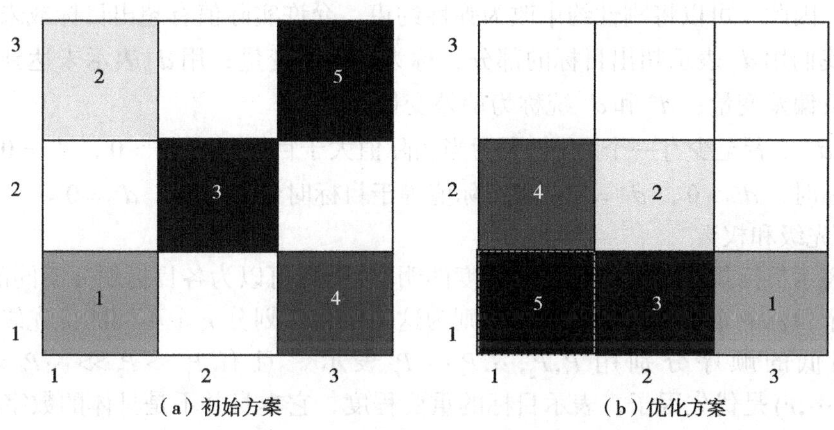

图 6-2　货位优化的最优解示意图

从计算结果中可以看到，在对货位模型优化时，找到一个解，可满足所有约束条件和最优情况。通过表 6-5，可以清楚地看到最优的货位分配策略：D_{115}、D_{124}、D_{213}、D_{311}、D_{222} 等于 1，其他 D_{xyi} 均等于 0，即最优的货物分配方案为把货物 5 放到货位（1,1）处，货物 3 放到货位（2,1）处，货物 4 放到货位（1,2）处，货物 1 放到货位（3,1）处，货物 2 放到货位（2,2）处。

比较优化效果，通过画图表示两种货位分配方案，按照货架的分布以 3×3 的方格表示货位，以颜色的深浅表示货物不同的周转率，颜色越深，则表示周转率越高，反之，周转率越低，则两种货位分配方案示意图如图 6-2 所示。

6.3.4 目标规划模型

前面介绍的线性规划和整数规划问题都是追求单个目标的最优，如利润最大化或货物存取效率最大等。但在实际问题中可能会存在多目标优化问题，而且有的目标并不是追求绝对意义上的最优，只要接近目标达到相对意义上的满意即可。这类问题揭示了管理人的概念和令人满意的行为准则，目标规划就是解决这种多目标决策问题的一种方法。

1. 基本概念

目标规划模型与线性规划和整数规划模型不同，在对目标规划问题进行建模前首先要额外引入几个概念。

1）刚性约束与弹性约束（也可称为硬约束和软约束）

刚性约束（也被称为硬约束）是指必须严格满足的等式或者不等式约束，如线性规划里面的所有约束条件都是刚性约束；弹性约束（也被称为软约束）则是指可以允许存在偏差的约束。

2）偏差变量

在实际的多目标问题中，有些刚性约束往往是相互矛盾的。也就是说，要实现所有目标的绝对满足是不可能的，但是能够找出比较接近各个目标的满意解，这个满意解虽然不能够绝对意义上满足所有目标要求，但是在实际情况下它是可以接受的，是令人满意的结果。因此，可以将刚性约束改为弹性约束，允许实际值有超出目标或未达到目标的部分。我们用 d^+ 表示超出目标的部分，称为正偏差变量；用 d^- 表示未达到目标的部分，称为负偏差变量；d^+ 和 d^- 统称为偏差变量。

d^+ 和 d^- 二者至少有一个为 0。因为当实际值大于目标时，$d^+>0$，$d^-=0$；当实际值小于目标时，$d^->0$，$d^+=0$；当实际值等于目标时，$d^+=0$，$d^-=0$。

3）优先级和权数

为了表示目标规划中各目标重要程度的明显差异，可以为各目标划分不同的优先级。如果有 r 个目标的重要程度明显不同，则为这 r 个目标划分 r 个不同的优先级，其级别按由高到低的顺序分别用 $P_1,P_2,\cdots,P_k\cdots,P_r$ 表示，且有 $P_1>>P_2>>\cdots P_k>>\cdots P_r$。$P_k(k=1,2,\cdots,r)$ 是优先因子，表示目标的重要程度，它本身并不是具体的数字。符号>>表示“远优于”的意思，即优先级高的目标要远比优先级低的目标更重要。

如果要区分具有相同优先因子目标间的重要程度，可以为它们赋予不同的权数。权数是具体数字，但没有度量单位，当目标间的重要性相差不是很悬殊时（具有相同的优先因子），可以通过权数来对比反映这些目标的重要程度。

2. 数学建模

目标规划的一般模型表示如下：

$$\min Z=\sum_{k=1}^{r}p_k z_k\text{，}\quad r\leqslant m \tag{6-17}$$

$$\sum_{j=1}^{n}a_{ij}x_j\leqslant(=,\geqslant)e_t\text{，}\quad t=1,2,\cdots,l \tag{6-18}$$

$$\sum_{j=1}^{n} c_{ij}x_j + d_i^- - d_i^+ = b_i \text{ , } \quad i = 1,2,\cdots,m \tag{6-19}$$

$$x_j, d_i^-, d_i^+ \geqslant 0 \text{ , } \quad j = 1,2,\cdots,n \tag{6-20}$$

其中，式（6-18）是刚性约束，是目标规划问题中严格限制、不允许存在偏差的那些约束。式（6-19）是弹性约束，它们是由人们在经营管理中对各种目标的满意性需求构成的，通过引入了正负偏差变量，使得实际值与目标值间允许存在偏差。式（6-17）是目标函数，其中，p_k 是目标的优先因子；z_k 是与 p_k 相对应的第 k 级子目标函数，它等于该级上各偏差变量与其权数的乘积之和。z_k 中偏差变量的列入根据目标要求的不同而不同。

6.3.5 非线性规划模型

非线性优化模型也是一类优化问题，这类模型与线性规划模型、整数规划模型最大的区别在于，目标函数或约束方程里至少有一项是非线性的。例如：

$$\begin{cases} \min f(x) = (x_1 - 2)^2 + (x_2 - 2)^2 \\ h(x) = x_1 + x_2 - 6 = 0 \end{cases}$$

由于目标函数是非线性的，因此这个规划问题就是一个非线性规划问题。

线性规划和非线性规划的解方面存在着一些区别，如果线性规划问题的最优解存在，其最优解只能在其可行域的边界上达到（特别是可行域的顶点上达到）；而非线性规划问题的最优解（如果最优解存在），则可能在可行域中的任意一点达到。因此，非线性规划问题的解，存在着局部最优解和全局最优解两种不同的情况。

1. 基本概念

局部最优解首先是一个可行解，在该可行解邻近的地方找不到比其还要好的可行解，这样的可行解我们称为局部最优解，对于局部最优解，可将其区分为局部最大值和局部最小值。

全局最优解首先它也是一个可行解，对一个非线性规划模型而言，它是这些局部最优解最优的一个（可能最大也可能最小）。对全局最优解，我们也可以将其区分成全局最大值解和全局最小值解。对最大化问题，其所对应的全局最优解就是全局最大值解。对一个最小化问题，所对应的全局最优解便是全局最小化解。

因此两者的关系就是：全局最优解一定是局部最优解，然而局部最优解不一定都是全局最优解。

如果一个非线性规划问题存在多个局部最优解，对这样的问题进行求解往往是比较困难的。幸运的是，在许多非线性规划的应用场合，其全局最优解仅仅是某一个局部最优解。

2. 非线性函数最优解的类型

下面我们介绍一下非线性规划模型最优解的几种类型。

对函数 $f(X,Y) = -X^2 - Y^2$，其图像如图 6-3 所示。

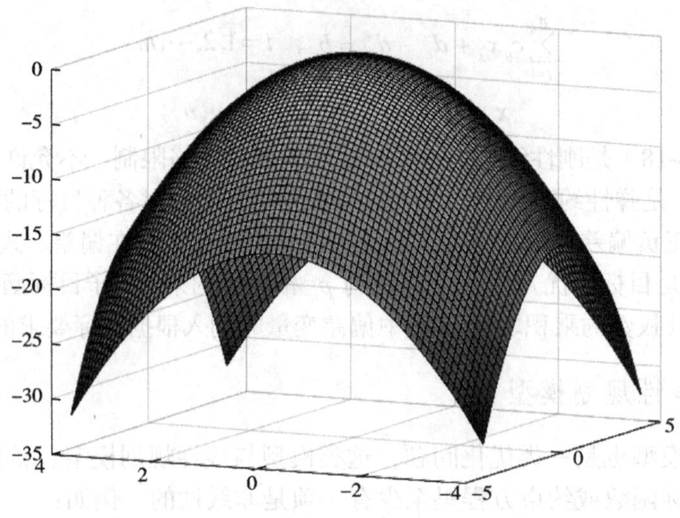

图 6-3　函数 $f(X,Y)=-X^2-Y^2$ 图像

图 6-3 中，函数 $f(X,Y)=-X^2-Y^2$ 的几何图像如同一只倒扣的碗，一般把这类形状的函数叫作凹函数。从图 6-3 能看出 $f(X,Y)=-X^2-Y^2$，存在一个极大值 0，对应的解是（0, 0）。点（0, 0）既是局部最大值点，也是全局最大值点，因为再也没有其他哪个点处的函数值比 0 还大。对凹函数，它的局部最大值也是全局最大值，像这样的非线性函数，找它的最大值比较容易。判断凹函数的条件规则是：在一个二元二次函数方程中，如果所有的二次项前面的系数都是负数，并且不存在交叉乘积项（如 XY），那么这样的函数就是二元二次凹函数。

对函数 $f(X,Y)=X^2+Y^2$，其几何图像见图 6-4。

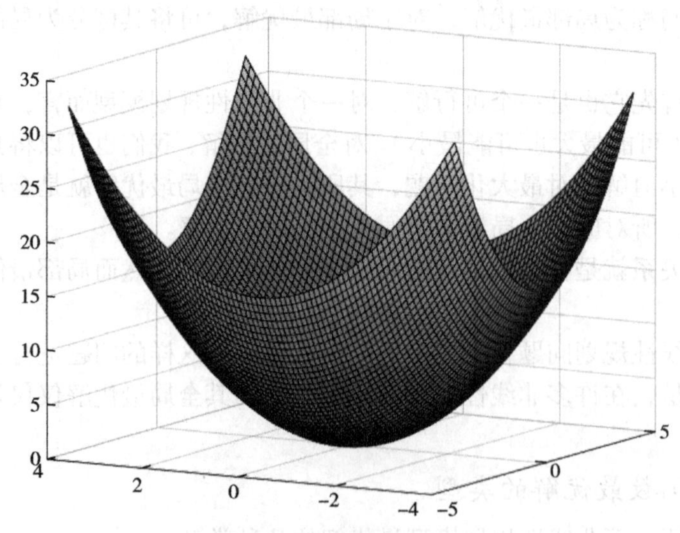

图 6-4　函数 $f(X,Y)=X^2+Y^2$ 图像

图 6-4 的形状类似于一只正放着的碗。这样的函数，我们称为凸函数。由图 6-4 能

看出，函数 $f(X,Y)=X^2+Y^2$ 存在一个最小值 0，对应的解是（0,0）。解（0,0）既是局部最小值点，也是全局最小值点。所以，像 $f(X,Y)=X^2+Y^2$ 这样的函数，存在一个唯一的最小值，并且也比较容易进行求解。

如果是凹函数，只要我们确信计算机软件报告了局部最大值，意味着我们已经获得全局最大值。同样，对凸函数，如果找出了局部最小值，便意味着我们获得了全局最小值。

对函数：

$$f(X,Y)=X\sin(5\pi X)+Y\sin(5\pi Y)$$

其值域为 $0\leqslant X\leqslant 1, 0\leqslant Y\leqslant 1$。函数图像如图 6-5 所示。

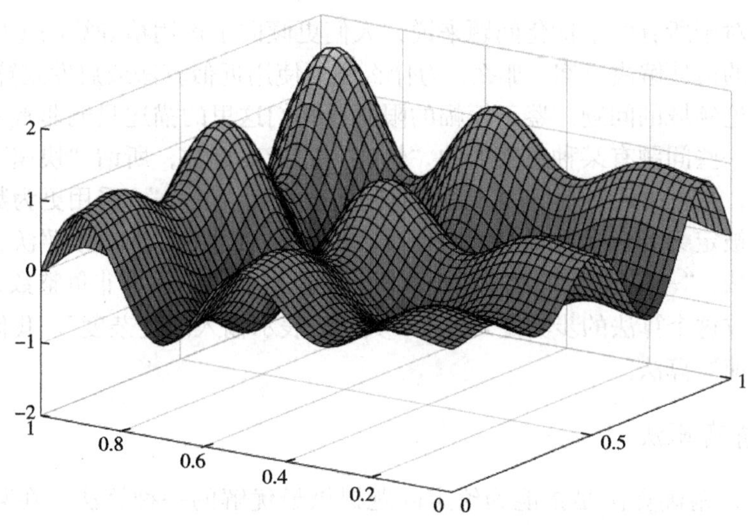

图 6-5　函数 $f(X,Y)=X\sin(5\pi X)+Y\sin(5\pi Y)$ 图像

图 6-5 中，山顶和山谷分别代表着局部最大值和局部最小值。从计算机软件的编写角度来说，带有多个局部最优值的函数，是最优化软件开发的最大挑战，因为搞不好软件运算得到局部最优值后，它就终止计算了，所以我们要注意，许多最优化软件报告出来的最优解，其实很可能只是局部最优解，离全局最优解还差得很远。如何找到一个算法，能够获得全局最优解，这是目前研究得比较多的一个领域。本章稍后将介绍一些启发式优化算法，对这种具有多个局部最优解的函数进行求解。

6.4　优化方法

前面的内容介绍了几个重要的数学模型，对于不同的模型有不同的优化算法，例如线性规划问题的求解有单纯性算法；整数规划问题则有分支定界算法，当然还有许多不同的算法。接下来的内容将简单介绍一些求解非线性规划的启发式算法。读者要想详细了解各种算法的具体原理及推导，可找寻相关的运筹学教材进行学习。

6.4.1 优化方法的类型

优化算法具体可分为精确算法、近似算法和启发式算法

对于某些问题来说，存在最优化算法能保证提供最佳的解决方案，这些方法称为精确算法（比如单纯性算法、分支定界算法等）。不幸的是，对于许多问题，精确算法是不可行的或不实际的。在某些情况下，存在一种算法，该算法能保证在很短时间内达到可行的最佳解决方案，这些算法称为近似算法，但在其他一些情况下，对于解决方案的质量，所用的算法并不能有精确的数学保证。在这些情况下，我们依赖于比较应用该算法和没有应用该算法之前所得到的效果来判断优劣，这些类型的算法，通常称为启发式算法。

很明显，对于所有的最优化问题来说，人们更倾向于运用精确算法（毕竟，如果能找到一个确定的最佳解决方案，那么，为什么还要使用近似算法或启发式算法呢?）来回答涉及复杂理论领域的问题。鉴于篇幅的限制，我们这里的描述只能非常简化。基本解释如下：存在一些问题有某种意义上的“快速”的精确算法，所谓“快速”是指随着问题规模的扩大，算法找到问题解决方案的时间不会大到“爆炸”，采用更为数学形式的说法，快速算法被定义为在多项式时间内可以找出问题结果的算法。按照沃夫朗线上数学百科全书的说法，“一个算法称为多项式算法，是指对于某个 k 为非负整数，如果对于给定的输入，完成这个算法的步骤是 $O(n^k)$，其中 n 表示输入的复杂度”。我们就将多项式算法称为“快速”算法。

6.4.2 精确算法

如前所述，精确算法是指能为给定问题提供最优解的一种算法。在某些情况下，可用的精确算法有很多。对于精确算法，很多人的第一感觉就是，可以尝试每一个可能值。如果简单列举问题所有的可能解决方案，然后挑选出满足最大化目标或最小化目标的那个，就定能获得最优解。但许多问题的可行解决方案是连续的，因此不可能进行枚举。另外，即使有有限个可能的解决方案，这种方法也只适用于相对较小的问题，而许多实际问题的可能解决方案的数目要比宇宙中的原子还要多。很明显，枚举方法并不能算作一个“快速”算法。在这些情况下，需要一个更好的计划。幸运的是，数学家和运筹学研究者（含其他学科的专家）在过去的 80 多年非常活跃，开发出了能解决大型问题的算法。

对于做过最优化的人来说，大部分第一次接触的是线性规划（或者与其紧密联系的分支——混合整数规划）。线性规划提供了一种用代数的语言数学化地表达最优化问题的方法。案例 6-2 的德尔塔公司问题就是用 LP 模型解决的。使用 LP 建模的基本规则是目标函数（目标）和所有的约束（约束条件）必须是决策变量的线性的代数表达，决策变量可以取（连续的）线性值。这意味着，可以将变量乘以一个常量，可以加上或减去一个变量（常数的倍数），但不可以将两个变量相乘，不可以使用变量的指数形式，不可以使用一些数学函数，如取对数、求最大值最小值等。混合整数规划和 LP 一样，除了多了一个额外的约束，即一些（或者全部）的决策变量必须是整数值（不可

以是分数）。

就精确算法而言，当确定找到的是最优（最好的）解决方案时，存在一个数学的证明。随着算法类型的不同，数学证明也会有所不同。例如，当用线性规划解决问题时，通过将解决方案与原始问题对比，来证明最优性是一种比较典型的方法。具体而言，对于求最小化的线性问题，都有一个对应的最大化问题（反之亦然）；这就是所谓的对偶问题。可以证明（通过数学逻辑证明）对偶最大化问题不可能比原始的最小化问题有更大的值。另外可以证明，原始问题的最优值与对偶问题的最优值是相同的。因此，如果求原始问题的最小化，同时求解对偶问题的最大化，一定有如下的确定性结论，当两个值相等时，就得到了最优解。

精确算法有很多，比如单纯性法、匈牙利算法、分支定界法和割平面法等。接下来，我们将对匈牙利法和分支定界法进行简单的介绍，至于更多的精确算法，感兴趣的读者可以查找运筹学的书籍进行详细了解。

案例 6-4

指 派 问 题

在生活中经常遇到这样的问题，某单位需完成 n 项任务，恰好有 n 个人可承担这些任务。由于每人的专长不同，各人完成任务不同（或所费时间不同），效率也不同。于是产生应指派哪个人去完成哪项任务，使完成 n 项任务的总效率最高（或所需总时间最少）的问题。这类问题称为指派问题或分派问题。

例如，有一份中文说明书，需译成英、日、德、俄四种文字。分别记作 E、J、G、R。现有甲、乙、丙、丁四人。他们将中文说明书翻译成不同语种的说明书所需时间如表 6-6 所示。问应指派何人去完成何工作，使所需总时间最少。

表 6-6　不同人员做不同工作所花费的时间

人员	任务			
	E	J	G	R
甲	2	15	13	4
乙	10	4	14	15
丙	9	14	15	13
丁	7	8	11	9

类似地，有 n 项加工任务，怎样指派到 n 台机床上分别完成的问题；有 n 条航线，怎样指定 n 艘船去航行的问题等，对应每个指派问题，需有类似表 6-6 那样的数表，称效率矩阵或系数矩阵，其元素 $c_{ij}>0(i,j=1,2,\cdots,n)$ 表示指派第 i 人去完成第 j 项任务时的效率（或时间、成本等）。解题时需引入变量 x_{ij}，其取值只能是 1 或 0。并令

$$x_{ij}=\begin{cases}1, & \text{指派第}i\text{个人去完成第}j\text{项任务}\\0, & \text{不指派第}i\text{个人去完成第}j\text{项任务}\end{cases}$$

问题的极小化数学模型是

$$\min z=\sum_i\sum_j c_{ij}x_{ij}$$

$$\text{s.t.}\begin{cases}\sum_i x_{ij}=1,\ \ j=1,2,\cdots,n\\ \sum_j x_{ij}=1,\ \ i=1,2,\cdots,n\\ x_{ij}=1\text{或}0\end{cases}$$

指派问题是典型的 0-1 规划问题，可以运用上面讲过的整数规划模型进行求解。但指派问题还有更为简单的算法进行求解。

库恩（Kuhn）于 1955 年提出了指派问题的解法，他引用了匈牙利数学家康尼格（D. Konig）一个关于矩阵中 0 元素的定理：系数矩阵中独立 0 元素的最多个数等于能覆盖所有 0 元素的最少直线数。此解法称为匈牙利法。以后在方法上虽有不断改进，但仍沿用该名称。接下来用上面案例来说明指派问题的匈牙利解法。

第一步：使指派问题的系数矩阵经变换，在各行各列中都出现 0 元素。

（1）从系数矩阵的每行元素减去该行的最小元素。

（2）再从所得系数矩阵的每列元素中减去该列的最小元素。若某行（列）已有 0 元素，那就不必再减了。案例的计算为

$$(c_{ij})=\begin{bmatrix}2&15&13&4\\10&4&14&15\\9&14&16&13\\7&8&11&9\end{bmatrix}\begin{matrix}2\\4\\9\\7\end{matrix}$$

第二步：进行试指派，以寻求最优解。为此，按以下步骤进行。

经第一步变换后，系数矩阵中每行每列都已有了 0 元素；但需找出 n 个独立的元素。若能找出，就以这些独立 0 元素对应解矩阵 x_{ij} 中的元素为 1，其余为 0，就是最优解。当 n 较小时，可用观察法、试探法去找出 n 个独立 0 元素。若 n 较大时必须按一定的步骤去找，常用的步骤如下。

（1）从只有一个 0 元素的行开始，给这个 0 元素加圈，记作 Θ 。这表示对这行只有一种任务可指派。然后划去 Θ 所在列的其他 0 元素，记作 Φ 。这表示这列所代表的任务已指派完，不必再考虑别人了。

（2）给只有一个 0 元素列的 0 元素加圈，记作 Θ ；然后划去 Θ 所在行的其他 0 元素，记作 Φ 。

（3）反复进行（1）、（2）两步，直到所有 0 元素都被圈出和划掉为止。

（4）若仍有没有画圈的 0 元素，且同行的 0 元素至少有两个（表示对这个人可以从两项任务中指派其一）。这时可用不同的方案去试探。从剩余有 0 元素最少的行（列）开始，比较这行各 0 元素所在列中 0 元素的数目，选择 0 元素少的那列的这个 0 元素加圈（表示选择性多的要礼让选择性少的）。然后划掉同行同列的其他 0 元素。可反复进行，直到所有 0 元素都已圈出和划掉为止。

（5）若Θ元素的数目m等于矩阵的阶数n，那么指派问题的最优解已得到。若$m<n$，则转入下一步。

现用上面的(b_{ij})矩阵，按上述步骤进行计算。按步骤（1），先给b_{22}加圈，然后给b_{31}加圈，划掉b_{11}，b_{41}；按照步骤（2），给b_{43}加圈，划掉b_{44}，最后给b_{14}加圈，得到

$$\begin{bmatrix} \Phi & 13 & 7 & \Theta \\ 6 & \Theta & 6 & 9 \\ \Theta & 5 & 3 & 2 \\ \Phi & 1 & \Theta & \Phi \end{bmatrix}$$

可见$m=n=4$，所以得到的最优解为

$$(x_{ij})=\begin{bmatrix} 0 & 0 & 0 & 1 \\ 0 & 1 & 0 & 0 \\ 1 & 0 & 0 & 0 \\ 0 & 0 & 1 & 0 \end{bmatrix}$$

这表示：指定甲翻译俄文，乙翻译日文，丙翻译英文，丁翻译德文。所需总时间最短。

$$\min z=\sum_i\sum_j c_{ij}x_{ij}=c_{31}+c_{22}+c_{43}+c_{14}=28(\text{小时})$$

资料来源：钱颂迪等（2017）

我们学习分支定界法，传统上主要是用于和线性规划一起求解整数规划问题，其实分支定界法不仅仅可以用于求解整数规划模型，它还是一种算法思想，常以广度优先或以最小耗费（最大效益）优先的方式搜索问题的解空间树，本节以旅行售货商问题为例，阐述分支定界法的算法思想。

案例 6-5

分支定界法求解旅行售货商问题

旅行售货商问题（traveling salesman problem），即 TSP 问题，又译为旅行推销员问题，是数学领域中著名问题之一。假设有一个旅行商人要拜访n个城市，他必须选择所要走的路径，路径的限制是每个城市只能拜访一次，而且最后要回到原来出发的城市。路径的选择目标是要求得的路径路程为所有路径之中的最小值。

如图 6-6 所示，要拜访 1、2、3、4 这四个城市，且每个只拜访一次，如果按照枚举法，则需要将 3！中情况全部列出并对比，其树结构如图 6-7 所示，很显然这是一个指数级的运算。那么接下来我们给出分支定界算法的基本步骤。

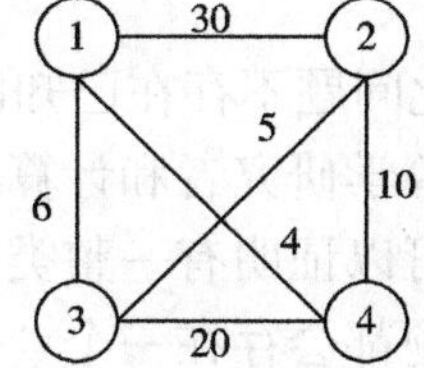

图 6-6　TSP 问题样例示意图

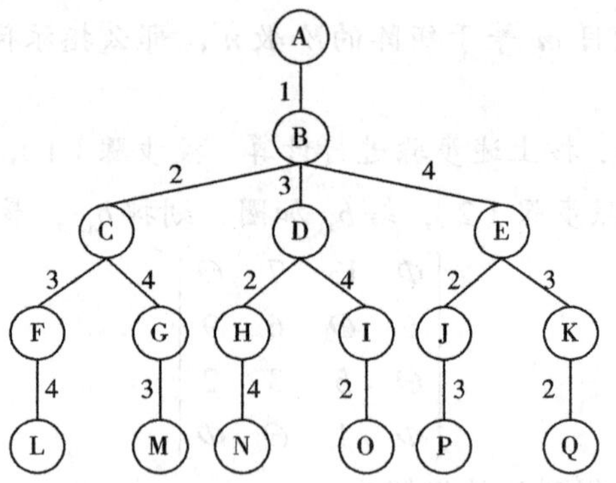

图 6-7 TSP 样例的解空间树结构示意图

首先定义集合 Z 用来存储活动节点，定义 z^* 用来记录最小路径距离，定义集合 Zup 用来存储当前活动节点对应的路径距离。

算法步骤如下。

（1）初始化树根（顶点 1）为第一个活动节点，令 Z={B}，Zup= ϕ，$z^*=\infty$。

（2）产生当前扩展节点的所有孩子节点，在产生的孩子节点中，如果其当前的路径值 Zup 元素值小于 z^*，则将其放入 Z 集合中。

（3）若产生的孩子节点为叶节点，则将其对应的 Zup 赋值给 z^*。

（4）如果其当前的路径值 Zup 元素值大于等于 z^*，则将其从 Z 集合中删除。

（5）若 Z 为空集，则算法结束。

（6）从 Z 中选择一个其对应 Zup 最小的一个节点作为新的扩展节点，返回（2）。

以图 6-7 为例，Z 中的元素以及对应的 Zup 和 z^* 的变化依次为

Z——>Zup——>z^*

{B}——>∞——>∞

{C,D,E}——>{30，6，4}——>无穷

{C,D,K,J}——>{30，6，24，14}——>无穷

{C,K,J,H,I}——>{30，24，14，11，26}——>无穷

{C,K,J,I,N}——>{30，24，14，26，25}——>25 N

{C,K,I,N}——>{30，24，26，25}——>25 N

{C,I,N} ——>{30，26，25}——>25 N

{}——>{}——>25 N

因此，当前的最小路径距离为 25，对应的路径为 1-3-2-4。

6.4.3 近似算法

正如前面所提到的，许多最优化问题不存在已知的“快速”（多项式时间）算法。更令人沮丧的是，最好的数学家、运筹学研究者和计算机学家并不知道，是否能创建这些问题的快速算法。然而，这些专家可以证明有一整类最优化问题，如果这些问题当中的一个有“快速”算法，那么这些问题都会存在一个“快速”算法。另外，如果从数学上

可以证明，这些问题中的任意一个没有“快速”算法，那么你就知道，为这些问题中任意一个创建“快速”算法都是不可能的。

为了将理论和实际应用区别开来，我们回到对快速算法的定义上。如果所用算法的步骤数可以写成输入数目的多项式的形式，我们认为它是一个快速算法。然而，一个不超过 I^{1000} 步的算法在理论上被认为是多项式时间算法，但是，在实际中也是难以快速解决问题的。可以认为，理论上的快速就是利用有限的计算能力可以解决问题，如果有那样的计算能力，那么就能很快地解决问题。然而，在实践应用时，计算能力的限制是基于当前的技术状态的。因此，一个算法在理论上是快速的，当将它用于现实世界中利用计算机实际求解问题时，有可能因解决问题所需要的时间太长而变得不切合实际（如一个 I^{1000} 的多项式算法）。在这些情况下，使用近似算法要比精确算法更加合适。例如，假设有一个问题，在最坏情况下用精确算法求解有 I^{1000} 种可能，而近似算法在最坏情况下有 I^2 种可能，且解决方案确保是处于最优的 1%之内。很明显，依据具体情况来看，后者更为可取。

在计算机科学与运筹学领域，近似算法是指用来发现近似方法来解决优化问题的算法。近似算法通常与 NP-难问题相关；由于不可能找到有效的多项式时间精确算来解决 NP-难问题，所以需要求解多项式时间次优解。与启发式算法不同，近代算法需要在可证明的运行时间范围内找到可证明其质量的合理解决方案，即近似算法通常可得到一个有质量保证的解。

所有已知的解决 NP-难问题算法都有指数型运行时间。但是，如果我们要找一个“好”解而非最优解，有时候多项式算法是存在的。给定一个最小化问题和一个近似算法，我们按照如下方法评价算法：首先给出最优解的一个下界，然后把算法的运行结果与这个下界进行比较。对于最大化问题，先给出一个上界然后把算法的运行结果与这个上界比较。

近似算法比较经典的问题包括：最小顶点覆盖、旅行售货商问题、集合覆盖等。迄今为止，所有的 NP 完全问题都还没有多项式时间算法。对于这类问题，通常可采取以下几种解题策略：①只对问题的特殊实例求解；②用动态规划法或分支定界法求解；③用概率算法求解；④只求近似解；⑤用启发式方法求解。

若一个最优化问题的最优值为 c^*，求解该问题的一个近似算法求得的近似最优解相应的目标函数值为 c，则将该近似算法的性能比定义为 $\max(c/c^*, c^*/c)$。在通常情况下，该性能比是问题输入规模 n 的一个函数 $\rho(n)$，即 $\max(c/c^*, c^*/c) \leqslant \rho(n)$。

该近似算法的相对误差定义为 $\mathrm{Abs}[(c-c^*)/c^*]$。若对问题的输入规模 n，有一函数 $\varepsilon(n)$ 使得 $\mathrm{Abs}[(c-c^*)/c^*] \leqslant \varepsilon(n)$，则称 $\varepsilon(n)$ 为该近似算法的相对误差界。近似算法的性能比 $\rho(n)$ 与相对误差界 $\varepsilon(n)$ 之间显然有如下关系：$\varepsilon(n) \leqslant \rho(n)-1$。

资料来源：Cormen 等（2013）

6.4.4 启发式算法

启发式算法术语包括了非常广泛的经常用于求解最优化问题的技术。与精确算法不同，启发式算法不能保证找到问题的最佳解决方案。和近似算法一致，启发式算法也不能保证某个方案一定能达到最佳的水平，但启发式算法有以下一些优点：①通常很容易理解；②应用广泛；③好的启发式算法通常能得到“好”的结果——这里的含义是指，与专家的主观评估方法相比，运用启发式算法进行定量分析能够提供相对更好的解决方案。

从本质上看，由于任何不属于精确算法或者近似算法的算法都可以被认为是启发式算法。启发式算法有很多，大致可以分为构造式启发式算法、改进搜索式启发式算法、元启发式算法以及进化元启发式算法。

1. 构造式启发式算法

构造式启发式算法也被称为构造性搜索算法，它可以用来逐步建立一个最优解，一般是从部分解开始，一次只选择一个决策变量的值，通常在第一次得到可行方案时停止。其基本步骤如下所示。

第一步：从所有自由的初始部分解 $x^{(0)}=(\#, \cdots, \#)$开始。

第二步：如果当前解 $x^{(t)}$的所有分量都已经被固定，算法停止，并且输出 $x^{*}=x^{(t)}$。

第三步：选择 $x^{(t)}$的一个自由分量 x_p 并给它赋值，使解 $x^{(t)}$迭代更新变成部分解 $x^{(t+1)}$，两者之间除了分量 x_p 之外，其他分量完全相同。

第四步：令 $t=t+1$,返回到第二步。

构造式启发式算法的难点在于如何选择下一个要固定的自由变量并且确定它的值，贪心算法是解决这一问题的较常见的方法。贪心算法的规则是在目前已知内容的基础上，选择固定被选中概率最大的变量，从而得到更好的可行解。下面我们以背包问题为例，讲解贪心算法的常用规则。

案例 6-6

背包问题的几种贪心规则

背包问题的由来是由一个徒步旅行者填装自己的背包时所遇到的问题引发的。在背包的大小限制了所带的物品的重量或体积时，他必须选择要携带的最有价值的一组物品。具体可以描述为给定一组物品，每种物品都有自己的重量(w_i)和价格(v_i)，在限定的总重量(W)内，我们如何选择，才能使得选择的物品总价格最高。背包问题是最简单的离散物品选择问题，也是最简单的整数线性规划问题，因为它只有一个主约束。

针对背包问题，我们可以给出以下三种贪心策略。

（1）每次挑选价值最大的物品装入背包。

（2）每次挑选所占重量最小的物品装入。

（3）每次选取单位重量价值最大的物品。

上述三种策略，哪种能得到最优解呢？很显然，我们可能直观认为第三种策略最好，但是很遗憾它也无法完全保证能得到最优解。下面针对上述三种策略，分别举出几个反例。

针对第一种策略：我们取 W=30，w={28,12,12},v={30,20,20}。根据每次挑选价值最

大者的贪心策略，我们只能选择物品 1。但是通过观察，我们知道选择物品 2、3 得到的价值更高。

针对第二种策略：我们取 $W=30$，$w=\{28,12,12\}$,$v=\{53,25,20\}$。根据每次挑选重量最小的贪心策略，我们只能选择物品 2 或 3。但是通过观察，我们知道选择物品 1 得到的价值更高。

针对第三种策略：我们取 $W=30$，$w=\{28,20,10\}$,$v=\{28,20,10\}$。根据每次挑选单位重量价值最大的贪心策略，我们无法选择。但是通过观察，我们知道选择物品 2、3 得到的价值更高。

由此可见，贪心算法是很常见的算法之一，这是由于它简单易行，构造贪心策略不是很困难。可惜的是，它需要证明后才能真正运用到题目的算法中。一般来说，贪心算法的证明围绕着：整个问题的最优解一定由在贪心策略中存在的子问题的最优解得来的。

2. 改进搜索式启发式算法

针对许多大型组合优化问题，通常构造算法得到的解，仅仅是一个可行解，还有很多优化改进的空间，我们可以运用改进搜索式启发式算法进行优化改进，即使无法保证它们的最优性，甚至不能确定它们距离最优解的远近，但仍然可以找到良好的可行解。

改进搜索式启发式算法是一种数值算法，由给定模型的初始可行解出发，沿着使目标函数不断改进的路径寻找最优解。该过程从初始可行解 $x^{(0)}$开始。每次迭代 t 搜索当前解 $x^{(t)}$的邻域，比较当前解与邻域中某个解的目标值，若邻域中存在更优的可行解，则利用新的解对当前解进行迭代更新。如果邻域中没有使目标值改进的可行解，则该过程停止，获得局部最优解和启发式最优解 $x^{(t)}$。

其中，当前解 $x^{(t)}$的邻域（neighborhood）由所有附近的点组成，即所有与 $x^{(t)}$有一段微小的正向距离的点。倘若一组可行解周围足够小的邻域内不存在优于该解的可行点，则称该解为局部最优解（local optimum）。最小化（最大化）问题存在局部最小（最大）解。到达局部最优后，搜索算法停止迭代。如果在全局范围内不存在目标值优于某可行解的其他可行点，则称该可行解为全局最优解（global optimum）。最小化（最大化）问题存在全局最小（最大）解。全局最优也是局部最优。局部最优不一定是全局最优。对于离散优化问题的改进搜索式启发式算法的基本步骤如下所示。

第一步：选择任意初始可行解 $x^{(0)}$。

第二步：针对当前 $x^{(t)}$，如果在邻域范围中不存在可行且更优的移动Δx，则停止运算，点 $x^{(t)}$是局部最优解。

第三步：选择一些改进的可行移动Δx，记为$\Delta x^{(t+1)}$。

第四步：令 $x^{(t+1)}= x^{(t)}+\Delta x^{(t+1)}$。

第五步：令 $t=t+1$，返回到第二步。

案例 6-7

飞机路径恢复问题应用改进搜索式启发式算法的邻域算子

在航班恢复问题中，需要对飞机路径、机组路径以及旅客等三种资源进行恢复。其中，飞机路径恢复问题是最基础、最重要的工作。在运用改进搜索式启发式算法对飞机路径进行恢复时，一般在原航班计划的基础上，直接航班延误和航班取消作为该算法的初始可行解，邻域算子可以通过飞机路径对来介绍。

表 6-7 给出了两条路径样本，其中路径 1 从 PEK 出发，经航班 11、12、13 共 3 个航班，最后到达 NGB，路径 2 由 PEK 出发，经航班 21、22、23、24 共 4 个航班，最后返回 PEK。图 6-8-a 给出了两条路径的形象化表示。两条路径组成路径对，介绍三种邻域产生的方法：插入、交叉和取消。图 6-8-b 到图 6-8-h 显示了产生的邻域路径。

表 6-7 路径对算例

路径	航班	离港机场	进港机场
1	11	PEK	ZHA
	12	ZHA	PEK
	13	PEK	NGB
2	21	PEK	HFE
	22	HFE	PEK
	23	PEK	CAN
	24	CAN	PEK

第一个产生邻域的操作为插入操作：head-insert 操作示例是将航班 11 和 12 插入到路径 2 的前面，图 6-8-b 给出了插入后的新路径(路径 1：13，路径 2：11-12-21-22-23-24)；mid-insert 操作示例为将航班 11 和 12 插入到路径 2 中航班 22 的后面，图 6-8-c 给出了插入后的新路径（路径 1：13，路径 2：21-22-11-12-23-24）；tail- insert 操作示例为将航班 11 和 12 插入到路径 2 的最后面，图 6-8-d 给出了插入后的新路径（路径 1：13，路径 2：21-22-23-24-11-12）；值得注意的是，上述三种插入操作都要求路径 1 和路径 2 原计划由同机型的飞机执行，这样才能够保证邻域操作不影响路径的起始和终止机场。比如路径 1 的终止机场始终为 NGB，路径 2 的终止机场始终为 PEK。第四种插入方式为 tail-del-insert，它要求两条路径必须都为同机型的飞机路径，其操作示例为将航班 13 插入到路径 2 中的最后面，图 6-8-e 给出了操作后产生的新路径（路径 1：11-12，路径 2：21-22-23-24-13），如果路径 1 为取消路径，则被执行插入的航班序列必须为航班环。

共有两种交叉操作用来产生可行邻域：第一种为 mid-cross，如图 6-8-f 所示，路径 1 中的航班 11 和 12 与路径 2 中的航班 23 和 24 进行交叉产生新的路径(路径 1：23-24-13，路径 2：21-22-11-12)；第二种交叉方式为 tail-cross，如图 6-8-g，路径 1 中的航班 13 可以与路径 2 中的 23 和 24 进行交换，产生新的路径(路径 1：11-12-23-24，路径 2：21-22-13)。值得注意的是 tail-cross 操作只能在两条飞机路径之间执行，如果有一条路径为取消路径，则 tail-cross 操作会打乱飞机流的平衡。

插入和交叉操作都是在两条路径之间进行，而取消操作只是在飞机路径上进行，具体操作是将飞机路径中的航班环去掉，自行组成一条取消路径。执行这样操作的目的是允许某些航班环无法执行插入或者交叉操作时，所执行的一种方式。如图 6-8-h 所示，路径 2 中的航班 21 和 22 被去掉，自行组成一个新的取消路径(路径 3：21-22)。

表 6-8 给出了由上述示例得到的所有邻域可行方案。如果路径 1 和路径 2 同属于飞机路径且飞机机型相同，则表 6-8 中的所有方案都是可行的。如果两条飞机路径的机型不同，比如路径 1 对应的飞机容量小于路径 2 对应的飞机容量，则表 6-8 中的方案 5～19 都不可行。方案 5 和方案 6 打乱了飞机流的平衡性。与此类似，如果路径 1 对应的飞机容量大于路径 2 对应飞机容量，则方案 5、6、16、17、18、19 会不可行，同样地，所有路径都满足航班的最大延误时间阈值以及机场宵禁时刻的前提。

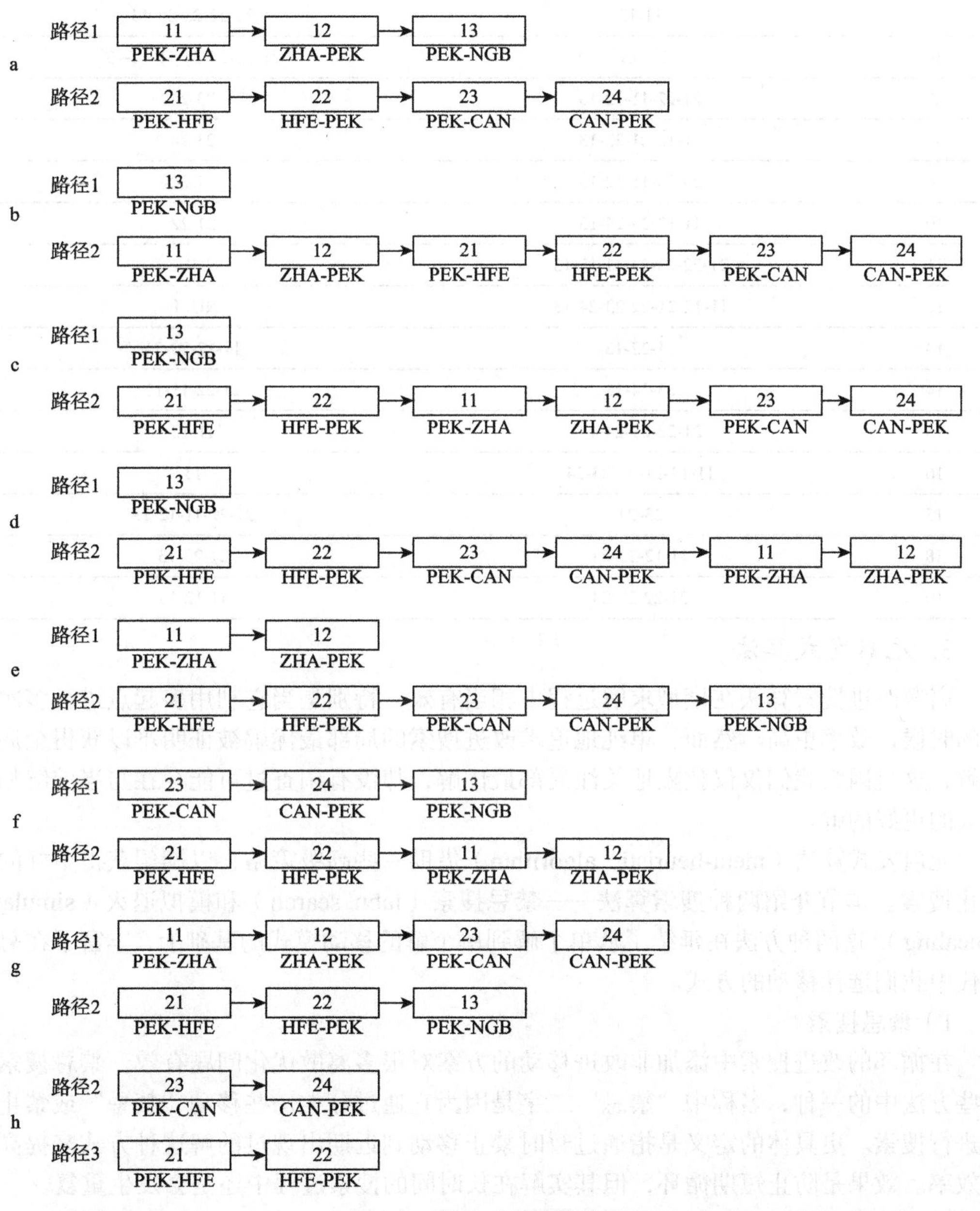

图 6-8　路径对和邻域示例

表 6-8 路径对得到所有的可行路径方案

序号	路径 1	路径 2
1	11-12-13	21-22-23-24
2	13	11-12-21-22-23-24
3	13	21-22-11-12-23-24
4	13	21-22-23-24-11-12
5	11-12	21-22-23-24-13
6	NULL	21-22-23-24-11-12-13
7	21-22-11-12-13	23-24
8	11-12-21-22-13	23-24
9	23-24-11-12-13	21-22
10	11-12-23-24-13	21-22
11	21-22-23-24-11-12-13	NULL
12	11-12-21-22-23-24-13	NULL
13	21-22-13	11-12-23-24
14	23-24-13	21-22-11-12
15	21-22-23-24-13	11-12
16	11-12-21-22-23-24	13
17	23-24	21-22-11-12-13
18	11-12-23-24	21-22-13
19	21-22-23-24	11-12-13

3. 元启发式算法

离散改进搜索算法在模型求解过程中相当有效，特别是当它利用多起点进行多次搜索的时候，效率更高。然而，单纯地追求改进搜索的局部最优解被证明难以获得全局最优解，这是因为我们仅仅狭隘地关注局部最优解，却没有调查过可能存在与当前解相差较大的更好的解。

元启发式算法（meta-heuristic algorithm）借助一些高级策略，以期望获得更好的多元化搜索。本节介绍两种搜索算法——禁忌搜索（tabu search）和模拟退火（simulated annealing），这两种方法在延续了从单个解到单个解的移动模式的基础上，丰富了在每次迭代中我们选择移动的方式。

1）禁忌搜索

在循环的改进搜索中添加非改进移动的方案对很多离散优化问题有效。禁忌搜索是这些方法中的一种，名称中“禁忌”二字是因为它通过分类一些移动“禁忌”或禁止项来进行搜索。更具体的定义是指通过暂时禁止移动到近期出现过的解这种方式来提高循环效率。效果是防止短期循环，但其实解在长时间的搜索过程中还是会发生重复。

禁忌搜索的算法步骤如下所示。

第一步：选择任意初始可行解 $x^{(0)}$和迭代极限 $t_{\max}$，令 $x^{*}=x^{(0)}$。

第二步：针对当前 $x^{(t)}$，如果在邻域范围内不存在非禁忌移动Δx，或如果 $t=t_{\max}$，则停止运算，点 $x^{(t)}$是局部最优解。

第三步：选择一些非禁忌的可行移动Δx，记为$\Delta x^{(t+1)}$。

第四步：令 $x^{(t+1)}= x^{(t)}+\Delta x^{(t+1)}$。

第五步：如果解 $x^{(t+1)}$的目标函数为现有解 x^{*}的目标函数值，则令 $x^{*}= x^{(t+1)}$。

第六步：从禁忌列表中移除已经在禁忌列表中被禁止足够次数的移动，并且添加从解 $x^{(t+1)}$立即返回到解 $x^{(t)}$的所有移动的集合。

第七步：令 $t=t+1$，返回到第二步。

2）模拟退火

模拟退火算法是基于 Monte-Carlo 迭代求解策略的一种随机寻优算法，其出发点是基于物理中固体物质的退火过程与一般组合优化问题之间的相似性。模拟退火算法从某一较高初温出发，伴随温度参数的不断下降，结合概率突跳特性在解空间中随机寻找目标函数的全局最优解，即在局部最优解能概率性地跳出并最终趋于全局最优。模拟退火算法的基本步骤如下所示。

第一步：初始化，初始温度 T（充分大），初始解状态 S（是算法迭代的起点），每个 T 值的迭代次数 L。

第二步：令 $l=1$。

第三步：产生新解 S'。

第四步：计算增量 $\Delta=C(S')-C(S)$，其中，$C(S)$为评价函数。

第五步：若 $\Delta<0$ 则接受 S' 作为新的当前解，否则以概率 $\exp(-\Delta/T)$接受 S' 作为新的当前解。

第六步：如果满足终止条件（终止条件通常取为连续若干个新解都没有被接受），则输出当前解作为最优解，结束程序。

第七步：T 逐渐减少，令 $l=l+1$，如果 $l<L$，则返回到第三步。

4. 进化元启发式算法

进化元启发式算法（evolutionary meta-heuristicalgorithm）扩大了启发式搜索的范围，这一算法超越任何单一解逐步进化的搜索范围，启发式算法通过模仿生物界自然选择的机制，利用进化不断改进群体的适应能力。本节将介绍这类群体算法中最著名的一种进化元启发式算法——粒子群算法。

1）算法原理

假想一个场景：一群鸟随机分布在一个区域中，而这个区域中仅有一块食物。每只鸟都不知道食物在哪儿，但它们都知道自己目前的位置与食物的距离。那么找到食物的最优策略是什么呢?最简单有效的办法就是追寻自己视野中当前离食物最近的鸟。如果我们把食物看作最优解，把鸟与食物的距离看作函数的适应度，那么，鸟寻觅食物的这个过程就可以看成一个函数寻优的过程。

在粒子群算法中，每个优化问题的潜在解都可看作搜索空间的一只鸟，称其为“粒子”。每个粒子都有一个适应值，适应值由被优化的函数决定，每个粒子还有一个速度，这个速度决定它们飞行的方向和距离。优化开始时先初始化为一群随机粒子。然后，所有粒子就追随当前的最优粒子在解空间中搜索，再通过迭代找到最优解。在每一次迭代中，粒子通过跟踪两个极值来更新自己。第一个极值是整个群体当前找到的最优解，这个极值叫全局极值。此外也可以不用整个种群，而仅仅用其中一部分当作粒子的邻居，在所有邻居中的极值叫局部极值。第二个极值是粒子自身找到的最优解，这个极值称为个体极值。

2）算法模型

在算法开始时，随机初始化粒子的位置和速度构成初始种群，初始种群在解空间中均匀分布。设粒子群的种群规模为M，决策空间为D维，其中粒子i在时刻t的坐标位置可以表示为$X_i^t=(x_{i1}^t,x_{i2}^t,\cdots,x_{id}^t),i=1,2,\cdots,M$，粒子$i$的速度定义为每次迭代中粒子移动的距离，表示为$V_i^t=(v_{i1}^t,v_{i2}^t,\cdots,v_{id}^t),i=1,2,\cdots,M$，则粒子$i$在时刻$t$的第$d$维子空间中的飞行速度和位置根据下式进行调整：

$$v_{id}^t=wv_{id}^{t-1}+c_1r_1(p_{id}-x_{id}^{t-1})+c_2r_2(p_{gd}-x_{id}^{t-1}) \tag{6-21}$$

$$v_{id}^t=\begin{cases}v_{\max}, & v_{id}^t>v_{\max}\\ -v_{\max}, & v_{id}^t<-v_{\max}\end{cases} \tag{6-22}$$

$$x_{id}^t=x_{id}^{t-1}+v_{id}^t \tag{6-23}$$

式中，w为惯性权值；c_1和c_2为学习因子，也称加速常数；r_1和r_2为位于[0,1]的随机数；P_{gd}为整个群体中的历史最优位置记录，即全局极值g_{best}；P_{id}为当前粒子的历史最优位置记录，即个体极值p_{best}；v_{id}为粒子的速度，$v_{id}\in[-v_{\max},v_{\max}]$，$v_{\max}$为常数，由用户设定，用来限制粒子的速度。此时的算法为标准的粒子群算法。当$w=1$时，则称为原始的粒子群算法。

式（6-21）右边由三部分组成。

第一部分为“惯性”部分，表示粒子以前的速度对粒子运动轨迹的影响，代表了粒子对当前自身运动状态的信任，它主要是通过粒子前一时刻的速度乘以一个称为“惯性权值”的控制因子来实现惯性运动的过程。

第二部分为“认知”部分，表示粒子自身经验对粒子运动轨迹的影响，也就是粒子本身的思考，代表粒子有向自身历史最佳位置逼近的趋势。

第三部分为“社会”部分，表示群体经验对粒子运动轨迹的影响，代表了粒子间协同合作与知识共享的群体历史经验，表明粒子有向群体或者邻域历史最佳位置逼近的趋势。

3）算法流程

粒子群算法具有编程简单、易实现的特点。下面给出具体的实现步骤。

第一步：初始化粒子群，初始化群体规模N，粒子的位置X_i和速度V_i。

第二步：计算每个粒子的适应度值$F_{it}[i]$。

第三步：对每个粒子，用它的适应度值$F_{it}[i]$和个体极值$P_{\text{best}}(i)$比较，如果$F_{it}[i]>P_{\text{best}}(i)$，则用$F_{it}[i]$替换掉$P_{\text{best}}(i)$。

第四步：对每个粒子，用它的适应度值$F_{it}[i]$和全局极值g_{best}比较，如果$F_{it}[i]>g_{\text{best}}$则用$F_{it}[i]$替换掉$g_{\text{best}}$。

第五步：根据式（6-21）、式（6-23）更新粒子的速度 V_i 和位置 X_i。

第六步：如果满足结束条件（误差足够好或到达最大循环次数）则退出，否则返回第二步。

4）参数分析与设置

在粒子群算法中有一些显参数和隐参数，可以通过调整它们的值，改变算法搜索问题空间的方式。在基本的粒子群算法中，需要调节的参数主要有种群规模、最大速度、惯性权值和加速因子等。

A. 种群规模

一般而言，种群规模在 20 ~ 40 取值就可以保证对解空间进行全面的搜索，而对于大部分问题来说，种群规模取 10 就能够获得较好的结果，但是对某些特定类别或比较困难的问题，种群规模有时需要在 100 ~ 200 取值。

B. 最大速度

最大速度 V_{max} 决定粒子当前位置与最好位置之间区域的分辨率（或精度）。如果 V_{max} 太大，粒子很可能会错过好的解；如果 V_{max} 太小，粒子不能在局部区域之外进行充分的搜索，很容易陷入局部最优值。一般来说，V_{max} 通常设定为粒子的范围宽度，例如，粒子 (x_1, x_2, x_3)，x_1 属于 $[-10,10]$，那么 V_{max} 的大小就是 10。

C. 惯性权值

惯性权值是一个用来表示粒子之前经历的速度对现在速度的影响程度的数字量。惯性权值的设置会影响粒子的全局搜索能力与局部搜索能力之间的平衡。

使用较大的惯性权值，算法具有较强的全局搜索能力。因为惯性权值决定保留上一时刻速度的程度，因此取较大的值可以加强搜索以前未能达到区域的能力，有利于增强算法的全局搜索能力并跳出局部极值点。

惯性权值 w 的调整策略主要有线性变化、模糊自适应和随机变化等，其中应用最多的就是线性递减策略。

D. 加速因子

加速因子 c_1 和 c_2 是非常重要的一组参数，用来调整粒子自身经验与群体经验，会影响粒子的运动轨迹。如果 c_1 的值为 0，那么只有群体经验会影响粒子的运动，这时它的收敛速度较快，但对于一些复杂问题很容易陷入局部收敛；如果 c_2 的值为 0，则只有自身经验影响粒子的运动，粒子与粒子之间没有信息交互的能力，那么，一个规模为 M 的群体就相当于运行了 M 次单个粒子，这样就完全失去了群体智能算法的特性，难以得到最优解；如果 c_1 和 c_2 都为 0，则粒子不包含任何经验信息并只能搜索有限区域，从而难以找到较好的解。

可以把加速因子 c_1 和 c_2 看成一个控制参数，设 $\phi = c_1 + c_2$。如果 $\phi = 0$，粒子的坐标值 X 只是简单的线性增加。如果 ϕ 非常小，对粒子速度的控制很小，因此群体的运动轨迹变化非常缓慢。当 ϕ 较大时，粒子的空间位置变化频率增大，粒子变化步长也相应增大。一般来说，当 $\phi = 4.1$ 时，具有较好的收敛效果。

6.5 决策理论

6.5.1 决策概述

在生活、工作中，我们会面临各种各样的决策问题，从日常琐事到国家大事。对于企业来说，决策的正确与否则直接决定着经营的成败。科学的决策方法为企业管理者们做出正确的决策提供了必不可少的工具。本节首先介绍决策的定义、决策的分类以及决策的过程等；接着对确定型、风险型和不确定型的决策方法进行介绍。

1. 决策的定义

赫伯特·西蒙是西方管理决策学派的创始人之一，主张有限理性，提出了决策的“满意化”原则，他认为管理就是决策。“管理学之父”彼得·德鲁克指出：决策是一种判断，是若干项方案中的选择。南京大学商学院教授、中国管理学界专家周三多定义决策为组织或个人为了实现某种目标而对未来一定时期内有关活动的方向、内容及方式的选择或调整过程。本书认为，决策是指组织或个人为了实现某种目标，应用决策的理论，对决策问题进行识别、分析以及求解，最后选出一个理想方案。

传统的决策依赖于决策者个人或群体知识和才能的积累，基本属于经验型的决策。对于结构庞大、复杂多变的经济社会系统进行决策，单纯地依赖以往经验显然是不合适的。运筹学、概率论等学科的出现，为科学的决策提供了条件。一般地，科学决策的基本要素包括决策者、决策目标、自然状态、备选方案、决策结果、决策准则。

2. 决策的分类

根据不同的标准，决策的分类是不同的。下面简要地介绍几种常见的决策分类。

1）根据决策目标的影响程度划分

根据决策目标的影响程度，可将决策划分为战略决策、策略决策和执行决策。战略决策是具有全局性、方向性和原则性特征的一种决策，涉及与生存和发展有关的全局性、长远性问题。策略决策是具有局部性、阶段性特征的一种决策，是以达到战略决策所规定的目标而进行的决策。执行决策则是根据策略决策的要求对执行方案的选择。

2）根据决策问题的重复性程度划分

根据决策问题的重复性程度，可将决策划分为程序性决策和非程序性决策。程序性决策是为了解决那些经常重复出现的性质非常相近的例行性问题。对于这类问题，可以按照程序化的步骤和常规性的方法来进行处理，这类问题的决策有规律可循，因此较为规范。非程序性决策通常是处理那些偶然发生的、非常规性的问题，决策者没有先例可循。

3）根据决策目标的多少来划分

根据决策目标的多少，可以将决策划分为单目标决策和多目标决策。单目标决策是指只有一个目标的决策。例如，选择成本最低的方案是单目标决策。多目标决策则存在多个目标，这些目标之间相互影响、相互制约。例如，要同时满足成本和质量的目标，质量越高则成本越高，两个目标之间存在冲突。单目标决策与多目标决策的区别见表 6-9。

表 6-9　单目标决策与多目标决策的区别

项目	单目标决策	多目标决策
目标的个数	一个	两个或两个以上
解的概念	最优解	满意解、非劣解等
解的个数	可能唯一	一般不唯一
目标值	最优值	目标之间可能存在冲突

4）根据决策属性的多少来划分

属性描述的是备选方案的特征、品质或性能参数。基于属性的多少，可以将决策划分为单属性决策和多属性决策两大类。单属性决策是在只具有一个属性的有限备选方案中选择最优方案的决策方法。多属性决策是在两个或者两个以上具有多个属性的有限备选方案中，经过优劣排序选择一个最优方案的决策过程。多属性决策与多目标决策具有一定的区别。

5）根据决策可量化程度来划分

根据可量化程度，可以将决策划分为定量决策和定性决策。如果描述决策对象的指标都可以量化，同时使用定量方法来进行决策，就是定量决策；否则，就属于定性决策。定性决策主要包括德尔菲法、名义小组技术、头脑风暴法等。本节主要介绍几种具有代表性的定量决策方法。

6）根据自然状态的可控程度划分

根据自然状态的可控程度，可以将决策问题分为确定型决策、风险型决策和不确定型决策。确定型决策是指自然状态完全确定，做出的选择结果也是确定的。风险型决策是指未来出现哪种自然状态是不能完全确定的，但是可以预测其发生的概率。不确定型决策是指不仅无法确定未来出现哪种自然状态，而且对其出现的概率也是无法确定的。

7）根据决策过程的连续性划分

根据决策过程的连续性，可将决策划分为单项决策和序贯决策。单项决策是指整个决策过程只做一次决策就得到结果。序贯决策是指整个决策过程由一系列决策组成。

3. 决策的过程

一般情况下，决策的过程包括以下四个步骤。

1）确定决策目标

决策者应该依据待解决的问题，明确决策所要达到的期望成果，即决策的目标。目标的确定为决策提供了方向，目标应尽量清晰、可衡量、可考核。如果需要同时满足多个目标，应分清主次。

2）拟定决策方案

确定目标之后，需要提出两个或两个以上的备选方案供比较和选择。备选方案应尽量详细，应避免重复和遗漏，同时要注重方案的质量。

3）选择决策方案

对备选方案进行分析和评价，从中选出一个最满意的方案。决策方案选择的具体方法有经验判断法、数学分析法和实验法三类。本章主要介绍数学分析法，即运用决策论的定量化方法来进行方案选择，包括期望值法、决策树法、贝叶斯决策等。

4）执行方案

按照选定的方案执行，制订具体的计划，保证执行过程的质量。有时候在执行过程中会对方案重新进行调整和完善。

4. 决策系统的基本要素

决策系统包括三大基本要素：自然状态、决策方案和损益值。

1）自然状态

自然状态又称为不可控因素，是指不以人的意志为转移的客观因素。其集合为状态空间，可以记为

$$\theta=\{\theta_i\},\quad i=1,2,\cdots,m \tag{6-24}$$

式中，θ_i 为状态变量。

2）决策方案

决策方案又称为可控因素，是指有待人们进行选择的主观因素。其集合叫作决策（或策略、行动、方案、活动等）空间，记为

$$A=\{a_j\},\quad j=1,2,\cdots,n \tag{6-25}$$

式中，a_j 为决策变量。

3）损益值

当外界环境中某种状态 θ_i 发生时，实施解决方案 a_j 后的损益值，若考虑到利润型问题即为获得的收益值，若考虑成本型问题则为消耗的费用值，记为

$$v_{ij}=v(\theta_i,a_j),\quad i=1,2,\cdots,m; j=1,2,\cdots,n \tag{6-26}$$

当状态变量为离散时，损益值构成如下矩阵：

$$v=(v_{ij})_{m\times n}=\begin{bmatrix} v(\theta_1,a_1) & v(\theta_1,a_2) & \cdots & v(\theta_1,a_n) \\ v(\theta_2,a_1) & v(\theta_2,a_2) & \cdots & v(\theta_2,a_n) \\ \vdots & \vdots & & \vdots \\ v(\theta_m,a_1) & v(\theta_m,a_2) & \cdots & v(\theta_m,a_n) \end{bmatrix}$$

状态空间(θ)、策略空间(A)和损益值函数(v)构成了决策系统：

$$D=D(\theta,A,v) \tag{6-27}$$

决策系统存在于各个方面。例如，根据某一新产品的市场情况来决策是否开发，在这一决策系统中，状态空间包括畅销和滞销两种，策略空间包括开发和不开发。策略空间是决策者能够决定的，而状态空间是决策者无法决定的。

价值矩阵假设如下：

$$
\begin{array}{cc} \text{开发} & \text{不开发} \end{array}
$$
$$
\begin{bmatrix} 15 & 0 \\ -2 & 0 \end{bmatrix}\begin{matrix} \text{畅销} \\ \text{滞销} \end{matrix}
$$

对于开发一种新产品来说，市场畅销和滞销是无法控制的因素，当开发新产品且市场状态为畅销时，收益为 15；若开发新产品且市场状态为滞销时，则收益值为−2。若不开发新产品，无论畅销还是滞销，收益值均为 0。对于新产品如何决策，则依赖于管理者对市场风险的态度以及对畅销和滞销概率的判断。

6.5.2 确定型决策

确定型决策亦称标准决策或结构化决策，是指决策过程的结果完全由决策者所采取的行动决定的一类问题，它的结果也是明确的。它具备以下四个条件。

（1）存在着一个明确的目标。

（2）只存在一个确定的自然状态。

（3）存在着可供选择的两个或两个以上的行动方案。

（4）不同的行动方案在确定状态下的损益值可以计算出来。

案例 6-8

大唐公司的银行借款问题

大唐公司需要向银行贷款 1000 万元，可向三家银行借贷，但年利率不同，分别为 8%、7.5% 和 8.5%。大唐公司需向哪家银行借款？

公司向第一家银行借款需要偿还的利息为

$$1000\times8\%=80\text{（万元）}$$

公司向第二家银行借款需要偿还的利息为

$$1000\times7.5\%=75\text{（万元）}$$

公司向第三家银行借款需要偿还的利息为

$$1000\times8.5\%=85\text{（万元）}$$

很明显，向利率最低的第二家银行借款为最佳方案。在这个决策过程中，状态空间是明确的，即三家银行的贷款利率信息是已知的，而且能够计算出明确的决策结果，这就是确定型决策。

6.5.3 风险型决策

在风险型决策中，能够判断未来会出现几种自然状态，具体会出现哪种自然状态是不能完全确定的，但是可以依据经验或信息预测自然状态发生的概率。常用的风险型决策方法有：期望值法、决策树法、贝叶斯决策。

1. 期望值法

期望值法是指计算出各方案的期望损益值，然后根据计算出的期望损益值来选择，收益最大或成本最小的方案即为最优方案。

案例 6-9

手机厂的手机生产选择

手机厂试生产三种手机$M_i(i=1,2,3)$，市场存在着畅销、滞销两种状态$S_j(j=1,2)$，畅销的概率为0.6，具体收益值如下所示。问应生产哪种手机？

	S_1	S_2
	0.6	0.4
M_1	50	−30
M_2	25	5
M_3	30	10

首先分别计算各手机型号的损益值：

$$E(M_1)=50\times0.6+(-30)\times0.4=18$$

$$E(M_2)=25\times0.6+5\times0.4=17$$

$$E(M_3)=30\times0.6+10\times0.4=22$$

比较各型号手机损益值的大小：$E(M_3)>E(M_1)>E(M_2)$，所以由期望值法选择生产M_3手机。

2. 决策树法

决策树法是一种运用概率与图论中的树对决策中的不同方案进行比较，从而获得最优方案的风险型决策方法。

图论中的树是连通且无回路的有向图。在决策树中，用□表示决策点，由它引出的分支叫作方案分支；用O表示机会点，由它引出的分支叫作事件（状态）分支；用△表示结果点，它是决策树的叶节点，它旁边是相应状态下的损益值。第一层是根节点也是决策点，是采用什么方案的决策；第二层是方案层，都是机会节点；最后一层是结果层，是叶节点。

应用决策树法的步骤如下。

第一步：根据决策问题绘制决策树。

第二步：计算概率分支的概率值和相应的结果节点的损益值。

第三步：计算各概率点的收益期望值。

第四步：确定最优方案。

应用决策树来做决策的过程，需要从右向左逐步进行分析。根据右端的损益值和概率值的概率，计算出期望值的大小，确定方案的期望结果。然后根据不同方案的期望值结果做出选择。

案例 6-10

如何对大唐公司的生产能力做出合适的决策

大唐公司为适应市场的需要，准备扩大生产能力，有两种方案可供选择：第一种方案是建大厂；第二种方案是先建小厂，然后考虑扩建。如果建大厂，需要投资500万元，在市场销路好时，每年收益200万元；销路差时，每年亏损50万元。在第二种方案中，先建小厂，如果销路好，两年后再决策是否进行扩建。建小厂需要投资 300 万元，在市场销路好时，每年收益 90 万元；销路差时，每年收益 60 万元。如果小厂两年后扩建，需要投资 200 万元，收益情况与建大厂一致。未来销路好的概率为 0.7，销路差的概率为 0.3；如果前两年销路好，则后 3 年销路好的概率为 0.9，销路差的概率为 0.1。无论选择哪种方案，使用期均为 5 年。在这种情况下，试问企业决策者将选择哪种方案？

具体决策步骤如下。

第一步：绘制决策树如图 6-9 所示。

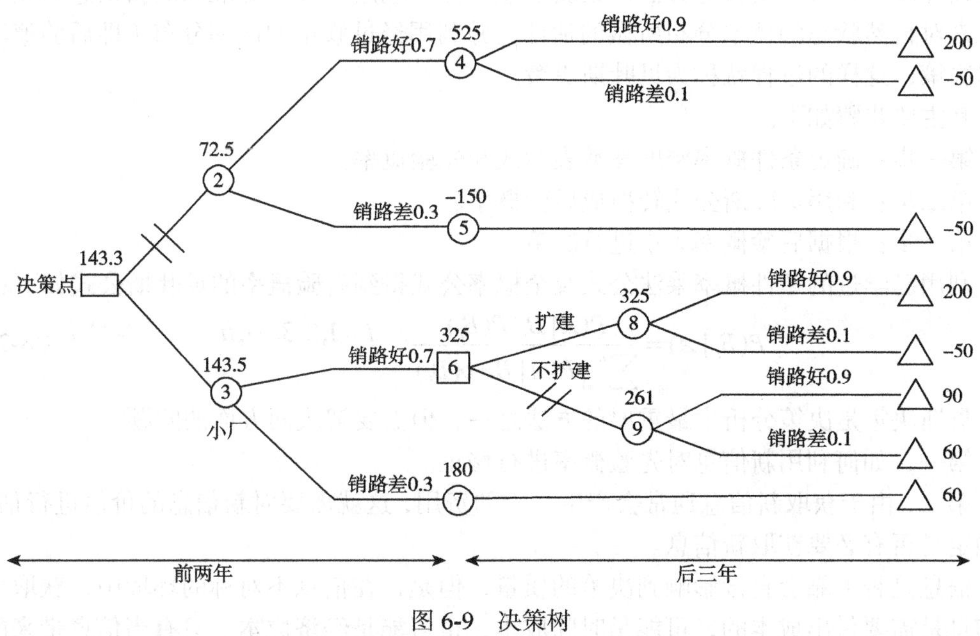

图 6-9　决策树

第二步～第三步：计算各节点的期望收益。

首先计算节点 8、9 的期望收益值，在节点 6 处依据收益期望值的大小来做出决策。

节点 8：$[200\times0.9+(-50)\times0.1]\times3-200=325$（万元）

节点 9：$(90\times0.9+60\times0.1)\times3=261$（万元）

节点 6：$\max\{325,261\}=325$（万元）

通过计算应选择扩建，将不扩建枝条去掉，所以如果建小厂，则两年后应扩建。接着从右往左继续计算各节点的收益值。

节点 4：$[200\times0.9+(-50)\times0.1]\times3=525$（万元）

节点 5：$-50\times3=-150$（万元）

节点 7：$60\times3=180$（万元）

计算完三年各节点的期望收益值后，再继续往左计算节点 2 和节点 3 的期望收益值。

节点 2：$[200\times0.7+(-50)\times0.3]\times2+525\times0.7+(-150)\times0.3-500=72.5$（万元）

节点 3：$(90\times0.7+60\times0.3)\times2+325\times0.7+180\times0.3-300=143.5$（万元）

比较节点 2 和节点 3 的期望收益值，节点 3 的期望收益值较大，所以去掉建大厂这一枝条。

第四步：综上所述，最优方案是先建小厂，如果销路好两年之后再进行扩建。

3. 贝叶斯决策

求解风险型决策问题的基础是设定自然状态的概率分布和后果期望值函数。对自然状态的概率分布所做估计的精确性，会直接影响到决策的期望损益值。显然，仅仅依靠决策人的经验做主观的判断和估计，所设定的自然状态的概率分布（即先验概率）的精度不可能有很大的改进。因此，为了改善决策分析的质量，决策者可以根据决策的需要，通过抽样调查、科学实验等方法收集新信息，然后利用更多、更准确的新信息修正和改进原来对自然状态的概率分布所做的估计，并利用经过修正的概率分布（即后验概率）做出决策，这样的过程就称为贝叶斯决策。

其主要步骤如下。

第一步：确定条件概率密度参数表达式和先验概率。

第二步：利用贝叶斯公式转换成后验概率。

第三步：根据后验概率大小进行决策。

利用已学过的条件概率乘法公式及全概率公式得到后验概率的贝叶斯公式如下：

$$P(B_i \mid A)=\frac{P(A \mid B_i)P(B_i)}{\sum_{j=1}^{n} P(A \mid B_i)p(B_i)}, \quad i=1,2,3,\cdots,n \tag{6-28}$$

贝斯决策是决策分析中最重要的方法之一，但需要解决两方面的问题。

第一，如何利用新信息对先验概率进行修正。

第二，由于获取新信息通常会产生一定的费用，这就需要对新信息的价值进行估计，并确定是否有必要获取新信息。

信息是否可靠会直接影响到决策的质量，但是，在信息不对称的环境中，获取可靠的信息是需要付出成本的，可能是时间成本，也可能是经济成本。只有当信息带来的价值大于获取信息的成本时，才有必要去获取新的信息。因此，通常把信息本身能带来的新的收益称为信息的价值。

案例 6-11

大唐公司是否聘请博瑞咨询公司的决策

大唐公司经营智能监控品，假设市场可能存在畅销和滞销两种状态。若市场畅销，可以获利 30 000 万元；若市场滞销，则亏损 7000 万元。根据历年的市场销售资料，该产品畅销的概率为 0.8，滞销的概率为 0.2。为了更加准确地掌握该产品的市场销售情况，大唐公司打算聘请博瑞咨询公司进行市场调查和分析。根据以往预测准确率的记录，该咨询公司对该类产品预测为畅销的准确率为 0.95，预测为滞销的准确率为 0.90。试根据市场咨询分析结果，判断大唐公司是否应该聘请博瑞咨询公司。

具体分析过程如下。

大唐公司有两种可供选择的方案：A_1 经营该产品，A_2 不经营该产品。该产品的市场销售状态有两种，即 Q_1 畅销，Q_2 滞销。先验概率 $p(Q_1)$=0.8，$p(Q_2)$=0.2。

利用先验概率计算各方案的期望收益值：

$$E(A_1) = 30\,000 \times 0.8 + (-7000) \times 0.2 = 22\,600（万元）$$
$$E(A_2) = 0$$

经营该产品是有利可图的，下一步应该决策是否需要聘请博瑞咨询公司。

根据博瑞咨询公司对市场预测的准确率，H_1 = 预测市场畅销，H_2 = 预测市场滞销，根据题意得

$$P(H_1 \mid Q_1) = 0.95, P(H_2 \mid Q_1) = 0.05$$
$$P(H_1 \mid Q_2) = 0.10, P(H_2 \mid Q_2) = 0.90$$

由全概率公式得，博瑞咨询公司预测该产品畅销和滞销的概率分别为

$$P(H_1) = \sum_{j=1}^{2} P(H_1 \mid Q_j)P(Q_j) = 0.95 \times 0.8 + 0.10 \times 0.2 = 0.78$$
$$P(H_2) = \sum_{j=1}^{2} P(H_2 \mid Q_j)P(Q_j) = 0.05 \times 0.8 + 0.90 \times 0.2 = 0.22$$

由贝叶斯公式，计算条件概率得

$$P(Q_1 \mid H_1) = \frac{P(H_1 \mid Q_1)P(Q_1)}{P(H_1)} = \frac{0.95 \times 0.8}{0.78} \approx 0.9744$$
$$P(Q_2 \mid H_1) = \frac{P(H_1 \mid Q_2)P(Q_2)}{P(H_1)} = \frac{0.10 \times 0.2}{0.78} \approx 0.0256$$
$$P(Q_1 \mid H_2) = \frac{P(H_2 \mid Q_1)P(Q_1)}{P(H_2)} = \frac{0.05 \times 0.8}{0.22} \approx 0.1818$$
$$P(Q_2 \mid H_2) = \frac{P(H_2 \mid Q_2)P(Q_2)}{P(H_2)} = \frac{0.90 \times 0.2}{0.22} \approx 0.8182$$

用补充信息对状态变量进行修正，得到状态变量的概率分布：

$$P(Q_j \mid H_i),\quad i = 1,2; j = 1,2 \tag{6-29}$$

此为状态变量的后验分布。

当市场咨询预测结果为畅销时，用后验概率代替先验概率得到 A_1 的期望收益为

$$E(A_1 \mid H_1) = 0.9744 \times 30\,000 - 0.0256 \times 7000 = 29\,052.8（万元）$$
$$E(A_2 \mid H_1) = 0（万元）$$

所以当博瑞咨询公司的预测结果为畅销时，最佳决策为 A_1，即经营该产品。

同样，当博瑞咨询公司的预测结果为滞销时，用后验概率代替先验概率，求得期望收益为

$$E(A_1 \mid H_2) = 0.1818 \times 30000 - 0.8182 \times 7000 = -273.4（万元）$$
$$E(A_2 \mid H_1) = 0（万元）$$

因此可以得到，当博瑞咨询公司的预测结果为滞销时，最优决策为 A_2，即不经营该产品。

总的期望收益值为

$$\begin{aligned} E &= E(A_1 \mid H_1) \times P(H_1) + E(A_2 \mid H_2) \times P(H_2) \\ &= 29\,052.8 \times 0.78 + 0 \times 0.22 \\ &= 22\,661.2（万元） \end{aligned}$$
$$E = E(A_1) = 22\,661.2 - 22\,600 = 61.2（万元）$$

因此，只要大唐公司支付给咨询公司的市场调查费用不超过61.2万元，就可以进行市场调查，否则就不应该进行市场调查。若调查结果为该产品畅销，则应该选择经营该产品；若市场调查结果是产品滞销，则不应该经营该产品。

6.5.4 不确定型决策

在大多数情况下，决策者所面临的是不确定状况，决策者只能根据规定的简单原则来进行决策，这样的简单原则我们称为决策准则。常用的决策准则有乐观法、瓦尔德法（Wald method）、赫维奇法（Hurwicz method）、拉普拉斯法（Laplace method）、萨维奇法（Savage method）等。

1. 乐观法

乐观法又称为最大最优准则，决策者对未来持乐观的态度。决策者首先确定每个方案在最乐观的自然状态下的收益值，然后进行比较，选择其中收益值最大的方案为最优方案。

案例 6-12

大唐公司关于聘请咨询公司的决策

大唐公司决定投入一定的成本生产某一新产品，需要决定生产的规模是大批量、中批量还是小批量，而市场对于这类产品有畅销、一般和滞销三种自然状态，三种生产规模在三种自然状态下的收益值如表6-10所示。

表 6-10 三种生产方案的损益值（一）

生产方案	市场情况		
	畅销	一般	滞销
大批量	9	3	−1
中批量	7	6	2
小批量	5	4	1

具体分析如下。

大批量：$\max(9,3,-1)=9$（万元）

中批量：$\max(7,6,2)=7$（万元）

小批量：$\max(5,4,1)=5$（万元）

从三种方案中选择最优方案：$\max(9,7,5)=9$（万元）

根据最大最优准则，应选择大批量的生产方案。

2. 瓦尔德法

瓦尔德法也叫作悲观准则，又称为最大最小准则，这是一种避险型决策准则。这一准则与最大最优准则相反，决策者对未来持悲观态度，首先确定每个方案在各种状态下的收益最小值，然后再从这些最小值中选一个最大值，它所对应的决策就是最优决策。

用悲观准则对案例6-12进行分析如下。

大批量：$\min(9,3,-1)=-1$（万元）

中批量：$\min(7,6,2)=2$（万元）

小批量：$\min(5,4,1)=1$（万元）

从以上三种方案中选择最优方案：$\max(-1,2,1)=2$（万元）

根据悲观准则，应选择中批量的生产方案。

3. 赫维奇法

赫维奇法也叫折中准则，又称为乐观系数法。在一般的决策中，最好的和最差的自然状态都会出现，当决策者无法估计每种状态出现的概率，而且愿意采取一个折中的方案时，可以将最好的自然状态赋予一个乐观系数α，相应地，最差的自然状态就有一个悲观系数$(1-\alpha)$，计算各自对应的期望值，最后选择期望值最大的方案为最优方案。乐观系数取值介于$[0,1]$。

假设决策者估计乐观系数$\alpha=0.8$，用折中准则对案例 6-12 进行分析如下。

乐观系数为 0.8，悲观系数就是 0.2。各方案的收益期望值见表 6-11 最右一列，$\max(7.0,6.0,4.2)=7.0$(万元)，对应的方案是大批量生产。所以依据折中准则，选择大批量生产为最优方案。

表 6-11　三种生产方案的损益值（二）

生产方案	市场情况			期望收益/万元
	畅销	一般	滞销	
大批量	9	3	−1	$9\times0.8+(-1)\times0.2=7.0$
中批量	7	6	2	$7\times0.8+2\times0.2=6.0$
小批量	5	4	1	$5\times0.8+1\times0.2=4.2$

4. 拉普拉斯法

拉普拉斯法又称为等可能性准则，因为无法确切地知道各种自然状态发生的概率，可以认为每种状态发生的可能性是相等的，在此基础上计算各方案的期望收益值，选择最大期望收益或最小期望损失为最优决策。

利用等可能性准则，各种状态出现的概率均为 1/3，各方案的期望收益值如表 6-12 所示，$\max(11/3,5,10/3)=5$（万元），对应的方案是中批量生产。所以根据等可能性准则，选择中批量为最优生产方案。

表 6-12　三种生产方案的损益值（三）

生产方案	市场情况			期望收益/万元
	畅销	一般	滞销	
大批量	9	3	−1	$9\times1/3+3\times1/3+(-1)\times1/3=11/3$
中批量	7	6	2	$7\times1/3+6\times1/3+2\times1/3=5$
小批量	5	4	1	$5\times1/3+4\times1/3+1\times1/3=10/3$

5. 萨维奇法

萨维奇法又称为后悔值准则，后悔值是一种机会损失，是指由于决策不当造成收益的减少量或费用的增加量。根据后悔值准则，每个自然状态下的最大收益值为理想值（即最不后悔的选择），该状态下每个方案的收益值与理想值之差作为后悔值。决策者追求的是最小的后悔值。首先在各种方案中选择最大后悔值，然后比较各方案的最大后悔值，从中选择最小者对应的方案作为最优决策方案。

试用后悔值准则对案例 6-12 进行分析决策如下。

第一步，计算各状态下的最大收益值，如表 6-13 所示。

表 6-13　各状态的最大收益值

方案	畅销	一般	滞销
最大收益	9	6	2

第二步，计算各状态下的后悔值（用各状态下的最大收益值减去各状态下的实际值），如表 6-14 所示。

表 6-14　各状态下的每个方案的后悔值

生产方案	市场情况			期望收益/万元
	畅销	一般	滞销	
大批量	9−9=0	6−3=3	2−(−1)=3	3
中批量	9−7=2	6−6=0	2−2=0	2
小批量	9−5=4	6−4=2	2−1=1	4

第三步，从表 6-14 中找出三种方案的最大后悔值中的最小结果：$\min(3,2,4)=2$（万元），对应于中批量的生产方案。根据后悔值准则，中批量的生产方案为最优方案。

6.6　蒙特卡罗模拟

在商务活动、行政管理，乃至我们个人的生活中，正是因为存在不确定性，所以才需要进行决策。在这一节里，我们将介绍如何使用蒙特卡罗模拟法评估不确定性对决策带来的影响。模拟方法在许多领域已经得到了成功的应用，比如金融领域中的投资计划制订、投资项目选择、期权定价，市场营销领域中的新产品开发、产品投放市场时机选择，管理领域中的项目规划、订货策略（特别是对季节性产品）、产能安排、收益管控（尤其是航空、旅馆、汽车租赁业）。在诸如此类的问题中，不确定因素使得决策过程变得十分复杂。

蒙特卡罗模拟起源于第二次世界大战期间研制核武器的曼哈顿计划，蒙特卡罗是个分类方法的代码，名称取自于摩洛哥的蒙特卡罗轮盘赌，不确定性是赌博活动中的天然特性。就像我们即将展示出来的，利用电子表格做模拟分析，需要按照一定的逻辑形式，正确地把参数和想要的输出结果之间的关系表达出来，并依此构造出分析模型。比如，在给定的滑雪衫订购量和滑雪衫市场需求量的基础上，通过电子表格模型可以计算出服装零售商的利润水平。对此，模拟分析可能不再需要滑雪衫需求量的某个单个值，而是根据概率分布模拟出滑雪衫需求量的一系列可能的取值。滑雪衫需求量的概率分布，不仅是系列可能的取值，而且包括各个不同取值的可能性。

为了运用蒙特卡罗模拟对决策进行评估，分析人员需要识别没有把握能知道其取值的参数，并且还要把这些参数当成随机或不确定的变量来对待。随机变量的取值，是在给定的概率分布下通过随机方式产生的。模拟方法需要使用随机产生的随机变量的值，并且还要能在参数和决策结果之间建立函数关系。

6.6.1　What-If 分析

在不确定条件下做决策，决策人可能关心的不仅仅是平均结果或期望结果，也会关心所有可能结果的变化范围。尤其是，决策人会格外关心风险。所谓决策风险，是指对不希望出现的结果的等级和可能性的数量化测量。这一节，我们着重介绍如何运用 What-If 进行最基本的决策风险分析。

案例 6-13

Sanotronics 公司的创新性设计

Sanotronics 是一家新创公司，专门生产医院门诊用的医疗器械。该公司创始人的家庭成员中有人患过癌症，受到启发，Sanotronics 开发出了一种新型医疗器械。这款新型医疗器械旨在保护医护人员，在化疗施药的准备、操作和处置过程中，减少对这些危险药物的接触。这款医疗器械属于创新型设计，有可能存在一定的市场前景。

Sanotronics 公司打算分析一下，这款医疗器械第一年可能获得的利润。考虑到 Sanotronics 公司目前的现金流比较紧张，所以，该公司特别在意可能出现的损失。经过仔细分析，对该公司第一年利润具有关键影响的因素主要是：产品销售的单价(p)，第一年的管理和广告费用(c_a)，单位产品的直接劳动力成本(c_l)，单位产品的零部件购买费用(c_p)以及第一年的市场需求量(d)。通过市场调研和公司财务分析，Sanotronics 公司较有把握地估计，该医疗器械的零售价格是每件 249 美元，第一年的管理和广告费用需要 1 000 000 美元。对 Sanotronics 公司来说，没有把握的是直接的劳动力成本、零部件的外购价格和第一年的市场需求量。在项目的可行性论证阶段，Sanotronics 公司先采用这样的决策参数初始值，即单位劳动力成本 45 美元、零部件外购每件 90 美元、第一年的市场需求量 15 000 件。

根据上述给定的条件，Sanotronics 公司第一年的利润是

$$利润=(p-c_l-c_p)\times d-c_a \tag{6-30}$$

由于 Sanotronics 公司有把握能确定产品的零售价是 249 美元，管理和广告费用为 1 000 000 美元，把这两个参数代入式（6-30）中，便有

$$利润=(249-c_l-c_p)\times d-1\,000\,000 \tag{6-31}$$

Sanotronics 公司给出的单位劳动力成本为 45 美元，零部件外购每件 90 美元，第一年的市场需求量为 15 000 件，在这样的情境下，Sanotronics 公司第一年能够获得的利润就是

$$利润=(249-45-90)\times 15\,000-1\,000\,000=710\,000（美元）$$

这表明在既定的初始情境下，Sanotronics 公司第一年能够获得 710 000 美元。

尽管在假定的条件下，Sanotronics 公司第一年能够获得的利润是可观的，但我们也要清醒地认识到，单位劳动力成本、零部件购买价格、第一年的市场需求量，它们的取

值都带有不确定性，有鉴于此，Sanotronics 公司第一年能够获得的利润可能并不是 710 000 美元。为了帮助 Sanotronics 公司评估不确定性的影响，我们需要进行 What-If 分析。所谓 What-If 分析法，就是对随机变量（这里主要是指单位劳动力成本、零部件购买价格、第一年的市场需求量）的可能取值，分别计算相应的结果（这里指的是利润）。

Sanotronics 公司可能会在意，如果单位劳动力成本、零部件购买价格、第一年的市场需求量的估计值与初始情境下给定的值不一样，会有什么样的结果发生。比如，假定单位劳动力成本从 45 美元变成了 47 美元，单位零部件购买价格可能在 80 ~ 100 美元范围内变化，第一年的市场需求量有可能是 0 ~ 30 000 件。由这些数值，通过 What-If 分析可以评估出现的最坏结果和最好结局。

如果劳动力成本是 47 美元（最大值），单位零部件购买价格是 100 美元（也取最大值），第一年的市场需求量是 0（最低值），这时 Sanotronics 公司能获得的利润便是：利润=(249−47−100) × 0−1 000 000=−1 000 000(美元)，也就是，在最坏的条件下，Sanotronics 公司将会损失 1 000 000 美元。

反过来，要是单位劳动力成本、零部件购买价格、第一年的市场需求量都取最好的值，即劳动力成本是 43 美元（最小值），单位零部件购买价格是 80 美元（取最小值），第一年的市场需求量是 30 000（最大值），在这样的情境下，Sanotronics 公司能获得的利润是：利润=(249−43−80) × 30 000−1 000 000=2 780 000 (美元)，这表明在最有利的条件下，Sanotronics 公司的盈利是 2 780 000 美元。

这样一来，通过 What-If 分析得出，Sanotronics 公司的利润可能在−1 000 000 美元和 2 780 000 美元之间，这一区间范围包含了初始情境下的盈利值 710 000 美元。尽管初始情境下有可能获得 710 000 美元，但 What-If 分析也表明了，Sanotronics 公司有可能遭受损失，也有可能获得盈利，利用 What-If 分析的原理，Sanotronics 公司完全可以尝试其他可能的情境。但是，这样的 What-If 分析无论怎样重复去做，也断然不能说明不同盈利水平出现的可能性，特别是，对 Sanotronics 公司来说，我们不知道损失发生的概率是多少。要对 Sanotronics 公司的盈利风险做更加全面的评估，需要采用电子表格模拟模型。

6.6.2 运用 Excel 自带的函数进行模拟分析

这一节，我们将介绍怎样运用 Excel 自带的函数，构建模拟分析方法及其风险评估。建立电子表格模拟模型，首先需要在输入变量和输出结果之间，建立起符合函数关系的表达式，以 Sanotronics 公司为例，其电子表格模型的编写情况见图 6-10。

	A	B
1	Sanotronics公司问题	
2		
3	参数	
4	产品销售的单价	249
5	管理和广告费用	1000000
6	单位产品的直接劳动力成本	45
7	单位产品的零部件购买费用	90
8	市场需求量	15000
9		
10	模型	
11	利润	=((B4-B6-B7)*B8)-B5

	A	B
1	Sanotronics公司问题	
2		
3	参数	
4	产品销售的单价	$249.00
5	管理和广告费用	$1,000,000.00
6	单位产品的直接劳动力成本	$45.00
7	单位产品的零部件购买费用	$90.00
8	市场需求量	$15,000.00
9		
10	模型	
11	利润	$710,000.00

图 6-10 Sanotronics 公司的电子表格模型

图 6-10 中，产品的零售价格、管理和广告费用、单位劳动力成本、零部件购买价格、第一年的市场需求量的数据，分别录入在电子表格单元格 B4:B8 中，利润的计算公式见式（6-30），电子表格的编写方式见图 6-10 的 B11。图 6-10 采用的是初始情境下给定的参数值，现在只需要改变参数的取值，便能得到相应的手工版的 What-If 分析结果。

1. 运用概率分布刻画随机变量

运用 What-If 进行风险分析，我们需要手工输入随机变量值（这里指的是单位劳动力成本、零部件购买价格、第一年的市场需求量的数据），然后由图 6-10 的做法，自动得到对应输入数据下的利润。对随机变量值的输入，我们可以不用人工手动的做法，通过进行蒙特卡罗模拟，可以随机地产生随机变量的取值，然后根据这些模拟出来的值，观察究竟发生了什么样的变化。概率分布可以描述随机变量的可能取值，以及不同取值出现的可能性大小。我们可以结合掌握的有关随机变量的历史资料和知识（比如，范围、均值、众数、标准差），来确定不同随机变量适合的概率分布。因此，Sanotronics 公司要想利用 Excel 自带的函数进行模拟分析，需要考察清楚单位劳动力成本、零部件购买价格、第一年的市场需求量，各自适合使用什么样的概率分布。

下面，我们针对单位劳动力成本、零部件购买价格、第一年的市场需求量，分别说明它们可能适用的概率分布。

根据近年来的工资水平和生产这款医疗器械的工艺过程的需要，假如 Sanotronics 公司的高管确信，单位劳动力的成本在 43 美元和 47 美元之间，对此可以利用离散型概率分布描述单位劳动力的成本变化，详见图 6-11。

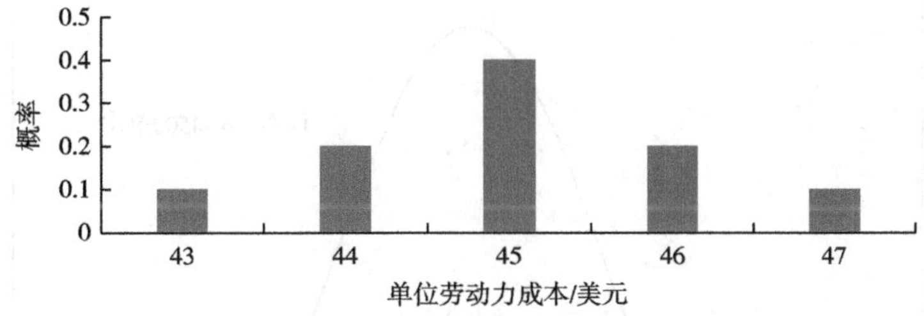

图 6-11　单位劳动力的成本变化的概率分布

单位劳动力成本（美元）如图 6-11 所示，单位劳动力成本取值 43 美元的概率是 0.10，单位劳动力成本取值 44 美元的概率是 0.20，等等。图 6-11 显示，最大的概率是 0.40，对应的单位劳动力成本是 45 美元。

由于我们假定单位劳动力成本服从离散型概率分布，这样单位劳动力成本只取 43、44、45、46、47 中的某个数值。

Sanotronics 公司对零部件价格的判断显得不那么自信，原因是零部件的价格受到很多因素的影响，比如，总体经济状态、该零部件的市场需求、零部件供应商的定价策略等。

但 Sanotronics 公司相信，零部件的价格有可能位于 80 美元和 100 美元之间，并且每个值都有相同的可能性。如果是这样的情况，Sanotronics 公司可以采用均匀概率分布描述零部件价格的变化，见图 6-12。

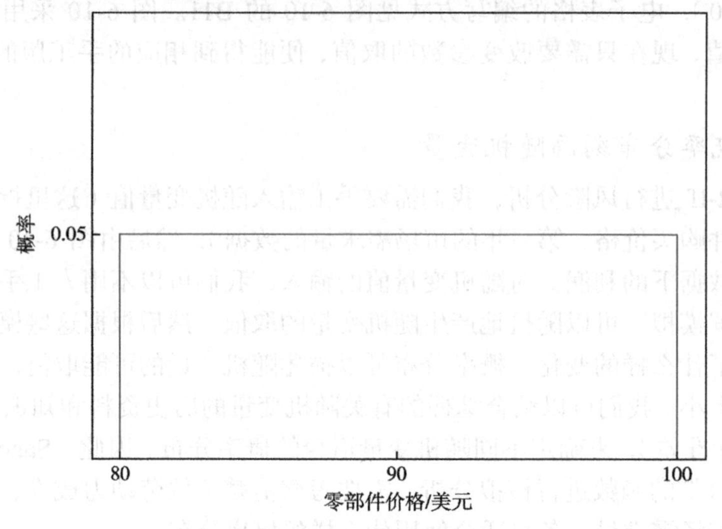

图 6-12 零部件价格的概率分布

图 6-12 显示的均匀概率分布，属于连续型概率分布，意味着零部件价格取 80 到 100 之间的任何一个值都有同等的可能性。

根据相似的医疗器械产品的销售情况，Sanotronics 公司相信该产品第一年的市场需求量服从于均值 15 000、标准差 4500 的正态概率分布，参见图 6-13。

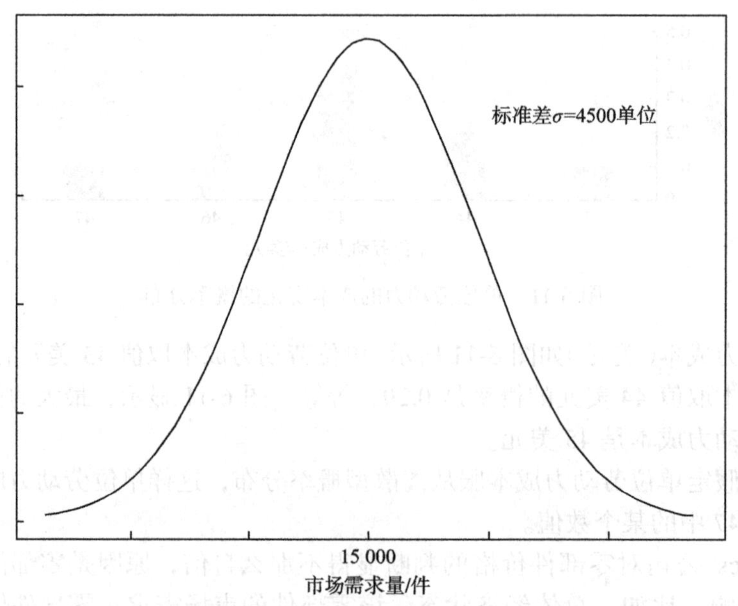

图 6-13 医疗器械市场需求量正态分布

正态分布属于连续型概率分布，形状类似于钟形，变量取值离均值越远，其发生的可能越小。

模拟分析的长处之一，就是能使分析人员通过修改随机变量的概率分布，考察不确定性对决策结果可能带来的影响，最终帮助分析人员进行决策的敏感性分析。

2. 在 Excel 中生成随机变量值

为了能对 Sanotronics 公司的问题进行模拟分析，需要找到单位劳动力成本、零部件购买价格、第一年的市场需求量这三个随机变量的值，并依此计算相应的利润。所有随机变量的取值所构成的集合，叫作一个实验。每获得一个这样的集合，便得到对应的决策结果（利润）。持续不断地进行这样的过程，只要实验的次数足够多，就可以得到让人满意的决策结果的概率分布。可以说，生成随机变量的值、计算相应的决策结果，是蒙特卡罗模拟最基本的构成要素。

对 Sanotronics 公司的问题进行模拟分析，需要产生单位劳动力成本、零部件购买价格、第一年的市场需求量各自的代表性数值。为了说明具体做法，我们需要了解如何通过计算机生成随机数字。

计算机生成的随机数字，形式上看可能属于伪随机数字。原因是，计算机生成的随机数字，一般都利用了数学公式，因此从机制上讲，不是完全随机化的。我们认为，纯随机数和伪随机数之间的差别，仅表现在哲学意义上，实际使用时我们不做这样的较真区分。

计算机生成的随机数字，是[0, 1)中随机选择的数字。因此，由计算机生成的随机数字，都是等可能性的，并且服从于[0, 1)区间上的均匀分布。计算机生成的随机数字，可以通过使用计算机模拟软件和电子表格中的函数功能实现。比如，在 Excel 这样的电子表格的单元格中，编写"=RAND()"，便能得到 0 ~ 1 的随机数字。

下面，我们以 Sanotronics 公司的问题为例，说明怎样根据随机变量相应的概率分布，运用随机数字生成有关随机变量的值。我们先来说明怎样产生单位劳动力成本随机数值，对任何离散性质的概率分布，我们都可以模仿这样的做法获得相应的随机变量值。

表 6-15 说明了对[0,1)进行分区的做法，这样做的目的主要是保证每个子区间生成的随机数字的概率，与相应的单位劳动力成本取值的发生概率相等。对区间[0,0.1)，它与单位劳动力成本 43 美元相对应，同样，区间[0.1,0.3)对应着 44 美元，等等。之所以这样分配随机数字间向给相应劳动力成本的可能取值，是因为能够保证每个随机数字区间产生的随机数字的概率，等于获得的劳动力成本相应值的概率。因此，为了给单位劳动力成本选取个值，我们在 Excel 中运用 RAND 函数生成 0 ~ 1 范围内的随机数，如果该随机数落在区间[0,0.1)，我们就令单位劳动力成本等于 43 美元，若是落在区间[0,1,0.3)，就令劳动力成本等于 44 美元，其他以此类推。

表 6-15　单位劳动力成本生成值的随机数字区间

单位劳动力成本/美元	概率	随机数字区间
43	0.1	[0,0.1)
44	0.2	[0.1,0.3)

续表

单位劳动力成本/美元	概率	随机数字区间
45	0.4	[0.3,0.7)
46	0.2	[0.7,0.9)
47	0.1	[0.9,1.0)

每次模拟实验，规定了劳动力成本的一个值。假定第一次模拟实验，得到的随机数是 0.901 09，随机数字 0.901 09 落在区间[0.9,1.0)，对应的劳动力成本是 47 美元。假如第二次模拟实验得到的随机数字是 0.2841，该随机数字落在区间[0.1,0.3)，所以对应的劳动力成本是 44 美元。

同样，对零部件购买价格和第一年市场需求量，在每次模拟实验的时候，也需要规定一个取值。现在，我们来介绍怎样产生外购零部件价格的值。由图 6-14 可知，外购零部件价格服从均匀分布，该概率分布与劳动力成本的概率分布有所不同，因此，我们运用随机数产生外购零部件价格的值，在具体做法上会存在某些差别。对连续均匀分布的随机变量（如外购零部件价格），在 Excel 中我们可以通过下列方法产生一个值：

$$\text{均匀随机变量的值} = \text{该变量取值的下限} + (\text{该变量取值的上限} - \text{该变量取值的下限}) \times \text{RAND()} \quad (6\text{-}32)$$

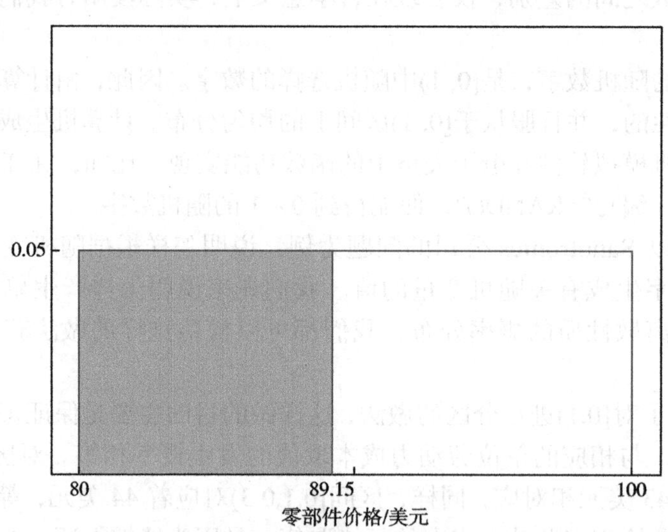

图 6-14　外部零部件价格的随机分布

以 Sanotronics 公司为例，该公司外购零部件价格服从均匀分布，且下限值是 80 美元，上限值为 100 美元。由式（6-32），要想获得外购零部件价格值，可利用如下模拟公式：

$$\text{外购零部件价格} = 80 + (100-80) \times \text{RAND()} = 80 + 20 \times \text{RAND()} \quad (6\text{-}33)$$

只要我们认真观察式（6-33），便不难理解怎样利用随机数产生外购零部件价格。由于 RAND 生成的 0 ~ 1 范围内的随机数是等可能的，所以，模拟出来的外购零部件价格在 80 ~ 100 的任何一个值也完全等可能。比如，假定 RAND 产生出来的随机数是 0.4576（图 6-14），这时零部件的价格就是：

外购零部件价格= 80 + 20 × RAND() = 80 + 20 × 0.4576= 89.15（美元）

假如 RAND 产生出来的随机数是 0.5842，这时存在：

外购零部件价格=80+20 × RAND() =80+20 × 0.5842=91.68（美元）

只要修改下限值和上限值，式（6-32）就可以用来产生任何服从均匀分布的变量值。

最后，我们来讲讲如何由计算机生成的随机数，产生 Sanotronics 公司第一年的市场需求量。第一年需求量服从均值 15 000、标准差 4500 的正态分布（图 6-15），因此我们只能从正态分布出发，生成第一年需求量的随机值。

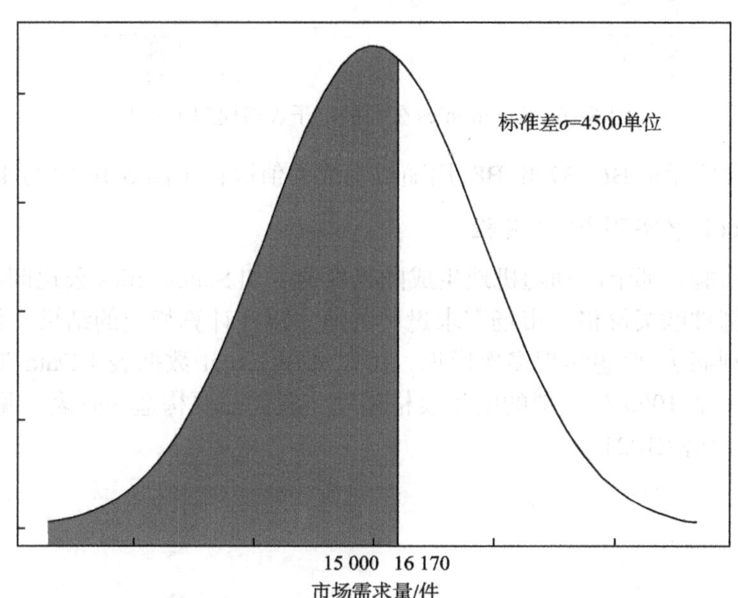

图 6-15　随机数为 0.6026 时的市场需求量

在 Excel 中产生正态随机变量值，可以使用如下计算方法：

正态随机变量值=NORM.INV (RAND(),均值,标准差)　　（6-34）

由于 Sanotronics 公司第一年的市场需求量服从均值 15 000、标准差 4500 的正态分布，由式（6-34）得

市场需求量= NORMI. INV (RAND(),15 000,4500)　　（6-35）

如果 RAND()产生的随机数为 0.6026，这时的市场需求量=NORM.INV(RAND(), 15 000,4500)= NORM.INV(0.6026,15 000,4500)= 16 170（件），在此用图 6-14 帮助大家直观地理解。

再举一例：RAND()产生的随机数是 0.3551，对应的市场需求量=NORM.INV(RAND(), 15 000,4500)= NORM.INV(0.3551,15 000,4500)=13 328（件）。

只要给出均值和标准差，运用式（6-34），就可以生成相应的正态随机变量的值。

至此我们大概已经知道了，如何根据随机变量服从的概率分布，通过随机方式生成随机变量的值。现在我们就可以把图 6-9 介绍的做法，修改成图 6-16 示范的做法。

	A	B	C	D	E	F
1	Sanotronics公司问题					
2						
3	参数					
4	产品销售的单价	249				
5	管理和广告费用	1000000				
6	单位产品的直接劳动力成本	=VLOOKUP(RAND(),A15:C19,3,TRUE)				
7	单位产品的零部件购买费用	=F14+(F15-F14)*RAND()				
8	市场需求量	=NORM.INV(RAND(),F18,F19)				
9						
10	模型					
11	利润	=((B4-B6-B7)*B8)-B5				
12						
13	单位产品的直接劳动力成本	区间的上限值			单位产品的零部件购买费用	
14	区间的下限值		单位产品的直接劳动力成本	概率	下限	80
15	0	=D14+A15	43	0.1		
16	=B15	=D15+A16	44	0.2		
17	=B16	=D16+A17	45	0.4	市场需求量	
18	=B17	=D17+A18	46	0.2	均值	15000
19	=B18	1	47	0.1	标准值	4500

图 6-16 Sanotronics 公司的电子表格模型（一）

图 6-16 中，单元格 B6、B7 和 B8，用随机生成的值取代了图 6-10 中的 45、90、15 000。

3. 在 Excel 中实现模拟实验

每次模拟实验，都牵涉到随机地生成随机变量（如 Sanotronics 公司问题中的单位劳动力成本、零部件购买价格、市场需求量）的值，以及计算相应的结果（如 Sanotronics 公司问题中的利润）。要想实现多次模拟，可以利用 Excel 数据表（Data Table）中的功能。为了建立一个 1000 次模拟的电子表格模型，我们需要构造一张表，见图 6-17 的单元格 A21 到单元格 E1021。

	A	B	C	D	E	F
1	Sanotronics公司问题					
2						
3	参数					
4	产品销售的单价	249				
5	管理和广告费用	1000000				
6	单位产品的直接劳动力成本	=VLOOKUP(RAND(),A15:C19,3,TRUE)				
7	单位产品的零部件购买费用	=F14+(F15-F14)*RAND()				
8	市场需求量	=NORM.INV(RAND(),F18,F19)				
9						
10	模型					
11	利润	=((B4-B6-B7)*B8)-B5				
12						
13	单位产品的直接劳动力成本	区间的上限值			单位产品的零部件购买费用	
14	区间的下限值		单位产品的直接劳动力成本	概率	下限	80
15	0	=D15+A15	43	0.1	上限	100
16	=B15	=D16+A16	44	0.2		
17	=B16	=D17+A17	45	0.4	市场需求量	
18	=B17	=D18+A18	46	0.2	均值	15000
19	=B18	1	47	0.1	标准值	4500
20						
21	模拟实验	单位产品的直接劳动力成本	单位产品的零部件购买费用	市场需求量	利润	
22	1	=B6	=B7	=B8	=B11	
23	2					
24	3					
1019	998					
1020	999					
1021	1000					
1022						

模拟运算表
输入引用行的单元格(R):
输入引用列的单元格(C):
确定 取消

图 6-17 Sanotronics 公司的电子表格模型（二）

图 6-17 中的 A22:A1021（其中，A25:A1018 隐藏了），是各次模拟的编号。为了能在单元格 A22:E1021 中植入数据表，可以按照如下步骤操作。

第一步，选定单元格范围 A22:E1021。

第二步，打开功能区的数据（DATA）。

第三步，在数据分析工具（Data Tools）中单击 What-If 并选择数据表。（在 Excel 2016 中，步骤为单击模拟分析，选择模拟运算表）。

第四步，当出现数据表对话框时，不管行输入单元格（row input cell），而将电子表格中的任一空白单元格（如 D1）键入列输入单元格（column input cell）。

第五步，单击确定（OK）。

在数据表中进行模拟之后，表中的行给出了每次模拟实验后的随机变量的值，图 6-18 为模拟实验的结果。

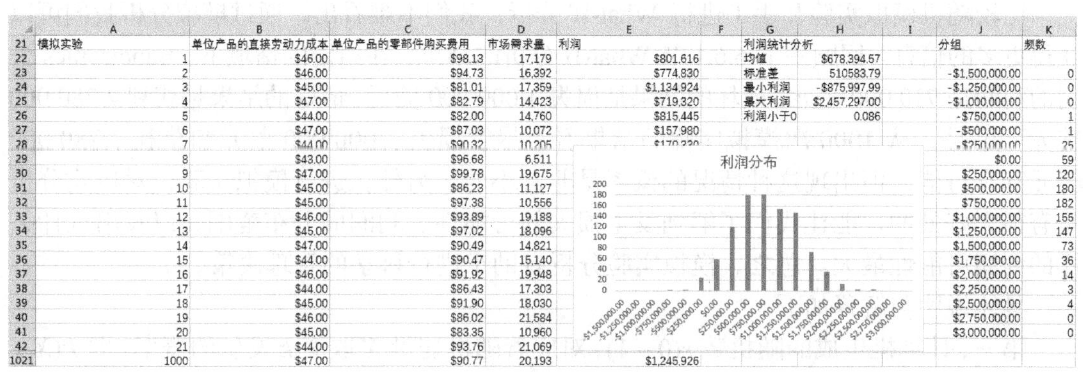

	A	B	C	D	E	F	G	H	I	J	K
21	模拟实验	单位产品的直接劳动力成本	单位产品的零部件购买费用	市场需求量	利润		利润统计分析			分组	频数
22	1	$46.00	$98.13	17,179	$801,616		均值	$678,394.57			
23	2	$46.00	$94.73	16,392	$774,830		标准差	510583.79		-$1,500,000.00	0
24	3	$45.00	$81.01	17,359	$1,134,924		最小利润	-$875,997.99		-$1,250,000.00	0
25	4	$47.00	$82.79	14,423	$719,320		最大利润	$2,457,297.00		-$1,000,000.00	0
26	5	$44.00	$82.00	14,760	$815,445		利润小于0	0.086		-$750,000.00	1
27	6	$47.00	$87.03	10,072	$157,980					-$500,000.00	1
28	7	$44.00	$90.32	10,205	$170,330					-$250,000.00	25
29	8	$43.00	$96.68	6,511						$0.00	59
30	9	$47.00	$99.78	19,675						$250,000.00	120
31	10	$45.00	$86.23	11,127						$500,000.00	180
32	11	$45.00	$97.38	10,556						$750,000.00	182
33	12	$46.00	$93.89	19,188						$1,000,000.00	155
34	13	$45.00	$97.02	18,096						$1,250,000.00	147
35	14	$47.00	$90.49	14,821						$1,500,000.00	73
36	15	$44.00	$90.47	15,140						$1,750,000.00	36
37	16	$46.00	$91.92	19,948						$2,000,000.00	14
38	17	$44.00	$86.43	17,303						$2,250,000.00	3
39	18	$45.00	$91.90	18,030						$2,500,000.00	4
40	19	$46.00	$86.02	21,584						$2,750,000.00	0
41	20	$45.00	$83.35	10,960						$3,000,000.00	0
42	21	$44.00	$93.76	21,069							
1021	1000	$47.00	$90.77	20,193	$1,245,926						

图 6-18　模拟实验的结果

在图 6-18 中，第一次模拟（图 6-18 的第 22 行）给出的结果是：单位劳动力成本 46 美元，外购零部件价格 98.13 美元，第一年的市场需求量为 17 179，相应的利润为 801 616 美元。第二次模拟（图 6-18 的第 23 行）给出的结果是：单位劳动力成本 46 美元，外购零部件价格 94.73 美元，第一年的市场需求量为 16 392，相应的利润是 774 830 美元。

4. 计算分析模拟结果

对一组模拟实验输出的结果进行分析，是模拟过程中的重要组成部分。采集模拟实验产生的数据，有助于计算一些描述分析统计量，比如，样本均值、样本标准差、最大值、最小值、样本比例等。拿 Sanotronics 公司问题为例，我们可以在 Excel 中计算这些统计量，具体做法是：

均值单元格　　G22=AVERAGE (E22:E1021)

标准差单元格　　G23=STDEV.S (E22:E1021)

最小值单元格　　G24=MIN (E22:E1021)

最大值单元格　　G25=MAX (E22:E1021)

比例单元格　　G26=COUNTIF (E22:E1021, "< 0") /COUNT (E22:E1021)

低于 Excel 2010 的版本中，计算标准差不用 STDEV.S，而是使用 STDEV，无论版本高低，计算结果是一样的。

图 6-18 模拟结果表明，Sanotronics 公司的平均利润是 678 394.57 美元，标准差是 510 583.79，最小值是−875 997.99 美元，最大值是 2 457 297.00 美元，损失概率大概是 0.086。

通过模拟分析，能对损失的发生概率进行估计，这是风险分析中的重要内容之一。

为了直观地显示模拟结果（如 Sanotronics 公司的利润）的分布，我们可以绘制柱状图和运用 Excel 中的函数 FREQUENCY 创建直方图。由图 6-18 可以看出，模拟出来的 Sanotronics 公司利润分布是相当对称的，利润在 250 000 ~ 1 250 000 美元出现的次数最多，利润特别大或特别小出现的次数比较少。在 1000 次模拟实验中，只有 2 次损失超过 500 000 美元，有 21 次利润大于 2 000 000 美元，直方图在 250 000 ~ 1 000 000 美元达到高峰。

比较随机模拟实验和手工进行 What-If 分析，我们不难看出，通过模拟分析我们可以获得更多的信息。回顾一下 6.6.1 节 What-If 分析的结果，在给定的情境下，Sanotronics 公司的利润是 710 000 美元，最坏的结果是损失 1 000 000 美元，最好的结果是获利 2 780 000 美元。可是，从 1000 次模拟实验的结果看，尽管损失 1 000 000 美元和获利 2 780 000 美元都有可能，但出现这种情况的概率是非常小的。另外，进行模拟实验，对风险分析是有很大好处的，能让我们了解到发生损失的可能性、利润的分布范围，以及出现什么样的利润可能性最大。总之，模拟实验分析有助于进行科学的管理决策。

具体说明与解释如下。

第一，计算机生成的随机数 $r(0 \sim 1)$，对应着随机变量 X 取值 k 发生的概率，即 $P(X \leqslant k)=r$。

第二，这一节里，我们介绍了怎样生成服从离散分布、均匀分布、正态分布的随机变量的值。生成正态随机变量的值，需要使用 Excel 中的函数 NORM.INV 和 RAND。对服从 Beta 分布、二项分布、伽马分布、对数正态分布等的随机变量，我们同样可以利用 RAND 生成相应随机变量的值，Excel 对应的函数分别是：BET.INV,BINOM.INV,GAMMA.INV, LOGNORM.INV。对随机变量取值发生的概率，这时只需改变服从的概率分布，便能得到该随机变量相应的取值。但是，怎样确定随机变量服从的概率分布，这是一个难题，需要结合历史资料的分析和个人的知识。

第三，指数分布经常用来刻画顾客相继到达的时间间隔、顾客接受服务的时间等，Excel 中没有直接的指数函数可以利用，但只需要在单元格中编写：=LN(RAND())*(−m)，便能产生指数分布随机变量的值。

第四，Excel 中函数命令 RANDBETWEEN，可以帮助生成某个区间之内的整数。

6.6.3 运用 Python 进行模拟分析

本节，我们将介绍怎样运用 Python 来进行模拟。对于在 6.6.2 节中叙述过的内容，本节不再赘述。（Python 可以在 https://www.python.org/downloads/网站下载）。

通常，Python 脚本的运行速度很慢，好在 Python 有专门用于数学运算的 numpy 库，其内部由 C 语言和 Fortran 实现，并且进行了许多优化，使得其运算速度非常快。

所以，当使用 numpy 库进行运算时，应尽量使用 numpy 内部的函数以提高效率。

（本节用到的 numpy 和 pandas 模块可以通过以下语句安装，openpyxl 模块用于 Excel 读写

```
python -m pip install --user numpy pandas openpyxl
```

--user 选项可以设置只安装在当前的用户下，而不是写入到系统目录。

Python 2.7.9 + 或 Python 3.4+ 以上版本都自带 pip 工具。）

默认 numpy 通过 import numpy as np 导入。

默认 pandas 通过 import pandas as pd 导入。

numpy 最重要的一个特点是其 *N* 维数组对象 ndarray，它是一系列同类型数据的集合，以 0 下标为开始进行集合中元素的索引。

ndarray 对象是用于存放同类型元素的多维数组。

numpy 为其 ndarray 重写了+-*/等符号，所以我们可以方便快捷地完成运算。

例如：

```
>>> np.array([1,2,3])+3
array([4, 5, 6])
>>> np.array([1,2,3])*np.array([4,5,6])
array([ 4, 10, 18])
```

1. 在 Python 中生成随机变量值

在 numpy 中，生成均匀分布和正态分布的随机数组通常使用 np.random.random，np.random.normal 两个函数。

np.random.random 用于生成[0.0, 1.0)之间的随机浮点数组。

```
np.random.random((3,3))
array([[0.2131937,0.99476852,0.12470957],
       [0.57641785,0.00268608,0.13124108],
       [0.0626813,0.73013671,0.72995278]])
```

np.random.normal 用于生成满足正态分布的随机浮点数组。

```
np.random.normal(0,1,(3,3))
array([[ 1.15213505,3.70161801,0.9126224 ],
       [-0.19543063,1.54035371,0.32575042],
       [ 0.16181688, -2.81311219, -0.86688313]])
```

一般 np.random.random 只能生成[0.0, 1.0)之间的随机浮点数。

和在 Excel 中一样，我们要将其转化为 43 至 47 之间，并且满足其概率分布。

所以将[0.0,1.0)同表 6-15 一样进行分区。

我们想要知道生成的随机数字落在 0.1,0.3,0.7,0.9,1.0 哪两个数之间，又因为 0.1,0.3,0.7,0.9,1.0 是有序的，所以我们想到了二分查找，而二分查找对应到 numpy 中即为 searchsorted 函数。

searchsorted 函数用于二分查找，要求数组升序，返回序号。

其函数原型为 numpy.searchsorted(a,v,side='left',sorter=None)

side 返回的序号 i 满足：

left a[i-1] < v <= a[i]

righta[i-1] <= v < a[i]

所以编写了如下的 Python 语句：

```
probability = np.array([0.1,0.3,0.7,0.9,1.0])
val = np.array([43,44,45,46,47])
i = probability.searchsorted(num, 'right')
print(val[i])
```

我们令 num = 0.2841，输出 44，符合我们的预期。

现在我们还只能对单个数进行处理，为了使之能处理一个数组，我们还需要循环。（使用 map 或者 vectorize 可以达到同样的效果：在数据量较小时，三者性能差距不大；数据量较大时，推荐使用 vectorize 和 map）。

最后呈现出的语句：

```
probability = np.array([0.1,0.3,0.7,0.9,1.0])
val = np.array([43,44,45,46,47])
ci = np.random.random(1000)
for i in range(0,ci.shape[0]):
    idx = probability.searchsorted(ci[i], 'right')
    ci[i] = val[idx]
```

注：

解决 pandas numpy 输出精度问题。

```
pd.set_option('precision', 5) # 设置精度
pd.set_option('display.float_format', lambda x: '%.5f' % x) # 为了直观地显示数字，不采用科学记数法
np.set_printoptions(suppress=True)
```

最后，完整的生成随机变量的语句如下。

```
probability = np.array([0.1,0.3,0.7,0.9,1.0])
val = np.array([43,44,45,46,47])
ci = np.random.random(1000)
for i in range(0, ci.shape[0]):
    idx = probability.searchsorted(ci[i], 'right')
    ci[i] = val[idx]
cp = np.random.random(1000)*20+80
d = np.random.normal(15000, 4500, 1000).astype(int)
```

为了保证市场需求量均为整数，我们使用 astype 函数将浮点数转换为整数。

2. 在 Python 中进行模拟实验

所以与 Excel 中不同，在 Python 中，我们可以使用短短一行语句就可以完成模拟。

profit = (249-ci-cp)*d-1000000

3. 计算分析模拟结果

numpy 为 ndarray 编写了许多统计函数，我们可以直接在数组变量名后通过函数名

（参数）调用。

通过下面的语句，我们可以输出样本均值、样本标准差、最大值、最小值、样本比例。

```
1.    print(profit.mean(),profit.var(),profit.min(),profit.max(),np.where(profit < 0)[0].shape[0]/profit.shape[0])
```

尽管我们可以在 Python 中做到大多数事情，但呈现数据多使用 Excel 或者数据库。所以我们通过 pandas 模块将结果输出到 Excel 中。

```
1.    frame = pd.DataFrame({'单位产品的直接劳动力成本': ci, '单位产品的零部件购买费用': cp, '市场需求量': d, '利润': profit})
2.    frame.index.name = '模拟实验'
3.    frame.to_excel(r'D:\MonteCarlo.xlsx')
```

pandas 的更多输入输出相关的信息，可以参照：

https://pandas.pydata.org/pandas-docs/stable/user_guide/io.html

【课程实验】

1. 实验项目名称

规范性数据分析实验

2. 实验目的

掌握规范性数据分析的基本概念，掌握规范性数据分析的四要素，掌握最优化模型的基本类型，熟悉最优化模型的基本构建原则，掌握最优化方法的基本类型，熟悉最优化方法的求解步骤。

3. 实验内容与实验步骤

上海某造船公司技术部面临的一个（虚构的）技术改进的难题。技术部为即将生产的高技术船舶添加 12 种特性中的几种来提高其航行速度。下表列出了预估的引入这些特性的花销及对速度的提高。

项目	1	2	3	4	5	6	7	8	9	10	11	12
成本/万美元	3	4	6	2	10	11	9	5	4	9	6	5
速度增加	2.5	3.1	4.5	1.3	7.2	8.5	7.4	3.9	3.2	7.5	4.4	3.6

技术部想在不超过 30 万美元预算的情况下最大化船舶的航行速度，请运用动态规划算法求解该问题。

具体步骤如下。

（1）对问题进行分析，列出该问题的数学规划模型。

（2）根据学过的规范性数据分析理论知识，分析该问题的目标和约束特征。

（3）按照动态规划的算法思想，列出递归关系式。

（4）运用 Python 环境，编写动态规划求解该问题的程序代码。

（5）运行 Python 程序，得到该问题的最优解和最优目标值。

4. 实验环境

Python 语言环境

5. 实验过程与分析

（1）该问题的目标为最大化船舶的航行时速，约束只有一个，即预算成本不超过 30 万美元。如果设 x_i=1 表示引入第 i 种特性，否则=0。则该问题的数学规划模型见式（1）~式（3）。

$$\max \quad f(X)=2.5x_1+3.1x_2+4.5x_3+1.3x_4+7.2x_5+8.5x_6+7.4x_7+3.9x_8+3.2x_9+7.5x_{10}+4.4x_{11}+3.6x_{12} \tag{1}$$

$$\text{s.t.} \quad 3x_1+4x_2+6x_3+2x_4+10x_5+11x_6+9x_7+5x_8+4x_9+9x_{10}+6x_{11}+5x_{12} \leqslant W \tag{2}$$

$$x_i=\{0,1\} \qquad i\in\{1,2,\cdots,12\} \tag{3}$$

（2）从上述模型得知，该问题属于 0-1 背包类问题。

（3）按照动态规划的算法思想，如果设 v_i 为引入第 i 种特性获得的速度增加，w_i 为引入第 i 种特性所需要的成本花销，W 为总预算，$f[i][j]$表示当剩余预算为 j 时，将前 i 种特性引入所获得的最大价值，很容易发现，当剩余预算为 j 时将前 0 种特性引入和当剩余预算为 0 时，将前 i 种特性引入，所得到的最大价值都为 0，见式（4）。

$$f[0][j]=f[i][0]=0 \tag{4}$$

并且给出递归定义见式（5），可以理解为每种特性是否被引入，首先判断，引入当前特性的成本花销是否已经大于剩余预算；如果预算允许引入，则进行判断引入该特性得到的价值更高，还是不引入该特性所能得到的价值更高。

$$f[i][j]=\begin{cases} f[i-1][j], & j<w_i \\ \max\{f[i-1][j], f[i-1][i-w_i]+v_i\}, & j\geqslant w_i \end{cases} \tag{5}$$

（4）编写程序代码如下。

```
if __name__ == '__main__':
    w = [3,4,6,2,10,11,9,5,4,9,6,5]
    v = [2.5,3.1,4.5,1.3,7.2,8.5,7.4,3.9,3.2,7.5,4.4,3.6]

    f = [[0 for col in range(31)] for row in range(13)]
    path = [[0 for col in range(31)] for row in range(13)]
    for j in range(len(f[0])):
        f[0][j] = 0.0
    for i in range(len(f)):
        f[i][0] = 0.0

    for i in range(1, len(f)):
        for j in range(1, len(f[0])):
```

```
            if w[i-1] <= j:
                if f[i-1][j] < f[i-1][j-w[i-1]]+v[i-1]:
                    f[i][j] = f[i-1][j-w[i-1]]+v[i-1]
                    path[i][j] = 1
                else:
                    f[i][j] = f[i-1][j]
            else:
                f[i][j] = f[i-1][j]
    for i in range(len(f)):
        for j in range(len(f[0])):
            print(f'{f[i][j]} ', end='')
        print()
    i = len(f)-1
    j = len(f[0])-1
    while i > 0 and j > 0:
        if path[i][j] == 1:
            print(f"第{i}种特征引入",end='')
            j -= w[i-1]
        i -= 1
```

（5）运行上述 Python 程序，得到最优解为第 1、7、8、9、10 种特性被引入，获得最优目标值（最大价值）为 24.5。

6. 实验扩展

（1）请分别设计三种贪婪算法求解该问题，分析其最优解是否与动态规划得到的相同？为什么？

（2）经专家评定，速度提升超过 5 的特性，属于高等级改进，技术稳定性较高。由于预算有限，当前需要压缩预算比例，同时为了使得技术改进的稳定性有所保证，专家研讨决定，高等级改进至少采纳一种，请列出对应模型，并分析不同预算压缩比例对最优航行效果的影响？

【本章小结】

本章对规范性数据分析在整个商务数据分析理论方法框架中的重要作用进行了介绍，并系统梳理了规范性数据分析的理论框架，得出规范性数据分析的本质就是最优化决策的思想。围绕最优化研究，着重介绍了最优化四要素、常见的最优化模型以及最优化方法。其中，最优化四要素主要是指：目标、约束、选择（决策变量）以及数据。常见的最优化模型主要包括：线性规划模型、整数规划模型、目标规划模型以及非线性规划模型。最优化方法主要介绍了匈牙利和分支定界等精确算法、近似算法以及贪心和改进式搜索等启发式算法。围绕决策理论则分别从确定性决策、风险型决策和不确定性决策等若干方面展开系统介绍。风险型决策方法主要有期望值法、决策树法和贝叶斯决策法。不确定性决策则分别介绍了乐观法、瓦尔德法、赫维奇法、拉普拉斯法以及萨维奇法。最后介绍了蒙特卡罗模拟理论方法，并运用 Excel 和 Python 进行了演示。

【思考题】

1. 简要叙述最优化四要素概念及存在的意义？

2. 列举出一些常用的精确算法以及适用条件？

3. 简要介绍启发式算法的分类以及各自的适用问题类型？

4. 决策系统的基本要素应该包括哪些内容？

5. 简要分析确定型决策、风险型决策和不确定型决策各自的适用条件？

6. 原油炼制过程中会产生多种汽油，最后将不同汽油混合起来可以生产出特定品质的产成品汽油。假设有 4 种汽油原料，主要关心它们的两个指标。4 种汽油原料的两个指标分别是 99 和 210，70 和 335，78 和 280，91 和 265；各自成本分别为每桶 300 元、270 元、360 元、288 元。我们想找到一种能够使得成本最小化的产成品汽油配方，要求第一个质量指标值介于 85 到 90 之间，第二个质量指标值介于 270 到 280 之间。

（1）请构建一个线性规划模型来优化产成品汽油配方。

（2）模型中的哪些约束属于成分约束？请解释说明。

（3）将模型输入优化软件并求解。

7. 学校图书馆必须削减部分科学期刊的订阅费用 s_j，$j=1,2,\cdots,40$ 来保证每年节约 30 000 元经费。衡量期刊重要程度的一个指标是其他期刊对期刊 j 的引用量 c_j，另一个指标是大学教职工对期刊的有用程度评级 r_j（1 表示低，10 表示高）。最终，图书馆也要考虑附近图书馆的期刊可借阅度 a_j（1 表示低，8 表示高），保证图书馆不再订阅的期刊可以从其他图书馆借到。

（1）构建多目标整数规划模型来选择不再订阅的期刊。

（2）将多目标规划模型转化为目标规划，总引用不超过目标水平 C，教职工评分总和不超过 R，附近图书馆可借阅度至少为 A。用相同权重加权各目标。

8. 城市管理局想要在市中心区域修建至少 1000 个公园绿地。4 个提案的预计成本（单位：百万元）分别为 96、54、66、78，对应的绿地树木（单位：千）分别为 8、3、6、6。当局希望用最小的成本达到预期目标。假设每个选择都旨在全或无情况下可选。

（1）建立一个整数规划的背包问题并选择一个最佳投资方案。

（2）分别运用三种贪心算法和动态规划算法求解该问题。

9. 大唐公司打算投产一款新电子产品，有两种方案可供选择：一是建设较大规模的工厂，二是建设较小规模的工厂。假设建大厂需投资 50 万元，建小厂需投资 25 万元。同时这一电子产品未来的销路会出现畅销和滞销两种情况，出现的概率分别为 0.7 和 0.3。收益情况如下：在建大厂且产品畅销的情况下可获得 80 万元的收益，滞销则亏损 10 万元；建小厂且产品畅销的情况下可获得 50 万元的收益，滞销则亏损 20 万元。试问哪种方案可取？

【案例分析】

野生动物管理局需要确定在东部海域对沙丁鱼、凤尾鱼和其他丰富水域中的远洋鱼的年度捕捞配额（单位：千吨）。其中考虑的一个目标是最大化捕鱼的收入，沙丁鱼利润是每吨 110 兰特，凤尾鱼利润是每吨 30 兰特，其他远洋鱼利润是每吨 100 兰特。但是需要保证捕捞季后年末 3 种鱼的数量尽可能多。科学家估计 3 种鱼的初始生物量分别为 140 千吨、1750 千吨、500 千吨。因为不同鱼种的繁殖能力不同，每千吨沙丁鱼捕捞会使总量减少 0.75 千吨，每千吨凤尾鱼捕捞会使总量减少 1.2 千吨，每千吨其他鱼种捕捞会使总量减少 1.5 千吨。另一个需要考虑的是海洋生态系统平衡，一个重要指标是海豚繁殖对数量（单位：千），估计为 70+0.6（捕捞后沙丁鱼数量），以及鸬鹚数量（单位：千），估计为 5+0.2（捕捞后沙丁鱼数量）+0.2（捕捞后凤尾鱼数量）。

（1）请构造一个多目标规划线性模型来最大化各个指标。

（2）将（1）中构建的模型修改为目标规划模型，6 个目标的最小目标水平分别为收入 3800 万兰特，捕捞后的生物量分别为 100、1 150 000、250 000 吨，海豚和鸬鹚的繁殖对数量为 13 000、25 000。优先考虑保持 3 种鱼的最低生物量水平。

（3）尝试用学过的方法或软件对上述问题求解。

【参 考 文 献】

方志耕，刘思峰，朱建军，等. 2009. 决策理论与方法[M]. 北京：科学出版社.

胡玉真，张筜，等. 2022. 民航干扰管理——旅客意愿视角[M]. 北京：科学出版社.

姜金贵，宋艳，杜蓉. 2018. 管理建模与仿真[M]. 北京：机械工业出版社.

坎姆 J D，科克伦 J J，弗里 M J，等. 2017. 商业数据分析[M]. 耿修林，宋哲，译. 北京：机械工业出版社.

科尔曼 T H，雷瑟尔森 C E，李维斯特 R L，等. 2013. 算法导论[M]. 2 版. 殷建平，徐云，王刚，等译. 北京：机械工业出版社.

罗纳德 L. 2018. 运筹学[M]. 肖勇波，梁勇，译. 北京：机械工业出版社.

钱颂迪，胡运权，郭耀煌. 2017. 运筹学[M]. 北京：清华大学出版社.

施尼德詹斯 M J，施尼德詹斯 D G，斯塔基 C M. 商业数据分析：原理、方法与应用[M]. 王忠玉，王天元，王伟，译. 北京：机械工业出版社.

陶长琪. 2010. 决策理论与方法[M]. 北京：中国人民大学出版社.

王延章，郭崇慧，叶鑫. 2018. 管理决策方法问题、模型与决策[M]. 北京：清华大学出版社.

沃森 M，内尔森 D. 2017. 管理数据分析：原理、方法、工具及实践[M]. 王忠玉，王琼，译. 北京：机械工业出版社.

张所地，吉迎东，胡琳娜. 2013. 管理决策理论、技术与方法[M]. 北京：清华大学出版社.

Conmen T H，Leiserson C E，Rivest R L，等. 2013. 算法导论[M]. 殷建平，徐云，王刚，等译. 北京：机械工业出版社.

Hu Y Z，Song Y，Zhao K，et al. 2016. Integrated recovery of aircraft and passengers after airline operation disruption based on a GRASP algorithm[J]. Transportation Research Part E：Logistics and Transportation Review，87：97-112.

Schniederjans M J，Santhanam R. 1989. A zero-one goal programming approach for the journal selection and

cancellation problem[J]. Computers & Operations Research，16（6）：557-565.
Stewart T J. 1988. Experience with prototype multicrtiteria decision support systems for pelagic fish quota determination[J]. Naval Research Logistics，35（6）：719-731.

第7章 机器学习

➤【本章重要专业词汇】

机器学习——machine learning
人工智能——artificial intelligence
大数据——big data
任务——task
性能——performance
经验——experience
函数——function
监督学习——supervised learning
无监督学习——unsupervised learning
半监督学习——semi-supervised learning
强化学习——reinforcement learning
智能体——Agent
环境——environment
动作——action
状态——state
奖励——reward
神经网络——neural network
人工神经网络——artificial neural network
神经元——neuron
超参数——hyper-parameters
前向传播——forward propagation
反向传播——back propagation
梯度下降法——gradient descent
深度神经网络——deep neural network
卷积神经网络——convolutional neural networks
滤波器——filter
卷积核——kernel
步长——stride
填白——padding
池化——pooling

开篇案例

《海洋大数据标准体系》的实施

海洋环境大数据处理是建设智慧海洋的重要组成部分，在合理开发海洋资源、准确预测预警海洋灾害、有效保护海洋环境等方面具有重要的现实意义。国家海洋信息中心牵头编制的《海洋大数据标准体系》于2022年5月1日起实施。作为首个海洋领域的大数据标准，其规定了海洋大数据体系结构和标准明细表，制订了海洋领域的大数据标准的规划和计划，为海洋领域大数据标准的组成以及制修订框定了范围。

对海洋大数据而言，数据之间关系复杂或无关联，传统的海洋数据处理分析往往难以真实刻画数据中的隐含信息。对海洋大数据进行分析与挖掘，从中提取数据的潜在价值，是将海洋大数据应用于海洋防灾减灾、海洋环境监测、海洋渔情预报等领域的基础。

机器学习作为数据挖掘的重要方法之一，可以利用大量的训练数据求解出分类或回归问题的决策函数，使机器能从大量历史数据中学习规律，从而对新的样本做智能识别或对未来做预测。对输入数据逐级提取从底层到高层的特征，构建具有很多隐层的机器学习模型和海量的训练数据，学习更有用的特征，最终提高分类或预测的准确性。机器学习方法以数据为驱动，挖掘数据之间的潜在关系，能够提高数据处理效率和精度，为海洋大数据的智能分析挖掘带来新的契机。

7.1 机器学习简介

实现人工智能是人类长期以来一直追求的梦想，机器学习出现之前，人工智能都是人类将自己所学通过编程等方法教给机器。但是这样一来，机器都是按照人类设定的规则和总结的知识运作，永远无法超越其创造者，而且人力成本很高。于是，机器学习（machine learning）方法应运而生。

7.1.1 人工智能的发展

人工智能（artificial intelligence）作为计算机科学的一个分支，在 20 世纪 50 年代就已经出现。原始的人工智能概念主要有两个目标：一是通过在计算机上建模和模拟来研究人类智能的运作方式；二是通过使计算机模拟人类智能的方式来解决复杂问题，从而优化计算机的算法。

从出现到 20 世纪 80 年代，大多数人工智能系统都是人工编程的。编程中的语言符号代表了现实世界中的概念或者抽象概念，即为符号人工智能。符号人工智能被广泛应用于通用的领域，用于解决问题、制定决策、满足约束等推理过程。此时的人工智能基于经验或接受建议来生成新的事实或概念。它的优势在于对于具体、已知的逻辑，可以流畅地编码和制定规则，能够根据请求提供解释答案。然而对于新的知识或能力，它只能被动地依赖开发人员定期的维护，而不是自主地学习。这就使得这种早期的人工智能系统难以开发和维护。

1996 年，一台重达 1270 公斤、有 32 个微处理器的计算机“深蓝”，与人类国际象棋世界冠军卡斯帕罗夫进行了第一场比赛。这台由 IBM 公司开发的象棋电脑在第一场比赛中以 2 比 4 败给了人类。然而在 1997 年，升级后的“深蓝”再次挑战人类冠军，并以 3.5 比 2.5 赢得了比赛，成为历史上第一台在标准国际象棋比赛中击败人类的计算机，也标志着早期人工智能的成熟和巅峰。

随着时代的发展和技术的进步，现在我们已经很难见到如此“巨型”的计算机了。取而代之的是算力更强、性能更优的计算机。随着硬件设备的提升和计算机网络技术的发展，算力已经不再是人工智能研究的瓶颈，人们关注的重点从更大更强的设备转移到更快更优的软件上。随着处理速度的加快，信息的流通也随之加快，而信息是通过数据传递的。近年来数据的爆炸式增长，使得大数据得以蓬勃发展。有人把数据比喻成信息系统的血液，有人把数据比喻成蕴藏能量的矿产。对于人类而言，如何有效地利用这些数据成为关键性的问题。

一个被广泛讨论的大数据的定义是：一定时间内无法用常规软件工具抓取、管理和处理的数据集合。衡量数据量的单位，比特（byte）大家已经非常熟悉。常用的单位如 1KB=1024byte，1MB=1024KB，1GB=1024MB，1TB=1024GB。大数据的规模已经无法应用这些日常单位进行描述。随着数据量的增加，PB（1PB=1024TB）、EB（1EB=1024PB）、ZB（1ZB=1024EB）甚至于 YB（1YB=1024ZB）、BB（1BB=1024YB）等单位已经被应用。2011 年，全球产生的数据总量为 1.8ZB。2020 年，已经增长到 40ZB。如果建立一个机房来存储这些数据，这个机房的面积甚至有 50 个鸟巢体育场之大。这样海量的数据，具有如下五个特点：①海量性（volume）；②高速性（velocity）；③多样性（variety）；④低价值密度性（value）；⑤真实性（veracity）。

从 PB 级别到 ZB 级别的单位标志着大数据是海量的（volume），2011 ~ 2020 年数据量增长了 20 多倍标志着大数据是在高速（velocity）增长和更新的。同时，从数据的生成到消耗有非常短暂的时间窗口。在一分钟之内，全世界有超过两亿封电子邮件被发送，搜索引擎收到超过 200 万次请求，超过 2800 分钟的视频被上传，20 万条社交媒体信息被发布。在大数据中，数据种类极其复杂，并且超过 80%都是非结构化的数据，这标志着它的多样性（variety）。这些海量的数据中，有价值的部分非常少，这标志着大数据的低价值密度性（value）。2014 年美国波士顿爆炸案，警方调取了 10TB 的数据（监控录像、移动基站的通信记录，志愿者提供的影像资料等），最终才找到了一张嫌疑犯的照片。与低价值密度相伴随的，是大数据的真实性（veracity）。一方面，由于大数据的数据量庞大，建立在大数据基础上的样本难以伪造，相对能反映真实情况；另一方面，由于大数据的来源广泛，其中难以避免地存在错误信息。在使用大数据的时候，需要注意数据的真实性。

7.1.2 机器学习概念

从 7.1.1 节给出的大数据的定义来看，如此庞大的数据量已经脱离了人力所能处理的范围。在这一背景下，我们更加迫切地需要使用计算机来代替我们处理这样的数据。基于这种目的，机器学习这一领域在近年来得到了广泛而深刻的发展。

机器学习是人工智能的一个分支，是一类算法的总称。简单来说，就是通过算法使得机器能从大量历史数据中学习规律，从而对新的样本做出智能识别或对未来做出预测。Mitchell（米切尔）在 1997 年给出的一个机器学习的定义是：对于某类任务 T（task）和性能度量 P（performance），如果一个计算机程序在 T 上以 P 衡量的性能随着经验 E（experience）而自我完善，那么我们称这个计算机程序在从经验 E 中学习（图 7-1）。

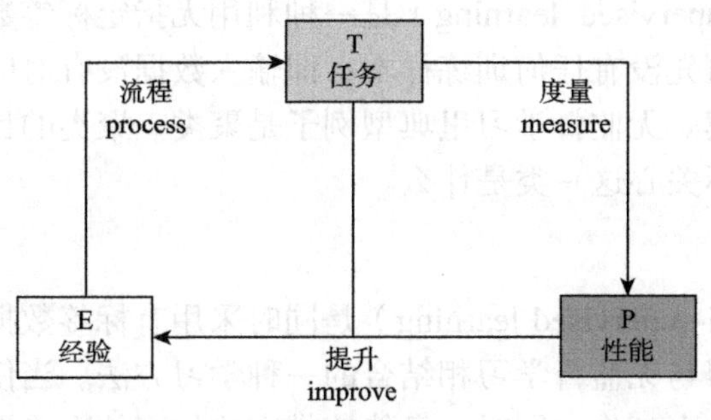

图 7-1 机器学习的定义

机器学习的基本过程是利用训练数据训练出一个模型，利用这个模型，就可以对新的实例数据进行分类和计算一个预测值。例如，对不同类别的动物图像分类，假设图像集的每张图像只有某种动物，整个图像集对应一个集合。这些图像可以都有标签如“狗”“猫”“马”等，对应预期输出，也可以都没有。图像分辨率为 64×64，图像为真彩色，即每个像素有三个原色。将三原色在每个像素的对应数值作为输入，输入向量就是一个 $64 \times 64 \times 3$ 的向量，输出则是图像所属的动物类别。

机器学习的目的是预测（包括分类和回归）。分类是根据输入数据，判别这些数据隶属于哪个类别，上面的动物图像例子就属于分类。回归则是根据输入数据，计算出一个输出值。输入数据一般为一个向量，向量的各个分量也称为特征，输出则是一个类别或者一个数值。例如每天的温度预测就是将历史数据作为输入，输出的是温度的具体值。

深度学习则是机器学习领域中的一个方向，它依赖于人工神经网络的概念，使得机器学习更接近于人工智能初始的目标：使计算机模拟人类智能的方式来解决复杂问题。深度学习将在后面的章节中进行介绍。

7.1.3 机器学习模式

机器学习的本质是让机器去找到一个好用的函数（function）来实现某个特定的功能。这种从函数到功能的映射，靠的是机器的四种学习模式——监督学习、无监督学习、半监督学习和强化学习来实现的。

在了解这四种模式之前，我们先明确一下标签的定义。标签（label）是我们要预测的事物，即简单线性回归中的 y 变量。标签可以是明天的温度、图片中显示的动物品种、股票未来的价格或任何事物。同时，如果把数据理解成“题目”的话，我们可以简单地把标签理解成对应数据的“答案”。

1. 监督学习

监督学习（supervised learning）是利用有标签的数据进行学习。用标签来指导、强化机器的学习过程，不断地纠正机器的错误，反复迭代，直至机器不再犯同类错误。在监督学习中，每个实例都是由一个输入对象（通常为矢量）和一个期望的输出值（也称为监督信号）组成。监督学习算法通过分析该训练数据，得到一个最优模型。

2. 无监督学习

无监督学习（unsupervised learning）是一种利用无指定标签数据训练模型的机器学习方式。无监督学习事先没有任何训练样本，即输入数据没有对应的期望输出值，而需要直接对数据进行建模。无监督学习里典型例子是聚类。聚类的目的在于把相似的东西聚在一起，而我们并不关心这一类是什么。

3. 半监督学习

半监督学习（semi-supervised learning）是同时采用有标签数据和无标签数据进行学习的模式，是监督学习与无监督学习相结合的一种学习方法。当使用半监督学习时，会要求尽量少的人员来从事工作，同时，又能够带来比较高的准确性，因此，半监督学习正越来越受到人们的重视。一般而言，半监督学习侧重于在有监督的分类算法中加入无标记样本来实现半监督分类。

4. 强化学习

强化学习（reinforcement learning）也叫增强学习。与监督学习、无监督学习和半监督学习不同，强化学习中我们不强调“标签”的概念，即不寻找“题目”的“答案”。强化学习中，涉及五个基本概念：智能体（agent）、环境（environment）、动作（action）、状态（state）和奖励（reward）。智能体的动作与环境产生交互，从而改变状态，根据状态的变化对应有不同的奖励。我们根据动作对应的奖励来学习信息并且更新参数。简单来说，对于强化学习，我们不寻找“题目”与“答案”的对应关系，而是根据“解题”这个动作对应的“分数”（奖赏）来进行学习。

案例 7-1

机器学习与海洋生物研究

科学家将机器学习技术运用到对抹香鲸生物声学的研究，利用卷积网络来构造回声定位点击检测器，旨在对抹香鲸声学数据生成的频谱图进行分类。实验结果显示，检测器在对 650 个频谱图进行分类时达到了 99.5%的准确度。同时，为了对摄像头系统中检测到的图像中的物种进行分类，引入深度学习网络和新的训练方法，在实验中，对蓝鳕鱼、大西洋鲱鱼和大西洋鲭鱼进行分类，结果显示，分类精度达到 94%。

在此之后，又有科学家提出一种基于深度学习的视觉方法，用于对细粒度鱼类进行分类，采用一种使用预训练卷积神经网络作为广义特征检测器的跨层池化算法，从而避免了对大量训练数据的需求，实验中对来自西澳大利亚州海岸的典型水下视频图像中的鱼类进行分类，准确度达到 94.3%。

对于声音信息，科学家同样应用了机器学习的技术，使用 AutoEncoders 卷积神经网络学习一条抹香鲸的声音并进行去噪，然后建立回声位置图，以阐明这种独特动物在不同环境和不同船声水平下随时间变化的声音行为的变化。

在 7.1 节中，我们明确了人工智能与机器学习之间的关系，以及机器学习的分类。在本章中，我们着眼于深度学习与强化学习两个领域。根据定义，谈到深度学习时就不得不关联到神经网络的概念，在接下来的 7.2 节中，我们将介绍神经网络的相关概念与计算过程。

7.2 神经网络

神经网络（neural network），又称为人工神经网络（artificial neural network，ANN），是对人脑神经系统信息处理、存储和检索功能的模拟，是仿生思想在机器学习中的体现。它的基本组成单位是神经元（neuron），首先，我们来了解一下生物学中的神经元。

7.2.1 生物学中的神经元

神经元，又称神经细胞，是神经系统结构和功能的基本单位。如图 7-2 所示，生物神经元在结构上主要分为细胞体和突起两个部分，突起主要有树突和轴突两种。

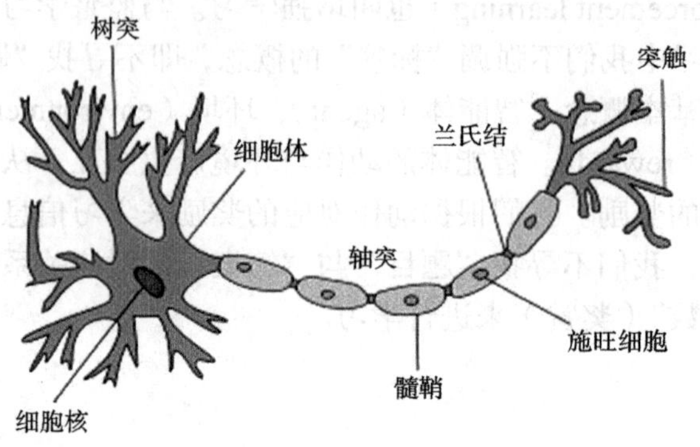

图 7-2 生物学中的神经元

（1）细胞体（简称胞体）是神经元的主体，由细胞核、细胞质和细胞膜三部分组成。细胞体是神经元代谢和营养的中心。

（2）树突是细胞体向外延伸的其他许多较短的突起，常有大量分支。负责接收和整合从其他神经元传来的信号，是神经元的输入通道。

（3）轴突是细胞体向外伸出的最长一个管状突起。每个神经元只有一个轴突，它是神经元的输出通道。其末端的许多向外延伸的突触作为两个神经元输入输出的接口，负责将细胞体生成的输出信号传送至与其相连的所有其他神经元的树突。

人类大脑皮层的神经分布是由神经元组织成的层状网络结构，使得大脑能够接收各类外界信息并经过层层加工之后做出反应。这就是生物神经系统工作的基本原理。

7.2.2 人工神经元

人工神经元是对生物神经元的简化和抽象。

如图 7-3 所示，x_i 表示第 i 个神经元的输入，w_i 表示这些输入与神经元的连接权重，θ 称为阈值（或偏置）。令 $z_j=\sum_{i=1}^{n} w_i x_i-\theta$ 表示神经元的激活状态，z_i 为正时称该神经元处于激活状态，z_i 为负时称该神经元处于抑制状态。神经元输入与输出值的关系为

$$z_j=\sum_{i=1}^{n} w_i x_i-\theta \tag{7-1}$$

$$y=\sigma(z_i) \tag{7-2}$$

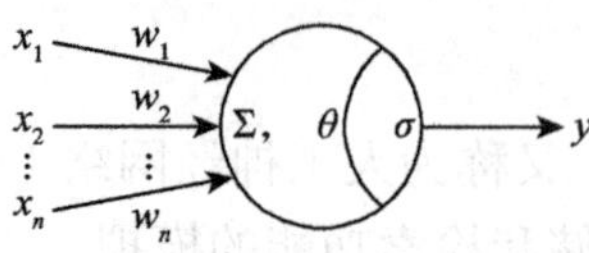

图 7-3 一个神经元

若将阈值 θ 看作神经元 i 的一个输入 $x_0=-1$ 的权重 w_0，则式（7-1）可以简化为

$$z_i = \sum_{i=1}^{n} w_i x_i \tag{7-3}$$

向量化表示为

$$z_i = w^{\mathrm{T}} x \tag{7-4}$$

式中，$w=[w_0, w_1, \cdots, w_n]^{\mathrm{T}}$，$x=[x_1, x_2, \cdots, x_n]^{\mathrm{T}}$。

多个这样的人工神经元就组成了人工神经网络。其中，$\sigma(z)$ 为激活函数，一般为非线性函数，这样就为整个神经网络加入了非线性因素，解决了线性模型表达能力不足的问题。常用的激活函数有 Sigmoid、tanh 和 ReLU 等，它们的表达式及图像如图 7-4 所示。

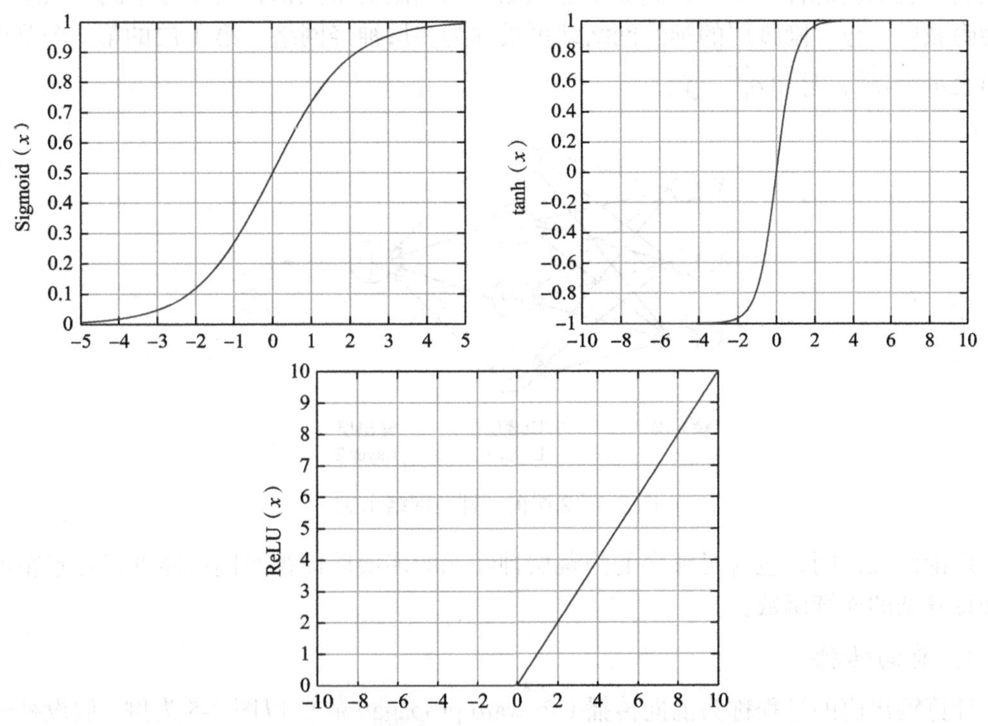

图 7-4　Sigmoid、tanh、ReLU 函数图像

Sigmoid 函数
$$f(x) = \frac{1}{1+\mathrm{e}^{-x}} \tag{7-5}$$

tanh 函数
$$f(x) = \frac{\mathrm{e}^{x} - \mathrm{e}^{-x}}{\mathrm{e}^{x} + \mathrm{e}^{-x}} \tag{7-6}$$

ReLU 函数
$$f(x) = \max(x, 0) \tag{7-7}$$

Sigmoid 函数和 tanh 函数都是常用的激活函数，相比之下 tanh 函数的收敛速度更快，但是值域更广；ReLU 函数经常被用来处理神经网络中的隐藏层。

回忆之前学过的逻辑回归，当神经元的激活函数为 Sigmoid 函数时，此神经元执行的工作其实就是逻辑回归。

7.2.3　神经网络的计算过程

人工神经元通过组合为人工神经网络，构建神经网络时，我们需要人为地设置网络的层数、每层的节点数、网络的连接方式等，这些参数被称为超参数（hyper-parameters）。然而每个神经元的参数 w 和 θ 是如何计算的呢？接下来我们就需要学习 1986 年由 David E. Rumelhart 和 Geoffrey E. Hinton、Ronald J. Williams 发表在 *Nature* 上的反向传播（back propagation，BP）算法，下面以前馈网络为例进行介绍。

在前馈神经网络中，每一层的节点仅和下一层的节点相连。此外还有一种叫作递归神经网络或反馈神经网络，它允许同一层的节点相连或者该层节点与前面层级中的节点相连。

图 7-5 是一个简单的 2 层前馈网络（我们一般不把输入层计入神经网络的层数），由于我们不能从训练样本上观察到除了输入层和输出层的节点值，所以称中间节点组成的层为隐藏层。包含隐藏层的神经网络即可被称为多层神经网络。第 l 层的第 i 个节点的输出表示为 $a_i^{[l]}$，易知 $a_1^{[2]} = y$。

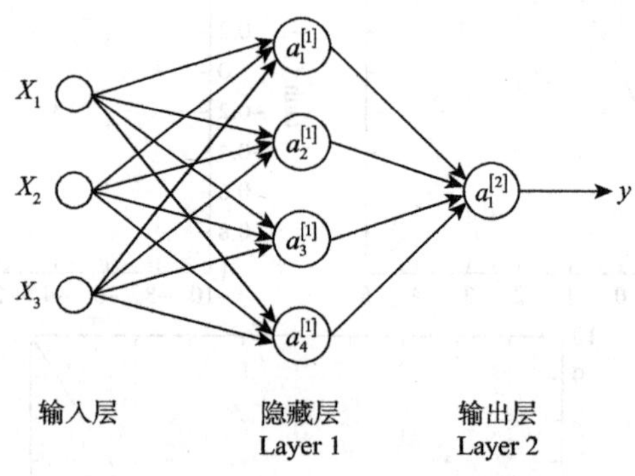

图 7-5　2 层前馈神经网络示例

理论已经证明，包含足够多的隐藏层神经元的多层前馈神经网络能够以任意精度逼近任意复杂的连续函数。

1. 前向传播

计算输出值的过程称为前向传播（forward propagation）。以图 7-5 为例，假设神经元的激活函数皆为 σ，结合人工神经元的结构，前向传播计算过程如下：

对于隐藏层的第 1 到第 4 个神经元，有

$$a_1^{[1]} = \sigma(w_{11}^{[1]}x_1 + w_{12}^{[1]}x_2 + w_{13}^{[1]}x_3 - \theta_1^{[1]})$$
$$a_2^{[1]} = \sigma(w_{21}^{[1]}x_1 + w_{22}^{[1]}x_2 + w_{23}^{[1]}x_3 - \theta_2^{[1]})$$
$$a_3^{[1]} = \sigma(w_{31}^{[1]}x_1 + w_{32}^{[1]}x_2 + w_{33}^{[1]}x_3 - \theta_3^{[1]})$$
$$a_4^{[1]} = \sigma(w_{41}^{[1]}x_1 + w_{42}^{[1]}x_2 + w_{43}^{[1]}x_3 - \theta_4^{[1]})$$

对于输出层，有

$$y = a_1^{[2]} = \sigma(w_{11}^{[2]}a_1^{[1]} + w_{12}^{[2]}a_2^{[1]} + w_{13}^{[2]}a_3^{[1]} + w_{14}^{[2]}a_4^{[1]} - \theta_1^{[2]})$$

向量化表示如下：

$$z^{[1]} = W^{[1]}x - \theta^{[1]} \tag{7-8}$$

$$a^{[1]} = \sigma(z^{[1]}) \tag{7-9}$$

$$z^{[2]} = W^{[2]}a^{[1]} - \theta^{[2]} \tag{7-10}$$

$$y = a^{[2]} = \sigma(z^{[2]}) \tag{7-11}$$

式中，$a^{[1]} = [a_1^{[1]}, a_2^{[1]}, \cdots, a_h^{[1]}]^T$；$h$ 为第1层的单元数（神经元也称单元）；$W^{[1]}$ 为 4×3 的权重矩阵；$W^{[2]}$ 为 1×4 的权重矩阵；$\theta^{[1]}$ 为第1层的阈值向量。

2. 反向传播（back propagation，BP）

如图7-6所示，假设多层前馈网络的输入数据为 (x, y)，输入模式为 $x = [x_1, x_2, \cdots, x_n]^T$，隐藏层有 p 个单元，它们的输出为 $a^{[1]} = [a_1^{[1]}, a_2^{[1]}, \cdots, a_p^{[1]}]^T$，输出层有 m 个单元，它们的输出为 $a^{[2]} = [a_1^{[2]}, a_2^{[2]}, \cdots, a_m^{[2]}]^T$，期望输出为 $y = [y_1, y_2, \cdots, y_m]^T$。从输入层到隐藏层的激活函数和从隐藏层到输出层的激活函数均为 Sigmoid 函数 $\sigma(z)$。

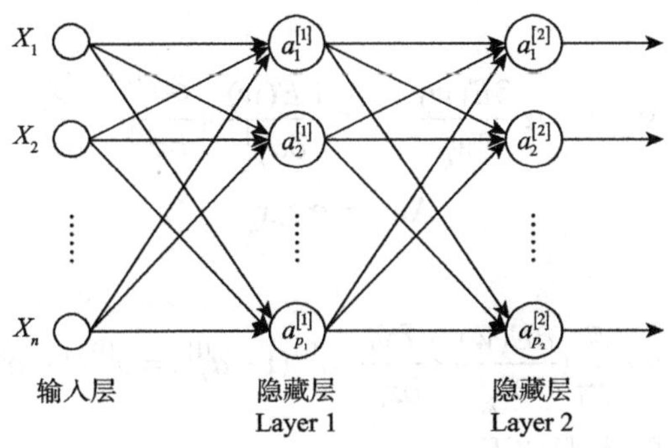

图7-6 多层前馈网络示意图

由已知数据可得隐藏层中第 j 个神经元的输出 $a_j^{[1]}$ 为

$$a_j^{[1]} = \sigma(z_j^{[1]}) = \sigma(\sum_{i=0}^{n} w_{ij} x_i) \tag{7-12}$$

$x_0 = -1$ 和 $w_{i0} = \theta_j^{[1]}$ 表示偏置。输出层第 k 个神经元的输出 $a_k^{[2]}$ 为

$$\hat{y}_k = a_k^{[2]} = \sigma(z_k^{[2]}) = \sigma(\sum_{j=0}^{p} w_{jk} a_j^{[1]}) \tag{7-13}$$

用均方误差来度量损失函数，此时网络输出与期望输出之间的损失为

$$E(w) = \frac{1}{2}(\sum_{k=1}^{m} \hat{y}_k - y_k)^2 \tag{7-14}$$

下面我们用梯度下降法（gradient descent）来调整权值，使 $E(w)$ 减小。对于给定的学习率 α 得到

$$\Delta w_{jk} = -\alpha \frac{\partial E(w)}{\partial w_{jk}} \tag{7-15}$$

$$\frac{\partial E(w)}{\partial w_{jk}} = -\alpha \frac{\partial E(w)}{\partial \hat{y}_k} \times \frac{\partial \hat{y}_k}{\partial z_k^{[2]}} \times \frac{\partial z_k^{[2]}}{\partial w_{jk}} \tag{7-16}$$

其中，

$$\frac{\partial E(w)}{\partial \hat{y}_k} = \hat{y}_k - y_k \tag{7-17}$$

$$\frac{\partial \hat{y}_k}{\partial z_k^{[2]}} = \hat{y}_k(1-\hat{y}_k) \tag{7-18}$$

$$\frac{\partial z_k^{[2]}}{\partial w_{jk}} = a_j^{[1]} \tag{7-19}$$

得到权重更新公式

$$\Delta w_{jk} = a g_k a_j^{[1]} \tag{7-20}$$

其中，

$$g_k = -\frac{\partial E(w)}{\partial \hat{y}_k} \times \frac{\partial \hat{y}_k}{\partial z_k^{[2]}} = \hat{y}_k(1-\hat{y}_k)(y_k - \hat{y}_k) \tag{7-21}$$

同理

$$\Delta w_{ij} = -\alpha \frac{\partial E(w)}{\partial w_{ij}} = -\alpha \frac{\partial E(w)}{\partial a_j^{[1]}} \times \frac{\partial a_j^{[1]}}{\partial z_j^{[1]}} \times \frac{\partial z_j^{[1]}}{\partial w_{ij}} \tag{7-22}$$

$$\Delta w_{ij} = \alpha e_j x_i \tag{7-23}$$

其中，

$$e_j = -\frac{\partial E(w)}{\partial a_j^{[1]}} \times \frac{\partial a_j^{[1]}}{\partial z_j^{[1]}} = -\sum_{k=1}^{m}\left(\frac{\partial E(w)}{\partial \hat{y}_k} \times \frac{\partial \hat{y}_k}{\partial z_k^{[2]}}\right) a_j^{[1]}(1-a_j^{[1]}) = a_j^{[1]}(1-a_j^{[1]})\sum_{k=1}^{m}(w_{jk} g_k) \tag{7-24}$$

综上所述，BP 算法的步骤如下。

（1）初始化所有网络权值 $w(t)$（包括偏置）为小的随机数，其中 t 为学习步数（迭代次数）并初始化为 0。

（2）重复以下步骤直至误差小于设定的阈值（对各个训练样本依次计算），或达到最大训练次数。

①信号的前向传播。逐层计算各隐藏层及输出层神经元的输出 $a_k^{[l]}$，其中 l 代表第几层，k 代表第几个神经元。

$$z_j^{[l]} = \sum\nolimits_i w_{ij}^{[l]} a_i^{[l-1]}$$

$$a_j^{[l]} = f(z_j^{[l]})$$

②将网络输出值与期望输出值相比较，计算误差。

$$E(w) = \frac{1}{2}\sum\nolimits_{k=1}^{m}(\hat{y}_k - y_k)^2$$

③计算权重修正量。

$$\Delta w_{ij}^{[l]} = a g_j^{[l]} a_i^{[l-1]}$$

其中，

$$g_j^{[l]} = -\frac{\partial E(w)}{\partial z_j^{[l]}}$$

④更新网络中的每个权值。

$$w_{ij}^{[l]} = w_{ij}^{[l]} + \Delta w_{ij}^{[l]}$$

BP 算法不能保证 BP 网络一定收敛，这是因为 BP 算法采用了误差函数按梯度下降的学习算法，因而可能陷入局部最小值，无法达到全局最小值。具体来说，局部最小值问题是指，当网络训练了一定次数之后，尽管实际输出与期望输出存在较大误差，但继续学习下去，网络误差减少的速度会很慢，甚至不再发生变化。

目前有很多学者将 BP 神经网络运用在企业绩效评估和企业竞争力评价中，目的是使企业绩效评估方法更能适应企业的发展，并达到了令人满意的结果。

7.3 深度学习

7.3.1 深度神经网络

在 20 世纪 90 年代中期，Vapnik 等发明了支持向量机（support vector machine，SVM）技术，SVM 在若干方面体现出比神经网络更大的优势，比如无须调整参数，训练和执行效率高，可以获得全局最优解等。SVM 技术在 20 世纪 90 年代到 21 世纪迅速替代神经网络，成为更流行的机器学习算法，直到深度学习技术的崛起。

深度学习依赖于深度神经网络（deep neural network，DNN），深度神经网络的基本结构（图 7-7）和连接方式与传统的前馈网络相同，它们的不同点在于传统的前馈网络一般只有两层至三层的神经网络，参数和计算单元有限，对复杂函数的表示能力有限，学习能力也有限；而深度神经网络是至少有四层至九层，甚至更多层的神经网络，并且引入了更有效的算法。深度神经网络更加接近人类大脑的结构。

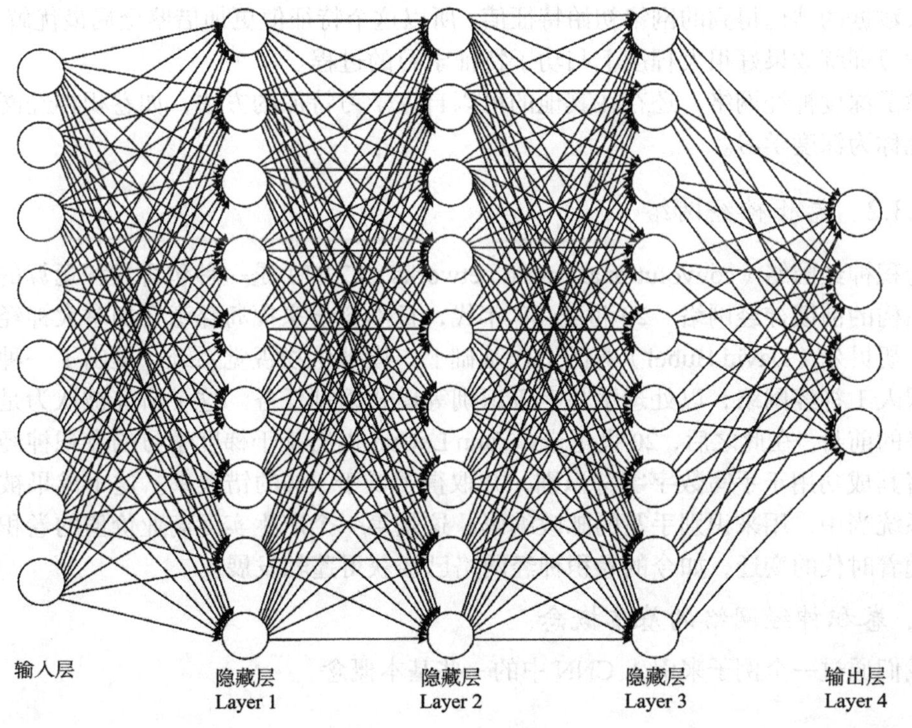

图 7-7 深度神经网络

深度神经网络能够流行起来的原因包括几个方面：大数据时代的来临、计算机硬件的进步、训练算法的优化、深度网络自动抽取特征等。

我们前面学习了训练前馈网络的 BP 算法，然而五层以内的神经网络，我们可以用 BP 算法训练，五层以上的神经网络用 BP 算法训练就很不理想了。前面讲过 BP 算法可能陷入局部最小值的特性，而深度结构非凸目标函数普遍存在局部最小值，这就是 BP 算法训练困难的主要来源。除此之外，在深度网络训练中，BP 算法还存在其他问题：①梯度消失和梯度爆炸。由于 BP 算法采用了误差函数按梯度下降的学习算法，有一大串连乘，如果连乘的数字在每层都是小于 1 的，则梯度越往前乘越小，导致梯度消失，而如果连乘的数字在每层都是大于 1 的，则梯度越往前乘越大，导致梯度爆炸。②要求训练集的数据必须是有标签的。

深度网络的训练过程如下。

（1）自下而上的无监督逐层训练（unsupervised layer-wise training）。其基本思想是从底层开始，每次训练一层隐节点，训练时将上一层隐节点的输出作为本层的输入。逐层进行下去得到各层的参数。训练时采用无标签数据进行训练，这是与传统神经网络区别最大的地方，这个过程可以看作特征学习的过程。这是一个无监督训练过程，我们称其为“预训练”（pre-training）。

（2）自顶向下的监督学习。通过带标签的数据去训练，计算出误差，误差自顶向下传输，对网络进行微调。这时进行的是有监督训练，我们称这一过程为“微调”（fine tuning）训练。训练的第一步类似于传统神经网络特征值初始化的过程，由于深度学习是通过学习输入数据的结构得到的网络初始特征值，所以这个特征值更加借鉴全局最优解。因此，深度学习训练效果好很大程度上归功于特征学习的过程。

除了深度神经网络，还存在其他的可以自主学习特征的方法，如卷积神经网络等，它们统称为深度学习。

7.3.2 卷积神经网络

卷积神经网络（convolutional neural networks，CNN）是一种包含卷积运算的，具有深度结构的前馈神经网络。20 世纪 80 年代，日本科学家福岛邦彦在加拿大神经科学家大卫·胡贝尔（David Hubel）等的工作基础上，模拟生物视觉系统，提出了一种层级化的多层人工神经网络，以处理手写字符识别等模式识别任务。这个研究被认为是卷积神经网络的前身。在此之后，20 世纪末，Yann LeCun 提出基于梯度学习的卷积神经网络算法并将其成功用于手写数字字符识别，并取得了低于 1%的错误率。这个成果被应用于邮政系统当中，用来识别手写的邮政编码。这是第一个产生实际商业价值的卷积神经网络。随着时代的变迁，如今的卷积神经网络已经获得蓬勃发展。

1. 卷积神经网络的基本概念

我们通过一个例子来引入 CNN 中的一些基本概念。

我们有如下一个 8×8 的图片，数字代表该像素的灰度，数值越大，颜色越“白”，反之越“灰”。我们想要检测这张图片中白与灰的分界，该如何做呢?

10	10	10	10	0	0	0	0
10	10	10	10	0	0	0	0
10	10	10	10	0	0	0	0
10	10	10	10	0	0	0	0
10	10	10	10	0	0	0	0
10	10	10	10	0	0	0	0
10	10	10	10	0	0	0	0
10	10	10	10	0	0	0	0

我们准备如下一个 3×3 的滤波器（filter）:

1	0	-1
1	0	-1
1	0	-1

我们用这样的滤波器来覆盖原始图片，覆盖一块跟滤波器一样大的区域之后，对应元素相乘后求和。计算一个区域之后，就向其他区域移动，然后再次计算，直到覆盖图片的所有区域。这样的过程就称为卷积（这里的卷积指的是在 CNN 中的计算方法，而非数学上的严格运算定义），这个 3×3 的滤波器也被称为卷积核（kernel）。

提到“向其他区域移动”，就涉及步长，假设步长是 1，那么完成一个区域之后，就移动 1 格，容易知道，要覆盖整张 8×8 的图片，需要覆盖 6×6 个不同的区域。将这 6×6 个区域的卷积结果组成一个矩阵，即为

0	0	30	30	0	0
0	0	30	30	0	0
0	0	30	30	0	0
0	0	30	30	0	0
0	0	30	30	0	0
0	0	30	30	0	0

可以看出，结果矩阵中中间颜色白，两侧颜色灰，说明原始图像中的边界，在卷积之后的结果中被反映出来了。这个简单的例子可以说明，我们通过选取特定的卷积核，对输入做卷积计算，就可以提取出输入数据中某些特征。CNN 的主要功能，就是通过一系列的卷积核，不断提取从局部到整体的特征，以完成对输入数据的识别。

在上面的例子当中，8×8 的图像经过 3×3 核的卷积之后变成了 6×6 的矩阵，如果我们继续进行，它就会变成 4×4。这会带来一个问题，每次计算之后图像都会缩小，不能进行多次的计算；同时相比于图像中心的点，图像边缘的点被计算的次数很少，容易造成边缘信息丢失。为了解决这个问题，我们引入了填白（padding）这一概念。每次卷积前，在图片周围填上一圈空白，使卷积之后的图像和原来一样大，原来的边缘也可以被多次计算。比如，我们把 8×8 的图像补成 10×10，那么经过 3×3 核的卷积之后结果仍是 8×8。在前面的计算过程中，我们都假设步长（stride）为 1，实际上，我们也可以设置步长为其他数值。

在通过卷积获得了特征之后，下一步我们希望利用这些特征去做分类。理论上我们可以用所有提取得到的特征去训练分类器，但这样做面临计算量的挑战，并且容易出现过拟合（over-fitting）。

为了解决这个问题，我们需要对不同位置的特征进行聚合统计。这些概要统计特征不仅具有低得多的维度（相比使用所有提取得到的特征），同时还会改善结果（不容易过拟合）。这种聚合的操作就叫作池化（pooling），有时也称为平均池化或者最大池化（取决于计算池化的方法）。

2. 卷积神经网络的结构

上面我们已经知道了卷积神经网络的一系列基本概念，接下来我们来看看卷积神经网络的整体结构，它包含了三种除输入输出层之外的层级（图 7-8）。

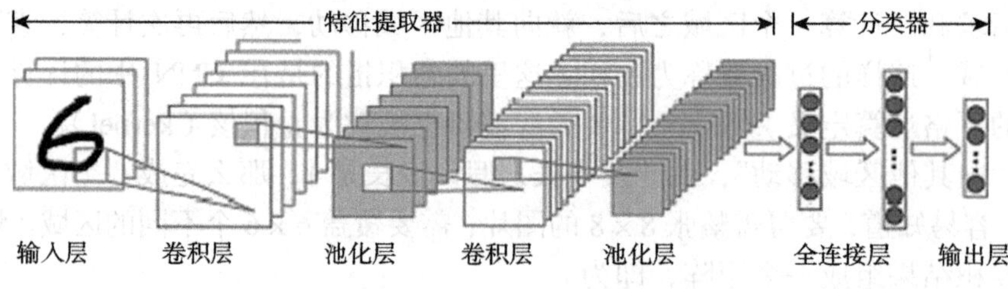

图 7-8 卷积神经网络结构示意图

1）卷积层

卷积层的功能是对输入数据进行特征提取，其内部包含多个卷积核，组成卷积核的每个元素都对应一个权重系数和一个偏差量，类似于一个前馈神经网络的神经元。卷积层参数包括卷积核大小、步长和填充，三者共同决定了卷积层输出特征的尺寸，是卷积神经网络的超参数。

2）池化层

在卷积层进行特征提取后，输出的特征图会被传递至池化层进行特征选择和信息过滤。池化层包含预设定的池化函数，其功能是将特征图中单个点的结果替换为其相邻区域的特征图统计量。池化层选取池化区域与卷积核扫描特征步骤相同，由池化大小、步长和填充控制。

3）全连接层

卷积神经网络中的全连接层等价于传统前馈神经网络中的隐含层。全连接层位于卷积神经网络隐含层的最后部分，并只向其他全连接层传递信号。特征图在全连接层中会失去空间拓扑结构，被展开为向量并通过激励函数传递至下一层。

3. 卷积神经网络与传统神经网络

传统的神经网络，其实就是多个全连接层叠加起来。卷积神经网络，就是把一部分全连接层改成了卷积层和池化层，就是把传统的由一个个神经元组成的层，变成了由卷积核组成的层。

那么，为什么要这样变？有什么好处？具体说来有两点：第一个好处是参数共享机制（parameters sharing）。对比传统神经网络的层和由卷积核构成的卷积层：假设我们的图像是 8×8 大小，也就是 64 个像素。假设我们用一个有 9 个单元的全连接层，那这一层我们需要多少个参数呢？需要 $64\times9=576$ 个参数（不考虑偏置项）。因为每一个链接都需要一个权重 w。那么同样有 9 个单元的卷积层是怎么样的：有几个单元就几个参数，所以一共 9 个参数。因为，对于不同的区域，我们都共享同一个卷积核，因此就共享着同一组参数。通过前面的讲解我们知道，卷积核是用来检测特征的，一个特征一般情况下很可能在不止一个地方出现，比如“竖直边界”，就可能在一幅图中多处出现。由此可见，参数共享机制，让我们的网络的参数数量大大地减少。这样，我们可以用较少的参数，训练出更加好的模型，典型的事半功倍，而且可以有效地避免过拟合。同样，由于卷积核的参数共享，即使图片进行了一定的平移操作，我们照样可以识别出特征，这叫作“平移不变性”。因此，模型就更加稳健了。第二个好处是连接的稀疏性（sparsity of connections）。由卷积的操作可知，输出图像中的任何一个单元，只跟输入图像的一部分有关系；而传统神经网络中，由于都是全连接，所以输出的任何一个单元，都要受输入的所有的单元的影响。这样无形中会对图像的识别效果大打折扣。每一个区域都有自己的专属特征，我们不希望它受到其他区域的影响。正是由于上面这两大优势，使得卷积神经网络超越了传统的神经网络。

7.3.3 循环神经网络

前馈神经网络主要用于对静态数据的处理，而不考虑数据之间的相互影响。然而对时间序列数据的预测时，如语音/视频识别、股票预测等，样本出现的先后顺序非常重要。

这时我们就要用到循环神经网络（recurrent neural network，RNN），RNN 适合学习前后之间有很强关联的数据，并从中找出规律。

1. RNN 的结构

RNN 结构如图 7-9 所示，左边是 RNN 结构简图，右边是其在时间序列上的展开。RNN 隐藏层的输入，除了来自输入层 x，还有一个循环边上的上一时刻的隐藏状态 s。在每一时刻，RNN 在读取了 x_t 和 s_{t-1} 之后生成一个新的隐藏状态 s_t，并产生该时刻的输出 o_t。

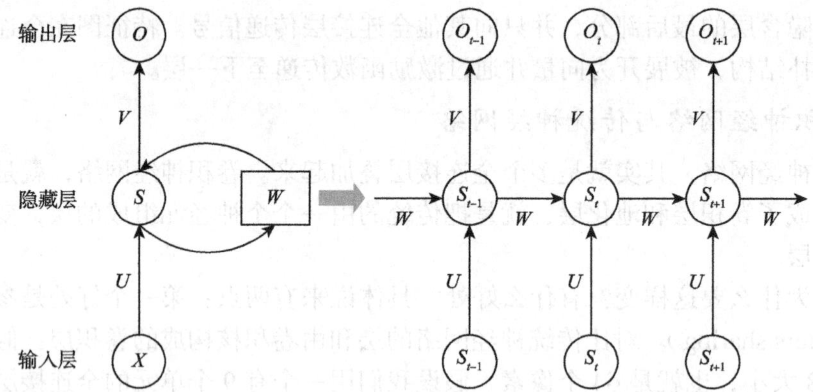

图 7-9　循环神经网络结构示意图

某时刻输出 o_t 的计算过程如下：

$$s_t = f(U \cdot x_t + W \cdot S_{t-1} + b_1) \tag{7-25}$$

$$o_t = g(V \cdot s_t + b_2) \tag{7-26}$$

式中，V 为隐藏层神经元与输出层神经元之间的连接权重；U 为输入层到隐藏层的连接权重；W 为上一时刻的输出值在本次输入中代表的权重。

2. RNN 的训练算法

RNN 的训练方法为 BP 时间算法，即随时间反向传播（back propagation through time，BPTT）算法，它是针对循环层的算法，计算步骤如下。

（1）前向计算每个神经元的输出值。

（2）反向计算每个神经元的误差项，包括两个方向：一个是沿时间的反向传播，计算每个时刻的误差项；另一个是将误差项向上一层传播。

（3）计算每个权重的梯度。

（4）用梯度下降的误差后向传播算法更新权重。

3. LSTM 网络

在理论上，RNN 可以支持任意长度的序列，然而在实际训练过程中，序列过长，一方面会导致训练时出现梯度消失和梯度爆炸的问题；另一方面，展开后的 RNN 会占用过大的内存。这使得 RNN 难以学习远距离（时间上）的影响。

1997 年塞普·霍克赖特（Sepp Hochreiter）和于尔根·施米德胡贝（Jürgen Schmidhuber）提出了长短期记忆（long short term memory，LSTM）模型，很好地解决了这种梯度消失的问题。LSTM 网络是 RNN 的一种特殊类型，它通过三个 Sigmoid 门开关，实现时间上的记忆功能，并防止梯度消失。LSTM 网络在各种问题上工作得非常好，并且现在正在被更广泛地使用。

与普通 RNN 一样，LSTM 也有类似的链式结构（图 7-10）。但是在 LSTM 网络里，隐藏层的输出和网络的输出值均为 h_t，同时增加了 c_t 来表示隐藏层状态。

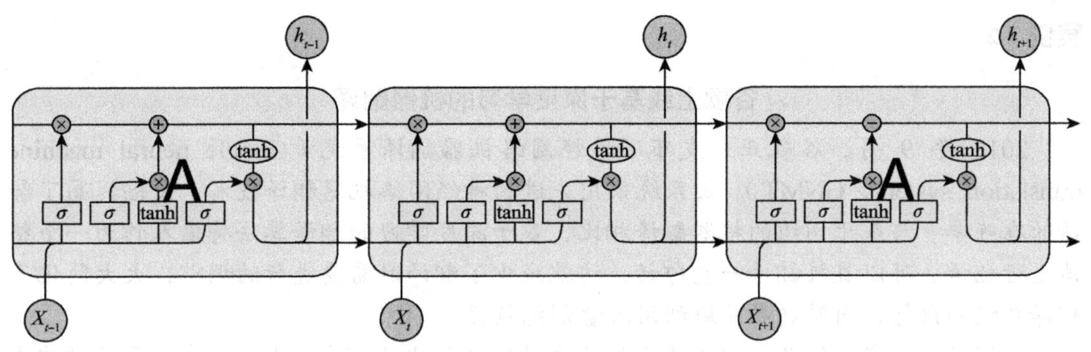

图 7-10 LSTM 链式结构

对于一个 LSTM 单元，计算过程如下。

对于图 7-10 中的门 1——决定从单元状态中扔掉哪些信息。输出 $f_t=1$ 表示完全保留信息，$f_t=0$ 表示完全丢弃信息：

$$f_t=\sigma(W_f\cdot[h_{t-1},x_t]+b_f) \tag{7-27}$$

门 2——决定在单元状态中储存哪些信息：

$$i_t=\sigma(W_i\cdot[h_{t-1},x_t]+b_i) \tag{7-28}$$

然后再结合 tanh 层创建的 $\tilde{C}_t$，我们就可以更新单元状态：

$$\tilde{C}_t=\tanh(W_C\cdot[h_{t-1},x_t]+b_C) \tag{7-29}$$

$$C_t=f_t\cdot C_{t-1}+i_t\cdot\tilde{C}_t \tag{7-30}$$

门 3——决定输出的信息。再结合单元状态 C_t 计算输出：

$$o_t=\sigma(W_o\cdot[h_{t-1},x_t]+b_o) \tag{7-31}$$

$$h_t=o_t\cdot\tanh(C_t) \tag{7-32}$$

以上只是一种最简单的 LSTM 单元，除此之外 LSTM 还有很多变体（图 7-11），在此就不再一一介绍。

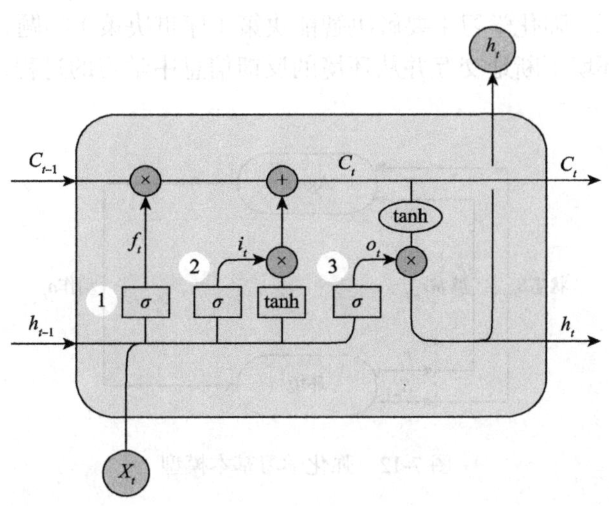

图 7-11 一个 LSTM 单元

案例 7-2

谷歌上线基于深度学习的机器翻译

2016 年 9 月，谷歌正式发布了神经网络机器翻译系统（Google neural machine translation system，GNMT）。该系统采用先进的神经网络机器翻译技术，大幅提高了翻译的准确率。与基于词组的机器翻译相比，基于深度学习的翻译算法将输入作为一个整体进行翻译，可以直接翻译一整句话，这就减少了翻译时需要进行的调整，大大简化了翻译系统的设计，同时更高效地利用海量训练数据。

根据谷歌的实验结果，GNMT 系统生成的翻译相比此前有了大幅提高。在几种重要语言中，GNMT 将翻译错误降低了 55%～58%。

7.4 强化学习

当我们第一次玩一款关卡游戏时，由于我们事先没有玩过，不知道有什么技巧，我们一次次地尝试不同的玩法，直到顺利通关。这是一种通过与环境交互实现学习的学习模式，是人类获取知识的主要方法。

研究发现，生物进化过程中为适应环境而进行的学习有两个特点：一是生物从来不是静止地、被动地等待，而是主动地对环境进行试探；二是环境对试探动作产生的反馈是评价性的，生物根据环境的评价来调整未来的行为。在人工智能领域中，将具有以上两个特点的学习称为强化学习（reinforcement learning），也可以称为增强学习或再励学习。

2016 年和 2017 年 AlphaGo 大胜世界围棋冠军李世石和柯洁，其核心算法就用到了强化学习。如今强化学习成为继深度学习之后，机器学习领域的热点。

强化学习是与监督学习、无监督学习、半监督学习并列的一种机器学习模式，而不是一种算法。强化学习不需要给定标签数据，它不关心输入的特征，而关心这次发出什么动作可以实现最终目标。强化学习主要解决智能决策（序贯决策）问题，它的学习过程就是智能体（Agent）与环境不断地交互并从环境的反馈信息中学习的过程，基本模型如图 7-12 所示。

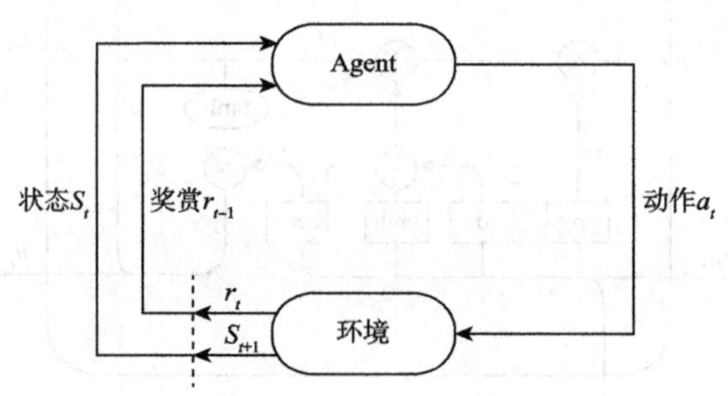

图 7-12 强化学习基本模型

Agent 与环境的一轮交互过程如下。

（1）Agent 感知环境的当前状态 s_t，状态是饿。

（2）Agent 依据 s_t 和奖赏 r_{t-1}，通过内部策略（policy）决定并发出下一个动作 a_t。

（3）环境感受到动作 a_t，状态改变为 s_t，并给出新的奖赏 r_t。

（4）Agent 依据反馈 r_t 和回报函数，计算回报值，并依据回报值更新内部策略。

其中，策略是指在当前状态 s 下发出动作 a 的概率。举个例子，当 Agent 学习人类吃包子时，首先 Agent 感知状态——饿，然后 Agent 根据策略发出动作——吃包子，环境再更新状态并对这一行为做出评价——饱了且给出正奖赏，最后 Agent 再依据当前状态和回报值更新策略进行下一步动作的选择。

状态、奖赏、策略和动作是强化学习的四要素。

7.4.1 马尔可夫决策过程

强化学习问题的框架可以形式化为马尔可夫决策过程（Markov decision process）。

我们首先介绍马尔可夫性，马尔可夫性是指系统的下一个状态只与当前状态有关，而与其他状态无关，可用数学公式表示为

$$P[S_{t+1} \mid S_t] = P[S_{t+1} \mid S_1, S_2, \cdots, S_t] \tag{7-33}$$

公式表示下一个状态在历史状态下发生的概率与在当前状态下发生的概率相等，也可以理解为当前状态已经包含了历史状态信息。

马尔可夫决策过程包含环境的状态集合 S，Agent 的动作集合 A，状态转移概率 P，奖赏值集合 R 和折扣因子 γ 五个组成部分。可表示为一个元组 $\langle S, A, P, R, \gamma \rangle$。

关于吃包子的马尔可夫决策过程如图 7-13 所示。

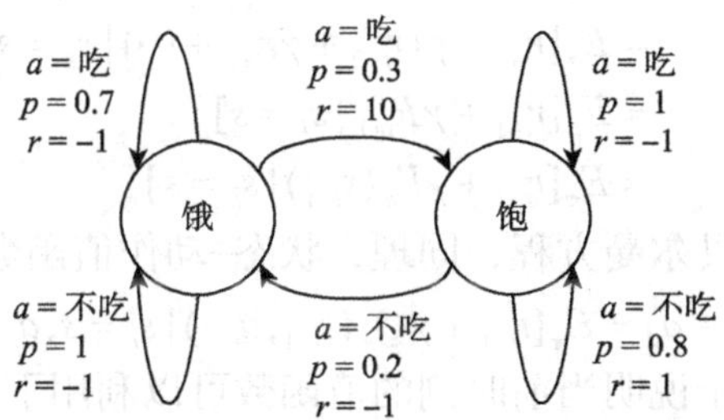

图 7-13 吃包子的马尔可夫决策过程

其中，状态集为 $\{s_1, s_2\} = \{饿, 饱\}$，动作集为 $\{a_1, a_2\} = \{吃, 不吃\}$。

强化学习的目的是在给定的马尔可夫决策过程下，通过在环境中不断尝试而学得一个最优策略 π，根据这个策略可以使得累计奖赏最大。

策略是指在状态 s_t 下选择动作 a_t 的概率，是一个条件概率，用以下形式来表示：

$$\pi(a \mid s) = p(a_t = a \mid s_t = s) \tag{7-34}$$

每个个体的策略是不一样的，例如一个减肥者在饿的状态下选择吃的概率 p=0.5 远小于一个“吃货”在饿的状态下选择吃的概率 p=0.9。

在给定策略时，吃包子马尔可夫决策过程所产生的序列可能有：

序列 1：$s_1 \to s_1 \to s_2$

序列 2：$s_1 \to s_2$

⋮

我们把回报（return）定义为当前时刻后的累计奖赏，计算公式如下：

$$R_t = r_{t+1} + \gamma r_{t+2} + \gamma^2 r_{t+3} + \cdots = \sum_{k=0}^{\infty} \gamma^k r_{t+k+1} \tag{7-35}$$

折扣因子 γ 的作用是避免时间过长时，总回报为无限大。

由于每个时刻的动作选择是概率性的、不确定的，所产生的回报也不确定，但累计回报的期望我们可以计算出来。我们用值函数来测评累计回报期望。

值函数包括状态值函数和状态–行为值函数。

状态值函数为

$$V_\pi(s) = E_\pi[R_t \mid s_t = s] \tag{7-36}$$

状态值函数仅仅与策略有关，即策略唯一决定了状态值函数的分布。又因为下一时刻的策略由本时刻的动作确定，所以我们在原函数中加入动作，这就变成了状态–行为值函数。

状态–行为值函数为

$$Q_\pi(s,a) = E_\pi[R_t \mid s_t = s, a_t = a] \tag{7-37}$$

根据马尔可夫特性，可以发现 $V_\pi(s)$ 存在以下关系：

$$\begin{aligned} V_\pi(s) &= E_\pi[\textstyle\sum_{k=0}^{\infty} \gamma^k r_{t+k+1} \mid s_t = s] \\ &= E_\pi[r_{t+1} + \gamma r_{t+2} + \gamma^2 r_{t+3} + \cdots \mid s_t = s] \\ &= E_\pi[r_{t+1} + \gamma(r_{t+2} + \gamma r_{t+3} + \cdots) \mid s_t = s] \\ &= E_\pi[r_{t+1} + \gamma R_{t+1} \mid s_t = s] \\ &= E_\pi[r_{t+1} + \gamma V_\pi(s_{t+1}) \mid s_t = s] \end{aligned} \tag{7-38}$$

这就是状态值函数的贝尔曼方程，同理，状态–动作值函数的贝尔曼方程如下：

$$Q_\pi(s+a) = E_\pi[r_{t+1} + \gamma Q_\pi(s_{t+1}, a_{t+1}) \mid s_t = s, a_t = a] \tag{7-39}$$

贝尔曼方程的意义在于说明当前时刻的值函数可以利用下一时刻的值函数来计算。

7.4.2 马尔可夫决策过程求解方法

求解马尔可夫决策过程其实就是寻找一个最优策略使得值函数达到最大。前面我们已经知道了值函数的计算方法，所以我们可以依据最优值函数来选择最优策略，这一方法在强化学习中被称为基于值函数的学习方法。最优值函数表示如下：

$$V^*(s) = \max_\pi V_\pi^*(s) \tag{7-40}$$

$$Q^*(s) = \max_a Q_\pi^*(s,a) \tag{7-41}$$

由贝尔曼方程得到贝尔曼最优方程：

$$V^*(s) = E_\pi[r_{t+1} + \gamma \max_\pi V_\pi^*(s_{t+1}) \mid s_t = s] \tag{7-42}$$

$$Q^*(s,a)=E_{\pi}[r_{t+1}+\gamma\max_{a_{t+1}}Q_{\pi}^*(s_{t+1},a_{t+1})\,|\,s_t=s,a_t=a] \tag{7-43}$$

常见的依据值函数确定策略的方法有两种：贪心策略和 ε -greedy 策略。

贪心策略是指每次都选择使得值函数最大的策略，即

$$\pi^*(a\,|\,s)=\begin{cases}1, & a=\arg\max\limits_{a\in A}Q_{\pi}^*(s,a)\\ 0, & \text{其他}\end{cases} \tag{7-44}$$

其含义是只有使动作值函数取最大的动作概率设为 1，其余均为 0。使用贪心策略生成的是一个确定性结果，且训练速度很快。贪心策略是对已有知识的利用，而不是 Agent 自己去探索新的知识，并且 Q 值只有一种可能性，我们没有办法得到一个更优的 Q 值。

ε -greedy 策略如下：

$$\pi(a\,|\,s)\leftarrow\begin{cases}1-\varepsilon+\dfrac{\varepsilon}{A(s)}, & a=\arg\max\limits_{a}Q_{\pi}^*(s,a)\\ \dfrac{\varepsilon}{A(s)}, & a\neq\arg\max\limits_{a}Q_{\pi}^*(s,a)\end{cases} \tag{7-45}$$

ε -greedy 策略是强化学习最基本最常用的随机策略。其含义是选取使得值函数取最优值的动作的概率设为$1-\varepsilon+\dfrac{\varepsilon}{A(s)}$，而其他动作的概率均为$\dfrac{\varepsilon}{A(s)}$。ε -greedy 策略使得 Agent 可以选择各个不同的动作，即可以对未知知识进行探索。这有利于发现更好的策略，即更新 Q 值。ε -greedy 策略平衡了探索和利用，其中选取使得值函数取最优值的动作为利用，选取其他动作为探索。

除此之外还有高斯策略和玻尔兹曼分布等求解方法。

7.4.3 强化学习分类

根据强化学习是否依赖于模型可以分为无模型（model-free）的强化学习算法和基于模型（model-based）的强化学习算法。无模型的强化学习算法是指不去学习和理解环境，而是直接利用环境交互获得的数据改善自身的行为。基于模型的强化学习算法是指学习和理解环境，利用环境交互获得的数据得到环境模型。例如，在我们玩关卡游戏时，无模型的强化学习算法是指我们不事先了解游戏攻略，而是完全自己探索；基于模型的强化学习算法是指我们事先对关卡地图、攻略等有一个了解，再基于此开始游戏。

根据策略的更新和学习方法，强化学习可以分为根据策略的（policy-based）更新和学习方法和根据值函数的（value-based）更新和学习方法。这两种方法的代表算法分别是策略梯度（policy grandient）和 Q-learning 算法。根据值函数的更新和学习方法之前我们已经学过，是指每一时刻总是选择最优值函数对应的最优策略，仅适用于非连续的动作。根据策略的更新和学习方法是指将策略参数化，每次输出下一步各个动作的概率，依据此概率选择动作，并增强回报值高的动作被选中的概率。根据策略的更新和学习方法适用于非连续的动作和连续的动作。根据值函数的更新和学习方法和根据策略的更新

和学习方法可以联合起来使用，叫作基于AC[①]的方法。

根据策略更新的周期，强化学习可以分为回合更新和单步更新。回合更新是指在整个学习过程结束之后进行更新，例如当我们玩游戏时，当玩到 Game over 时才进行策略的更新。蒙特卡罗学习（Monte-Carlo learning）和基础版的 policy gradient 等都是回合更新制。单步更新是指学习过程的每一步都在更新，例如我们玩游戏每进行一步，都对自己的策略进行更新。Q-learning、Sarsa、升级版的 policy gradient 等都是单步更新制。

根据 Agent 是否必须亲自与环境交互，强化学习可以分为在线学习（on-policy）和离线学习（off-policy）。在线学习是指 Agent 必须通过自身与环境的交互来学习。离线学习是指 Agent 可以通过自身与环境交互来学习，也可以依据别人的学习经验来学习。

根据环境返回的回报函数是否已知，强化学习可以分为正向强化学习和逆向强化学习。如果在强化学习中回报函数被人为指定，这种学习算法就被称为正向学习算法。在很多时候，任务十分复杂，回报函数无法人为指定，这时就可以通过逆向学习算法，由 Agent 自己学习得到回报函数。

除了以上的强化学习算法之外，学者还提出了很多兼具效率与实用性的算法，如分层强化学习、元强化学习、多智能体强化学习、关系强化学习和迁移强化学习等。

案例 7-3

新兴公司利用强化学习优化自动驾驶

英国初创公司 Wayve 2018 年发表的一篇文章 Learning to drive in a day，阐述了强化学习在自动驾驶汽车中的应用。Wayve 是两位剑桥大学的机器学习博士创立的自动驾驶汽车公司，正在建立“端到端的机器学习算法”，它声称使用的方法与大部分自动驾驶汽车的思维不同。这家公司认为制造真正的自动驾驶汽车的关键在于软件的自学能力，而其他公司使用更多的传感器并不能解决问题，它需要的是更好的协调。自动驾驶的人工智能包含了感知、决策和控制三个方面。感知指的是如何通过摄像头和其他传感器的输入解析出周围环境的信息，例如有哪些障碍物、障碍物的速度和距离、道路的宽度和曲率等。感知模块不可能做到完全可靠。特斯拉（Tesla）的无人驾驶事故就是在强光的环境中感知模块失效导致的。强化学习可以做到，即使在某些模块失效的情况下也能做出稳妥的行为。强化学习可以比较容易地学习到一系列的行为。自动驾驶中需要执行一系列正确的行为才能成功地驾驶。如果只有标签数据，学习到的模型每个时刻偏移了一点，到最后可能会偏移非常多，产生毁灭性的后果。强化学习能够学会自动修正偏移。

自动驾驶的决策是指给定感知模块解析出的环境信息如何控制汽车的行为达到驾驶的目标。例如，汽车加速、减速、左转、右转、换道、超车都是决策模块的输出。决策模块不仅需要考虑到汽车的安全性和舒适性，保证尽快到达目标地点，还需要在旁边的车辆恶意干扰的情况下保证乘客的安全。因此，决策模块一方面需要对行车的计划进行

① 即 actor-critic 算法，动作评价算法，也称“演员–评论家”算法。

长期规划，另一方面需要对周围车辆和行人的行为进行预测。而且，无人驾驶中的决策模块对安全性和可靠性有严格的要求。现有的无人驾驶的决策模块一般是根据规则构建的。虽然基于规则的构建可以应付大部分的驾驶情况，但对于驾驶中可能出现的各种各样的突发情况，基于规则的决策系统不可能枚举到所有突发情况。因此，我们需要一种自适应的系统来应对驾驶环境中出现的各种突发情况。

Wayve 采用了一种流行的无模型深度强化学习算法（深度确定性策略梯度，deep deterministic policy gradients，DDPG）来解决车道跟踪问题。模型的输入是单目镜摄像头图像。系统迭代了三个过程：探索、优化和评估。网络架构是一个深度网络，有 4 个卷积层和 3 个完全连接的层，总共略低于 10000 个参数。为了比较，现有技术的图像分类体系结构有数百万个参数。所有的处理都是在汽车上的一个图形处理单元上执行的。

在危险的真实环境中使用真正的机器人会带来很多新问题。为了更好地理解手头的任务，并找到合适的模型架构和超参数，他们进行了大量的仿真测试。这个算法只能看到驾驶员的视角。在每一次模拟中，都会随机生成一条弯曲的车道，以及道路纹理和车道标记。智能体会一直探索，直到模拟终止时它才离开。然后根据手机端的数据进行策略优化。在安全驾驶员接管之前，汽车行驶的距离与模拟探索的数量有关。

如今的自动驾驶汽车虽然能够运行，但性能还不够好。Wayve 的理念是构建机器人智能，不需要大量的模型、花哨的传感器和无尽的数据。它需要的是一个聪明的训练过程，可以快速有效地学习。Wayve 正试图通过更智能的强化学习来开发自动驾驶功能。

7.5 上机实践及案例研讨

使用含有 10 个隐藏单元的两层前馈网络对葡萄酒数据分类。

数据来源：https://archive.ics.uci.edu/ml/datasets/Wine。

此数据集与逻辑回归所用的数据集一致，我们这次使用数据集中的全部数据，一共有三个种类。由于我们想要利用神经网络实现三分类问题，我们可以设置输出层为 3 个单元，[1,0,0]表示第一类葡萄酒，[0,1,0]表示第 2 类葡萄酒，[0,0,1]表示第三类葡萄酒。

同样地，我们需要对第 6 列和第 14 列的数据分别除以 10 和 100，除此之外删除第一列分类数据并将新的三列分类数据加到最后，数据示例如下：

13.49	3.59	2.19	19.5	8.8	1.62	0.48	0.58	0.88	5.7	0.81	1.82	5.8	0	0	1
12.84	2.96	2.61	24	10.1	2.32	0.6	0.53	0.81	4.92	0.89	2.15	5.9	0	0	1
12.93	2.81	2.7	21	9.6	1.54	0.5	0.53	0.75	4.6	0.77	2.31	6	0	0	1
13.36	2.56	2.35	20	8.9	1.4	0.5	0.37	0.64	5.6	0.7	2.47	7.8	0	0	1
13.52	3.17	2.72	23.5	9.7	1.55	0.52	0.5	0.55	4.35	0.89	2.06	5.2	0	0	1

导入库：

```
import pandas as pd
import numpy as np
import datetime
import matplotlib.pyplot as plt
from sklearn.model_selection import train_test_split
```

1. 初始化参数

```
ef initialize_parameters(n_x, n_h, n_y):
    np.random.seed(2)
    w1 = np.random.randn(n_h, n_x) * 0.01
    b1 = np.zeros(shape=(n_h, 1))
    w2 = np.random.randn(n_y, n_h) * 0.01
    b2 = np.zeros(shape=(n_y, 1))
    parameters = {'w1': w1,
                  'b1': b1,
                  'w2': w2,
                  'b2': b2}
    return parameters
```

2. 前向传播

```
def forward_propagation(X, parameters):
    w1 = parameters['w1']
    b1 = parameters['b1']
    w2 = parameters['w2']
    b2 = parameters['b2']
    # 通过前向传播来计算 a2
    z1 = np.dot(w1, X) + b1
    a1 = np.tanh(z1)                # 使用 tanh 作为第一层的激活函数
    z2 = np.dot(w2, a1) + b2
    a2 = 1 / (1 + np.exp(-z2))  # 使用 Sigmoid 作为第二层的激活函数
    # 通过字典存储参数
    cache = {'z1': z1,
             'a1': a1,
             'z2': z2,
             'a2': a2}
    return   cache
```

3. 计算成本函数

```
def compute_cost(a2, Y, parameters):
    m = Y.shape[1]
    # 采用交叉熵作为代价函数
    cost = (- 1 / m) * np.sum(Y * np.log(a2) + (1 - Y) * (np.log(1 - a2)))
    return cost
```

4. 计算梯度（反向传播）

```
def backward_propagation(parameters, cache, X, Y):
    m = Y.shape[1]
    w2 = parameters['w2']
    a1 = cache['a1']
    a2 = cache['a2']
    # 反向传播，计算 dw1、db1、dw2、db2
    dz2 = a2 - Y
    dw2 = (1 / m) * np.dot(dz2, a1.T)
    db2 = (1 / m) * np.sum(dz2, axis=1, keepdims=True)
    dz1 = np.multiply(np.dot(w2.T, dz2), 1 - np.power(a1, 2))
    dw1 = (1 / m) * np.dot(dz1, X.T)
    db1 = (1 / m) * np.sum(dz1, axis=1, keepdims=True)
    grads = {'dw1': dw1,
             'db1': db1,
             'dw2': dw2,
             'db2': db2}
    return grads
```

5. 更新参数

```
def update_parameters(parameters, grads, learning_rate = 0.04):
    w1 = parameters['w1']
    b1 = parameters['b1']
    w2 = parameters['w2']
    b2 = parameters['b2']
    dw1 = grads['dw1']
    db1 = grads['db1']
    dw2 = grads['dw2']
    db2 = grads['db2']
    # 更新参数
    w1 = w1 - dw1 * learning_rate
```

```
        b1 = b1 - db1 * learning_rate
        w2 = w2 - dw2 * learning_rate
        b2 = b2 - db2 * learning_rate
        parameters = {'w1': w1,
                      'b1': b1,
                      'w2': w2,
                      'b2': b2}
        return parameters
```

6. 建立神经网络模型

```
def nn_model(X,Y,n_h,n_input,n_output,num_iterations=10000, learning_rate=0.04, print_cost=False):
        np.random.seed(3)
        n_x = n_input              # 输入层节点数
        n_y = n_output             # 输出层节点数
        costs = []
        # 1.初始化参数
        parameters = initialize_parameters(n_x, n_h, n_y)
        # 梯度下降
        for i in range(0, num_iterations):
            # 2.前向传播
            cache = forward_propagation(X, parameters)
            # 3.计算代价函数
            cost = compute_cost(cache["a2"], Y, parameters)
            # 4.反向传播
            grads = backward_propagation(parameters, cache, X, Y)
            # 5.更新参数
            parameters = update_parameters(parameters, grads , learning_rate=0.04)
            # 每 1000 次迭代，输出一次代价函数
            if i % 300 == 0:
                costs.append(cost)
            if print_cost and i % 1000 == 0:
                print('迭代第%i 次，代价函数为%f' % (i, cost))
        return parameters , costs , learning_rate
```

7. 对模型进行测试

```
def predict(parameters, x_test, y_test):
        w1 = parameters['w1']
```

```
    b1 = parameters['b1']
    w2 = parameters['w2']
    b2 = parameters['b2']
    z1 = np.dot(w1, x_test) + b1
    a1 = np.tanh(z1)
    z2 = np.dot(w2, a1) + b2
    a2 = 1 / (1 + np.exp(-z2))
    # 结果的维度
    n_rows = y_test.shape[0]
    n_cols = y_test.shape[1]
    # 预测值结果存储
    y_predict = np.empty(shape=(n_rows, n_cols), dtype=int)
    for i in range(n_rows):
        for j in range(n_cols):
            if a2[i][j] > 0.5:
                y_predict[i][j] = 1
            else:
                y_predict[i][j] = 0
    return y_predict
```

8. 编写主函数

```
if __name__ == "__main__":
    # 读取数据
    df = pd.read_csv('winenn.csv', header=None)
    X = df.iloc[:, 0:13]. values          # 前13列是特征，T表示转置
    Y = df.iloc[:, 13:16]. values          # 后3列是标签
    Y = Y.astype('uint8')
    #分割数据并进行格式调整
    X_train,X_test,Y_train,Y_test= train_test_split(X,Y,test_size=0.2, random_state=1)
    X_train = X_train.T
    X_test = X_test.T
    Y_train = Y_train.T
    Y_test = Y_test.T
    # 开始训练，输入13个节点，隐藏层10个节点，输出3个节点，迭代10000次
    parameters , costs , learning_rate = nn_model(X_train, Y_train, n_h=10, n_input=13,
n_output=3, num_iterations=10000, learning_rate=0.04, print_cost=True)
    # 对模型进行测试
    Y_predict_train = predict(parameters, X_train, Y_train)
```

```
    Y_predict_test = predict(parameters, X_test, Y_test)
    print("训练集准确性：", format(100 - np.mean(np.abs(Y_predict_train - Y_train)) * 100), "%")
    print('预测结果：')
    print(Y_predict_test)
    print('真实结果：')
    print(Y_test)
    print("测试集准确性：", format(100 - np.mean(np.abs(Y_predict_test - Y_test)) * 100), "%")
    #画图
    plt.plot(costs)
    plt.ylabel('costs')
    plt.xlabel('iterations (per hundreds)')
    plt.title("learning rate =" + str(learning_rate))
    plt.show()
```

9. 输出结果如下：

迭代第 0 次，代价函数为 2.079636
迭代第 1000 次，代价函数为 0.171494
迭代第 2000 次，代价函数为 0.086915
迭代第 3000 次，代价函数为 0.061642
迭代第 4000 次，代价函数为 0.046653
迭代第 5000 次，代价函数为 0.042861
迭代第 6000 次，代价函数为 0.024040
迭代第 7000 次，代价函数为 0.018893
迭代第 8000 次，代价函数为 0.016022
迭代第 9000 次，代价函数为 0.013859
训练集准确性：100.0 %
预测结果：

```
[[0 0 1 0 1 0 0 1 0 0 1 0 0 1 0 0 0 1 0 1 1 0 0 0 1 0 1 1 1 0 0 0 0 1 0 0]
 [0 1 0 1 0 0 0 0 0 1 0 0 1 0 1 1 0 0 1 0 0 1 1 1 0 0 0 0 0 0 1 0 0 0 1 1]
 [1 0 0 0 0 1 0 0 1 0 0 0 0 0 0 0 1 0 0 0 0 0 0 0 0 1 0 0 0 1 0 1 1 0 0 0]]
```

真实结果：

```
[[0 0 1 0 1 0 0 1 0 0 1 1 0 1 0 0 0 1 0 1 1 0 0 0 1 0 1 1 1 0 0 0 0 1 0 0]
 [0 1 0 1 0 0 1 0 0 1 0 0 1 0 1 1 0 0 1 0 0 1 0 1 0 0 0 0 0 0 1 0 0 0 1 1]
 [1 0 0 0 0 1 0 0 1 0 0 0 0 0 0 0 1 0 0 0 0 0 1 0 0 1 0 0 0 1 0 1 1 0 0 0]]
```

测试集准确性：96.29629629629629 %
图像如图 7-14 所示。

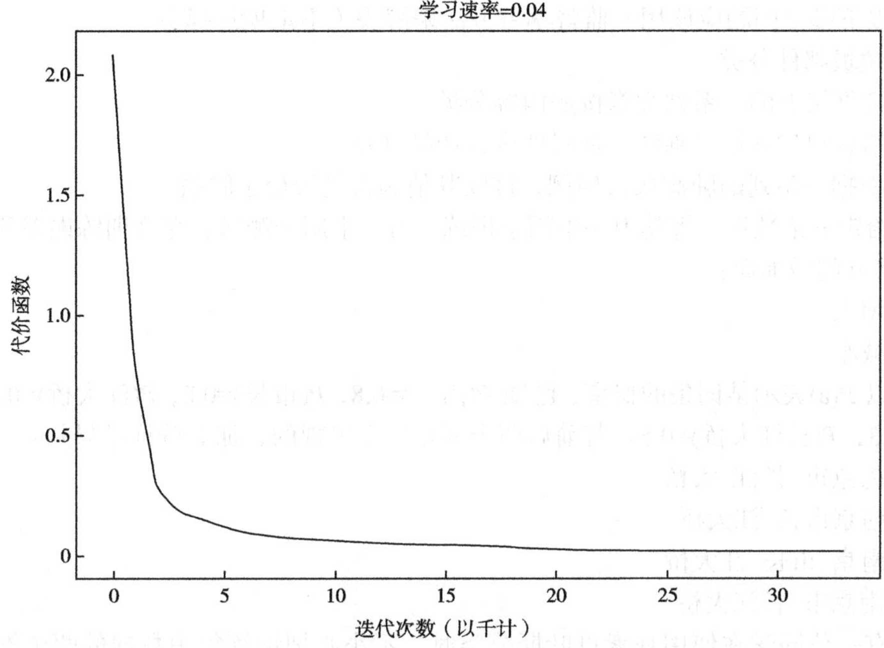

图 7-14 神经网络迭代过程中成本函数的变化

【本章小结】

机器学习是商务数据分析的前沿领域，本章介绍了人工智能与大数据及机器学习之间的联系、神经网络以及深度学习和强化学习的相关概念。机器学习部分介绍了人工智能与机器学习技术的发展过程、机器学习中的基本概念以及机器学习的模式分类。神经网络部分介绍了神经网络的原理，着重介绍了前馈神经网络的计算方法以及反向传播算法。深度学习部分介绍了深度神经网络的概念与卷积神经网络的概念和结构，并简要介绍了循环神经网络和 LSTM 网络。强化学习部分以马尔可夫决策过程为例介绍了强化学习的基本思想以及强化学习的不同类型。通过本章内容的学习可以对机器学习、神经网络、深度学习和强化学习的相关概念有初步性的认识，明确这些概念之间的联系。对于常用的算法建立基本的了解和认识，为今后深度的学习和研究打下基础。

【思考题】

1. 张三运营了一家公司，他希望开发一些机器学习算法来解决两个问题：这家公司有非常大的产品库存，并且这些产品都是同一款。他想知道这些产品在未来半年内能销售多少；他想购买一款软件来检测客户的账号，以确定这些账号是否是真实的客户账号。那么这两个问题，是分类问题还是回归问题？

A. 都是分类问题

B. 前者是分类问题，后者是回归问题

C. 前者是回归问题，后者是分类问题

D. 都是回归问题

2. 以下哪个问题应该用非监督学习方法来解决（不定项选择）：

A. 垃圾邮件分类

B. 把网络上的一系列文章按照内容分类

C. 给客户建立用户画像，针对性进行产品推荐

D. 根据一系列的肿瘤病人病例，推断其他病人是否得了肿瘤

3. 给定 n 条数据，将其中一半用于训练，另一半用于测试，那么训练误差和测试误差会随着 n 的增加而：

A. 增大

B. 减小

4. 以 P(a)表示某词条的概率，已知 P(南京)=0.8，P(市长)=0.6，P(江大桥)=0.4，P(南京市)=0.3，P(长江大桥)=0.5。若前后两个词是独立出现的，那么分词结果是：

A. 南京市 长江 大桥

B. 南京市长 江大桥

C. 南京 市长 江大桥

D. 南京市 长江大桥

5. 有一位同学在使用朴素贝叶斯分类时，不小心把训练集中数据的两个维度重复了，那么以下说法不正确的是：

A. 模型效果相比无重复特征的情况下会降低

B. 无法用两列特征相同时所得结论来分析问题

C. 得到的模型预测结果与不重复的情况的预测结果一致

6. 在不考虑其他条件的情况下，以下哪种做法会引起过拟合？

A. 增加训练集的数据量

B. 删除稀疏的特征

C. 减少神经网络隐藏层节点的个数

D. SVM 中使用高斯核替代线性核

7. 下表是用户使用某产品的调查结果，请计算对于是否使用产品信息增益最大的属性：

序号	年龄	学历	地区	收入	是否使用产品
1	低	博士	北方	低	是
2	高	本科	北方	中	否
3	低	本科	南方	高	否
4	高	硕士	北方	中	是

A. 年龄

B. 学历

C. 地区

D. 收入

8. 以下哪些方法不可以直接对文本进行分类?
A. K 平均
B. 决策树
C. 支持向量机
D. K 近邻
9. 逻辑回归和一般回归分析有什么区别:
A. 逻辑回归是设计用来预测时间可能性的
B. 逻辑回归可以用来度量模型拟合程度
C. 逻辑回归可以用来估计回归系数
10. 一般 K 近邻方法在什么情况下效果较好?
A. 样本较多但典型性不好
B. 样本较少但典型性好
C. 样本呈团状分布
D. 样本呈链状分布
11. 什么情况下神经网络模型被称为深度学习模型:
A. 加入更多层,使神经网络的深度增加
B. 有维度更高的数据
C. 当面对图形识别问题时
D. 以上都不正确
12. 梯度下降法的正确步骤是什么(括号内填入步骤顺序):
( )计算预测值和真实值之间的误差。
( )重复迭代,直至得到网络权重的最优值。
( )把输入传入网络,得到输出值。
( )对每一个产生误差的神经元,调整对应的权重以减小误差。
( )用随机值初始化权重和偏差。
13. 关于神经元的表述正确的是:
A. 每个神经元可以有一个输入和一个输出
B. 每个神经元可以有多个输入和一个输出
C. 每个神经元可以有一个输入和多个输出
D. 每个神经元可以有多个输入和多个输出
14. 如果我们使用了过大的学习速率会发生什么:
A. 神经网络会收敛
B. 神经网络不会收敛
C. 不一定
D. 以上都不对
15. 以下哪个函数不可以做激活函数?
A. $y=\tanh(x)$
B. $y=\sin(x)$

C. $y=\max(x,0)$

D. $y=2x$

【案例分析】

党的二十大明确提出要强化海洋安全保障体系建设[①]。水下机器人技术的发展为海洋安全提供了技术基础。

自1957年科学家为了探索北极水域开始研发自主水下机器人以来，该技术装备的研究发展受到了很大的重视。随着科学技术的发展，水下机器人的性能也获得了极大的提升，为海洋领域的研究带来了一场革命。确保水下运动可控是水下机器人执行水下任务的基础和核心。近年来，随着自主运动控制的发展，水下机器人技术已经被成功应用于场源搜索、管道检修和海底测绘等各种复杂的水下任务中。

基于强化学习的控制器通过与环境的交互，通过最大化累计的环境奖励反馈，可以实现最优意义下的自主控制。强化学习在无人机控制领域和无人驾驶领域都取得了很多成果。然而，水下环境远比空中和陆地环境更加复杂。

我们来看一个简单的例子，如图所示，一个水下机器人在一个区域内作业。在任一时刻，从水平方向看，机器人位置的范围是[−1.2,0.6]，速度的范围是[−0.07,0.07]。在每个时刻，智能体可以控制机器人采取三种动作中的一种：向左移动、不移动、向右移动。机器人的动作和机器人的水平位置会共同决定机器人下一时刻的速度。当某时刻机器人的水平位置大于0.5时，控制目标成功达成，行动结束。控制的目标是让机器人以尽可能少的步骤达到目标。一般认为，如果在连续100次行动中的平均步数≤110，就认为问题解决了。

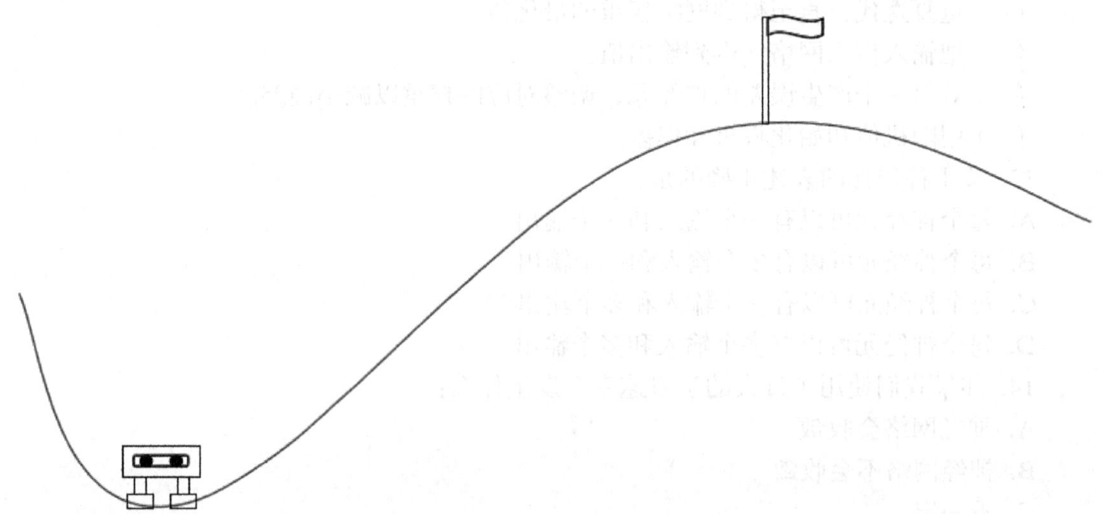

在绝大多数情况下，简单向右移动并不足以让机器人成功越过目标。在此假设智能体

---

① 习近平. 高举中国特色社会主义伟大旗帜 为全面建设社会主义现代化国家而团结奋斗——在中国共产党第二十次全国代表大会上的报告（2022-10-16）[2023-05-18]. https://www.gov.cn/xinwen/2022-10/25/content_5721685.htm.

不知道机器人位置和速度在环境中的数学表达式。事实上，机器人的位置和速度是有数学表达式的。记第 t 时刻（$t=0,1,2,\cdots$）机器人的位置为 X_t，速度为 V_t，动作为 $A_t \in (0,1,2)$，初始状态 $X_0, V_0 = 0$。从 t 时刻到 t+1 时刻的更新式为

$$X_{t+1} = \text{clip}(X_t + V_t, -0.12, 0.6)$$

$$V_{t+1} = \text{clip}(V_t + 0.001(A_t - 1) - 0.0025\cos(3X_t), -0.07, 0.07)$$

式中，限制函数 clip()限制了位置和速度的范围：

$$\text{clip}(X, X_{\min}, X_{\max}) = \begin{cases} X_{\min}, & X \leqslant X_{\min} \\ X, & X_{\min} < X < X_{\max} \\ X_{\max}, & X \geqslant X_{\max} \end{cases}$$

请根据本章所学习的知识，试想可能解决问题的思路与方法。

【参 考 文 献】

雷明. 2019. 机器学习与应用[M]. 北京：清华大学出版社.

米歇尔 T M. 2008. 机器学习[M]. 北京：机械工业出版社.

沃森 M，内尔森 D. 2017. 管理数据分析：原理、方法、工具及实践[M]. 王忠玉，王琼，译. 北京：机械工业出版社.

吴恩达. 2018. 机器学习[C]. 斯坦福大学 Coursera.

许雅筑，武辉，游科友，等. 2020. 强化学习方法在自主水下机器人控制任务中的应用[J]. 中国科学（信息科学），50（12）：1798-1816.

周英，卓金武，卞月青. 2016. 大数据挖掘：系统方法与实例分析[M]. 北京：机械工业出版社.

周志华. 2016. 机器学习[M]. 北京：清华大学出版社.

Rumelhart D E，Hinton G E，Williams R J. 1986. Learning representations by back-propagating errors[J]. Nature，323（6088）：533-536.

第 8 章 商务数据分析案例研究

➤【本章重要专业词汇】

商务数据分析——business data analysis 描述性分析——descriptive analysis
预测性分析——predictive analysis 规范性分析——normative analysis
数据可视化——data visualization 描述性统计——descriptive statistics
定性预测——qualitative forecasting 定量预测——quantitative forecasting
蒙特卡罗方法——Monte Carlo method 数据驱动模型——data-driven model

开篇案例

塔吉特的“数据关联挖掘”

利用先进的统计方法，商家可以通过用户的购买历史记录分析来建立模型，预测未来的购买行为，进而设计促销活动和个性服务，避免用户流失到竞争对手那边。

美国零售商塔吉特，通过分析所有女性客户购买记录，可以“猜出”哪些是孕妇。塔吉特发现女性客户会在怀孕四个月左右，大量购买无香味乳液。由此挖掘出 25 项与怀孕高度相关的商品，制作“怀孕预测”指数。推算出预产期后，就能抢先一步，将孕妇装、婴儿床等折扣券寄给客户。塔吉特还创建了一套测度女性购买行为在怀孕期间产生的变化的模型，不仅如此，如果用户从它们的店铺中购买了婴儿用品，它们在接下来的几年中会根据婴儿的生长周期定期给这些顾客推送相关产品，使这些客户形成长期的忠诚度。

8.1 案例研究简介

8.1.1 案例研究的应用

从历史上看，早在数百年前，案例研究方法就在法学和医学领域得到了广泛应用。20 世纪以来，案例研究方法逐步在经济学和管理学领域得到了快速发展。现代管理学中普遍认为，当面对一些未知领域时，如果没有足够的经验和理论积累作为研究的基础，案例研究则是一个非常有效的方法。案例研究既不是资料收集，也不仅限于设计研究方案本身，而是一种全面的、综合的研究思路。案例研究是一种运用历史数据、档案材料、访谈、观察等方法收集数据，并运用可靠的技术对事件进行分析从而得出带有普遍性结论的研究方法。凯瑟琳·艾森哈特认为案例研究应根植于丰富的实证数据，由此构建的理论才更准确且可验证。

案例研究是一个理论与实际相结合的过程。开展案例研究，建议重视以下几方面。首先，应明确研究目的，根据研究目的定义研究问题，研究所得结论应当准确回答研究问题，以能够解决研究问题为标准，选择适当的案例和研究对象，为案例研究带来具有重要研究意义的数据。其次，深入案例进行调查与走访，确定数据收集方案并获取能够用于分析的具体数据。根据研究目的的不同，案例研究的数据可以是通过访谈、观察获取的一手数据，也可以是通过调查问卷或统计年鉴获取的量化资料，研究者需要根据自身情况选择适当的案例研究方法和数据类型。再次，确定案例的分析思路，明确数据分析的方向、方式以及步骤，通过检视、分类、列表或重组等方法对数据进行整理与分析，深刻呈现事件与行为演变过程，以探寻研究初始的命题。最后，根据数据分析的结果整理案例研究报告，选择与案例研究相匹配的格式，阐述案例的研究背景、特定问题和现象的描述与分析、理论与实际结合情况的讨论以及总结与建议。

案例研究强调情境因素，案例研究法不仅对现象进行详细的描述，更会对产生现象的原因及其背后的情境因素进行深入的分析，有助于研究者更好地理解问题。案例研究能够彰显过程，在运用案例研究法进行分析的时候，会对研究事件进行深入的调查分析，要求研究者对案例过程有整体的把握和深入的理解，使呈现出的研究成果更具全面性。因此，案例研究的应用具有很大的研究价值和意义。

由于案例研究法在信度和效度上的局限性，可以将案例研究看作研究问题的一个环节，研究者可以将案例研究法与调查、分析等实证方法恰当地结合起来使用，充分利用实证研究与案例研究两种方法的优势。

8.1.2　案例研究在商务数据分析中的应用

本教材的前三章内容对商务数据分析做了基本的阐述，介绍了商务数据分析的资源以及对于所需数据资源的获取和预处理过程，这为引入描述性数据分析、预测性数据分析和规范性数据分析奠定了良好的基础。接下来，本书的核心章节部分即第 4、5、6 章部分详细阐述了三种商务数据分析方法的理论要点和实际操作。在大数据背景下，机器学习的兴起为商务智能打开了另一扇大门，本书结合机器学习与三大数据分析方法共同形成研究商务数据分析的方法体系。在本章内容中，我们试图提供一个最终案例来考察如何使用三种数据分析方法来对案例进行分析，以此来对前文内容进行总结和深化，帮助读者对整本书的内容做到融会贯通。因此，在前面几个章节中所出现的概念和方法在本章中将再次得到应用。

在 8.2 节中，我们将以供应链中发动机需求的数据为例，通过对该案例依次进行描述性数据分析、预测性数据分析和规范性数据分析，为读者介绍以上三种商务数据分析方法在实际中的使用情况以及三种数据分析步骤之间的联系与区别。在对最终案例进行商务数据分析时，我们再次回顾了商务数据分析的流程，即在执行商务数据分析过程中的分析步骤时（参见第 1 章）需要率先投入数据收集工作。另外，研究者需要根据研究目的以及需要解决的问题对数据的测量方法、处理方法（参见第3章）以及分析方法（参见第4、5、6章）进行设置与筛选。值得注意的是，在进行商务数据分析之前需要首先理解商务系统，然后在此基础上进行数据分析。无论是将商务数据分析工作外包还是由团队内部来完成，经验丰富的管理者都必须参与到分析的流程中，以便提供必要的系统行为和经营所需的一般知识。在最终案例研究中，假设工作人员或信息都是可以利用的，运用这些信息，人们可以执行商务数据分析项目。

由于案例研究的目的之一是解释客观现象背后的原因，在实践中，各个领域都存在着大量利用商务数据分析获得成功的经典案例，通过案例研究更能体现商务数据分析所具有的优势。例如，宝洁公司之所以在供应链管理数据分析方面成为世界领跑者，是因为该公司利用描述性数据分析、预测性数据分析和规范性数据分析三种方法对供应链进行了重新调整和设计，从而在供应链管理方面获得竞争优势。大量的实例体现了使用商务数据分析的重要性，并由此可以说明，案例研究可以帮助我们更好地理解和应用商务数据分析方法。

8.2 具体案例研究

8.2.1 案例背景与数据

案例 8-1

供应链优化问题

本章使用的案例来自美国中西部一家商业制造公司。该商业制造公司生产和销售一种通用小型发动机，并拥有一个连接位于密苏里州圣路易斯和得克萨斯州达拉斯的生产中心，以及位于六个城市（密苏里州的堪萨斯城，伊利诺伊州的芝加哥，得克萨斯州的休斯敦，俄克拉何马州的俄克拉何马城，内布拉斯加州的奥马哈，阿肯色州的小石城）的为客户服务的仓库的供应链网络。这家制造公司的通用小型发电机作为不同产品的组成部分，将被不同客户组装到其各自的最终产品中。

但是这家制造公司目前正面临着供应链问题：公司管理者希望采用精益管理理念，在保证对各个客户的供应与每个仓库的需求相匹配的前提下，向各地客户送货的成本尽可能低。实现这一目标因无法预测客户的未来需求而变得复杂。如果对于客户需求的预测过低，且没有足够的库存，制造公司就必须紧急订购发动机，这对制造公司来说成本很高；如果需求预测过高，且制造商生产和运送了过剩的库存，则仓库便产生过多的存储成本。制造公司的管理层决定：利用已有的数据对未来客户需求进行预测，开发基于分析的流程，以便提高公司的整体绩效。分析人员可以每月制订从两个生产中心到六个仓库的最佳供应链计划，以使成本最小化。这个流程的关键部分常包括以下两方面：准确预测客户需求的方法、对生产中心到仓库的运输方案进行优化。

该商业制造公司创建了一个小规模的商务数据分析团队来开发流程。商务数据分析团队由一名分析师（负责使用程序、领导商务数据分析团队）、一名供应链总经理、一名运输经理（负责起草运输计划）和一名仓库经理（其工作是对每月各客户的需求量进行预测）组成。

8.2.2　描述性数据分析

根据商务数据分析团队所决定的流程，为确定位于密苏里州圣路易斯和得克萨斯州达拉斯的生产中心以及位于六个城市之间的最优运输路线，需要收集该制造公司的供应数据、客户需求数据以及运输所需的成本数据。通过数据分析团队所建立的客户需求预测模型，可以确定客户未来的需求量，从而决定在圣路易斯和达拉斯工厂所生产的发动机总供应量。

商务数据分析团队确定了将发动机从生产中心运输到客户的成本数据，这在很大程度上取决于城市之间的距离，具体如表 8-1 所示。根据表 8-1 可知，从得克萨斯州达拉斯的生产中心到密苏里州堪萨斯城的客户仓库，制造公司每运送一台发电机所需的成本为 5 美元。

表 8-1　每台发动机的估计运输成本　　（单位：美元）

生产中心	密苏里州堪萨斯城	伊利诺伊州芝加哥	得克萨斯州休斯敦	俄克拉何马州俄克拉何马城	内布拉斯加州奥马哈	阿肯色州小石城
密苏里州圣路易斯	4	6	9	8	5	6
得克萨斯州达拉斯	5	8	2	5	8	5

在成立商务数据分析团队以前，该制造公司运用三期数值移动平均来估计每月的需求，即考虑最近三个月的客户所需发动机的数量，并对它们取平均值得到下个月的预测。对六个仓库中的每一个，每月重复该过程。这种预测系统通常会导致过多或过少的产品被运送到仓库。当客户需求没有得到满足导致销售损失时，制造公司会因为赶工和急于向客户发送产品而损失一定的利润。此外，生产太多则会增加产品的库存，从而增加生产成本和运输成本。

为了处理客户需求预测的变异性，商务数据分析团队希望根据过去每个仓库客户需求的信息，开发出新的客户需求模型。为了确定在最终样本中包括哪些数据以及排除哪些数据，需要采用一些简单的规则来消除潜在无用和过时的数据。考虑到产品的销售情况会受经济变化引发的周期性变化影响以及数据的完整性，需要对数据进行选择和清理，故采用最近 27 个月的各仓库需求数据进行分析，如表 8-2 所示。其中，在进行数据清理后，去掉最近三个月（第 25、26、27 行的月份数据）的数据，使其不应用于模型开发中，而用于验证与确认最终模型的预测精度。

表 8-2　实际每月客户需求的发动机数量　　（单位：台）

月份	密苏里州堪萨斯城	伊利诺伊州芝加哥	得克萨斯州休斯敦	俄克拉何马州俄克拉何马城	内布拉斯加州奥马哈	阿肯色州小石城
1	3 120	2 130	3 945	14 020	5 045	4 610
2	3 090	2 290	4 000	13 890	5 030	4 630

续表

月份	密苏里州 堪萨斯城	伊利诺伊州 芝加哥	得克萨斯州 休斯敦	俄克拉何马州 俄克拉何马城	内布拉斯加州 奥马哈	阿肯色州 小石城
3	3 140	2 405	4 105	13 785	5 075	4 650
4	3 010	2 580	4 300	13 575	5 015	4 680
5	2 900	2 635	4 255	13 345	5 015	4 700
6	2 990	2 690	4 420	12 990	5 020	4 750
7	3 000	2 740	4 540	12 340	5 025	4 800
8	3 030	2 780	4 670	11 850	5 050	4 865
9	3 050	2 890	4 820	11 010	5 010	4 910
10	2 970	2 940	4 780	10 015	5 010	4 980
11	2 980	3 000	4 900	9 875	5 015	5 000
12	2 990	3 020	5 020	9 005	5 015	5 010
13	3 020	3 120	5 045	8 880	5 010	4 950
14	3 100	3 180	4 945	7 990	5 015	4 900
15	2 900	3 210	4 855	7 345	5 020	4 845
16	3 000	3 270	4 780	6 920	5 020	4 800
17	3 040	3 455	4 650	6 745	5 010	4 785
18	3 060	3 575	4 535	6 010	5 015	4 740
19	2 950	3 765	4 475	5 670	5 040	4 700
20	2 970	3 810	4 330	5 345	5 010	4 695
21	2 990	3 910	4 325	5 110	5 020	4 690
22	3 060	3 990	4 155	4 760	5 010	4 680
23	3 000	4 010	4 090	4 320	5 015	4 670
24	3 010	4 030	4 010	4 030	5 010	4 660
25	2 980	4 285	3 720	3 005	5 010	4 590
26	2 965	4 420	3 520	2 515	5 010	4 570
27	2 945	4 560	3 330	2 030	5 005	4 555

作为描述性数据分析的一部分，可利用 Excel（表 8-3）来计算生成对应的统计量以对上述数据的部分特征进行描述。均值为人们考察每月对于发动机的需求提供了一定的基础，人们可以了解到整体需求的平均趋势，但是当考虑数据分布的整体行为特性时，均值不能全面准确地捕获相关的变化。为了更准确地捕获这些变化，需要其他统计量一起提供数据分布的详细情况。例如，奥马哈仓库需求的峰度系数是最大的，进而揭示出均值的变动很小，这意味着预测值缺乏变异性，比较稳定（这说明预测效果好）。但是，奥马哈的标准误统计量在六个仓库中是最小的。中位数和均值相比，在更大值处达到峰值，这意味着在考虑数据分布的整体行为特性时，均值与平均相关的统计量可能不像其

他统计量（如中位数）那样准确。

表 8-3　实际月份客户需求发动机的概括统计量　（单位：台）

统计量	密苏里州堪萨斯城	伊利诺伊州芝加哥	得克萨斯州休斯敦	俄克拉何马州俄克拉何马城	内布拉斯加州奥马哈	阿肯色州小石城
均值	3 015.416 7	3 142.708 3	4 497.916 7	9 117.708 3	5 021.666 7	4 779.166 7
标准误	12.350 3	116.532 4	70.872 5	710.692 1	3.264 7	25.508 7
中位数	3 005	3 070	4 505	8 943	5 015	4 745
众数①	2 990	2 130	4 780	4 030	5 010	4 680
标准差	60.503 6	570.889 8	347.202 8	3 481.666 3	15.993 7	124.966 7
样本方差	3 660.688 4	325 915.172 1	120 549.818 8	12 121 999.954 7	255.797 1	15 616.666 7
峰度	0.147 1	0.116 9	−0.019 2	0.075 5	2.095 2	0.570 0
偏度	0.092 3	−1.002 6	−1.279 5	−1.510 2	4.584 6	−0.980 8
极差	240	1 900	1 100	9 990	65	400
最小值	2 900	2 130	3 945	4 030	5 010	4 610
最大值	3 140	4 030	5 045	14 020	5 075	5 010
总和	72 370	75 425	107 950	218 825	120 520	114 700
数量	24	24	24	24	24	24
置信水平（95%）	24.206 0	228.399 3	138.907 5	1 392.931 0	6.398 7	49.996 2

为了更好地描述数据的一般情况，同时理解其中的行为特性，利用 Excel 软件对六个客户需求数据的折线图进行了绘制，以清晰地展现各个仓库的需求在不同月份之间的变化（参见第 4 章），折线图如图 8-1 ~ 图 8-6 所示。正如表 8-3 中概括统计量所揭示的那样，现在从图形可以看出，有些客户的需求函数看起来倾向于线性关系（图 8-2 和图 8-4），而另一些则很明显是非线性的（图 8-3 和图 8-6），并且有些图形变化如此之大，以至于很难识别其趋势（图 8-1 和图 8-5）。从芝加哥（图 8-2）和俄克拉何马城（图 8-4）仓库的需求折线图可以看出，两者有几乎完美的线性客户需求行为特性，这表明，可以使用简单的线性回归模型对其未来的需求趋势进行预测。休斯敦（图 8-3）和小石城（图 8-6）的图形，呈现出非常清晰的钟形非线性趋势，这表明，为了实现对这两个趋势的最佳预测，商务数据分析团队可采用非线性回归模型。最后，堪萨斯城（图 8-1）和奥马哈（图 8-5）的客户需求行为图形表明数据具有过度随机的特性，这就需要付出相当大的努力来寻找与之相符的模型，即就数据变化而言，可能找不到足够好的模型对这些趋势进行解释和后期预测。对于这两个城市来说，客户对仓库需求似乎存在很多时间序列变化，需要更为深入地研究。

① 若存在多个众数的情况，这里给出的是其中的最小值。

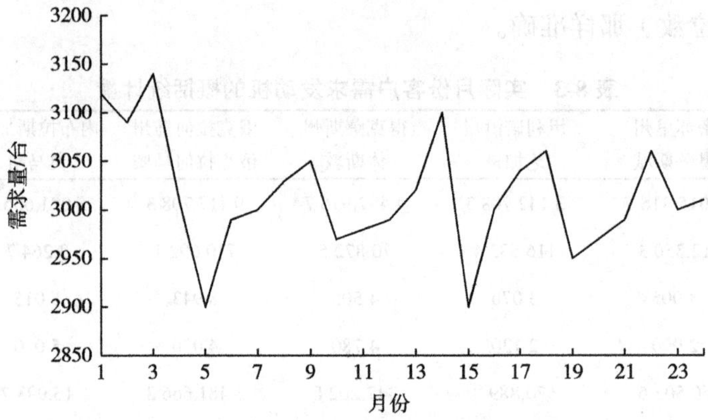

图 8-1 堪萨斯城的客户需求折线图

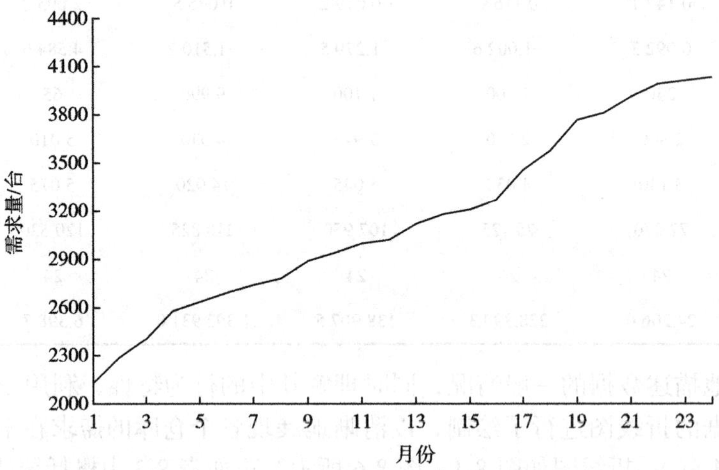

图 8-2 芝加哥的客户需求折线图

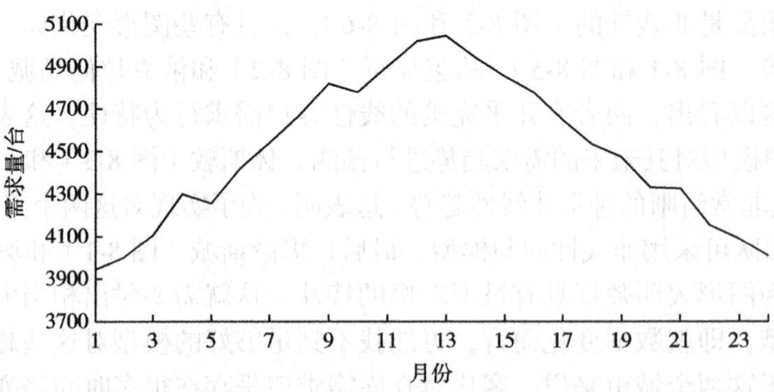

图 8-3 休斯敦的客户需求折线图

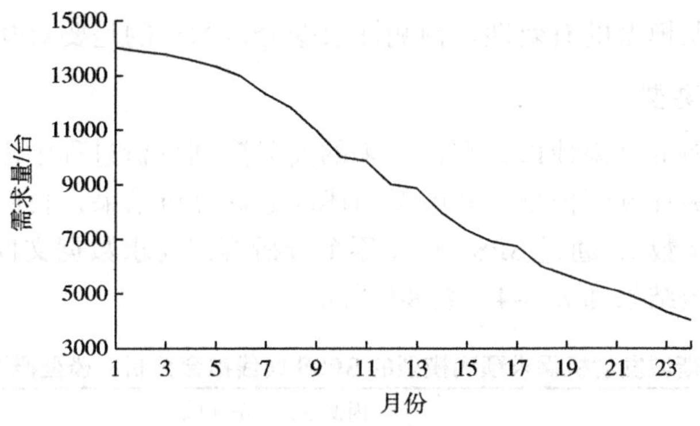

图 8-4　俄克拉何马城的客户需求折线图

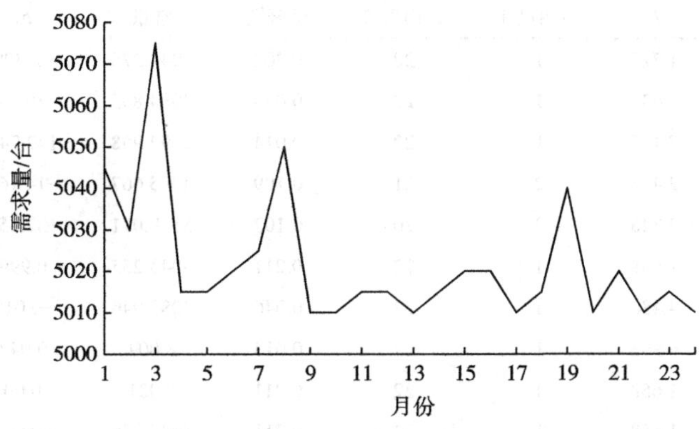

图 8-5　奥马哈的客户需求折线图

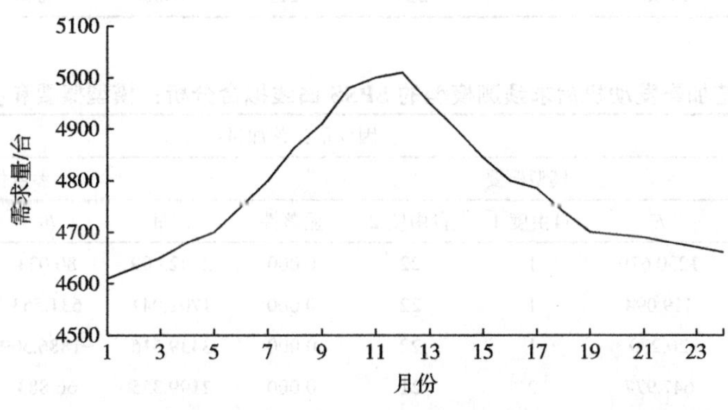

图 8-6　小石城的客户需求折线图

在这六个仓库中，其中有两个仓库的需求数据和其他四个仓库相比具有更大的时间序列变异，但我们认为这种情况不会妨碍精准预测。由于六个仓库中的四个（图 8-2、图 8-3、图 8-4、图 8-6）看起来似乎具有可观测的行为模式，即使其他两个仓库增加了一些预测误差，这四个也将有助于提高整体预测精度。

8.2.3　预测性数据分析

在这一节中，我们将继续使用案例进行说明。采用预测性数据分析步骤，先建立模型，然后用案例说明模型的有效性。预测性数据分析的目的是要对仓库需求给出预测。

1. 建立预测模型

描述性数据分析的结果建议，在接下来的商务数据分析过程中需要识别出合适的预测模型。为了选出最佳预测模型，并确保描述性数据分析结果，我们将使用 SPSS 的曲线拟合（曲线估计函数），通过 SPSS 程序逐个分析客户需求数据文件，以便得到潜在的回归模型，分析输出结果如表 8-4～表 8-9 所示。

表 8-4 堪萨斯城发动机需求预测模型的 SPSS 曲线拟合分析：模型概要和参数估计

方程	因变量：堪萨斯城								
	模型概要					参数估计			
	R^2	F	自由度 1	自由度 2	显著性	常量	b_1	b_2	b_3
线性	0.073	1.727	1	22	0.202	3044.275	−2.309		
对数	0.174	4.637	1	22	0.043	3084.805	−30.398		
逆	0.244	7.117	1	22	0.014	2992.958	142.744		
二次项	0.190	2.463	2	21	0.109	3095.667	−14.168	0.474	
三次项	0.260	2.346	3	20	0.103	3149.071	−37.459	2.757	−0.061
复合	0.070	1.658	1	22	0.211	3043.255	0.999		
幂	0.169	4.480	1	22	0.046	3083.946	−0.010		
S	0.239	6.905	1	22	0.015	8.004	0.047		
增长	0.070	1.658	1	22	0.211	8.021	−0.001		
指数	0.070	1.658	1	22	0.211	3043.255	−0.001		
逻辑斯谛	0.070	1.658	1	22	0.211	0.000	1.001		

注：自变量是月份

表 8-5 芝加哥发动机需求预测模型的 SPSS 曲线拟合分析：模型概要和参数估计

方程	因变量：芝加哥								
	模型概要					参数估计			
	R^2	F	自由度 1	自由度 2	显著性	常量	b_1	b_2	b_3
线性	0.982	1230.679	1	22	0.000	2142.409	80.024		
对数	0.844	119.094	1	22	0.000	1701.041	631.563		
逆	0.480	20.270	1	22	0.000	3439.516	−1886.509		
二次项	0.984	647.977	2	21	0.000	2199.355	66.883	0.526	
三次项	0.986	467.241	3	20	0.000	2116.996	102.802	−2.994	0.094
复合	0.979	1046.077	1	22	0.000	2239.093	1.026		
幂	0.903	205.978	1	22	0.000	1909.324	0.211		
S	0.561	28.098	1	22	0.000	8.140	−0.660		
增长	0.979	1046.077	1	22	0.000	7.714	0.026		
指数分布	0.979	1046.077	1	22	0.000	2239.093	0.026		
逻辑斯谛	0.979	1046.077	1	22	0.000	0.000	0.974		

注：自变量是月份

表 8-6　休斯敦发动机需求预测模型的 SPSS 曲线拟合分析：模型概要和参数估计

方程	因变量：休斯敦								
	模型概要					参数估计			
	R^2	F	自由度 1	自由度 2	显著性	常量	b_1	b_2	b_3
线性	0.003	0.076	1	22	0.786	4461.938	2.878		
对数	0.127	3.191	1	22	0.088	4158.249	148.801		
逆	0.239	6.892	1	22	0.015	4625.232	−809.218		
二次项	0.929	138.408	2	21	0.000	3632.994	194.173	−7.652	
三次项	0.930	88.001	3	20	0.000	3621.937	198.995	−8.124	0.013
复合	0.004	0.088	1	22	0.769	4446.289	1.001		
幂	0.133	3.379	1	22	0.080	4149.443	0.034		
S	0.252	7.415	1	22	0.012	8.438	−0.186		
增长	0.004	0.088	1	22	0.769	8.400	0.001		
指数	0.004	0.088	1	22	0.769	4446.289	0.001		
逻辑斯谛	0.004	0.088	1	22	0.769	0.000	0.999		

注：自变量是月份

表 8-7　俄克拉何马城发动机需求预测模型的 SPSS 曲线拟合分析：模型概要和参数估计

方程	因变量：俄克拉何马城								
	模型概要					参数估计			
	R^2	F	自由度 1	自由度 2	显著性	常量	b_1	b_2	b_3
线性	0.986	1 567.704	1	22	0.000	15 229.746	−488.963		
对数	0.826	104.691	1	22	0.000	17 817.142	−3 811.033		
逆	0.411	15.382	1	22	0.001	7 440.961	10 657.408		
二次项	0.987	775.938	2	21	0.000	15 420.511	−532.986	1.761	
三次项	0.996	1 697.830	3	20	0.000	14 294.516	−41.911	−46.359	1.283
复合	0.978	990.240	1	22	0.000	17 380.621	0.944		
幂	0.747	64.854	1	22	0.000	22 518.882	−0.430		
S	0.338	11.256	1	22	0.003	8.860	1.147		
增长	0.978	990.240	1	22	0.000	9.763	−0.058		
指数	0.978	990.240	1	22	0.000	17 380.621	−0.058		
逻辑斯谛	0.978	990.240	1	22	0.000	5.754×10^{-5}	1.060		

注：自变量是月份

表 8-8 奥马哈发动机需求预测模型的 SPSS 曲线拟合分析：模型概要和参数估计

方程	因变量：奥马哈								
	模型概要					参数估计			
	R^2	F	自由度 1	自由度 2	显著性	常量	b_1	b_2	b_3
线性	0.220	6.205	1	22	0.021	5034.928	−1.061		
对数	0.300	9.424	1	22	0.006	5045.741	−10.546		
逆	0.253	7.435	1	22	0.012	5015.632	38.358		
二次项	0.299	4.477	2	21	0.024	5046.077	−3.634	0.103	
三次项	0.340	3.432	3	20	0.037	5056.845	−8.330	0.563	−0.012
复合	0.220	6.212	1	22	0.021	5034.886	1.000		
幂	0.300	9.439	1	22	0.006	5045.714	−0.002		
S	0.253	7.454	1	22	0.012	8.520	0.008		
增长	0.220	6.212	1	22	0.021	8.524	0.000		
指数	0.220	6.212	1	22	0.021	5034.886	0.000		
逻辑斯谛	0.220	6.212	1	22	0.021	0.000	1.000		

注：自变量是月份

表 8-9 小石城发动机需求预测模型的 SPSS 曲线拟合分析：模型概要和参数估计

方程	因变量：小石城								
	模型概要					参数估计			
	R^2	F	自由度 1	自由度 2	显著性	常量	b_1	b_2	b_3
线性	0.001	0.19	1	22	0.893	4785.580	−0.513		
对数	0.068	1.602	1	22	0.219	4689.689	39.198		
逆	0.167	4.399	1	22	0.048	4817.464	−243.419		
二次项	0.754	32.130	2	21	0.000	4516.566	61.567	−2.483	
三次项	0.801	26.824	3	20	0.000	4426.153	100.999	−6.347	0.103
复合	0.001	0.015	1	22	0.903	4783.397	1.000		
幂	0.070	1.659	1	22	0.211	4688.108	0.008		
S	0.171	4.539	1	22	0.045	8.480	−0.051		
增长	0.001	0.015	1	22	0.903	8.473	-9.677×10^{-5}		
指数	0.001	0.015	1	22	0.903	4783.397	-9.677×10^{-5}		
逻辑斯谛	0.001	0.015	1	22	0.903	0.000	1.000		

注：自变量是月份

通过每一个潜在的曲线拟合模型的 R^2 值，可以证明三次模型是六个数据文件的最佳拟合。对于休斯敦和小石城的仓库，前文的描述性数据分析图形已经清楚地显示了典型的三次（或二次）的函数特性，三次或二次的模型是唯一显著的（F 比率，$p<0.000$）。在芝加哥和俄克拉何马城的数据中，非线性三次模型反而比描述性数据分析步骤的线性模型效果更好。另外，对于芝加哥和俄克拉何马城，R^2 统计量显示，线性模型是次佳选择，或次次佳的选择。事实上，在这两种情况下，F 比率清楚地表明，所得到的线性模型可以提供在统计上显著的预测能力。其他模型也存在显著（$p<0.000$）的 F 比率，这表明准确预测的可能性。因为本案例研究的目标是要制定一个流程方法，使得分析人员

可以用该方法每月制订最优的供应链运输计划，并可以准确地预测客户的需求，可以使用 R^2 统计量作为一种从那些备选拟合曲线中挑出最精确的预测模型的手段。

在这种情况下，可以在考虑曲线拟合效果的参数技术上，使用 SPSS 程序对所得到的三次回归模型进行估计，如表 8-10 所示。

表 8-10　来自 SPSS 曲线拟合分析所得到的三次预测模型

城市	常量	b_1	b_2	b_3	R^2
堪萨斯城	3 149.071	−37.459	2.757	−0.061	0.260
芝加哥	2 116.996	102.802	−2.994	0.094	0.986
休斯敦	3 621.937	198.995	−8.124	0.013	0.930
俄克拉何马城	14 294.516	−41.911	−46.359	1.283	0.996
奥马哈	5 056.845	−8.330	0.563	−0.012	0.340
小石城	4 426.153	100.999	−6.347	0.103	0.801

三次回归模型的广义公式如下：

$$Y_P = a + b_1X + b_2X^2 + b_3X^3$$

通过代入小石城的曲线拟合参数，得到如下用于预测仓库客户需求的三次回归模型：

$$Y_P = 4426.153 + 100.999X - 6.347X^2 + 0.103X^3$$

式中，X 为时间序列数据文件中的月份数。

2. 验证预测模型

商务数据分析的基本要求包括说明或证实企业绩效提升的可能性，因此精准预测尤为重要，改进预测的准则之一即为提升模型预测精度。为了比较当前使用方法和新设计方法的预测精度，将分别使用不同的三次模型对客户各自需求进行预测。将编号的时间值（第 25、26 和 27 月）代入不同的三次模型中的 X 后，计算三个预测值，并将所得预测值与表 8-2 的实际值进行比较。表 8-11 为中位数绝对偏差（median absolute deviation，MAD）统计量表示的结果。

表 8-11　三次模型预测与 MAD 统计量结果（向上取整）

月份	堪萨斯城	芝加哥	休斯敦	俄克拉何马城	奥马哈	小石城
25	2983	4285	3723	4320	5013	4594
26	2967	4419	3533	4417	5010	4572
27	2947	4561	3329	4621	5007	4554
MAD	2.33	0.66	2.33	1936	1.66	2.33

由表 8-11 可知，除了俄克拉何马城 MAD 统计量高达 1936 外，其余仓库的 MAD 统计量均很小，表明除俄克拉何马城外的其他城市的三次模型预测均非常准确。鉴于俄克拉何马城的 MAD 统计量如此之大，需要进一步分析，为其寻找更为合适的预测模型。

接下来，考察俄克拉何马城的其他预测模型。表 8-7 中的 R^2 值显示了 SPSS 曲线的拟合效果，可得两个次佳模型，它们分别为

线性回归模型（R^2=0.986）：

$$Y_P = 15\,229.746 - 488.963X$$

二次回归模型（R^2=0.987）：

$$Y_P = 15\,420.511 - 532.986X + 1.761X^2$$

使用三年中每年客户需求的仓库预测值计算线性回归模型和二次回归模型的 MAD 统计量，结果见表 8-12。由表 8-12 可知，线性回归模型的 MAD 统计量较二次回归模型的 MAD 统计量小很多，线性回归模型是比二次或三次回归模型更好的预测模型。该结果并不奇怪，由先前的描述性统计分析结果似乎可以预知线性回归模型将会成为最好的预测形式。

表 8-12 俄克拉何马城线性和二次回归模型预测与 MAD 统计量结果（向上取整）

模型	月份		
	25	26	27
线性模型	3006	2517	2028
	MAD=2.33		
二次预测	3197	2754	2314
	MAD=238.33		

得出误差率较低的模型之后，需要证明该模型能够提高预测精度，即证明能够通过运输成本最小化来提高企业绩效。

为了验证预测的准确性并证实三次模型和线性模型可以帮助改进预测精度，研究人员可以将当前使用的平滑平均法与之相比较。使用下述简单的公式计算客户需求预测值：

$$Y_t = \left(Y_{t-1} + Y_{t-2} + Y_{t-3}\right)/3$$

式中，Y_t 为时间 t 的预测值；Y_{t-1} 为 $t-1$ 期的实际值；Y_{t-2} 为 $t-2$ 期的实际值；Y_{t-3} 为 $t-3$ 期的实际值。

由此公式可得各个月份的平滑平均预测值以及 MAD 统计量，具体结果见表 8-13。

表 8-13 平滑平均预测值和 MAD 统计量（向上取整）

月份	堪萨斯城	芝加哥	休斯敦	俄克拉何马城	奥马哈	小石城
25	3024	4010	4085	4370	5012	4670
26	2997	4109	3940	3785	5012	4640
27	2985	4245	3754	3184	5010	4607
MAD 值	21.33	111.33	158.66	590.33	1.66	31

将表 8-13 中各月份的平滑平均预测值及其 MAD 统计量与表 8-11 中三次模型和表 8-12 中线性模型的预测值和 MAD 统计量相比较，可见，确实有几个点的预测精度得到了改善。堪萨斯城、芝加哥、休斯敦和小石城四个地区三次模型的 MAD 统计量值最低，在上述地区使用三次回归模型将能得到较精确的预测结果。对于俄克拉何马城，线性回归模型的 MAD 值最低，使用该模型能较为精准地预测俄克拉何马城的客户需求。对于奥马哈城，使用三次回归模型和平滑平均法将产生相同的 MAD 统计量，说明两种方法对

该地区客户需求的预测精度一致，可选择其一进行预测，本书将选用三次回归模型。

3. 仓库客户需求预测

选择精度较大的预测模型对各地区第 28 个月的客户需求量进行预测（将 $X=28$ 代入模型），结果如表 8-14 所示。首先关注第 27 个月到第 28 个月预测的移动方向，大多地区仓库的需求量呈向下发展的趋势。所有地区得到的预测值与来自描述性数据分析的图形相似。

表 8-14　第 28 个月的预测结果

城市	预测模型	预测值（ $X=28$ ）	方向
堪萨斯城	$Y_P=3\,149.071-37.459X+2.757X^2-0.061X^3$	2 923	向下
芝加哥	$Y_P=2\,116.996+102.802X-2.994X^2+0.094X^3$	4 712	向上
休斯敦	$Y_P=3\,621.937+198.995X-8.124X^2+0.013X^3$	3 110	向下
俄克拉何马城	$Y_P=15\,229.746-488.963X$	1 539	向下
奥马哈	$Y_P=5\,056.845-8.330X+0.563X^2-0.012X^3$	5 002	向下
小石城	$Y_P=4\,426.153+100.999X-6.347X^2+0.103X^3$	4 540	向下
合计		21 826	

8.2.4　规范性数据分析

根据预测性数据分析，所有六个仓库地点的总预测需求为 21 826 台发动机（参见表 8-14），必须在圣路易斯和达拉斯两个生产中心的产能之间达到平衡。商务数据分析团队决定，圣路易斯生产中心在第 28 个月将生产 10 000 台发动机，达拉斯生产中心生产剩余的 11 826 台。

1. 选择和建立优化运输模型

在数据方面，商务数据分析人员现在拥有供应、预测需求以及成本信息，利用这些信息开始选择建模方法，以便实现最优运输计划。就分析而言，要审查问题设置的要求，商务数据分析团队要寻找多变量（从两个供应商运输到六个需求目的地的发动机数量）、多维度（安排发动机从两个供应商到六个需求市场，即配置供应和需求）、约束（所需的发动机的数量是确定的）、整数（运输发动机是完整的，而不是发动机部件）和最优解决方案（要求运输成本最小化）。满足这些要求的理想商务数据分析方法是整数规划。

为了将二维问题概念化，可提出一种将单位运输的地点成本与供应和需求信息相结合的运输方法（运筹学方法）表。本案例研究问题的有关内容已由表 8-15 给出，并在模型中添加了决策变量。例如，X_{11} 表示从圣路易斯生产中心运到堪萨斯城的发动机的数量。在这个表中，由圣路易斯生产，并运送到六个客户需求地点的所有发动机数量之和加起来必须为 10 000 台。同样地，对于达拉斯，生产及运输数量必须为 11 826 台。此外，对于每一列，运输的发动机数量之和必须等于该城市的预测需求。例如，芝加哥仓库的 X_{12} 与 X_{22} 的和必须等于 4712 台发动机的预测需求。

表 8-15 对供应链运输问题概念化的运输方法表

生产中心	堪萨斯城	芝加哥	休斯敦	俄克拉何马城	奥马哈	小石城	生产中心供应链
圣路易斯	$4X_{11}$	$6X_{12}$	$9X_{13}$	$8X_{14}$	$5X_{15}$	$6X_{16}$	10 000
达拉斯	$5X_{21}$	$8X_{22}$	$2X_{23}$	$5X_{24}$	$8X_{25}$	$5X_{26}$	11 826
客户需求预测	2 923	4 712	3 110	1 539	5 002	4 540	21 826

以运输方法表作为框架，可以建立整数规划模型。在这类运输问题中，存在两个供应侧约束与六个需求侧约束，以确保分配供应能满足需求。这里应用线性规划模型中的公式，可以得到以下整数模型：

$$\text{Min } Z = 4X_{11} + 6X_{12} + 9X_{13} + 8X_{14} + 5X_{5} + 6X_{16} + 5X_{21} + 8X_{22} + 2X_{23} + 5X_{24} + 8X_{25} + 5X_{26}$$

$$\text{s.t.}\begin{cases} X_{11} + X_{12} + X_{13} + X_{14} + X_{15} + X_{16} = 10\,000\text{（圣路易斯供给要求）} \\ X_{21} + X_{22} + X_{23} + X_{24} + X_{25} + X_{26} = 11\,826\text{（达拉斯供给要求）} \\ X_{11} + X_{21} = 2\,923\text{（堪萨斯城供给要求）} \\ X_{12} + X_{22} = 4\,712\text{（芝加哥需求要求）} \\ X_{13} + X_{23} = 3\,110\text{（休斯敦需求要求）} \\ X_{14} + X_{24} = 1\,539\text{（俄克拉何马城需求要求）} \\ X_{15} + X_{25} = 5\,002\text{（奥马哈需求要求）} \\ X_{16} + X_{26} = 4\,540\text{（小石城需求要求）} \\ X_{11}, X_{12}, X_{13}, X_{14}, X_{15}, X_{16}, X_{21}, X_{22}, X_{23}, X_{24}, X_{25}, X_{26} \geqslant 0\text{且全部为整数} \end{cases}$$

2. 确定最优运输计划

运用 LINGO 软件求解上述模型。由于从数学形式上，运输方法模型的独特公式要求全整数的解决方案，所以不需要使用整数规划软件算法。LINGO 软件既能求解线性规划，也可以求解整数规划。因此我们使用更为常用的线性规划软件 LINGO 来解决这个问题。LINGO 线性规划模型输入如图 8-7 所示，其结果由图 8-8 给出。

LINGO Model - LINGO2

```
model:
min = 4 * x11 + 6 * x12 + 9 * x13 + 8 * x14 + 5 * x15 + 6 * x16 + 5 * x21 + 8 * x22 + 2 * x23 + 5 * x24 + 8 * x25 + 5 * x26;
x11 + x12 + x13 + x14 + x15 + x16 = 10000;
x21 + x22 + x23 + x24 + x25 + x26 = 11826;
x11 + x21 = 2923;
x12 + x22 = 4712;
x13 + x23 = 3110;
x14 + x24 = 1539;
x15 + x25 = 5002;
x16 + x26 = 4540;
@gin(x11);
@gin(x12);
@gin(x13);
@gin(x14);
@gin(x15);
@gin(x16);
@gin(x21);
@gin(x22);
@gin(x23);
@gin(x24);
@gin(x25);
@gin(x26);
end
```

图 8-7 供应链运输模型问题的 LINGO 输入

```
Solution Report - LINGO2
    Global optimal solution found.
    Objective value:                              104226.0
    Objective bound:                              104226.0
    Infeasibilities:                              0.000000
    Extended solver steps:                               0
    Total solver iterations:                             0


                       Variable           Value        Reduced Cost
                            X11        286.0000            4.000000
                            X12        4712.000            6.000000
                            X13        0.000000            9.000000
                            X14        0.000000            8.000000
                            X15        5002.000            5.000000
                            X16        0.000000            6.000000
                            X21        2637.000            5.000000
                            X22        0.000000            8.000000
                            X23        3110.000            2.000000
                            X24        1539.000            5.000000
                            X25        0.000000            8.000000
                            X26        4540.000            5.000000

                            Row    Slack or Surplus      Dual Price
                              1        104226.0           -1.000000
                              2        0.000000            0.000000
                              3        0.000000            0.000000
                              4        0.000000            0.000000
                              5        0.000000            0.000000
                              6        0.000000            0.000000
                              7        0.000000            0.000000
                              8        0.000000            0.000000
                              9        0.000000            0.000000
```

图 8-8　供应链运输模型问题的 LINGO 输出

两个供应源运输到六个需求地点的发动机数量由表 8-16（表中的行和列中的粗体数字）给出，得到供应链问题的运输计划时间表。例如，制造商必须在第 28 个月内将 286 个发动机从圣路易斯运送到堪萨斯城，这样才能保证运输计划的成本最小化。同样地，为确保总成本的最优化，表 8-16 中的所有运输计划必须按时装运。在表 8-16 中，列出了六个城市的预测需求总量，以及两个供应城市分别的总供应量。

表 8-16　第 28 个月的供应链运输问题的运输计划

生产中心	堪萨斯城	芝加哥	休斯敦	俄克拉何马城	奥马哈	小石城	生产中心供应量
圣路易斯	**286**	**4 712**			**5 002**		10 000
达拉斯	**2 637**		**3 110**	**1 539**		**4 540**	11 826
客户需求预测	2 923	4 712	3 110	1 539	5 002	4 540	21 826

此外，在第 28 个月内，由两个供应源分别运输到六个需求目的地的运输成本（采用表 8-16 确定的运输单位，乘以对应的单位成本）由表 8-17 给出。在表 8-17 中，最后一行列出了该运输计划的总优化成本为 104 226 美元。

表 8-17　第 28 个月的发货计划

生产中心	目的地	单位数 × 单位成本 ＝ 总成本
圣路易斯	堪萨斯城	286（台）×4（美元/台）＝1 144（美元）
圣路易斯	芝加哥	4 712（台）×6（美元/台）＝28 272（美元）
圣路易斯	奥马哈	5 002（台）×5（美元/台）＝25 010（美元）
达拉斯	堪萨斯城	2 637（台）×5（美元/台）＝13 185（美元）
达拉斯	休斯敦	3 110（台）×2（美元/台）＝6 220（美元）

续表

生产中心	目的地	单位数×单位成本 = 总成本
达拉斯	俄克拉何马城	1 539（台）×5（美元/台）=7 695（美元）
达拉斯	小石城	4 540（台）×5（美元/台）=22700（美元）
总供应链运输成本 =104 226（美元）		

3. 制造商的商务数据分析流程概要

商务数据分析应用的目的是为制造商制定商务数据分析流程，建立供应链网络的最优运输计划，从而制订每月的运输计划。基于商务数据分析团队分析的商务数据分析流程包括两种数据收集工作：统计分析；最优化软件的应用。具体有下述几项内容。

（1）从成本会计部门收集运费成本信息。

（2）从仓库收集和更新客户每月实际需求量。

（3）为确保供应量满足每月需求，需收集生产中心供应能力。

（4）用曲线拟合软件对新收集到的实际需求数据进行拟合，得到 R^2 和其他统计量，由此来确定最佳预测模型。

（5）用上个步骤得到的预测模型预测新的客户需求量，通过实证分析判断模型的准确性，并根据实际需求对模型进行修改和完善。

（6）根据实际商业问题和数据特征建立线性规划模型，把收集的成本、供应和预测需求信息代入模型中。

（7）求解整数规划或线性规划模型，并从模型输出中得到运输计划。

4. 证明公司绩效得到改进

商务数据分析的目的是改善公司的绩效。在这个案例研究中，我们能够清晰地观察到，商务数据分析所提出的方法 MAD 统计量相比于当前预测程序，对于运输改进的潜力。表 8-18 给出了基于用于模型验证的三个月（第 25、26、27 个月）的 MAD。由表 8-18 可知，按照商务数据分析的流程方法，可以有效避免生产发动机过程中遇到的每月超额或不足等问题。采用 MAD 统计量小的方法能够减少因不必要的运输工作量而导致的制造商成本上升和低效率，提高公司绩效。

表 8-18 对现有和建议的预测流程方法的 MAD 统计量进行比较

MAD	堪萨斯城	芝加哥	休斯敦	俄克拉何马城	奥马哈	小石城	合计
现有平滑模型 MAD（表 8-13）	21.33	111.33	158.66	590.33	1.66	31	914.31
预测的三次模型或线性模型的 MAD（表 8-11 和表 8-12）	2.33	0.66	2.33	2.33	1.66	2.33	11.64

从表 8-18 可以看出，使用平滑模型进行预测比使用商务数据分析流程方法所产生的 MAD 较大。由此我们得出使用商务数据分析流程方法预测客户发动机需求时，能显著减少每月过量或未达到实际需求的情况。提高预测的准确性，也就是在低客户需求期间，最大限度地降低多余发动机的运输成本，或者是在发生发动机量短缺时，最大

程度降低因急速订购所带来的成本增加。这些结果表明，通过商务数据分析提出的供应链运输计划时间表的实施可以提高制造商的绩效。比之前用来预测公司过去三个月业绩的方法要好。

我们建议负责使用商务数据分析新流程方法的分析人员或商务数据分析团队在对规范性数据进行分析时，应根据实际收集到的最新数据，不断地运行模型，对模型进行修改和完善。在一段时间间隔内，检查和确定使用商务数据分析流程带来的好处。如果能持续地证明商务数据分析价值之所在时，就是将商务数据分析推荐给企业取得了成功。

5. 总结

本节用案例研究的形式分别介绍了描述性数据分析、预测性数据分析和规范性数据分析的具体过程，并说明如何运用商务数据分析解决供应链运输问题。我们在研究这个案例时，采用了一种具体的方法。当然，我们也可以使用其他方法。同时强调了以下事实：商务数据分析是一种逐渐将统计、信息系统和管理科学方法应用于实践的方法。就像在森林中行走一样，可能有很多的路径，但是目标是利用知识和信息（来自商业柜台的分析）到达成功的另一端。商务数据分析人员所了解的方法越多，他们就越有可能在正确的场合下运用正确的方法。

8.3　方法的选择

8.3.1　描述性数据分析方法的选择与应用

描述性数据分析属于比较初级的数据分析，常见的分析方法包括对比分析法、平均分析法、交叉分析法等。描述性统计分析要对调查总体所有变量的有关数据做统计性描述，主要包括数据的频数分析、数据的集中趋势分析、数据离散程度分析、数据的分布以及一些基本的统计图形。

（1）对比分析法也称比较分析法，是把客观事物加以比较，以认识事物的本质和规律并做出正确的评价。对比分析法通常是把两个相互联系的指标数据进行比较，从数量上展示和说明研究对象规模的大小、水平的高低、速度的快慢以及各种关系是否协调。在对比分析中，选择合适的对比标准是十分关键的步骤，选择得合适，才能做出客观的评价，选择不合适，评价可能得出错误的结论。

（2）平均分析法指通过特征数据的平均指标，反映事物目前所处的位置和发展水平。再对不同时期、不同类型单位的平均指标进行对比，说明事物的发展趋势和变化规律。在运用平均分析法时，对不同的特征数据所采用的平均指标有所不同。

（3）交叉分析法又称立体分析法，是在纵向分析法和横向分析法的基础上，从交叉、立体的角度出发，由浅入深、由低级到高级的一种分析方法。这种方法虽然复杂，但它弥补了“各自为政”分析方法所带来的偏差。

下文将从数据可视化、描述性统计学、样本与估计三个方面展开说明。

1. 数据可视化与数据探索方法

1）面积图

应用注释：①同时显示多于一个变量；②在对比两个变量时最为理想；③例子，展示不同产品的销售情况，显示是否改进；④注意图中所展示的 3D 效果，大多数图都可以实现此效果。

2）柱状图

应用注释：①可以是水平、垂直、锥或周期性的，而且有叠加变量的多维柱状图；②用于显示随时间变化而发生的变化；③例如，用柱状图揭示一个人与另一个人的生产率的对比。

3）条形图

应用注释：①和柱状图一样；②此图形揭示了明显向上或向下的趋势。

4）折线图

应用注释：①用于展示线性趋势、其他线性或非线性表现形式；②最好用于展示以时间为轴的时间序列数据。

5）饼分图

应用注释：①用于针对比例的概念化处理；②用于其他各种圆环图，像甜甜圈图（空心）；③用于多个变量受到限制的情况下。

6）散点图

应用注释：①用于观测数据集的模式；②用于发现数据集中的异常值，并加以清除；③考察异常值的趋势是否增强了线性图形的趋势。

7）直方图

应用注释：①帮助揭示变量数据集中的频率；②通过将数据点分组为频数，减少数据量的规模。

上述图形能揭示出一些有趣的事实。面积图能清晰地比较两个变量数据集中数值的大小；条形图揭示了数据中几乎完美的线性趋势，这是十分有用的；而散点图揭示了数据中所出现的几乎完美的非线性函数。此外，由 20 个各种不同百分比的散布凌乱的饼分图展示出，在特定情况下所有图形都可以被使用或应该使用。最佳的实际应用会提供画图的建议方案，这被看成商务数据分析的探索性活动。执行商务数据分析的人员应该能画出各种各样的图形，目的是查看哪些图形揭示出有趣且有用的信息。人们利用这些图形可获得进一步深入细化的、更为详细的信息，同时得到与商务数据分析倡议目标有关的更合适的图形。

大多数商务数据分析问题会涉及大数据，数据量较大时不太可能通过这样的简单查看，就能对结构或外观加以判断。这就是要利用描述性统计学，以基于参数的方式来查看数据，这样才能更好地认识数据所揭示的信息。

2. 描述性统计学方法

描述性统计是指运用制表和分类、图形以及计算概括性数据来描述数据特征的各项活动。描述性统计分析要对调查总体所有变量的有关数据进行统计性描述，主要包括数据的和、均值、中位数、众数、极值、标准差、方差、偏度、峰度、标准误、样本方差等指标。各指标具体描述和计算方式如表 8-19 所示。

表 8-19　指标的具体描述和计算

统计量	计算（数据集）	应用领域	示例	应用注释
N	数值的个数	任何领域	每月公司交易的样本量	用于明确有多少个项目被用到统计计算中
和	整个数据集中的数值之和	任何领域	公司的总销售额	用于明确总值是多少
均值	所有数值的平均值	任何领域	每月平均销售额	用于捕获数据集的集中趋势
中位数	从大到小排列的数据集的中间值	求数据分布的中间点	国家居民的总收入	用于求某个数据的上方与下方各占 50%
众数	数据集中出现次数最多的数值	数据集中有数据重复出现	有限的工资水平情况下的固定年薪	用于声明数据集中高度重复的共同值
最大值、最小值	分别为最大值、最小值	对数据分布离散程度的概念化	一天销售额中的最大值与最小值	用于提供数据的范围或极值点
极值	最大值与最小值之差	粗略估计数据分布的散布程度	一个月期间的销售额的散布程度	用于简单估计散布程度
标准差	数据集中均值与所有其他值之差平方和的均值平方根	依计算中所用的单位，精确估计偏离均值的数据分布的散布程度	偏离平均销售额的标准差	此值越小，则数据集给出的预测值就越好，且变异较小
方差	数据集中均值与所有其他值之差平方和的均值	方差估计是针对数据分布偏离均值的差距，而不是针对计算中的个体单位	当用同一数据集的其他变异比较时，最好用方差测量	此值越小，则数据集给出的预测值就越好，且变异较小
偏度	正值或负值。当值符号是+，则分布是正偏态；当值符号是−，则分布是负偏态。值越大，偏态程度就越大	关于均值不对称程度的测量	随着国家居民年龄变大，人口年龄分布变得更加负偏态	此值越接近于 0，则对称性就越好。正偏态分布表示向左偏，负偏态分布表示向右偏
峰度	此值小于 3 表示平坦的分布，大于 3 表示有峰的分布	从垂直方向测量分布关于均值的散布，并揭示正的与负的对称性，这取决于正负号	客户在午餐和晚餐时间是分布高峰，然后变得平缓	此值越接近于 2，则峰度就越小（分布的峰值或平坦化）
标准误（均值的）	样本标准差的均值（调整标准差，以反映样本量）	抽样分布的标准差	偏离样本平均销售额的标准差	此值越小，则变异就越小，预测样本数据集就越准
样本方差	同前面的方差一样，只是要调整样本量	抽样数据分布散布的方差估计	当采用抽样来收集数据时，用方差测量	此值越小，则变异就越小，预测样本数据集就越准

3. 抽样与估计方法

抽样又称取样，是指从需要研究的全部样品中抽取一部分样品的方式。基本要求是要保证所抽取的样品单位对全部样品具有充分的代表性。抽样的目的是从被抽取样品单位的分析、研究结果来估计和推断全部样品特性，是科学实验、质量检验、社会调查普遍采用的一种经济有效的工作和研究方法。

把所考察对象的某一数值指标的全体构成的集合看作总体，构成总体的每一个元素作为个体，从总体中抽取一部分的个体所组成的集合叫作样本，样本中的个体数目叫作样本数量。下面列举几种主要的抽样类型。

1）简单随机抽样

描述：允许总体中的每个样本元素具有等可能的选择机会。

具体应用：基于客户作为特定族群成员出现的百分比来选择客户。

应用注释：样本量必须充分大，可避免抽样误差。

2）系统随机抽样（定期抽样）

描述：从总体中按固定的间隔来选择样本元素。

具体应用：从离开机场的人群中，每 5 个人选 1 个人。

应用注释：假设样本元素的顺序间隔是以随机方式形成的，否则可能导致抽样偏差。

3）分层随机抽样

描述：第一阶段，将总体分成组（称为层）；第二阶段，应用简单随机抽样。

具体应用：在三个不同经济阶层中，随机选择相等数量的人。

应用注释：分层必须代表总体，否则可能导致抽样偏差。

4）整群随机抽样

描述：第一阶段，依据地理区域将样本元素分组（称为整群）；第二阶段，应用简单随机抽样。

具体应用：从投票选区随机选择相等数量的人。

应用注释：整群必须代表总体，否则可能导致抽样偏差。

5）配额抽样

描述：基于固定配额或样本元素数量抽样。

具体应用：选取前 200 位进入商场的人。

应用注释：主要用于节省时间和资金，样本量必须充分大，可避免抽样误差。

6）判断抽样

描述：依据专家建议，选取样本元素。

具体应用：基于备选者外表的特殊性选取样本元素来采访。

应用注释：因没有确定选择标准，依赖于访问者经验，故而存在偏见。

此外，抽样估计有点估计和区间估计两种方法。点估计，又称定值估计，就是用实际样本指标数值作为总体参数的估计值。点估计的方法简单，一般不考虑抽样误差和可靠程度，它适用于对推断准确程度与可靠程度要求不高的情况。区间估计就是根据样本指标、抽样误差和概率保证程度去推断总体参数的可能范围。

8.3.2 预测性数据分析方法的选择与应用

预测性分析不仅可以对数据特征和变量（可以假定取消范围的因素）之间的关系进行描述，还可以基于过去的数据预测未来。预测性分析首先会确定变量值之间的关联，然后基于这种已知的关联预测另一种现象出现的可能性，比如在看到某个广告后，一位消费者可能会去买产品的可能性。虽然预测性分析中的预测是基于变量之间的关系得出的，但这不代表预测性分析中都需要明确因果关系。事实上，准确的预测并不一定基于因果关系。下面将从预测模型与数据挖掘方法两方面进行介绍。

1. 预测模型

在采用定量预测法进行预测时，最重要的工作是建立预测模型。预测模型是指用于预测的，用数学语言或公式所描述的事物间的数量关系。它在一定程度上揭示了事物间的内在规律性，预测时把它作为计算预测值的直接依据。因此，它对预测准确度有极大的影响。任何一种具体的预测方法都是以其特定的数学模型为特征。预测方法的种类很多，各有相应的预测模型，具体如表 8-20 所示。

表 8-20　数据驱动模型及其应用

数据驱动模型	可能的应用
抽样与估计	建立统计置信区间，以此定义其他模型得出的未来预测的范围与界限
回归分析	1.建立用于时间序列预测的预测方程 2.剔除预测模型中那些对预测值几乎没有任何影响的预测变量 3.得出预测的趋势线
相关分析	1.建立变量关系 2.剔除预测模型中那些对预测值几乎没有任何影响的预测变量
概率分布	估计服从某种概率分布的趋势行为，建立统计检验来确认变量的显著性
预测模型与分析	利用线性与非线性模型来拟合数据，目的是用模型进行预测
预测模型	运用此表所列的方法与其他方法，如平滑模型来预测未来值
模拟	通过模拟过去行为，发现概率分布，预测变量的未来行为

2. 数据挖掘方法

数据挖掘是指从数据库的大量数据中揭示出隐含的、先前未知的并有潜在价值的信息的非平凡过程。例如，Abrahams 等（2013）利用数据挖掘进行数据分析，常用的方法主要有关联、分类、聚类、预测、序列等，它们分别从不同的角度对数据进行挖掘，对于信息类型及其描述如表 8-21 所示。

表 8-21　信息类型及其描述

信息类型	描述	数据挖掘方法
关联	与单个事件有关	关联规则（如假设分析）、相关分析、神经网络
分类	描述项目所属组的模式。通过检查先前已有分类项目，推断出能指导分类过程的一组规则	判别分析、回归、神经网络
聚类	当对“组”没有定义时，聚类类似于分类，有助于发现数据内的各种不同分组	层次聚类、K 均值聚类
预测	用于预测可识别客户行为模式的值	回归分析、相关分析
序列	与时间有关的一些事件	延迟相关分析、因果图

8.3.3　规范性数据分析方法的选择与应用

规范性分析是更高层次的分析，如实验设计和优化等。就像医生会开处方建议患者采取什么行动一样，实验设计试图通过做实验给出某些事情发生的原因。为了能够在因果关系研究中信心饱满地做出推断，研究人员必须妥善处理一个或多个独立的变量，并有效控制其他的变量。如果处于实验环境下的测试组的表现大大优于对照组，决策制定者就应该立即推广这种实验环境。

优化是规范性分析采用的一种方法，指试图识别出一个特定变量和另一个变量之间理想的关系水平。例如，我们可能会对识别最有可能让产品实现高收益的价格感兴趣。同样地，优化这种方法能够识别出使零售企业最大限度避免缺货情况的库存水平。具体包括以下几种数据驱动模型。

1. 线性规划

线性规划是一种确定性、多变量、有约束的单目标最优化方法。这种模型具有已知的、确定性且为常值的参数，同时它有多个未知变量或决策变量。线性规划具有对决策变量值加以约束的数学表达式，它对单目标求最优解。线性规划是一种多用途的建模方法，可应用于符合模型所需假设的每一种可行问题的情况。具体地说，线性规划可以应用在商务活动的所有领域（会计、经济学、金融、管理以及市场营销），还有所有运营类型的活动中（如整个行业、政府、农业、医疗保健等）。利用线性规划对问题进行建模，这个过程称为规划。因此，就其本身而言，线性规划被认为是可用于商务数据分析过程中规范性数据分析方面的几种数学规划方法之一。

线性规划问题模型基本上存在两种类型：一类是最大化模型，另一类是最小化模型。在应用线性规划模型对问题进行建模时，必须满足以下条件。

1）线性

所有的约束和目标函数必须是线性的。如果有非线性的利润或成本函数或非线性约束，必须使用其他非线性规划方法。许多非线性规划方法在相关文献中可以看到，如二次规划、可分离规划和库恩–塔克（Kuhn-Tucker）条件。

2）可加性

所有约束和目标函数由决策变量简单相加。也就是说，它们不能产生协同效应，即2+2=5 的情况。不管决策变量值的大小如何，将其与系数的乘积相加即可。如果不是，则须使用其他方法。

3）可分性

根据线性规划模型，非负性和已知要求允许决策变量值是整数或者分数。这意味着如果决策变量最终为 0.5，那么该决策变量的利润或成本的一半正是所要获得的。此外，如果该决策变量使用的劳动时间是两个，则两个中的 0.5 意味着将使用恰好 1 小时的劳动。有时分数答案不现实。在这种情况下，使用除线性规划之外的其他模型。

4）有限性

这个要求意味着，决策变量的值必须是有限的。如果它们不是有限的，那么它们就是无限的，或者说是无界的。

5）确定性和静态时间段

人们必须确定线性规划模型的所有参数 a、b 及 c。当定义决策变量之后，我们就可以通过陈述时间范围或静态时间段来确保这种确定性。这里的静态时间段规定了答案和参数在什么样的时间段是正确的。

案例 8-2

日常饮食问题

问题背景陈述：日常饮食中至少含有 10 盎司[①]的营养物 P、12 盎司的营养物 R 以及 20 盎司的营养物 S。这些营养物可以从食物 A 和食物 B 中获得。每磅[②]A 的成本为 4 美分，含有 4 盎司的 P、3 盎司的 R，没有 S。每磅 B 的成本为 7 美分，含有 1 盎司的 P、2 盎司的 R 及 4 盎司的 S。人们希望成本最低，如果要满足规定的饮食要求，应该每种食物买多少呢？

建立模型的步骤如下。

1. 确定问题类型

这个问题仅提到成本，所以它一定是使总成本最小化的问题。

2. 定义决策变量

这个问题中有两个成本值（4 美分和 7 美分）。因此，需要多少决策变量？回答是两个决策变量。如果每磅食物 A 的成本为 4 美分，那么第一个决策变量可定义如下：

$$X_1=\text{购买食物}A\text{的磅数}$$

注意，在这个问题中没有时间限制（天、周等），所以不用注明时间范围。第二个决策变量可定义如下：

$$X_2=\text{购买食物}B\text{的磅数}$$

3. 建立目标函数

注意，接下来使用“美分”。有些建模者可能将“美分”表达成 0.04、0.07，而另一些建模者则可能将“美分”表达成整数。此处将“美分”作为单位加以建模：

$$\text{Min } Z=4X_1+7X_2$$

4. 建立约束条件

这个问题说明了建立约束条件的“右边策略”是怎样提供帮助的。注意，在此约束语句的第一个句子中，“饮食中至少含有 10 盎司的营养物 P、12 盎司的营养物 R 以及 20 盎司的营养物 S”最小需求量应该怎样列出呢？用这些值可以建立列向量（10,12,20），如下面约束的右边值所示：

$$\text{s.t.}\begin{cases}4X_1+X_2\geqslant 10\text{（营养物}P\text{）}\\3X_1+2X_2\geqslant 12\text{（营养物}R\text{）}\\4X_2\geqslant 20\text{（营养物}S\text{）}\end{cases}$$

注意，食物 A（X_1 列）的技术系数是如何从一句话中提炼出来的：“每磅 A 的成本为 4 美分，含有 4 盎司的 P、3 盎司的 R，没有 S。”食物 B（X_2 列）的技术系数是如何从一句话中提炼出来的：“每磅 B 的成本为 7 美分，含有 1 盎司的 P、2 盎司的 R 及 4 盎司的 S。”由于所有约束条件都有最小的营养需求量，则得到的表达式都是大于或者等于的形式。

---

① 1 盎司≈28.35 克。

② 1 磅≈453.59 克。

5. 非负性和已知要求

非负性要求：

$$X_1, X_2 \geqslant 0$$

整个饮食问题的模型如下：

$$\text{Min } Z = 4X_1 + 7X_2$$

$$\text{s.t.}\begin{cases}4X_1 + X_2 \geqslant 10（营养物P） \\ 3X_1 + 2X_2 \geqslant 12（营养物R） \\ 4X_2 \geqslant 20（营养物S） \\ X_1, X_2 \geqslant 0\end{cases}$$

案例 8-3

养 殖 问 题

问题背景陈述：史密斯家拥有 175 英亩[①]农田用于养猪和绵羊。平均来说，喂养一头猪或者一只绵羊需 0.5 英亩的土地。史密斯家可将长达 7000 小时的劳动力用于养殖。养殖一头猪需要花费 15 小时的劳动力，养殖一只绵羊需要花费 20 小时的劳动力。尽管史密斯家想要养殖绵羊，但他们不想一次养殖超过 200 只绵羊，同样，也不想养殖超过 250 头猪。预计每头猪将有 300 美元的利润，每只绵羊将有 350 美元的利润。

建立模型的步骤如下。

1. 确定问题类型

这个问题仅仅提及利润，所以它一定是最大值问题。

2. 定义决策变量

利润系数取决于猪和绵羊的数量，没有说明时间范围，所以有

$$X_1=养殖猪的数量$$

$$X_2=养殖绵羊的数量$$

3. 建立目标函数

$$\text{Max } Z=300X_1+350X_2$$

4. 建立约束条件

$$\text{s.t.}\begin{cases}0.5X_1 + 0.5X_2 \leqslant 175（农田英亩总数） \\ 15X_1 + 20X_2 \leqslant 7000（劳动力小时数） \\ X_1 \leqslant 250（最大养殖猪的数量） \\ X_2 \leqslant 200（最大养殖绵羊的数量）\end{cases}$$

5. 非负性和已知要求

$$X_1, X_2 \geqslant 0$$

① 1 英亩≈4046.86 平方米。

案例 8-4

客户服务问题

问题背景陈述：当地百货公司的客户服务部门为所售的商品提供维修服务。在一个星期内，5 台电视机、12 台收音机和 18 个电咖啡壶被返回修理，这代表超负荷工作项目。两名维修工人被临时雇用作为兼职助手来处理超负荷工作项目。在正常 8 小时工作日内，第一名修理工人能修理 1 台电视机、3 台收音机及 3 个电咖啡壶；第二名修理工人能修理 1 台电视机、2 台收音机和 6 个电咖啡壶。每天付给第一名修理工人的工资是 55 美元，付给第二名修理工人的工资是 52 美元。客户服务部门希望使总体运行成本最小化，同时保持良好的客户关系。在一个星期内，这两名修理工人应该被雇用多少天，来处理超负荷工作项目呢?

建立模型的步骤如下。

1. 确定问题类型

这个问题仅仅提及成本，所以它是使总成本最小化的问题。

2. 定义决策变量

成本系数取决于第一个人和第二个人。现在这是一个“模糊”时间范围的问题。这些工人是被雇用长达一周吗？他们被雇用一些未知的天数来处理一周的超负荷项目。所以，这个问题的决策变量没有时间范围限制，具体来说，工人可以承受超负荷工作。故而可写成如下形式：

X_1=承受超负荷工作第一名修理工人应该被雇用的天数

X_2=承受超负荷工作第二名修理工人应该被雇用的天数

3. 建立目标函数

$$\text{Min } Z=55X_1+52X_2$$

4. 建立约束条件

$$\text{s.t.}\begin{cases}X_1+X_2\geqslant 5(\text{电视机})\\3X_1+2X_2\geqslant 12(\text{收音机})\\3X_1+6X_2\geqslant 18(\text{电咖啡壶})\end{cases}$$

5. 非负性和已知要求

$$X_1,X_2\geqslant 0$$

2. 整数规划

整数规划模型与一般线性规划问题的唯一区别，在于前者中的决策变量存在一个或多个取整数值的要求。如果所有的决策变量都要求取整数值，这就是纯整数线性规划问题。这种方法类似于线性规划，但该方法的决策变量存在一个或多个取整数值，许多商务数据分析问题需要这种整数解。为了求解诸如针对分配人员或生产全部产品、选择新产品或项目选择的决策，体现在线性规划模型上，就是选择决策变量使得线性规划问题达到最优化。整数规划在商务数据分析过程的第三步——规范性数据分析中得到了应用。例如，分配股票给不同投资组合、将全体人员分配到不同岗位，还有将不同类型的农作物分配到不同耕地。

3. 非线性最优化

非线性关系在商务活动领域是大量存在的。当公司绩效成本或利润函数太过于复杂，便会导致简单的线性模型无法运用，用非线性函数进行探索则是商务数据分析中的惯例。采用数学表达方式来表明一种趋势或形成预测的本质体现在商务数据分析流程中的预测分析，而运用非线性函数来使决策最优化，也可用于预测分析当中。

现在有许多非线性规划的数学求解方法，这些方法被设计用来求解最优化公司绩效的解决方案。很多方法要仔细地估计参数值，当然可能准确也可能不准确，尤其是在解决方案的精确度如此不牢靠且依赖于参数准确性的情况下。解决方案的精确度在商务数据分析中更加复杂，因为需要将大规模的数据文件作为因素纳入建模过程中。为了克服这些局限性，需要尽可能地使用大数据，采用回归分析软件。曲线拟合软件可用于生成预测性数据分析模型，这些模型可以运用于制定规范性数据分析决策。比如，债券价格就是利息率的非线性函数，期权价格与既定股票价格呈非线性关系，产品生产的边际成本随着生产规模的不断扩大而表现出递减状态，某种产品的需求量随着价格变化出现了指数形式的变化。非线性优化模型也是一类优化问题，在这类模型中，目标函数或约束方程里至少有一项是非线性的。

4. 决策分析

决策分析包括一系列方法，这些方法基于启发式方法、基本原理和最优化方法，可以帮助人们更好地做决策。人们将和决策分析紧密联系的普通知识体系称为决策理论。决策理论（decision theory）是一门研究如何应用数学和统计理论，为决策提供有用信息的方法。决策理论不是解决像线性规划的最优解这样的问题，而是基于决策者偏好和原则来选择方案，以便更好地满足需要，尤其是关注解决问题的环境。运用这些决策理论方法之前，人们必须知道决策理论模型，以便识别问题，并且能够正确地表达出问题。

所有决策理论问题都存在三个主要元素：可选方案、自然状态以及收益。

（1）决策的可选方案或策略。在决策理论模型中，独立决策变量有许多可选择项，尽管它们是可选策略或选择方案，但只能选择其中一个。

（2）自然状态。假设在未来发生的独立事件，如经济衰退。

（3）收益。如果选取了特定备选方案，同时出现了特定的自然状态，那么预计产生的相关参数，称为收益。例如，提高的绩效。

将这三个主要元素组合成收益表，以此为基础来制定决策理论模型。由表 8-22 所给出的决策理论模型有 m 个可选方案和 n 个自然状态。可选方案的数量可以与自然状态不同（也就是，m 不必等于 n），其中 P_{ij} （其中，$i=1,2,\cdots,m$；$j=1,2,\cdots,n$）表示收益值。

表 8-22　决策模型的广义表述

可选方案	自然状态				
	1	2	3	…	n
1	P_{11}	P_{12}	P_{13}	…	P_{1n}
2	P_{21}	P_{22}	P_{23}	…	P_{2n}
⋮	⋮	⋮	⋮		⋮
m	P_{m1}	P_{m2}	P_{m3}	…	P_{mn}

决策者在各种不同决策环境条件下（如确定性、风险和不确定性）面临着多种选择时，运用一系列方法、模型及原则来分析和指导决策过程。例如，寻求一套计算机系统来确定一组货车或者服务设施的站点位置。

案例 8-5

促销选择问题

大中取大法是一种乐观的决策方法。选择大中取大建立在下述两个步骤的基础上。

（1）选择每一个可选方案的最大收益。

（2）选择步骤 1 最大收益中最大的可选方案。

为了说明这个准则，重新考察这个问题。表 8-23 给出该问题的解决方案。从表 8-23 可以看出，两种可选方案的最大收益分别为 300 万美元与 400 万美元。其中 400 万美元是最大收益，所以最大收益中的最大值是 400 万美元，故选择 B 促销方案。

表 8-23　促销选择问题决策理论模型的大中取大法（单位：万美元）

可选方案	自然状态		对于可选方案取最大收益	大中取最大者
	高需求	低需求		
促销 A	300	100	300	
促销 B	400	−200	400	400

案例 8-6

促销选择问题

拉普拉斯准则是以信息不足原则为基础的。这个准则假定，由于没有任何关于自然状态的信息，因此每一种自然状态都以等可能性发生。因此，可以对每一种自然状态分配相等的概率然后计算每个可选方案的期望值。拉普拉斯准则建立在下述三个步骤的基础上。

（1）为每一种自然状态分配相同的概率，见表 8-24。

（2）利用期望值准则计算每个可选方案的期望值。

（3）选择在步骤 2 中计算出来的最佳期望值。

我们可再一次用选择促销策略问题来说明这个准则。

表 8-24　促销选择问题决策理论模型的拉普拉斯准则方法（单位：万美元）

可选方案	自然状态	
	高需求	低需求
促销 A	300	100
促销 B	400	−200

（1）为每一个自然状态分配相等的概率。由于存在两种自然状态，所以发生每一种自然状态的概率都是 50%或 0.5。

（2）计算每个可选方案的期望值。期望值的计算如下。

促销方案 A：$300 \times 0.50 + 100 \times 0.50 = 200$(万美元)；

促销方案 B：$400 \times 0.50 + (-200) \times 0.50 = 100$(万美元)。

（3）选择步骤（2）所计算出来的最佳期望值。最佳可选方案是 A，其销售额为 200 万美元。

5. 模拟分析

用来对概率函数进行建模的数学模型，可能会变得非常难以求解。为了避免出现诸如线性规划等模型的复杂性和限制性假设，人们使用"模拟"来获得解决方案。一旦模拟模型得到开发和验证，它就可以用来回答假设分析问题。在商务数据分析中，可用模拟方法预测未来事件与结果。模拟还允许对系统进行更改，而不会对真正的系统带来风险。例如，人们在预计损益表时可假定对成本增加 5%、10%、15%，以便在没有给组织带来任何风险的条件下，模拟与预测对利润的影响。模拟可以分为两大类：确定性模拟和随机模拟。

随机模拟方法则允许一个或多个变量依据概率分布来运动。蒙特卡罗模拟方法就是一种随机模拟方法。这种方法非常有用，因为它不需要我们识别出具体的概率分布类型就可以给出问题的解。当前，许多高级模拟软件系统都需要概率分布的识别。在游戏和培训系统所使用的许多最先进的模拟器都利用了蒙特卡罗模拟方法。

蒙特卡罗模拟方法的程序和所有数学建模方法一样，蒙特卡罗模拟方法也有若干个步骤。

（1）用数学表达式来表示系统的行为，确定模拟中的规则和假设，这将决定系统的成功或失败。数学表达式可以是一个成本函数，规则可能是对库存中的商品收保管费。假设可将系统的行为限制在固定的时期内，系统的总成本决定着成功还是失败。

（2）收集概率分布信息——至少有一个参数依据概率分布而变化运动，可以有几十个参数与概率分布需要收集数据，分布是以模拟形式加以建模。

（3）用离散分布形式给出每一个参数的概率分布，这里所需要做的是识别参数行为，它们代表了所收集的分布。例如，销售数据的范围可能是 0～18 美元，我们可以把这些数据分别放到 0～9 美元和 10～18 美元这两个区间里，这是所谓的参数行为。然后我们就可以将观测到的概率附到这些区间上，如表 8-25 所示。

表 8-25　刻画参数行为与概率

参数行为	行为的概率
1	P_1
2	P_2
⋮	⋮
m	P_m

这 m 个区间的建立使得每一个参数行为的分布形成更易于识别的概率分布。

（4）建立随机数系统——为建立随机数系统，在表 8-25 的基础上将系统添加进去，结果和事例由表 8-26 给出。

表 8-26　蒙特卡罗随机数系统与说明

随机数系统		
参数行为	行为概率	随机数系统（2 位）
1	P_1	$0 \sim n_1$
2	P_2	$n_1+1 \sim n_2$
⋮	⋮	⋮
m	P_m	$n_{m-1}+1 \sim 99$

说明			
参数行为	行为概率	累计行为概率	随机数系统（2 位）
0 ~ 10 美元	0.15	0.15	00 ~ 14
11 ~ 20 美元	0.20	0.35	15 ~ 34
21 ~ 30 美元	0.65	1.00	35 ~ 99

这是蒙特卡罗模拟方法的核心思想。随机数系统可以是一个范围（00 ~ 99）的 2 位数系统，如同所说明的那样。这个想法是让这 100 个数字与“行为概率”列的百分比之间成比例地对应。在表 8-26 的示例中，参数行为（表格中第 1 列）分为三个区间。假设我们将要对这些观测出的每日销售额进行模拟。在第 2 列（行为概率）中，用小数表示每日销售额的观测频率。这些概率必须满足规范性，即总和为 1。在第 3 列（累计行为概率）中，每一项都是第 2 列中从第一行开始的概率累加的值。最后，第 4 列（随机数系统）中范围从 0 ~ 99 的数字都严格地与行为概率的值成比例。例如，0 ~ 14 之间有 15 个数字，代表 0 ~ 10 美元的参数行为区间概率的值是 0.15。注意，随机数系统中的区间上限与累计行为概率之间的关系，累计行为概率 × 100−1=区间上限（15−1=14，35−1=34 以及 100−1=99）。这样数字系统就模拟了行为。

（5）确定模拟方法的样本量——可以有多种方法确定样本量。某些情况下，可以由时间来确定（例如，仅模拟一年的行为价值）。但是，应用更复杂的统计技术可以包括统计置信度。

（6）运行模拟，计算想要的统计量，做出决策，用计算机软件进行模拟。在蒙特卡罗模拟方法中，通过随机选择 0 ~ 99 之间的数字，然后确定随机数所代表的参数行为的区间来执行模拟。要收集的统计数据，通常在第 1 步中进行定义，决策依据的标准也是如此。

除了上述的五种规范性数据分析方法，还有许多方法被用在商务数据分析中，表 8-27 列出了其中涉及的大多数方法的解释、选择和应用。

表 8-27　规范性数据分析的驱动模型及应用

数据驱动模型	可能的应用
线性规划	在寻求最优解决方案时，一般用途的建模方法用来解决多约束条件、多变量的问题。在针对将有限资源用于多种用途的复杂和大规模的问题中，这种方法是理想的。例如，分配广告预算给不同的媒体，配置人才和技术资源到产品生产过程，以及对混合物的成分进行优化，以使食品产品成本最小化

续表

数据驱动模型	可能的应用
整数规划	这种方法类似于线性规划，但该方法只允许决策变量取整数值。例如，分配股票给不同投资组合、将全体人员分配到不同岗位，还有将不同类型的农作物分配到不同耕地
非线性最优化	当数据行为出现非线性关系时，这一大类方法和算法用于分析和寻求问题最优或接近最优的解决方案。例如，解决人才、科技、制度的最优分配问题，它们与成本或者利润成二次、三次或非线性函数关系
决策分析	决策者在各种不同决策条件下（如确定性、风险和不确定性）面临着多种选择时，运用一系列方法、模型及原则来分析和指导决策过程。例如，寻求一套计算机系统，一组货车或者服务设施的站点位置
案例研究	该部分通过现实或假设的案例研究为商务数据分析提供了现实生活中的实践经验。例如，案例分析可以模拟现实问题场景中的难点和挑战。这种模拟分析可以使决策者通过商务数据分析流程中的预测性数据分析步骤，事先预知并为将要发生的事情做好准备。例如，关于如何应对组织成长的案例分析讨论能为已经通过分析预测了近期成长情况的企业提供有意义的决策环境。具体内容请参见 Sekaran 和 Bougie（2013）、Adkins（2006）的研究
模拟分析	这类方法可以运用于某些情况下的规范性数据分析，这些情况包括参数是概率性的、非线性的，或者问题太过于复杂以至于不适合采用确定的、线性的其他最优化模型。例如，一家银行想要通过模拟当前处理贷款申请的交易过程，来确定该过程中的改进是否能够节省时间、提高效率。这类模拟分析可用于测试备选方案
其他方法	运筹学、决策科学和管理科学将数学、工程学和计算机科学整合运用，以此提出一系列的规范性数据分析方法。其他分析方法包括网络分析模型、项目计划、动态规划法、排队模型、决策支援系统、启发性方法、人工智能、专家系统、马氏过程、决策树、博弈论、目标规划法、非线性规划法、可靠性分析、遗传规划法以及数据包络分析等。事实上，对这些方法的整合运用是没有限制的。具体内容请参见 Hillier（2014）、Cooper 等（2013）、Rothlauf（2011）、Liebowitz（2013）、Albright 和 Winston（2014）的文献

8.4 案例启示

本章通过提供一个综合案例展示了利用三种数据分析方法进行商业数据分析的过程，采用理论与实践相结合的方式帮助读者更深入地理解与应用前几章的理论与方法，掌握商业数据分析的流程与要领。针对该案例，本章首先对供应数据、需求数据和运输所需要的成本数据进行描述性分析，接着依据这些数据建立并验证预测模型，最后对所建立的模型进行规范性分析以确定最优的运输计划，从而解决制造公司面临的供应链问题。通过阐述如何应用商业数据分析方法来解决企业的战略问题，该案例进一步强调了商业数据分析在企业发展尤其是战略制定方面的重要性。这主要体现在以下三个方面。

首先，商业数据分析可以提供解决问题的方案。在当今复杂的竞争环境下，企业面临的很多问题已经不能仅仅依靠统计学、计算机搜索程序或者运筹学解决。在此背景下，企业更需要借助科学系统的商业数据分析流程，利用从企业的历史数据中挖掘出的有价值的信息，帮助企业制定战略决策，指导企业的经营活动。因此，商业数据分析可以通过提供最优的资源配置方案和决策依据，成为企业未来解决重要商业问题的最佳手段。

其次，商业数据分析可以提供竞争优势。以往的竞争优势多来自面向产品和面向客户等实体层面。但随着数据资源的激增，蕴含着发展潜力的数据已经成为具有重大价值的企业资源。企业的竞争优势也不仅局限于现有的产品竞争，还扩展至利用数据资源的企业绩效竞争。基于商业数据分析的结果，企业可以得到有价值的信息进而为生产经营制订规划。只有制订出正确的规划，企业才会达成既定的目标。因此，商业数据分析通过为企业制订规划，提供有价值的信息，帮助企业建立竞争优势。例如，企业可以通过商业数据分析确定主要竞争对手，并检测、报告和预测具有准确竞争力的价格，使自身保持较低的成本和较高的利润率，进而保持行业的价格领导地位。

最后，商业数据分析可以实现管理科学化。企业利用商业数据分析数据资料丰富的优势，能比较全面、准确地掌握和了解自身和社会经济运行的状态和发展变化情况，从而熟悉地掌握数据的口径范围和来龙去脉。在此基础上，企业能较好地监督检查运营相关部门的方针政策的贯彻执行情况、发展规划、生产经营计划的完成情况以及生产经营责任制和各项重要经济指标的完成情况等。此外，通过对相关商业数据开展分析研究，企业可以透过事物的表面现象深入到事物的内在本质，从感性认知阶段上升到理性认知阶段，实现认知上质的飞跃，从而揭示事物的现状及其内在联系和发展规律。这不仅有利于领导和有关部门客观全面地认识该企业经济活动的历史、现状及其发展趋势，而且可以促进管理水平的科学化。

鉴于商业数据分析对企业发展的重要性，企业应当在商业决策方面对其予以高度重视，以借助数据和分析方法的力量在市场中占得先机。为了更好地利用商业数据分析方法促进企业的发展，企业可以从商业数据分析的前期准备和分析流程两个方面来提升该方法在解决企业面临商务问题时的效率。

为了更好地支撑商业数据分析，在商业数据分析开始之前，企业需要认识到商业数据分析项目所需要的资源有哪些。一般来讲，商业数据分析所需的资源包括商业数据分析人员、数据资源和技术资源。商业数据分析人员，应注意以下两方面。一方面，企业要塑造关键的技术优秀人才，以保证商业数据分析的有效进行。这些数据分析人员不仅要有全面的数据分析视角和思维，即能够将业务转化为数据，通过透视业务来搭建业务模型提升业务，而且还要具有厘清业务数据需求、梳理业务核心指标、拆解影响因子较大的指标和指导业务的能力。另一方面，企业要创建系统化的商业数据分析团队，打造一支包括业务流程、产品设计、数据分析、数据架构等层面的技术骨干团队。该团队内的人员要能够有效地应用数学模型的逻辑思维，搭建以数学分析模型作为基础的数据分析框架，创建量化分析管理风险的核心理念。

对于数据资源，企业需要将业务进行数据化，即以数据化的方式描述当前的一般和重点业务，并进行相应的数据收集。值得注意的是，在数据收集过程中，企业要注意数据的可靠性，数据是否有缺失等问题。除此之外，企业还要保证数据的真实有效性。如果数据是虚假的、不相关的，数据分析结果可能会提供矛盾的信息，从而造成误导性的决策，干扰企业的战略制定。只有高质量的数据才能正确客观地反映企业的真实情况。因此，企业需要对数据进行清洗。

对于技术资源，企业需要提供信息技术基础设施，以满足分析的技术需求。这些技术资源包括计算机硬件、计算机软件、网络和通信技术以及数据管理技术。因此，企业要保障以上几个方面的投资以确保数据分析方法的实现。

在具体的商业数据分析过程中，企业需要注意以下几点。首先，对数据进行描述性分析以发现数据中不容易观察到的趋势和关系，从而寻求可能的商业机会；然后，利用预测性数据分析建立精确的定量关系，以精准识别未来趋势并预测；最后，通过规范性数据分析指导企业进行最优化的资源分配，从而使企业利用现有的资源最大可能地实现商业目标，抓住商业机会。

在描述性数据分析过程中，由于数据是分析的基础，因此，数据的质量决定了描述性数据分析的效果。首先，企业要确保较高的数据规模。数据规模越大，分析结果的精确度就越高，结果越具有说服力。如果数据规模不够大，很多数据挖掘和预测工作就没有办法进行。其次，企业要保证数据的质量。数据的质量越高，数据挖掘工作的可执行性越强。因此，在进行描述性数据分析时，企业需要进行数据梳理和清洗工作以保证数据的有效性。最后，企业在重视数据、了解数据和尊重数据的前提下，要降低主观因素对制定管理决策的影响，并提高决策的速度。

在构建预测性数据分析模型之前，要注意以下几点。首先，数据分析团队要检查数据，以识别数据的格式是否正确从而保证分析过程的顺利进行。其次，数据分析团队应该尽量使用简单的模型。这是因为尽管建立复杂的模型可以从数据中尽可能多地提取数据，但是简单的模型更易于部署，从而更容易应用于实际活动中。最后，为了保证已建立模型的有效性，数据分析团队可以借鉴并结合多个模型，在验证各个模型的准确度之后，将重点放在总体上具有最佳分类或更加适合验证企业数据的建模方法上，以保证预测效果。

在规范性数据分析过程中，由于规范性数据分析可以预测多个事件发生的可能性，并且同时可以在做出决定之前考虑每种可能的结果。因此，为了能提出更合理的行动建议，数据分析团队需要考虑事件发生的时间、地点以及事件发生的原因等多种因素。只有全面地考虑了每个决策选项可能带来的影响，才能够明确哪些决策能最大可能地抓住未来发展机会或减轻未来风险。因此，在进行规范性数据分析时，数据分析团队要综合考虑所有的现实因素以权衡最优结果。

【本章小结】

本章介绍了案例研究，并说明如何运用商业数据分析解决供应链运输问题。这个案例研究利用了三步骤的商业数据分析过程，研究开发商业数据分析过程，然后利用此方法每月重复使用，其目的是提升制造商的绩效。

对这个案例进行研究时，我们采用了特定的方法，当然也可以用其他方法，同时强调如下事实：商业数据分析是一个逐步将统计、信息系统和管理科学方法应用于实践的方法。像在森林里散步一样，可能有许多路径，但目标（从商业数据分析视角出发）是使用知识和信息以到达成功的彼岸。

描述性数据分析方法包括对比分析法、平均分析法、交叉分析法等。

数据挖掘方法有回归分析、相关分析、判别分析、神经网络等。

优化的主要数据驱动模型有线性规划、整数规划、非线性最优化、决策分析以及模拟分析等。

蒙特卡罗方法是解决随机模拟的有效方法。

【思考题】

1. 在描述性数据分析中，某些图形（如芝加哥仓库需求的上升趋势）表现出相当强的线性倾向，然而在大多数情况下使用三次模型而不是线性模型。使用三次模型而不是线性模型有意义吗?为什么?

2. 描述性数据方法主要有哪些?

3. 在明确预测结果得到改善的情况下，为什么必须在分析中证明并持续说明商业数据分析的价值之所在?

4. 决策理论问题存在三个主要元素，其具体内容包括哪些?

5. 预测性数据分析方法主要有哪些?

6. 规范性数据分析方法主要有哪些?

7. 在应用线性规划模型对问题进行建模时，必须满足的条件有哪些?

8. 蒙特卡罗模拟方法有哪几个步骤? 其具体内容是什么?

【案例分析】

某公司希望投资三种资源中的一个：新的人员、新技术或者新流程。我们不知道该公司处于什么样的经济环境，也没有信息表明经济环境是什么样的。假如投资于人员，当市场环境繁荣时，会有 230 万美元的预期利润，当市场环境低迷时，预期利润则只有 110 万美元。假如投资于技术，当市场繁荣时，会有 280 万美元的利润，当市场环境低迷时，有 130 万美元的利润。假如投资于流程，当市场环境繁荣时，会有 70 万美元的利润，当市场环境低迷时，则有 420 万美元的利润。

怎样建立这个决策理论模型呢?

【参 考 文 献】

利博维茨 J. 2016. 商业分析：基于大数据实践与应用[M]. 刘斌，楼志斌，林建忠，译. 上海：复旦大学出版社.

塞克拉 U，鲍吉 R. 2013. 企业研究方法[M]. 5 版. 蓝波涛，张乐群，译. 北京：清华大学出版社.

施尼德詹斯 M J，施尼德詹斯 D G，斯塔基 C M. 2018. 商业数据分析：原理、方法与应用[M]. 王忠玉，王天元，王伟，译. 北京：机械工业出版社.

希利尔 F S，利伯曼 G J. 2018. 运筹学导论[M]. 10 版. 李晓松，吕彬，郭全魁，等译. 北京：国防工业出版社.

朱 J. 2016. 数据包络分析：让数据自己说话[M]. 公彦德，李想，译. 北京：科学出版社.

Abrahams A S, Coupey E, Zhong E X, et al. 2013. Audience targeting by B-to-B advertisement classification：a neural network approach[J]. Expert Systems with Applications，40（8）：2777-2791.

Adkins T C. 2006. Case Studies in Performance Management: A Guide from the Experts[M]. New York：Wiley.

Albright S C，Winston W L. 2014. Business Analytics: Data Analysis and Decision Making[M]. 6th ed. Stanford：Cengage Learning.

Cooper W，Seiford L M，Zhu J. 2013. Handbook on Data Envelopment Analysis[M]. 2nd ed. New York：

Springer.

Hillier F S. 2014. Introduction to Operations Research[M]. 10th ed. Boston：McGrau Hill Higher Education.

Liebowitz J. 2013. Business Analytics：An Introduction[M]. New York：Auerbach Publications.

Rothlauf F. 2011. Design of Modern Heuristics：Principles and Application[M]. New York: Springer.

Sekaran U，Bougie R. 2013. Research Methods for Business: A Skill-Building Approach[M]. New York：John Wiley & Sons.